Schweizer
Die Prüfung der Steuerfachwirte

Zusätzliche digitale Inhalte für Sie!

Zu diesem Buch stehen Ihnen kostenlos folgende digitale Inhalte zur Verfügung:

- Online-Buch ✓
- Buch als PDF
- Online-Training
- Zusatz-Downloads ✓
- App
- Digitale Lernkarten ✓

Schalten Sie sich das Buch inklusive Mehrwert direkt frei.

Scannen Sie den QR-Code **oder** rufen Sie die Seite **www.kiehl.de** auf. Geben Sie den Freischaltcode ein und folgen Sie dem Anmeldedialog. Fertig!

Ihr Freischaltcode

BHZC-TWAB-LORD-PGTA-YGWW-JH

Die Prüfung der Steuerfachwirte

Von
Rechtsanwalt Dipl.-Finanzwirt Reinhard Schweizer

22., aktualisierte Auflage

kiehl

Bildnachweis Umschlag: © nyul – Fotolia.com

ISBN 978-3-470-**10632**-8 · 22., aktualisierte Auflage 2021

© NWB Verlag GmbH & Co. KG, Herne 1997
www.kiehl.de

Kiehl ist eine Marke des NWB Verlags

Alle Rechte vorbehalten.
Das Werk und seine Teile sind urheberrechtlich geschützt. Jede Nutzung in anderen als den gesetzlich zugelassenen Fällen bedarf der vorherigen schriftlichen Einwilligung des Verlages. Hinweis zu § 52a UrhG: Weder das Werk noch seine Teile dürfen ohne eine solche Einwilligung eingescannt und in ein Netzwerk eingestellt werden. Dies gilt auch für Intranets von Schulen und sonstigen Bildungseinrichtungen.

Satz: Ansichtssachen, Egelsbach
Druck: Stückle Druck und Verlag, Ettenheim

Vorwort

Die vorliegenden **acht Übungsklausuren (Prüfungssätze)** sollen vor der Prüfung zum/zur Steuerfachwirt/in als letzter Test dienen. Hiermit kann geübt werden, die zur Verfügung stehende Prüfungszeit optimal zu nutzen, denn nur durch Bearbeiten von Klausuren – durch Simulieren der Prüfungssituation – kann man den Umgang mit der Prüfungszeit trainieren.

Die Klausuren entsprechen dem Schwierigkeitsgrad, der bundeseinheitlich von den Steuerberaterkammern erwartet wird. **Detaillierte Lösungen mit Hinweisen zur Punktevergabe** ermöglichen Ihnen, die Prüfungssituation inklusive Erfolgskontrolle ideal zu simulieren.

Zum Einstieg und zur Vorbereitung auf die **mündliche Prüfung** dienen die zum Buch gehörenden Digitalen Lernkarten mit **„Fragen und Antworten"** aus dem Steuerwesen. Diese können Sie mithilfe des vorne im Buch abgedruckten Freischaltcodes in mein**kiehl** freischalten.

Die vorliegende 22. Auflage wurde sorgfältig aktualisiert. Eine Gewähr kann jedoch nicht übernommen werden, insbesondere wegen der teilweise sehr komplizierten Rechenvorgänge. Die Prüfungssätze basieren auf dem **Veranlagungszeitraum 2020**, in der Umsatzsteuer auf dem Veranlagungszeitraum 2021.

Der **Anforderungskatalog** und die **Prüfungsordnung** können im **Internet** auf den Seiten der jeweiligen **Steuerberaterkammer** eingesehen und heruntergeladen werden.

Ich hoffe sehr, dass Ihnen das Klausurenbuch die Vorbereitung auf die Prüfung zum/zur Steuerfachwirt/in erleichtert und wünsche Ihnen den verdienten Erfolg.

Reinhard Schweizer
Leverkusen, im Februar 2021

Feedbackhinweis

Kein Produkt ist so gut, dass es nicht noch verbessert werden könnte. Ihre Meinung ist uns wichtig. Was gefällt Ihnen gut? Was können wir in Ihren Augen verbessern? Bitte schreiben Sie einfach eine E-Mail an: **feedback@kiehl.de**

INHALTSVERZEICHNIS

Vorwort   5

Klausurtypischer Teil – Aufgaben   9

Erster Prüfungssatz   9
- Steuerrecht I   9
- Steuerrecht II   17
- Rechnungswesen   27

Zweiter Prüfungssatz   37
- Steuerrecht I   37
- Steuerrecht II   46
- Rechnungswesen   56

Dritter Prüfungssatz   66
- Steuerrecht I   66
- Steuerrecht II   73
- Rechnungswesen   83

Vierter Prüfungssatz   92
- Steuerrecht I   92
- Steuerrecht II   99
- Rechnungswesen   109

Fünfter Prüfungssatz   120
- Steuerrecht I   120
- Steuerrecht II   125
- Rechnungswesen   136

Sechster Prüfungssatz   143
- Steuerrecht I   143
- Steuerrecht II   147
- Rechnungswesen   155

Siebter Prüfungssatz   162
- Finanzierung   162

Achter Prüfungssatz   168
- Kosten- und Leistungsrechnung   168

INHALTSVERZEICHNIS

Klausurtypischer Teil – Lösungen — 175

Erster Prüfungssatz — 175
- Steuerrecht I — 175
- Steuerrecht II — 184
- Rechnungswesen — 196

Zweiter Prüfungssatz — 209
- Steuerrecht I — 209
- Steuerrecht II — 222
- Rechnungswesen — 234

Dritter Prüfungssatz — 247
- Steuerrecht I — 247
- Steuerrecht II — 256
- Rechnungswesen — 268

Vierter Prüfungssatz — 281
- Steuerrecht I — 281
- Steuerrecht II — 291
- Rechnungswesen — 304

Fünfter Prüfungssatz — 316
- Steuerrecht I — 316
- Steuerrecht II — 323
- Rechnungswesen — 334

Sechster Prüfungssatz — 347
- Steuerrecht I — 347
- Steuerrecht II — 356
- Rechnungswesen — 364

Siebter Prüfungssatz — 376
- Finanzierung — 376

Achter Prüfungssatz — 383
- Kosten- und Leistungsrechnung — 383

Stichwortverzeichnis — 389

Klausurtypischer Teil – Aufgaben
Erster Prüfungssatz
Steuerrecht I

Die zu den drei Teilen dieser Übungsklausur aufgeführten Sachverhalte sind entsprechend der Aufgabenstellung zu beurteilen. Begründen Sie Ihre Lösungen unter Angabe der maßgeblichen steuerrechtlichen Vorschriften.

Teil 1: Einkommensteuer

I. Aufgabenstellungen

Ermitteln Sie für die Mandantin Eloisa Brome die einzelnen Einkünfte für den VZ 2020. Die Summe der Einkünfte ist dabei nicht zu berechnen.

Kurze Angaben zur persönlichen Einkommensteuerpflicht, zur Veranlagungsart sowie zum Einkommensteuertarif sind erforderlich.

Nehmen Sie Stellung zu etwaigen Sonderausgaben, außergewöhnlichen Belastungen, Berücksichtigung von Kindern sowie Steuerermäßigungen. Das Einkommen oder das zu versteuernde Einkommen ist nicht zu berechnen.

Die Entscheidungen sind unter Angabe der gesetzlichen Vorschriften zu begründen. Richtlinien und Hinweise sind zur Begründung nur dann heranzuziehen, wenn es sich um Erläuterungen handelt, die sich nicht unmittelbar aus dem Gesetz ergeben, sowie bei Anwendung von Vereinfachungsregelungen.

Gehen Sie bei Ihrer Lösung in der vorgegebenen Reihenfolge nur auf die nachfolgend genannten Punkte ein:

1. Persönliche Einkommensteuerpflicht
2. Veranlagungsart
3. Einkommensteuertarif
4. Berücksichtigung von Kindern
5. Ermittlung der Einkünfte für Eloisa Brome
6. Sonderausgaben
7. Außergewöhnliche Belastungen
8. Ausführungen zu Steuerermäßigungen.

II. Bearbeitungshinweise

- Es ist davon auszugehen, dass Eloisa Brome für den VZ 2020 das steuerlich günstigste Ergebnis wünscht, sofern sich aus den einzelnen Textziffern nichts Gegenteiliges ergibt.
- Alle erforderlichen Anträge gelten als gestellt und sämtliche erforderlichen Bescheinigungen und Nachweise als erbracht.
- Bezüglich der ggf. gebotenen steuerlichen Freistellung des Existenzminimums von Kindern ist davon auszugehen, dass Kinderfreibeträge zu berücksichtigen sind, sofern die Voraussetzungen hierfür erfüllt sind. Eine Günstigerprüfung gemäß § 31 EStG ist nicht durchzuführen.

III. Sachverhalt

1. Persönliche Verhältnisse

1.1 Allgemeines

Die Mandantin Eloisa Brome (geb. am 01.03.1966 auf Fuerteventura) lebt seit 20 Jahren in Leverkusen. Am 21.07.2019 verstarb ihr Ehemann an den Folgen eines Herzinfarktes. Eloisa hatte sich von ihm am 17.04.2019 getrennt, die Scheidung war für 2020 geplant. Eloisa trug die Kosten der Beerdigung i. H. v. 5.000 €, zahlte diese aber erst im Februar 2020.

1.2 Kinder/Adoptivkind Manuel

Den auf Fuerteventura im Jahre 2015 geborenen Manuel hatte sie gemeinsam mit ihrem verstorbenen Ehemann noch in 2015 adoptiert, weil die leiblichen Eltern kurz nach seiner Geburt tödlich verunglückt sind.

Manuel besucht eine Kindertagesstätte, die im VZ 2020 Aufwendungen i. H. v. 1.800 € verursachte. Ferner besucht Manuel eine Musikschule (Aufwendungen im VZ 2020: 450 €). An den Wochenenden wird Manuel bei Bedarf von einem Kindermädchen beaufsichtigt, was im VZ 2020 zu Aufwendungen i. H. v. 1.500 € führte (inkl. der Aufwendungen für Krankenversicherung etc. i. S. d. § 8a SGB IV). Den Lohn erhielt die Babysitterin in bar.

2. Wirtschaftliche Aktivitäten der Eloisa Brome

2.1 Verpachtung eines Gewerbebetriebs

Von ihrem verstorbenen Ehemann erbte Eloisa Brome einen lastenfreien Gewerbebetrieb, den dieser schon seit Jahren verpachtet hatte.

Seit Beginn der Verpachtung hatte der Ehemann die Aufgabe des Gewerbebetriebs noch nicht erklärt. Die Jahrespacht für 2020, die auch zugeflossen ist, betrug 120.000 €.

Aufwendungen und Abschreibungen sind nicht entstanden.

Zum 30.12.2020 (Übergang von Besitz, Nutzungen und Lasten) hat Eloisa Brome den Gewerbebetrieb an den Pächter zu einem Preis von 750.000 € veräußert. Der Kaufpreis wurde vereinbarungsgemäß bis Ende Februar 2021 zinslos gestundet.

Zum 30.12.2020 bestanden Buchwerte i. H. v. 100.000 €.

2.2 Veräußerung eines VW Golf

Am 16.12.2020 erwarb Eloisa Brome einen gebrauchten VW Golf für 20.000 €.

Dieses Fahrzeug veräußerte sie jedoch wieder am 30.12.2020 und erzielte dabei einen Kaufpreis i. H. v. 21.500 €, den sie bar entgegennahm.

2.3 Veräußerung von Aktien der Bayer AG

Eloisa Brome hatte sich im März 2019 Aktien der Bayer AG i. H. v. 10.000 € gekauft.

Diese Aktien veräußerte sie im Oktober 2020 für 12.500 €.

2.4 Beteiligung an der Fitness-GmbH

Eloisa Brome ist seit 2014 Alleingesellschafterin der Fitness-GmbH. Die Anschaffungskosten der GmbH-Beteiligung betrugen 100.000 € und wurden mit einem Darlehen fremdfinanziert.

Hierfür fielen im VZ 2020 Schuldzinsen i. H. v. 5.000 € an.

Geschäftsführer der GmbH ist Peter G. Döns, mit dem sie nicht verwandt ist.

Mit Rechtswirkung zum 30.12.2020 veräußerte Eloisa Brome die GmbH-Anteile für 175.000 €. Der Kaufpreis floss am 25.01.2021 zu.

Im Jahre 2019 benötigte die GmbH zur Finanzierung ihrer Geschäftstätigkeit 70.000 €, die ihr Eloisa Brome im Rahmen eines ordnungsgemäß wie unter fremden Dritten vereinbarten und durchgeführten Darlehensvertrags zur Verfügung stellte.

Im VZ 2020 erhielt sie angemessene Zinsen i. H. v. 3.500 €.

2.5 Darlehen an Peter G. Döns

Im Jahre 2017 gewährte Eloisa Brome aus privaten Gründen Peter G. Döns ein Darlehen, damit dieser sich die Anschaffung einer Auslandsimmobilie finanzieren konnte.

Hierfür erhielt sie im VZ 2020 Zinsen i. H. v. 4.000 €.

2.6 Beteiligung an der Ping Pong GmbH

Eloisa Brome ist seit Jahren an der Ping Pong GmbH (Produktion und Handel mit Tennisbällen) mit 75 % beteiligt.

Die Ausschüttung an Eloisa Brome für 2019 i. H. v. 95.000 € wurde am 12.11.2020 beschlossen und am 03.12.2020 mit entsprechenden Steuerabzügen ausgezahlt.

2.7 Grundstück Karl-Ulitzka-Str. 9

Dieses bebaute Grundstück hat Eloisa Brome am 01.10.2020 angeschafft und sogleich zu angemessenen Konditionen an die Ping Pong GmbH, die dieses Grundstück dringend benötigt, vermietet. Die Einnahmen betrugen im VZ 2020 insgesamt 15.000 €, die Aufwendungen inkl. Abschreibungen 35.000 €.

Teil 2: Gewerbesteuer

I. Aufgabenstellung

Ermitteln Sie den Gewerbesteuermessbetrag des Gewerbetreibenden Volker Teig für den Erhebungszeitraum 2020.

Die Entscheidungen sind unter Angabe der gesetzlichen Vorschriften zu begründen. Die Gewerbesteuerrückstellung ist nicht zu ermitteln.

II. Sachverhalt

Der Gewerbetreibende Teig betreibt in Bergisch Gladbach ein Unternehmen, das Arbeitsgeräte für Hobbyangler produziert.

Der vorläufige Gewerbeertrag gem. § 7 GewStG beträgt 267.500 €.

Die nachfolgenden Tz. sind auf gewerbesteuerliche Rechtsfolgen zu untersuchen und ggf. in den endgültigen Gewerbeertrag einzubeziehen.

Tz. 1

Teig pachtet von Klaus Haber folgende Gegenstände:

a) Grundbesitz: Jahrespacht 112.500 €
b) Betriebsvorrichtungen: Jahrespacht 87.500 €

Die Pachtzahlungen wurden als Betriebsausgaben berücksichtigt.

Tz. 2

Die Produktionsstätte des Teig ist eine selbst errichtete Halle. Die Herstellungskosten betrugen 375.000 €.

Zur Finanzierung wurde ein Darlehen aufgenommen. Die das Jahr 2020 betreffenden Schuldzinsen betragen 20.000 €. Außerdem wurde bei Auszahlung des Darlehens ein Disagio i. H. v. 15.000 € einbehalten. Hierfür wurde zutreffend ein aktiver Rechnungsabgrenzungsposten gebildet. Dieser wurde in 2020 gewinnmindernd mit 1.500 € aufgelöst.

Der Auflösungsbetrag und die Schuldzinsen wurden als Betriebsausgaben berücksichtigt.

Das zugehörige Grundstück steht jedoch nicht im Eigentum des Teig. Teig hatte viel mehr im Jahre 2011 mit der örtlichen Kirchengemeinde, in dessen Eigentum sich das Grundstück befindet, einen Erbbaurechtsvertrag über 99 Jahre abgeschlossen (Einheitswert des Erbbaurechtes: 50.000 € nach den Wertverhältnissen zum 01.01.1964).

An Erbbauzinsen wurden in 2020 insgesamt 7.500 € gezahlt und als Betriebsausgaben erfasst.

Das Verwaltungsgebäude befindet sich auf dem Nachbargrundstück, welches Teig im Jahre 2020 (Übergang von Nutzen und Lasten am 01.02.2020) von einer in Spanien ansässigen Unternehmerin auf Rentenbasis erworben hat.

Barwert der Rente am 01.02.2020: 100.000 €
Barwert der Rente am 31.12.2020: 95.000 €
Rentenzahlungen 2020 gesamt 9.000 €

Teig hat den Vorgang bilanzsteuerrechtlich zutreffend gebucht.

Der Einheitswert dieses Grundstücks beträgt 35.000 € (Wertverhältnisse zum 01.01.1964). Eine Zurechnungsfortschreibung auf Teig erfolgte auf den 01.01.2021.

Tz. 3

Zur Herstellung spezieller Fischköder nutzt Teig ein Patent einer Firma mit Sitz in Köln. Die für einen Zeitraum von 10 Jahren vereinbarten Lizenzgebühren werden monatlich i. H. v. 1.500 € gezahlt.

Das Material zur Herstellung der Fischköder bezieht Teig immer vom selben Zulieferer. Aufgrund eines kurzfristigen finanziellen Engpasses konnte Teig eine Warenlieferung i. H. v. 25.000 € nicht fristgemäß bezahlen. Der Zulieferer bot daher dem Teig an, die Schuld zwei Monate zu stunden. Von diesem Angebot machte Teig dankend Gebrauch und zahlte nach Ablauf der zwei Monate die 25.000 € zzgl. der vereinbarten Zinsen i. H. v. 210 €.

Tz. 4

Um seinem Gewerbebetrieb kurzfristig neues Kapital zuzuführen, beteiligte sich der ortsansässige Pensionär Siegfried Rost mit einer Einlage von 100.000 € am Gewerbebetrieb des Teig. Hierfür wurde ihm vertragsmäßig eine Gewinnbeteiligung von 2 % zugesagt. In Verlustjahren sollte sich Siegfried Rost ebenfalls mit 2 % am Verlust beteiligen. Im Falle des Ausscheidens wurde vertraglich vereinbart, dass er jedoch keine Beteiligung an den stillen Reserven erhält. Im Jahr 2020 wurde der dem Siegfried Rost zustehende ausgezahlte Gewinnanteil von 5.000 € als Aufwand gebucht.

Tz. 5

In der Bilanz zum 31.12.2020 ist ein weiteres betriebliches Grundstück zu 100 % aktiviert, und zwar der Grund und Boden mit 40.000 € und das Gebäude mit 100.000 €.

Das Grundstück hatte Teig vor Jahren angeschafft und nutzt es seitdem betrieblich. Der Einheitswert für das Geschäftsgrundstück beträgt 45.000 € (Wertverhältnisse 01.01.1964).

Tz. 6

Zum Betriebsvermögen des Teig gehört seit Jahren die Beteiligung an einer inländischen nicht steuerbefreiten GmbH. Die Beteiligung beträgt 30 % des GmbH-Stammkapitals. Die GmbH schüttete in 2020 einen Betrag i. H. v. 50.000 € (brutto) an Teig aus.

Bei der Ermittlung der steuerlichen Einkünfte des Teig wurde der Vorgang zutreffend behandelt.

Tz. 7

Auf den 31.12.2019 wurde für Teig ein Gewerbeverlust i. H. v. 39.000 € festgestellt.

Teil 3: Körperschaftsteuer

I. Aufgabenstellungen

1. Ermitteln Sie das zu versteuernde Einkommen sowie die tarifliche Körperschaftsteuer und den Solidaritätszuschlag der X-GmbH für 2020.
2. Geben Sie, soweit erforderlich, Hinweise zu gesonderten Feststellungen.

II. Bearbeitungshinweise

- Ihre Ausführungen sollen die maßgeblichen Fundstellen sowie die entsprechenden Hinweise der Richtlinien enthalten.
- Soweit sich aus dem Sachverhalt nicht ausdrücklich etwas anderes ergibt, ist davon auszugehen, dass alle erforderlichen Bescheinigungen vorliegen und Anträge gestellt worden sind.

III. Sachverhalt

Die X-GmbH wurde im Jahr 2014 in Solingen mit einem Stammkapital von 25.000 € gegründet. Gegenstand des Unternehmens ist die Herstellung von Spezialmaschinen für die Spielwarenindustrie. Das Stammkapital der X-GmbH wurde von Peter Krause zu 30 % und von Lars Müller zu 70 % aufgebracht. Die Beteiligungen gehören bei beiden Gesellschaftern zum Privatvermögen.

Die X-GmbH versteuert ihre Umsätze nach den allgemeinen Vorschriften des UStG. Umsätze, die zum Ausschluss des Vorsteuerabzugs führen, wurden nicht getätigt. Das Wirtschaftsjahr der X-GmbH entspricht dem Kalenderjahr.

1. Der Bilanzgewinn im Geschäftsjahr 2020 betrug lt. Handelsbilanz 15.000 €; abweichende Steuerbilanzen wurden nicht erstellt. Der gesamte Bilanzgewinn wird lt. Gesellschafterbeschluss vom 14.04.2021 ausgeschüttet, nachdem zuvor bereits ein Betrag von 10.000 € den Gewinnrücklagen zugeführt worden war.
2. Der Bilanzgewinn des Geschäftsjahres 2019 wurde wie folgt verwendet (Beschluss der Gesellschafterversammlung vom 04.05.2020):

    - Gewinnausschüttung 12.000 €
    - Vortrag auf neue Rechnung 6.500 €

    Die Gewinnausschüttung wurde nach Einbehalt der Kapitalertragsteuer und des Solidaritätszuschlags auf die Privatkonten der Gesellschafter überwiesen.
3. Frau Müller, die Ehefrau von Lars Müller, ist Steuerberaterin. Die X-GmbH hat ihren Betrieb im Jahr 2020 aus steuerlichen Gründen von Solingen nach Hamburg verlagert. Für ihre Bemühungen bei der Beschaffung entsprechender Mieträume und für anwaltliche Tätigkeiten in diesem Zusammenhang erhielt Frau Müller entsprechend ihrer Rechnung vom 14.04.2020 den Betrag von 2.500 € zzgl. 475 € Umsatzsteuer überwiesen. Dieser Betrag ist in ihren Betriebseinnahmen enthalten. Nach

der gültigen Gebührenordnung hätte sie lediglich einen Betrag von 1.500 € zzgl. 285 € Umsatzsteuer verlangen dürfen. Die X-GmbH buchte wie folgt:

Sonstige Aufwendungen	2.500,00 €			
Vorsteuer	475,00 €	an	Bank	2.975,00 €

4. Neben dem angemieteten Fabrikgebäude befindet sich ein unbebautes Grundstück, das Lars Müller im Dezember 2016 (notarieller Vertrag vom 23.12.2016) zum Preis von 15.000 € (inkl. Nebenkosten) erworben hatte. Weil die von ihm geplante Nutzung aus finanziellen Gründen nicht zu realisieren war, übertrug Lars Müller dieses Grundstück zu seinem Einstandspreis an die X-GmbH, obwohl aufgrund des Aufwärtstrends am Immobilienmarkt ein Kaufpreis von 22.500 € angemessen gewesen wäre. Der vereinbarte Kaufpreis von 15.000 € wurde am 03.08.2020 auf dem Privatkonto von Lars Müller gutgeschrieben.

   Den Anschaffungspreis von 15.000 € und die zutreffenden Anschaffungsnebenkosten von 1.250 € hat die X-GmbH auf das Konto „unbebaute Grundstücke" gebucht.

5. In der Gesellschafterversammlung vom 04.05.2020 wurde wegen des gestiegenen Kapitalbedarfs einstimmig beschlossen, das Stammkapital der GmbH durch eine Kapitalerhöhung gegen Einlage um nominal 100.000 € zu erhöhen. Das Beteiligungsverhältnis hat sich dadurch nicht verändert, weil jeder Gesellschafter anteilig die Einlage zu erbringen hat.

   Gleichzeitig wurde ebenfalls einstimmig ein Aufschlag auf den Nennwert der Anteile i. H. v. 10 % vereinbart. In der Buchführung wurde der Vorgang – zutreffend – erfolgsneutral abgewickelt.

   Die Gesellschafter hatten den Beitrag bis zum 03.06.2020 vereinbarungsgemäß auf das Konto der GmbH zu überweisen. Peter Krause ist dieser Aufforderung hinsichtlich des kompletten auf ihn entfallenden Betrages erst am 30.10.2020 nachgekommen, weil er es versäumt hat, den dafür nötigen Bankkredit zu beantragen. Zinsen für die verspätete Kapitaleinlage wurden ihm deshalb von der GmbH aber nicht in Rechnung gestellt, obwohl die GmbH wegen Liquiditätsengpässen diesen Betrag zu 8 % zwischenfinanzieren musste.

6. Die X-GmbH ist seit vielen Jahren an ihrem Zulieferer, der Z-AG, zu 20 % beteiligt. Aus dieser Beteiligung wurde der GmbH am 14.12.2020 eine Dividende von 3.534 € (netto) überwiesen und zutreffend gebucht. Dabei wurde die einbehaltende Kapitalertragsteuer und der Solidaritätszuschlag als Betriebsausgabe gebucht.

   Zum 31.12.2020 wurde eine Teilwertabschreibung vorgenommen, die sich wie folgt berechnete:

Anschaffungskosten Beteiligung Z-AG (Buchwert bisher)	30.000,00 €
Börsenpreis Beteiligung Z-AG zum 31.12.2020 (unstrittig)	- 12.500,00 €
Teilwertabschreibung	17.500,00 €

   Die Beteiligung wurde am 02.03.2021 für 12.500 € verkauft.

7. Auf dem Konto Steuern wurden folgende Beträge erfolgswirksam gebucht:

   KSt-Vorauszahlungen 2020   10.000,00 €

   SolZ-Vorauszahlungen 2020   550,00 €

   GewSt-Nachzahlung 2019   2.500,00 €

8. Unter der Position „Sonstige betriebliche Aufwendungen" der Gewinn- und Verlustrechnung ist u. a. folgender Betrag gebucht:

   Miete für eine Finca auf Fuerteventura, die dem Hauptkunden für eine Woche unentgeltlich zur Nutzung überlassen wurde 1.000 €.

   Umsatz- bzw. Vorsteuern sind in diesem Zusammenhang nicht angefallen.

9. Spenden i. H. v. insgesamt 5.250 €

   Mit Ausnahme einer einzigen Barspende über 250 € liegen für nachstehende Beträge Zuwendungsnachweise gemäß § 50 EStDV vor. Die gespendeten Beträge dienen folgenden Zwecken:

   - gemeinnützigen Zwecken   2.500,00 €
   - mildtätigen Zwecken   2.000,00 €
   - Spenden an politische Parteien   500,00 €

Steuerrecht II

Die zu den drei Teilen dieser Übungsklausur aufgeführten Sachverhalte sind entsprechend der Aufgabenstellung zu beurteilen.

Begründen Sie Ihre Lösungen unter Angabe der maßgeblichen steuerrechtlichen Vorschriften.

Teil 1: Umsatzsteuer

I. Allgemeines zu den nachfolgenden Sachverhalten 1 - 5

- Alle Unternehmer sind keine Kleinunternehmer nach § 19 UStG.
- Alle Unternehmer versteuern ihre Umsätze nach vereinbarten Entgelten (§ 16 Abs. 1 Satz 1 UStG) und geben ihre Umsatzsteuervoranmeldungen gem. § 18 Abs. 2 Satz 2 UStG monatlich ab.
- Die Aufgabenstellung befindet sich am Ende der jeweiligen Sachverhalte.
- Der Leistungsaustausch und die Unternehmereigenschaft sind nicht zu prüfen, sofern hierzu keine besondere Aufgabenstellung besteht.
- Die Angabe „Inland" ist beim Leistungsort im Inland entbehrlich.
- Die getroffenen Entscheidungen sind unter Angabe der einschlägigen Rechtsgrundlagen (UStG, UStDV, UStAE) zu begründen.

II. Allgemeines zum Sachverhalt

Franz Berner (FB) betreibt als Einzelunternehmer in Würzburg auf eigenem Grundstück eine Tankstelle und eine Autowaschanlage.

Die Eheleute Franz und Irmgard Berner betreiben daneben seit Dezember 2018 in der Rechtsform einer GbR ein kleines Hotel, das „Herzblatt" in Würzburg. Das Hotel befindet sich auf einem Grundstück, das an die Tankstelle angrenzt.

Außerdem betreibt die GbR im Bayerischen Wald eine Seilbahn.

Sie werden gebeten, zu den nachfolgenden Sachverhalten aus umsatzsteuerrechtlicher Sicht Stellung zu nehmen.

III. Sachverhalte

Sachverhalt 1

FB verkauft in seiner Tankstelle im Auftrag der Royal Dutch Shell mit Sitz in Den Haag auf der Grundlage eines Agenturvertrages Kraftstoffe und Schmierstoffe für den Bereich von motorbetriebenen Kraftfahrzeugen aller Art.

Die von FB gegenüber den Tankstellenkunden erstellten Rechnungen über die Kraftstofflieferungen weisen zutreffend darauf hin, dass die Lieferungen im fremden Namen und für fremde Rechnung, nämlich der Royal Dutch Shell (Niederlande), erfolgen.

Die Royal Dutch Shell hatte bei Abschluss des Agenturvertrages gegenüber FB erklärt, dass sie ihre niederländische Umsatzsteuer-Identifikationsnummer (USt-IdNr.) für die im Rahmen des Agenturvertrages von FB an die Royal Dutch Shell zu erbringenden Leistungen verwendet. Darüber hinaus waren sich FB und die Royal Dutch Shell darüber einig, dass die Royal Dutch Shell über diese Leistungen monatlich abrechnet.

Mit Datum vom 10.09.2021 erteilt die Royal Dutch Shell gegenüber FB für den Monat Juli 2021 vereinbarungsgemäß folgende, ausdrücklich als „Gutschrift" bezeichnete Abrechnung (auszugsweise dargestellt):

Leistungsdatum: 31.07.2021	
Im September von Ihnen vereinnahmte und an uns abgeführte Einnahmen aus Kraftstofflieferungen	3.500.000,00 €
darauf entfallende Umsatzprovision von 2 % der Einnahmen gem. Agenturvertrag	70.000,00 €
zuzüglich 19 % Umsatzsteuer	13.300,00 €
Gesamt an Sie zu überweisen	83.300,00 €

Aufgabenstellung

Beurteilen Sie die von FB an die Royal Dutch Shell erbrachte Leistung hinsichtlich:
- Steuerbarkeit (nur Angaben zur Art des Umsatzes mit kurzer Begründung, dem Leistungsort mit kurzer Begründung und dem Leistungszeitpunkt)
- Bemessungsgrundlage
- Steuerschuldner
- Pflicht zur Angabe des Umsatzes in der UStVA
- Pflicht zur Angabe des Umsatzes in der ZM nebst notwendigen Angaben und Abgabedatum
- Konsequenzen aus der Abrechnung der Royal Dutch Shell
- Möglichkeit einer Berichtigung der Abrechnung.

Sachverhalt 2

Die Kunden erwerben die zur Bedienung der Autowaschanlage erforderlichen Waschmarken für die jeweiligen Autowäschen (Einfachwäsche, Komfortwäsche, Premiumwäsche) direkt an der Tankstellenkasse.

Nach Bezahlung sind die Kunden ohne zeitliche Befristung berechtigt, die Waschmarken zu verwenden.

Um die Kunden möglichst langfristig zu binden, erhalten sie bei Erwerb einer Premiumwäsche zum Preis von 12 € als Zugabe unentgeltlich ein Polierpflegemittel, das FB zuvor für 3 € zuzüglich Umsatzsteuer i. H. v. 0,57 € eingekauft hat.

Im Mai 2021 erzielte FB aus der Ausgabe von Waschmarken an Privatkunden Einnahmen von 5.712 €.

Waschmarken im Wert von 5.140,80 € wurden von den Kunden bereits im Mai 2021 für die Autowäsche verbraucht. Die anderen Waschmarken sind bisher noch nicht verwendet worden.

Um das Marketing des Geschäftsbereichs Fahrzeugwäsche zu verbessern, befragte FB die Kunden bei Abgabe der Waschmarken im Mai 2021 nach ihrem Wohnsitz. Dabei stellte sich heraus, dass ein Drittel der Privatkunden in Österreich und zwei Drittel der Privatkunden in Deutschland wohnen.

Aufgabenstellung

Die Ausgangsleistung von FB ist zu beurteilen hinsichtlich:

- Steuerbarkeit (Art der Leistung, Leistungszeitpunkt, Leistungsort)
- Steuerbefreiung/Steuerpflicht
- Steuersatz
- Bemessungsgrundlage
- Höhe der Umsatzsteuer
- Zeitpunkt der Steuerentstehung
- Steuerschuldner.

Beurteilen Sie zusätzlich die umsatzsteuerlichen Konsequenzen aus der Abgabe der noch nicht verbrauchten Waschmarken.

Sachverhalt 3

Am 29.06.2021 stellte FB fest, dass die Waschdüsen, aus denen die Fahrzeuge bei der Komfortwäsche mit Perlglanz besprüht werden, beschädigt sind. Noch am selben Tag beauftragt FB das auf Reparaturen von Autowaschanlagen spezialisierte Unternehmen Washclean (WC) mit Sitz in Wien mit dem Ersatz der defekten Waschdüsen.

Am 02.07.2021 ersetzte WC die beschädigten Waschdüsen durch den Einbau neuer Waschdüsen, die WC hierfür in Österreich erworben und von dort aus mitgebracht hatte. Der noch am selben Tag in Anwesenheit von FB durchgeführte Probewaschgang war erfolgreich, sodass FB die Leistung von WC sofort beanstandungslos abnahm.

Am 12.08.2021 erteilte WC für seine Leistung eine Rechnung über 6.000 € zuzüglich Anfahrtskosten und Reisespesen i. H. v. 150 €.

Aufgabenstellung

Beurteilen Sie die von WC an FB erbrachte Leistung bezüglich:

- Steuerbarkeit (Art der Leistung, Leistungszeitpunkt, Leistungsort)
- Steuerbefreiung/Steuerpflicht
- Steuerschuldner
- Bemessungsgrundlage
- Steuersatz, Höhe der Umsatzsteuer
- Zeitpunkt der Steuerentstehung.

Für FB sind die weiteren Konsequenzen aus der Leistung von WC zu beurteilen hinsichtlich:
- Zulässigkeit des Vorsteuerabzugs dem Grunde nach
- Vorliegen von Ausschlussgründen
- Vorsteuerabzug der Höhe nach und VAZ für den Abzug.

Sachverhalt 4

Folgende Sachverhalte betreffen das Unternehmen der GbR:

a) Die Eheleute Müller aus Köln haben den Sommerurlaub im Zeitraum vom 23.07. - 14.08.2021 zusammen mit ihrem Kind in einem Familienzimmer des „Herzblattes" verbracht.

b) Wegen der bekannt guten Küche des „Herzblattes" haben die Eheleute Müller im o. g. Zeitraum außerdem die von der GbR separat buchbare „Vollpension", bestehend aus Frühstück, Mittagessen und Abendbrot, in den Gasträumen des Hotels in Anspruch genommen.

c) Am 02.08.2021 haben die Eheleute Müller einen Ausflug unternommen und sind mit der von der GbR betriebenen Seilbahn bis zur Gipfelstation bergauf und wieder talwärts gefahren.

Für die unter a) bis c) erbrachten Leistungen vereinnahmte die GbR von den Eheleuten Müller am 14.08.2021 insgesamt 1.850 €. In diesem Betrag ist die Umsatzsteuer bereits enthalten.

Aufgrund nicht zu beanstandender innerbetrieblicher Kalkulation zuzüglich eines angemessenen Gewinnaufschlags für erbrachte Leistungen an die Familie Müller hat Irmgard Berner betriebsintern folgende Bruttobeträge zugrunde gelegt:

- Familienzimmer Müller 23.07. - 14.08.2021   1.070 €
- Zuschlag Kinderbett im Familienzimmer 23.07. - 14.08.2021   70 €
- Vollpension 23.07. - 14.08.2021   610 €
- Berg- und Talfahrt für zwei Personen mit der Seilbahn   100 €

d) Familie Haber aus Hamburg konnte die für die Zeit vom 01.04. - 14.04.2021 fest gebuchte Beherbergung im „Herzblatt" wegen unaufschiebbarer beruflicher Termine des Herrn Haber nicht in Anspruch nehmen. Herr Haber trat deswegen 10 Tage vor Reiseantritt von dem mit der GbR geschlossenen Beherbergungsvertrag zurück. Die für einen solchen Fall vertraglich vorgesehene „Stornogebühr" i. H. v. 70 % des Zimmerpreises, in diesem Falle von 963 € ging am 23.04.2021 auf dem betrieblichen Konto der GbR ein.

Aufgabenstellung

Beurteilen Sie die von der GbR an die Eheleute Müller unter a) bis c) erbrachten Leistungen jeweils bezüglich:

- Steuerbarkeit (Art der Leistung, Leistungsort, Leistungszeitpunkt)
- Steuerbefreiung/Steuerpflicht
- Bemessungsgrundlage
- Steuersatz
- Höhe der Umsatzsteuer
- Steuerentstehung
- Steuerschuldner.

Beurteilen Sie die von der Familie Haber gezahlte Stornogebühr unter d) in umsatzsteuerrechtlicher Hinsicht.

Sachverhalt 5

Ab dem 01.09.2021 nutzt die 80-jährige, kranke Mutter des FB dauerhaft ein Ferienzimmer des „Herzblattes", welches bisher ausschließlich kurzfristig an Touristen vermietet wurde, für Wohnzwecke. Die Mutter hatte zeitgleich ihre Wohnung in Frankfurt aufgegeben. Da sie ihrem Sohn nicht zur Last fallen möchte, lehnt sie es ab, das Zimmer unentgeltlich zu nutzen und zahlt daher auf der Grundlage eines mit der GbR abgeschlossenen Mietvertrages eine angemessene Zimmermiete i. H. v. monatlich 750 €. Hierin sind keine Verpflegung oder sonstige Dienstleistungen enthalten. Die Mutter hat ihre eigenen Möbel mitgebracht.

Das Ferienzimmer ist 50 qm groß und entspricht damit 20 % der gesamten Nutzfläche des Herzblattes. Bei der Errichtung des Herzblattes im Jahr 2018 sind insgesamt 120.000 € Vorsteuer angefallen, die die GbR seiner Zeit in vollem Umfang zutreffend in Anspruch genommen bzw. abgezogen hat.

Das Herzblatt wurde erstmalig am 01.12.2018, rechtzeitig zu Beginn der Wintersaison, in Betrieb genommen.

Aufgabenstellung

Beurteilen Sie die steuerbare Vermietungsleistung der GbR an die Mutter für VAZ September 2021 hinsichtlich:

- Leistungszeitpunkt
- Steuerbefreiung/Steuerpflicht
- Bemessungsgrundlage
- ggf. Steuersatz und ggf. Höhe der Umsatzsteuer (Betrag angeben)

- Steuerschuldner bzw. analog, wer den Umsatz zu erklären hat
- Zeitpunkt der Steuerentstehung bzw. analog Voranmeldezeitraum (VAZ) des steuerfreien Umsatzes
- Konsequenzen für den Vorsteuerabzug aus mit dieser Leistung im Zusammenhang entstehenden Eingangsleistungen.

Beurteilen Sie, ob aus der Vermietung an die Mutter umsatzsteuerliche Konsequenzen hinsichtlich einer Vorsteuerberichtigung nach § 15a UStG zu ziehen sind und stellen Sie diese vollständig dar.

Teil 2: Abgabenordnung
Sachverhalt 1

Andrea Ritter hat ihre ESt-Erklärung 2014 am 01.03.2015 bei dem zuständigen Finanzamt eingereicht und erstmals Einkünfte aus Gewerbebetrieb erklärt.

Es handelt sich hierbei um einen Verlust i. H. v. 10.000 €. Darüber hinaus erzielte sie Einkünfte aus Vermietung und Verpachtung i. H. v. 30.000 €.

Der ESt-Bescheid 2014 erging im August 2015 vorläufig nach § 165 Abs. 1 AO mit dem Vermerk:

> „Da die Gewinnerzielungsabsicht noch nicht feststeht, ergeht der Bescheid vorläufig hinsichtlich der Einkünfte aus Gewerbebetrieb."

Der Verlust wurde vom Finanzamt nicht berücksichtigt.

Am Mittwoch, den 29.01.2020 (Eingang beim Finanzamt) stellte Andrea Ritter den Antrag, den ESt-Bescheid 2014 zu ändern und den Verlust zu berücksichtigen. Belege, aus denen hervorging, dass sie ihren Gewerbebetrieb von Anfang an mit Gewinnerzielungsabsicht betrieben hat, fügte sie dem Antrag bei.

Mit Schreiben vom Donnerstag, den 05.03.2020 (Tag der Aufgabe zur Post), das keine Rechtsbehelfsbelehrung enthielt, akzeptierte das Finanzamt die Gewinnerzielungsabsicht, lehnte den Antrag aber mit der Begründung ab, für das Jahr 2014 sei bereits die Festsetzungsverjährung eingetreten.

Andrea Ritter fand sich mit dem Inhalt des Schreibens zunächst ab.

Im Rahmen der Erstellung der ESt-Erklärung 2020 fiel ihr jedoch das Schreiben des Finanzamtes vom 05.03.2020 wieder in die Hände. Daher schickte sie – unter Angabe ihrer Steuernummer – am 09.03.2021 folgende E-Mail an das zuständige Finanzamt (Eingang beim Finanzamt, Dienstag, den 09.03.2021):

> Sehr geehrte Damen und Herren,
>
> ich beziehe mich auf Ihr Schreiben vom 05.03.2020 und lege dagegen Widerspruch ein. Ich bin der Auffassung, dass die Verjährung nicht abgelaufen ist, da der Bescheid 2014 vorläufig war.
>
> In meinem ESt-Bescheid für das Jahr 2014 bitte ich nunmehr den gewerblichen Verlust anzusetzen.
>
> Meine Einkommensteuer für das Jahr 2014 wird sich um 6.000 € ermäßigen. Mit freundlichen Grüßen
>
> Andrea Ritter

Aufgabenstellungen

Prüfen und begründen Sie unter Angabe der gesetzlichen Bestimmungen, ob der „Widerspruch" vom 09.03.2021 gegen das Schreiben des Finanzamts vom 05.03.2020

- statthaft ist,
- formgerecht eingelegt wurde,
- fristgerecht eingelegt wurde (Benutzen Sie dazu einen Kalender für 2020 und 2021) und ob
- eine Beschwerde gegeben ist.

Prüfen und begründen Sie unter Angabe der gesetzlichen Bestimmungen, ob der o. g. „Widerspruch" begründet ist. Gehen Sie bei Ihrer Prüfung insbesondere auf die Argumentation des Finanzamtes ein.

Sachverhalt 2

Der Vater von Andrea Ritter ist am 21.03.2021 verstorben. Bei der Durchsicht seiner Unterlagen im April 2021 stellt Andrea Ritter, die Alleinerbin ist, fest, dass ihr Vater Mieteinnahmen i. H. v. 4.600 € in seiner ESt-Erklärung 2017 (eingereicht beim Finanzamt am 31.05.2018) nicht berücksichtigt hat.

Der den Vater von Andrea Ritter betreffende ESt-Bescheid 2017 war am 15.02.2019 ohne Nebenbestimmung ergangen.

Aufgabenstellung

Stellen Sie unter Angabe der gesetzlichen Bestimmungen dar, ob sich aus dem genannten Sachverhalt für Andrea Ritter gegenüber dem Finanzamt ggf. eine Verpflichtung ergibt und ob das Finanzamt den Steuerbescheid ggf. ändern kann.

Teil 3: ErbSt/SchenkSt/BewG

I. Sachverhalt

1. Persönliche Verhältnisse

Gerd Güster (GG) ist am 14.11.2020 im Alter von 65 Jahren verstorben.

GG ist seit 2017 geschieden und hatte seinen Wohnsitz in Nürnberg. Alleinerbin ist seine leibliche Tochter Resi Räuber (RR) als einzig noch lebende Verwandte.

Die ledige Resi Räuber (21 Jahre) wohnt ebenfalls in Nürnberg und hat das Erbe angenommen.

2. Nachlass des GG

Der Nachlass des GG setzt sich wie folgt zusammen:

2.1 Grundstück Nürnberg, Hauptstr. 57

Der Erblasser war Eigentümer des für eigene Wohnzwecke genutzten und lastfreien Einfamilienhauses.

Der auf den Todestag festgestellte und ermittelte Grundbesitzwert beträgt 500.000 €. Die Wohnfläche beträgt 250 qm.

Nach dem Tode ihres Vaters hat RR die Wohnung renoviert und nutzt sie seit dem 02.01.2021 zu eigenen Wohnzwecken.

2.2 Grundstück Dortmund, Bergstr. 21

GG war Eigentümer des Mietwohngrundstückes. Die Wohnungen sind vermietet und werden in vollem Umfang zu Wohnzwecken genutzt.

Der auf den Todestag festgestellte und ermittelte Grundbesitzwert beträgt 600.000 €.

Das Grundstück ist belastet mit einer am Todestag valutierenden Grundschuld i. H. v. 50.000 €.

2.3 Grundstück Buxtehude, Fischkaule 13

GG war Eigentümer des gemischt genutzten und lastfreien Grundstücks.

Das Erd- und das 1. Obergeschoss haben eine Nutzfläche von insgesamt 200 qm und werden zu fremdgewerblichen Zwecken genutzt. Im 2. Obergeschoss befindet sich eine vermietete und zu Wohnzwecken genutzte Wohnung mit einer Wohnfläche von 100 qm.

Der auf den Todestag festgestellte und ermittelte Grundbesitzwert beträgt 600.000 €.

2.4 Hausrat

Der gemeine Wert des dem Erblasser zuzurechnenden Hausrates beläuft sich zum Todestag auf einen Betrag von 91.000 €.

Für die Finanzierung eines im Hausrat enthaltenen und am 13.11.2020 gelieferten Plasma TV hatte GG mit dem Verkäufer eine Ratenzahlung des Kaufpreises vereinbart. Die zinslosen Ratenzahlungen von 200 € je Monat sind für den Zeitraum von zwei Jahren zu entrichten.

Die erste Rate ist am 27.11.2020 fällig.

2.5 ESt-Bescheid 2019

Am 20.11.2020 hat das Finanzamt den ESt-Bescheid 2019 für GG erlassen. Der Bescheid ist formell zutreffend an die Gesamtrechtsnachfolgerin RR für den verstorbenen GG erlassen worden. Aus dem Bescheid ergibt sich nach Anrechnung der von GG geleisteten Vorauszahlungen eine Erstattung von 10.000 €. Der vorstehend genannte Betrag ist am 30.11.2020 auf das Bankkonto der RR überwiesen worden.

3. Sonstige Angaben

- RR unterliegt als Inländerin der persönlichen Steuerpflicht gemäß § 2 Abs. 1 Nr. 1 Buchstabe a) ErbStG.
- RR ist gemäß § 15 Abs. 1 ErbStG der Steuerklasse I zuzuordnen.
- Die Kosten der standesgemäßen Beerdigung des GG betrugen insgesamt 9.500 € und sind von der Alleinerbin getragen worden.
- RR stehen anlässlich des Todes ihres Vaters keine steuerfreien Versorgungsbezüge zu.
- Vorschenkungen des Erblassers an RR innerhalb der letzten 10 Jahre liegen nicht vor.

II. Aufgaben und Bearbeitungshinweise

Beurteilen Sie den o. a. Sachverhalt für RR unter Angabe der gesetzlichen Bestimmungen des ErbStG und des BewG und begründen Sie Ihre Entscheidung.

Gehen Sie bei Ihrer Lösung in der vorgegebenen Reihenfolge nur auf die nachfolgend genannten Punkte ein:

- Ermittlung des Wertes der Bereicherung
- Ermittlung des steuerpflichtigen Erwerbs und der festzusetzenden Erbschaftsteuer.

Ausführungen zur persönlichen Steuerpflicht, zur Entstehung der Steuerschuld und zum Bewertungsstichtag sind nicht erforderlich.

Entsprechend der Systematik des ErbStG sind sachliche Steuerbefreiungen und Freibeträge direkt bei den begünstigten Wirtschaftsgütern zu berücksichtigen.

Rechnungswesen
Teil 1: Buchführung und Jahresabschluss nach Handels- und Steuerrecht
I. Aufgabenstellung

1. Beurteilen Sie die nachfolgenden Sachverhalte 1 - 6 unter Hinweis auf die maßgeblichen gesetzlichen Bestimmungen des Handels- und Steuerrechts sowie den Verwaltungsanweisungen (EStR/EStH).
2. Entwickeln Sie die jeweiligen Bilanzansätze nach Handelsrecht (HB) und Steuerrecht (StB) zum 31.12.2020.

   Soweit Bewertungswahlrechte bestehen, ist davon auszugehen, dass für das Wirtschaftsjahr 2020 (= Kalenderjahr) steuerrechtlich der niedrigste mögliche Gewinn ausgewiesen werden soll. M möchte, soweit dies möglich ist, eine einheitliche Bilanz (Handelsbilanz = Steuerbilanz) erstellen; eine gesonderte Steuerbilanz will M nicht aufstellen.

   Für evtl. aufgedeckte stille Reserven möchte M, soweit dies möglich ist, eine steuerliche Rücklage bilden; eine Übertragung auf in 2020 angeschaffte Wirtschaftsgüter möchte M nicht vornehmen.

   Gehen Sie davon aus, dass M bei steuerlichen Wahlrechten ein besonderes Verzeichnis erstellt hat.

   Bei rechtlichen Zweifelsfällen ist der Verwaltungsauffassung zu folgen.

   Sollten die Bilanzansätze in Handelsbilanz und Steuerbilanz zwingend voneinander abweichen, ist dies außerhalb der Handelsbilanz darzustellen.

   Eventuelle Änderungen bei der Vorsteuer bzw. Umsatzsteuer sind nur bei den betreffenden Sachverhalten betragsmäßig anzugeben.

3. Geben Sie für die ggf. erforderlichen Berichtigungs- bzw. Ergänzungsbuchungen die Buchungssätze für das Jahr 2020 an.
4. Nennen Sie die jeweilige Gewinnauswirkung für das Jahr 2020. Steuerliche Abweichungen sind gesondert darzustellen.

II. Hinweise

- Eine betragsmäßige Zusammenstellung sämtlicher Änderungen (Ermittlung des endgültigen steuerlichen Gewinns bzw. Erstellung der Steuerbilanz) ist nicht erforderlich.
- Soweit in den einzelnen Sachverhalten besonders darauf hingewiesen wird, dass Bilanzposten/Buchungen bereits zutreffend erfasst/erfolgt sind, brauchen diese nicht mehr angesprochen werden.
- Ferner ist nicht einzugehen auf gewerbesteuerliche Auswirkungen, latente Steuern (§ 274 HGB) oder die Abzugsbeschränkung gem. § 4h EStG (Zinsschranke).

III. Allgemeine Angaben

Der Einzelunternehmer Björn Maltes (M) betreibt in Bremerhaven den Handel mit Kraftfahrzeugen und Zubehörteilen.

Das Unternehmen ist seit 2008 im Handelsregister eingetragen.

M ermittelt seinen Gewinn gem. § 5 Abs. 1 EStG i. V. m. § 238 Abs. 1 HGB.

Der vorläufige Jahresüberschuss für 2020 beträgt lt. Gewinn- und Verlustrechnung 62.640 €.

Das Wirtschaftsjahr stimmt mit dem Kalenderjahr überein.

Die vorläufige Handelsbilanz des Jahres 2020 wurde am 24.09.2021 erstellt. Außerbilanzielle steuerliche Korrekturen (§ 60 Abs. 2 Satz 1 EStDV) hat M bisher noch nicht vorgenommen.

Das Unternehmen des M erfüllt nicht die Voraussetzungen des § 7g EStG.

M versteuert seine Umsätze nach den allgemeinen Vorschriften des UStG und ist uneingeschränkt zum Vorsteuerabzug berechtigt.

IV. Sachverhalte

Sachverhalt 1

Das bebaute Grundstück in Bremerhaven, Kaimauer 19, hatte M zwecks Betriebserweiterung mit notariellem Kaufvertrag vom 20.12.2019 zum Preis von nur 90.000 € erworben. Vereinbarungsgemäß ist der Kaufpreis in zwei Raten von je 45.000 € bezahlt worden. Die erste Rate ist am 01.01.2020 (Tag des wirtschaftlichen Übergangs, die Eintragung in das Grundbuch erfolgte am 16.03.2020) entrichtet worden.

Die Raten sind bei Zahlung folgendermaßen gebucht worden:

01.01.2020	Gebäude	45.000,00 € an Bank		45.000,00 €
01.02.2020	Grund und Boden	45.000,00 € an Bank		45.000,00 €

Das am Rande von Bremerhaven gelegene Gebäude (Baujahr 1959) stand bereits seit Monaten leer und war im Zeitpunkt des Erwerbs für Wohnzwecke ohne erhebliche Sanierungsmaßnahmen nicht mehr verwendbar. Auch die Nutzung zu betrieblichen Zwecken hätte erst nach Vornahme von erheblichen Umbau- und Sanierungsmaßnahmen erfolgen können. M ließ deshalb das objektiv wertlose Gebäude sofort nach dem Erwerb abbrechen, um Platz für seinen Neubau zu schaffen.

Die hierbei entstandenen Abbruchkosten i. H. v. 30.000 € netto verbuchte M am 15.02.2020 auf dem Konto „Sonstige betriebliche Aufwendungen".

Die Vorsteuer wurde dabei zutreffend behandelt.

In dem Abbruch des Gebäudes erblickte M eine außergewöhnliche Abnutzung. Den auf dem Gebäudekonto gebuchten Betrag von 45.000 € buchte er deshalb zum 31.12.2020 über das Konto „Außerplanmäßige Abschreibung" aus.

Die Erwerbsnebenkosten von 4.500 € (netto, ohne Vorsteuer) buchte M im Januar 2020 bei Zahlung zulasten der Grundstücksaufwendungen.

Die gem. § 15 Abs. 1 Nr. 1 UStG abziehbare Vorsteuer wurde zutreffend berücksichtigt. Nach Beendigung des Abbruchs wurde auf dem Grundstück am 15.02.2020 mit dem Bau eines modernen Geschäftshauses begonnen. Das gesamte Bauwerk (Antrag auf Baugenehmigung am 04.01.2020) dient nach Fertigstellung am 01.11.2020 ausschließlich eigenbetrieblichen Zwecken (Büro- und Verkaufsflächen).

Die mit der Herstellung verbundenen Zahlungen an die einzelnen Bauunternehmer sowie die damit im Zusammenhang stehenden Hypothekenschulden des M wurden zutreffend buchmäßig erfasst.

In den Netto-Herstellungskosten von insgesamt 666.500 € (ohne die zutreffend gebuchte abziehbare Vorsteuer) sind anteilige Herstellungskosten von 30.000 € für eine Kfz-Hebebühne (Nutzungsdauer 15 Jahre ab 01.11.2020) sowie anteilige Herstellungskosten für eine Hofbefestigung von netto 66.500 € (Einbau 01.11.2020, Nutzungsdauer 19 Jahre) enthalten.

Kontenentwicklung:

Grund und Boden	Zugang 01.02.2020	45.000,00 €
	Bilanzwert zum 31.12.2020	45.000,00 €
Gebäude	Zugang 01.02.2020	45.000,00 €
	- außerplanmäßige Abschreibung (Abbruch)	45.000,00 €
	Restwert nach Abbruch	0,00 €
	Herstellungskosten 2020, netto	666.500,00 €
	- degressive AfA 5 %	33.325,00 €
	Bilanzwert 31.12.2020	633.175,00 €

M erfasste die Gebäude-AfA für 2020 wie folgt:

AfA	33.325,00 €	an	Gebäude	33.325,00 €

Weitere Buchungen sind bisher nicht vorgenommen worden.

Die übrigen Grundstücksaufwendungen (Versicherung, Heizung usw.) sind in 2020 zutreffend gebucht worden.

Sachverhalt 2

a) Anteile an der X-GmbH

M ist seit dem 21.03.2013 an der X-GmbH mit Sitz in Essen zu 30 % beteiligt.

Die X-GmbH ist ebenfalls in der Kfz-Branche tätig. Die Beteiligung wurde bisher mit 80.000 € Anschaffungskosten (inkl. Nebenkosten) in der Bilanz bilanziert.

Mit Wirkung zum 02.09.2020 hat M die vorstehenden Anteile zu einem Kaufpreis von 110.000 € veräußert. M ließ den Vorgang wie folgt buchen:

Bank	110.000,00 €	an	Beteiligung X-GmbH	80.000,00 €
			Erträge aus Anlagenabgang	30.000,00 €

Noch vor der Bilanzerstellung im September 2021 hat M zum Kaufpreis von 105.000 € Anteile an der X-GmbH (Handel mit Kfz-Zubehörteilen) erwerben können.

In der Gesellschafterversammlung vom 22.06.2020 hat die X-GmbH für das Geschäftsjahr 2019 (Wirtschaftsjahr = Kalenderjahr) eine Ausschüttung beschlossen.

Nach Einbehaltung der Kapitalertragsteuer (25 %) und des Solidaritätszuschlags (5,5 %) wurde M ein Betrag i. H. v. 4.417,50 auf dem betrieblichen Bankkonto gutgeschrieben. Die erforderlichen Bescheinigungen sind erteilt worden. Buchung:

Bank	4.417,50 €	an	Beteiligungserträge	4.417,50 €

b) Anteile an der Y-AG

Am 31.12.2020 befanden sich im Betriebsvermögen 50 Stück Aktien der Y-AG (Stahlbranche), die im September 2019 zur vorübergehenden Geldanlage angeschafft worden sind.

M hat die Wertpapiere zum 31.12.2019 wie folgt bilanziert:

50 Stück Aktien der Y-AG nominal je Stück 50 €

zum Kurs von 140 %	3.500,00 €
1,5 % Nebenkosten (Maklergebühren etc.)	52,50 €
Bilanzansatz zum 31.12.2019	3.552,50 €

Zum 31.12.2020 sank der Kurs auf 120 %. Bis zur Bilanzerstellung am 27.09.2021 schwankte der Kurs zwar, überstieg aber nur ein einziges Mal den Kurs von 140 %.

In der Bilanz zum 31.12.2020 wurden diese Anteile deshalb von M mit 3.045 € bilanziert. Buchung:

Außerplanmäßige Abschreibung	507,50 €	an	Wertpapiere Y-AG	507,50 €

M hat die kompletten Aktien der Y-AG Ende März 2021 mit einem geringen Kursverlust veräußert.

Sachverhalt 3

M erwarb zum 01.04.2020 ein anderes Einzelunternehmen (Gegenstand: Betrieb einer Kfz-Werkstätte).

Sämtliche Wirtschaftsgüter wurden zum 01.04.2020 auf das Unternehmen des M übertragen und zutreffend bilanziert.

Die Differenz zwischen dem Gesamteinkaufspreis und den Teilwerten der übernommenen Wirtschaftsgüter und Schulden wurde wie folgt gebucht:

Sonstiger betrieblicher Aufwand	15.000,00 €	an	Bank	15.000,00 €

Weitere Buchungen sind nicht erfolgt.

Sachverhalt 4

Zur Einrichtung neuer Büroräume erwarb M mit Auslieferung am 09.10.2020 die folgenden Gegenstände, die furniermäßig aufeinander abgestimmt sind:

1 Konferenztisch	900,00 €
9 Stühle, jeweils zu 100,00 €	900,00 €
1 Schreibtisch	800,00 €
Gesamtbetrag	2.600,00 €
16 % Umsatzsteuer	416,00 €
Rechnungsbetrag	3.016,00 €

Im Zeitpunkt der Zahlung Mitte Oktober 2020 hat M das Konto „Betriebs- und Geschäftsausstattung" i. H. v. 2.600 € belastet; die abziehbare Vorsteuer von 416,00 € ist zutreffend buchmäßig erfasst worden.

Obwohl M die Nutzungsdauer der vorstehenden Büromöbel mit 13 Jahren annahm (amtliche steuerliche AfA-Tabelle), buchte er zum Jahresabschluss:

Sonstiger betrieblicher Aufwand	2.600,00 €	an	Betriebs- und Geschäftsausstattung	2.600,00 €

Handelsrechtlich ist eine Nutzungsdauer von fünf Jahren anzunehmen.

Sachverhalt 5

M hatte für die Erweiterung seines Betriebs und seiner Verkaufsfläche (Erwerb eines angrenzenden Lagergrundstücks) am 01.06.2020 ein Bankdarlehen aufgenommen:

Darlehensbetrag	100.000 €
Auszahlungsbetrag (4 % Disagio)	96.000 €
Festzinssatz	4 % p. a.
	(Zinstermine jeweils zum 31.05. eines Jahres)
	Tilgung jeweils 25.000 € zum 31.05. der Jahre 2021 bis 2024

Für die Vermittlung des zinsgünstigen Darlehens hatte M in 2020 aus privaten Mitteln 1.000 € Provision an einen Finanzmakler gezahlt; eine Buchung wurde insoweit nicht vorgenommen.

Bisher wurde gebucht:

Bank	96.000,00 €	an	Darlehensschulden	96.000,00 €

Sachverhalt 6

M führte seit dem 05.02.2020 einen Prozess gegen einen seiner Lieferanten.

Nach dem Stand vom 31.12.2020 muss im Falle des Unterliegens mit Prozesskosten (Anwalt und Gericht) i. H. v. 4.000 € gerechnet werden. Am 16.04.2021 hat das Gericht entschieden. M hat obsiegt. Die Kosten des Verfahrens hat der Unterlegene zu tragen. Ansprüche gegenüber einer Rechtsschutzversicherung bestehen seitens des M nicht.

Bei Erstellung des Jahresabschlusses 31.12.2020 am 24.09.2021 war die Gerichtsentscheidung rechtskräftig.

Eine Buchung ist bisher nicht erfolgt.

Teil 2: Jahresabschlussanalyse

I. Sachverhalt

Die Becker OHG aus Düsseldorf ist ein Automobilzulieferer, die sich auf die Produktion von Bauteilen für Getriebe spezialisiert hat.

Zum 31.12.2020 stellte die OHG folgende – vereinfacht wiedergegebene – Bilanz auf, die für eine Analyse der Unternehmenssituation verwendet werden soll:

AKTIVA	Bilanz zum 31.12.2020		PASSIVA
	Euro		Euro
Anlagevermögen	15.435,00	Eigenkapital	6.350,00
Forderungen	10.065,00	Fremdkapital	
Vorräte	10.450,00	▶ langfristig	8.500,00
Bank, Kasse	2.550,00	▶ mittelfristig	3.250,00
		▶ kurzfristig	20.400,00
	38.500,00		38.500,00

Die Pensionsrückstellungen umfassen 80 % des langfristigen Fremdkapitals, der Rest besteht aus Darlehen. Es bestehen keine Sonderposten mit Rücklageanteil.

Aus der Gewinn- und Verlustrechnung 2020 sind folgende Zahlen bekannt:
- Jahresüberschuss vollständig in die Gewinnrücklagen eingestellt: 250.000 €
- Abschreibungen auf das Anlagevermögen: 340.000 €
- Steuern vom Einkommen und Ertrag: 100.000 €

II. Aufgabenstellungen

a) Untersuchen Sie die Anlagenintensität (Anlagenquote) des Anlagevermögens. Beurteilen Sie das Ergebnis hinsichtlich der Auswirkungen auf die Fixkosten. In der Branche ist eine Anlagenintensität von 55 % üblich.

b) Ermitteln Sie die Anlagendeckung II als Verhältnis von Eigenkapital und langfristigem Fremdkapital gegenüber dem Anlagevermögen. Stellen Sie das Ergebnis der Goldenen Bilanzregel im weiteren Sinne gegenüber.

c) Beurteilen Sie die Verschuldungssituation insbesondere unter Beachtung der sog. Regelungen 1:1 und 2:1.

Teil 3: Gesellschaftsrecht

I. Sachverhalt

Klaus Frohlig (F) und Oliver Krause (K) haben sich selbstständig gemacht.

Ihr Unternehmen soll ausschließlich im Handelsbereich (Einzelhandel mit Textilien) tätig werden. Der Sitz der Gesellschaft befindet sich in Oberhausen.

F und K haben sich auf Anraten eines sachkundigen Beraters entschlossen, ihr Unternehmen in der Rechtsform der GmbH & Co. KG zu führen, wobei F die Anteile an der neu zu gründenden GmbH zu 100 % hält.

In der gegründeten KG sind F zu 50 %, K zu 40 % und die GmbH zu 10 % beteiligt.

Das Stammkapital der GmbH, die keinen eigenen Geschäftsbetrieb unterhält, beträgt 25.000 €.

Als Geschäftsführer der GmbH ist ausschließlich der Gesellschafter Klaus Frohlig bestimmt worden.

Mit Abschluss des notariellen Gesellschaftsvertrages am 06.04.2020 hat F die Stammeinlage in voller Höhe geleistet (Einzahlung auf das Bankkonto der GmbH).

Am 22.05.2020 erfolgte die Eintragung der GmbH in das Handelsregister.

Für den Gesellschafter F ist im Gesellschaftsvertrag der Personengesellschaft vom 27.04.2020 eine Kommanditeinlage von 25.000 €, für K eine Kommanditeinlage von 20.000 € vorgesehen. Die Zahlung der Kommanditisten erfolgte am 15.05.2020.

Die Eintragung F & K GmbH & Co. KG in das Handelsregister erfolgte am 29.05.2020.

Nach Abschluss der Anfang Juni 2020 begonnenen Vorbereitungsmaßnahmen ist am 03.07.2020 in Essen eine Filiale mit hochwertigen Damenmoden eröffnet worden. Die Eröffnung weiterer Filialen in Deutschland ist geplant, sollten sich die Geschäfte in Oberhausen positiv entwickeln.

II. Aufgabenstellungen

Beantworten Sie die nachstehenden Fragen unter Angabe der einschlägigen Vorschriften des HGB bzw. des BGB bzw. des GmbHG.

1. Beschreiben Sie, in welcher Reihenfolge die Gründung der GmbH & Co. KG erfolgen muss. Nehmen Sie dabei insbesondere Stellung
    a) zur jeweiligen Rechtsform (Art der Gesellschaft und Rechtsfähigkeit)
    b) zu den jeweiligen gesetzlichen Rechtsgrundlagen

- c) zu den jeweiligen Gesellschaftsverträgen; gibt es ggf. Erleichterungen?
- d) zu dem frühest möglichen Zeitpunkt des Abschlusses des Gesellschaftsvertrages der GmbH & Co. KG
- e) zu den jeweiligen Einlagen; sind gesetzliche Mindesteinlagen erforderlich?
2. Wann ist die GmbH & Co. KG zivilrechtlich entstanden?
3. Wer ist zur Geschäftsführung und zur Vertretung der F & K GmbH & Co. KG berechtigt?
4. Wie sind die Haftungsverhältnisse bei der entstandenen F & K GmbH & Co. KG geregelt?

Auf Besonderheiten, wie z. B. das Insolvenzrecht und kapitalersetzenden Gesellschafterdarlehen, ist hierbei nicht einzugehen.

Lösung s. Seite 175

Zweiter Prüfungssatz

Steuerrecht I

Die zu den drei Teilen dieser Übungsklausur aufgeführten Sachverhalte sind entsprechend der Aufgabenstellung zu beurteilen. Begründen Sie Ihre Lösungen unter Angabe der maßgeblichen steuerrechtlichen Vorschriften.

Teil 1: Einkommensteuer

I. Aufgabenstellung

Ermitteln Sie für die Eheleute Helmut Reich (HR) und Beate Reich (BR) die Einkünfte für den VZ 2020.

Nehmen Sie Stellung zu etwaigen Sonderausgaben, außergewöhnlichen Belastungen sowie zur Berücksichtigung von Kindern.

Die Entscheidungen sind unter Angabe der gesetzlichen Vorschriften zu begründen.

Richtlinien und Hinweise sind zur Begründung nur dann heranzuziehen, wenn es sich um Erläuterungen handelt, die sich nicht unmittelbar aus dem Gesetz ergeben, sowie bei Anwendung von Vereinfachungsregelungen.

Gehen Sie bei Ihrer Lösung in der vorgegebenen Reihenfolge nur auf die nachfolgend genannten Punkte ein:

1. Berücksichtigung von Kindern
2. Ermittlung der Einkünfte für Helmut Reich
3. Ermittlung der Einkünfte für Beate Reich
4. Sonderausgaben
5. Außergewöhnliche Belastungen.

II. Bearbeitungshinweise

- Die Eheleute Reich sind gemäß § 1 Abs. 1 Satz 1 EStG unbeschränkt steuerpflichtig.
- Für die Eheleute Reich ist gemäß § 26 Abs. 1 Satz 1 i. V. m. § 26b EStG eine Zusammenveranlagung durchzuführen.
- Es ist davon auszugehen, dass die Steuerpflichtigen das steuerlich günstigste Ergebnis für den VZ 2020 wünschen, sofern sich aus den einzelnen Textziffern nichts Gegenteiliges ergibt.
- Alle erforderlichen Anträge gelten als gestellt und sämtliche erforderlichen Bescheinigungen und Nachweise liegen vor.
- Bezüglich der ggf. gebotenen steuerlichen Freistellung des Existenzminimums von Kindern ist davon auszugehen, dass Kinderfreibeträge zu berücksichtigen sind, sofern

die Voraussetzungen hierfür erfüllt sind. Eine Günstigerprüfung gemäß § 31 EStG ist nicht durchzuführen.

III. Sachverhalt

1. Persönliche Verhältnisse

1.1 Allgemeines

Helmut Reich (geb. am 24.10.1962) und Beate Reich (geb. am 01.04.1975) sind seit 2002 verheiratet und leben zusammen mit ihrem gemeinsamen Kind Till in einem angemieteten Einfamilienhaus in Düsseldorf.

1.2 Kinder

Sohn Till Reich

Till (geb. am 07.11.1998) begann im Oktober 2019 nach erfolgreich bestandener Prüfung zum Steuerfachangestellten ein BWL-Studium in München, wo er in einem Studentenwohnheim untergebracht ist. In Düsseldorf ist er nach wie vor mit Nebenwohnsitz gemeldet.

Um während des Studiums über die Runden zu kommen, hilft er seit dem 01.04.2020 in einem sozialversicherungspflichtigen Beschäftigungsverhältnis mit einer wöchentlichen Arbeitszeit von 20 Stunden in einem Bistro als Kellner aus.

In den Semesterferien arbeitet er – aufgrund einer zusätzlichen vertraglichen Vereinbarung – vom 01.08. bis zur Kündigung am 30.09.2020 in Vollzeit mit 45 Stunden wöchentlich. Ab dem 01.11.2020 ist Till gemäß vertraglicher Vereinbarung mit einer wöchentlichen Arbeitszeit von 49 Stunden als Verkaufsaushilfe tätig.

Somit ergeben sich folgende Arbeitszeiten pro voller Woche:

- 01.04. - 31.07.2020 (17 Wochen): 20 Stunden pro Woche
- 01.08. - 30.09.2020 (8 Wochen): 45 Stunden pro Woche (= Ausweitung der Beschäftigung)
- 01.11. - 31.12.2020 (8 Wochen): 49 Stunden pro Woche

Auf den Lohnsteuerbescheinigungen für 2020 sind u. a. folgende Beträge insgesamt ausgewiesen:

Bruttoarbeitslohn	8.736,00 €
Krankenversicherung	716,35 €
Pflegeversicherung	133,22 €
Rentenversicherung	812,45 €
Arbeitslosenversicherung	131,04 €

Werbungskosten werden belegmäßig nicht geltend gemacht.

Für die Monate April bis einschl. Juli erhielt Till monatlich jeweils 50 € Trinkgeld.

Seine Eltern haben ihn im VZ 2020 fortlaufend durch Sach- und Geldleistungen unterstützt.

Tochter Ulrike Reich

Ulrike (geb. am 27.02.1984) ist die Tochter von Helmut Reich aus einer außerehelichen Beziehung. Sie ist verheiratet und lebt mit ihrem Ehemann und ihren Kindern in Nürnberg.

2. Einkünfte des Helmut Reich (HR)

2.1 Tätigkeit als Arzt

HR betreibt seit Jahren eine eigene Arztpraxis für Allgemeinmedizin in gemieteten Räumen. Er ermittelt für den VZ 2020 durch eine – vorläufige – Einnahmenüberschussrechnung (§ 4 Abs. 3 EStG) einen Gewinn i. H. v. 50.463,40 €.

Folgende Sachverhalte wurden bisher in der Gewinnermittlung noch nicht berücksichtigt:

Tz. 1: Anschaffung Röntgengerät

HR hatte in der Gewinnermittlung für 2019 für die im Jahr 2020 geplante Anschaffung eines neuentwickelten Röntgengerätes mit erheblicher Minderung der Strahlenbelastung gemäß § 7g Abs. 1 EStG einen Investitionsabzugsbetrag i. H. v. 30.000 € in Abzug gebracht (voraussichtliche Anschaffungskosten 75.000 € · 40 % = 30.000 €).

Der Gewinn aus der Arztpraxis hatte im Jahr 2019 – vor Abzug des Investitionsabzugsbetrages – 47.500 € betragen.

Im Mai 2020 schaffte HR das Röntgengerät zu Anschaffungskosten von 120.000 € an. Die betriebsgewöhnliche Nutzungsdauer des Röntgengeräts beträgt 10 Jahre.

Tz. 2: Pkw-Nutzung

HR hatte im Jahr 2018 einen neuen Pkw erworben. Der Bruttolistenpreis am Tag der Erstzulassung betrug 30.000 €. Das Fahrzeug wurde in den Gewinnermittlungen der Jahre 2018 bis 2020 nicht als Betriebsvermögen ausgewiesen.

Das Fahrzeug wurde in 2020 sowohl für die Fahrten zwischen Wohnung und Praxis (200 Tage; einfache Entfernung 10 km) als auch für 8.000 km Privatfahrten und für eine

Fahrt zum Ärztekongress (1.000 km) genutzt. Die Aufwendungen für den Ärztekongress sind ausschließlich betrieblich veranlasst.

Die Nutzungsverhältnisse sind nahezu identisch mit den Verhältnissen der Vorjahre und wurden durch ein ordnungsgemäß geführtes Fahrtenbuch nachgewiesen.

Die Aufwendungen für den Pkw betrugen im VZ 2020 einschließlich der zulässigen Abschreibung insgesamt 7.500 €.

Tz. 3: Büroausstattung

HR hat am 28.12.2020 einen elektronischen Terminplaner günstig erwerben können. Der Kaufpreis einschließlich der offen ausgewiesenen Umsatzsteuer von 16 % betrug 278,40 €. Der Kaufpreis ist von HR am 04.01.2021 durch Überweisung bezahlt worden.

Der Terminplaner wird ausschließlich beruflich genutzt und hat eine betriebsgewöhnliche Nutzungsdauer von vier Jahren.

2.2 Grundstück Hauptstr. 25 in Essen

HR hatte mit notariell beurkundetem Vertrag vom 20.12.2019 mit Wirkung vom 01.01.2020 (Übergang von Besitz, Nutzungen und Lasten) ein zu diesem Zeitpunkt leer stehendes Mehrfamilienhaus in Essen (Baujahr 1962) erworben. Der Kaufpreis betrug 300.000 € (Anteil Grund und Boden 20 %). Neben dem Kaufpreis waren noch 19.500 € Grunderwerbsteuer, 3.000 € Notarkosten und 1.000 € für die Eintragung des Eigentümerwechsels im Grundbuch zu zahlen.

Nachdem HR im Januar 2020 die völlig defekte Heizungsanlage erneuern ließ, konnte er ab April 2020 alle Wohnungen vermieten. Die nicht mehr funktionstüchtige Heizungsanlage war auch der Grund für den Leerstand der Wohnungen.

Die von HR im Februar 2020 an das beauftragte Unternehmen gezahlten Aufwendungen betrugen 23.800 € einschließlich 19 % Umsatzsteuer.

Im August 2020 ließ HR für 17.400 € einschließlich 16 % Umsatzsteuer einen Wintergarten anbauen.

Für den Komplettanstrich des Gebäudes einschließlich der Beseitigung von Verunreinigungen sind im Jahre 2020 Aufwendungen von insgesamt 58.000 € einschließlich 16 % Umsatzsteuer angefallen. Der gesamte Betrag ist von HR im Jahre 2020 gezahlt worden.

In den Aufwendungen für den Komplettanstrich nicht enthalten ist eine Rechnung der Fa. Pinsel über 2.900 € einschließlich Umsatzsteuer für den Neuanstrich der Innentüren. Den Auftrag an die Fa. Pinsel hatte der in Hamburg lebende Vater des HR erteilt. Wegen der durch den Erwerb der Immobilie angespannten finanziellen Situation des HR hatte der Vater den Rechnungsbetrag im September 2020 an die Fa. Pinsel gezahlt. Pinsel hatte die Rechnung aus Unkenntnis über die Eigentumsverhältnisse nicht an HR, sondern an seinen Vater gerichtet.

Neben den oben genannten Aufwendungen sind im VZ 2020 noch abzugsfähige Werbungskosten – ohne AfA – i. H. v. 6.000 € von HR gezahlt worden.

Hierin enthalten sind die jährlich üblicherweise anfallenden Erhaltungsaufwendungen.

Die von HR im VZ 2020 durchgeführten Modernisierungsmaßnahmen haben nicht zu einer über den ursprünglichen Zustand hinausgehenden wesentlichen Verbesserung des Gebäudes geführt.

HR konnte im VZ 2020 Mieten i. H. v. insgesamt 48.600 € vereinnahmen.

2.3 Beteiligung an der Dental-GmbH

HR ist seit Gründung 1992 Alleingesellschafter und Geschäftsführer der Dental-GmbH.

Das voll eingezahlte Stammkapital der GmbH beträgt 50.000 €. Gemäß einem von HR in Auftrag gegebenen Gutachten beträgt der Unternehmenswert der GmbH im Januar 2020 insgesamt 400.000 €.

Ulrike Reich ist bereits seit mehreren Jahren als Arbeitnehmerin für die GmbH tätig. Mit notariell beurkundetem Vertrag vom 31.01.2020 überträgt HR seiner Tochter Ulrike mit Wirkung vom 01.02.2020 einen Anteil von 70 % des Stammkapitals. Gleichzeitig wird er als Geschäftsführer abberufen und Ulrike Reich als neue Geschäftsführerin bestellt.

Um seine Versorgung sicherzustellen, verpflichtet sich Ulrike, ihrem Vater auf Lebenszeit monatlich 750 € zu zahlen. Der Kapitalwert dieser ab dem 01.02.2020 zu zahlenden Leistungen beläuft sich auf 118.000 €.

Im VZ 2020 leistet Ulrike vereinbarungsgemäß 8.250 € an ihren Vater HR.

Weitere 30 % seiner Beteiligung veräußerte HR am 30.09.2020 (Übergang von Nutzen und Lasten) für 80.000 € an einen leitenden Angestellten der GmbH, der den Kaufpreis jeweils zur Hälfte im November 2020 bzw. Februar 2021 entrichtete. Die Veräußerungskosten von 3.000 € trug der Erwerber.

3. Einkünfte der Beate Reich (BR)
Tätigkeit für den Sportverein „Fortuna Düsseldorf"

Beate Reich ist als Geschäftsführerin und gleichzeitig als Jugendtrainerin für den Sportverein tätig. Gemäß der Satzung des Vereins hat sie im VZ 2020 folgende Beträge erhalten:

a) Tätigkeit als Geschäftsführerin: 200 €

   Die hiermit in Zusammenhang stehenden Aufwendungen betragen 60 €.

b) Tätigkeit als diplomierte Sportlehrerin: 3.000 €

   Die hiermit in Zusammenhang stehenden Aufwendungen betragen 600 €.

BR hat im VZ 2020 von den erhaltenen Beträgen insgesamt 1.500 € an den als gemeinnützig anerkannten Sportverein „Fortuna Düsseldorf" gespendet.

Teil 2: Gewerbesteuer

I. Aufgabe und Bearbeitungshinweise

Ermitteln Sie den Gewerbesteuermessbetrag der gewerblich tätigen Fortuna-GmbH (F-GmbH) für den Erhebungszeitraum 2020.

Nichtansätze sind ebenfalls kurz zu begründen; umsatzsteuerliche Überlegungen sind jedoch nicht anzustellen.

II. Sachverhalt

An der F-GmbH ist Claudia Fortuna als alleinige Gesellschafterin beteiligt.

Die F-GmbH hat einen vorläufigen steuerlichen Gewinn (§ 7 GewStG) i. H. v. 200.000 € ermittelt. Der unter 1. dargestellte Sachverhalt wurde noch nicht berücksichtigt.

1. Aufgrund eines Bauantrages vom November 2017 hat die F-GmbH ein Geschäftshaus errichten lassen, welches zum 01.01.2020 bezugsfertig wurde. Seit diesem Termin wird es von der GmbH als Verwaltungs- und Verkaufsfläche genutzt. Die Gebäudeherstellungskosten betrugen 550.000 €, der maßgebende Einheitswert (Wertverhältnisse 01.01.1964) beträgt 125.000 €. Die Immobilie wurde fremdfinanziert mit einem Darlehen i. H. v. 500.000 € (Zinssatz nominal 4 %), welches in einer Summe in 15 Jahren zu tilgen ist. Das Darlehen selbst ist aufgrund eines Disagios mit 494.000 € am 01.01.2020 ausgezahlt worden (in der Herstellungsphase bestand eine anderweitige Zwischenfinanzierung). Die Zinsbindung beträgt zehn Jahre.

2. In der Bilanz der F-GmbH zum 31.12.2020 befindet sich ein weiteres betrieblich genutztes Grundstück (Buchwert Grund und Boden 75.000 € und Gebäude

300.000 €), welches im Eigentum der F-GmbH steht. Dieses Grundstück wurde am 04.05.2020 angeschafft. Der Einheitswert (Wertverhältnisse 01.01.1964) beträgt 27.500 €. Abschreibungen und andere Aufwendungen dieses Grundstücks wurden zutreffend gebucht.

3. Zur Finanzierung ihres Umlaufvermögens hat die F-GmbH ein Darlehen bei einer Bank aufgenommen. In 2020 sind 35.000 € Zinsen angefallen, welche als Aufwand verbucht wurden.

4. Die Lagerbestände der F-GmbH befinden sich in einer seit Jahren angemieteten Lagerhalle. Die monatliche Miete beträgt 7.500 € zuzüglich Umsatzsteuer. Die Mieten wurden als Aufwand gebucht.

5. In der Lagerhalle befindet sich eine Krananlage, für die die F-GmbH jährlich 6.000 € zuzüglich Umsatzsteuer als Aufwand gebuchte Miete zahlt.

6. Die F-GmbH ist seit Jahren mit 12 % an der D-GmbH beteiligt. Die Dividende für 2019 i. H. v. brutto 22.500 € hat die F-GmbH zutreffend verbucht und bei der Ermittlung des steuerlichen Gewinns berücksichtigt.

7. Ferner ist die F-GmbH seit Jahren mit 25 % an der A-GmbH beteiligt. Die Dividende für 2019 von brutto 60.000 € hat die F-GmbH zutreffend verbucht und bei der Ermittlung des steuerlichen Gewinns berücksichtigt.

Teil 3: Körperschaftsteuer

I. Aufgaben und Bearbeitungshinweise

- Gehen Sie kurz auf die persönliche und sachliche Steuerpflicht der Pille GmbH ein.
- Ermitteln Sie das zu versteuernde Einkommen für den VZ 2020.
- Stellen Sie zum 31.12.2020 die, soweit erforderlich, gesonderten Feststellungen dar.
- Ihre Ausführungen sollen die maßgeblichen Rechtsgrundlagen sowie die entsprechenden Richtlinien und Hinweise enthalten.
- Soweit sich aus dem Sachverhalt nicht ausdrücklich etwas anderes ergibt, ist davon auszugehen, dass alle erforderlichen Bescheinigungen vorliegen und Anträge gestellt worden sind.
- Auf mögliche Auswirkungen auf der Ebene des Gesellschafters ist nicht einzugehen.

II. Sachverhalt

Die Pille GmbH produziert und vertreibt chemische Produkte. Das Wirtschaftsjahr der Pille GmbH, die ihren Sitz in Frankfurt hat, entspricht dem Kalenderjahr.

Alleiniger Gesellschafter und Geschäftsführer ist Herbert Pille, der von den Beschränkungen des § 181 BGB befreit ist.

Die vorläufige Bilanz zeigt zum 31.12.2020 folgendes Bild:

AKTIVA	Bilanz zum 31.12.2020		PASSIVA
	Euro		Euro
I. Anlagevermögen	250.000,00	Stammkapital	25.000,00
II. Umlaufvermögen	100.000,00	Kapitalrücklagen	7.500,00
		Bilanzgewinn	100.000,00
		Rückstellungen	30.000,00
		Verbindlichkeiten	187.500,00
	350.000,00		350.000,00

Der Bilanzgewinn ermittelt sich wie folgt:

	Gewinnvortrag	40.000,00 €
+	Jahresüberschuss	70.000,00 €
-	Vorabausschüttung	10.000,00 €
=	**Bilanzgewinn**	**100.000,00 €**

Weiterhin ergeben sich folgende Feststellungen:

1. In den sonstigen betrieblichen Aufwendungen der Pille GmbH ist ein Geschenk an einen Kunden von 500 € enthalten. Die Umsatzsteuer von 95 € wurde als Vorsteuer abgezogen und zutreffend gebucht.

2. Die Geschäftsführung der Pille GmbH wird von einem Beirat überwacht. Die Mitglieder des Beirats erhielten im VZ 2020 Vergütungen i. H. v. 15.000 € zzgl. 2.850 € USt = 17.850 €.

    Darin enthalten sind nachgewiesene und gesondert erstattete Reisekosten an einzelne Beiratsmitglieder von 3.300 € (netto).

    Zudem war zusätzlich an ein Mitglied des Beirats im VZ 2020 eine Sondervergütung von 500 € zzgl. 95 € USt = 595 € gezahlt worden, weil er die Pille GmbH in Finanzierungsfragen sehr erfolgreich beraten hatte.

3. Herbert Pille vermietet der Pille GmbH seit 01.05.2020 ein 600 qm großes unbebautes Grundstück, das die Pille GmbH als Kundenparkplatz benutzt. Die bis zum 3. eines jeden Monats fällige Miete i. H. v. 3.000 € wurde von der Pille GmbH meist pünktlich bezahlt und bei Zahlung als Aufwand gebucht. Die Miete Dezember 2020 wurde versehentlich erst mit der Januarmiete 2021 am 04.01.2021 an Herbert Pille überwiesen. Weitere Buchungen erfolgten im VZ 2020 nicht. Die ortsübliche Miete für vergleichbare Grundstücke beträgt 4,50 €/qm.

4. Hanna Pille, die Mutter von Herbert Pille, hatte der GmbH im VZ 2014 ein Darlehen über 25.000 € gewährt. Am 09.12.2020 sprach sie einen Verzicht auf die werthaltige Darlehensforderung aus. Daraufhin wurde das Darlehen gewinnerhöhend ausgebucht.

5. Mit notarieller Beurkundung vom 20.12.2019 hat die GmbH ein unbebautes Grundstück von Erna Pille (Ehefrau von Herbert Pille) für 225.000 € erworben und dem Konto Grundstück belastet. Umsatzsteuer wurde nicht in Rechnung gestellt. Der Übergang von Besitz, Nutzungen und Lasten erfolgte vertragsgemäß am 01.03.2020. Die Eintragung des Eigentumsüberganges im Grundbuch (§ 873 BGB) wurde am 16.03.2020 vollzogen. Ein gleichartiges Grundstück hätte die GmbH in unmittelbarer Nachbarschaft für 187.500 € erwerben können.

6. In der Gewinn- und Verlustrechnung sind unter „Steuern vom Einkommen und vom Ertrag" u. a. folgende Beträge gebucht:
   - Vorauszahlungen Körperschaftsteuer für 2020   10.000,00 €
   - Vorauszahlungen Solidaritätszuschlag für 2020   550,00 €
   - Vorauszahlungen Gewerbesteuer für 2020   10.550,00 €
   - Zinsabschlagsteuer   900,00 €
   - Solidaritätszuschlag zur Zinsabschlagsteuer   49,50 €
   - Erstattung Körperschaftsteuer   -140,00 €

7. Die Pille GmbH ist seit Jahren zu 30 % an der X-GmbH beteiligt. Für 2019 hat die X-GmbH am 29.05.2020 in ihrer Gesellschafterversammlung eine Gewinnausschüttung beschlossen. Die Pille GmbH hat den Vorgang im Zeitpunkt der Gutschrift auf ihrem Bankkonto am 05.06.2020 wie folgt gebucht:

Bank	7.362,50 €			
Steuer vom Einkommen u. Ertrag (KapESt)	2.500,00 €			
Steuer vom Einkommen u. Ertrag (SolZ)	137,50 €	an	Erträge aus Beteiligungen	10.000,00 €

8. Die Gesellschafterversammlung der Pille GmbH beschloss am 31.08.2020 eine den gesellschaftsrechtlichen Vorschriften entsprechende Vorabausschüttung für das Jahr 2020 i. H. v. 10.000 €.

9. Das Finanzamt hat für die Pille GmbH zum 31.12.2019 folgende Feststellungen getroffen: steuerliches Einlagekonto = 7.500 €.

Steuerrecht II

Die zu den drei Teilen dieser Übungsklausur aufgeführten Sachverhalte sind entsprechend der Aufgabenstellung zu beurteilen. Begründen Sie Ihre Lösungen unter Angabe der maßgeblichen steuerrechtlichen Vorschriften.

Teil 1: Umsatzsteuer

I. Allgemeines zu den nachfolgenden Sachverhalten 1 - 5

- Alle Unternehmer sind keine Kleinunternehmer i. S. d. § 19 UStG.
- Alle Unternehmer versteuern ihre Umsätze nach vereinbarten Entgelten und geben ihre Umsatzsteuervoranmeldungen monatlich ab.
- Die Aufgabenstellung befindet sich am Ende der jeweiligen Sachverhalte.
- Der Leistungsaustausch und die Unternehmereigenschaft sind nur zu prüfen, soweit dies die Aufgabenstellung vorsieht. Ansonsten sind Leistungsaustausch und Unternehmereigenschaft gegeben.
- Die Angabe „Inland" ist beim Leistungsort im Inland entbehrlich.
- Die getroffenen Entscheidungen sind unter Angabe der einschlägigen Rechtsgrundlagen (UStG, UStDV, UStAE) zu begründen.

II. Funke und Platz GmbH & Co. KG

Die Funke & Platz GmbH & Co. KG (KG) handelt in Wuppertal, Werth 52, im eigenen Namen und auf eigene Rechnung mit Bildwerken berühmter Künstler. Neben dem Stammsitz in Wuppertal verfügt die KG über eine eigene Filiale in Paris.

Wirtschaftsjahr ist das Kalenderjahr.

Kommanditisten der KG sind Jürgen Funke und Werner Platz. Sie halten jeweils 50 % der Anteile an der GmbH und an der KG. Der GmbH als Komplementärin kommt ausschließlich die Haftungsfunktion zu.

Jürgen Funke hat seinen Wohnsitz in unmittelbarer Nähe des Sitzes der KG in Wuppertal und Werner Platz ist in Madrid ansässig.

Das Grundstück Werth 52 ist Gesamthandsvermögen der KG.

Im Vorfeld einer Umsatzsteuersonderprüfung werden Sie darum gebeten, zu den nachfolgenden Sachverhalten aus umsatzsteuerrechtlicher Sicht Stellung zu nehmen.

III. Sachverhalte

Sachverhalt 1

a) Die Komplementär-GmbH erhält jährlich eine Haftungsvergütung von 1.500 €.

b) Der Kommanditist Jürgen Funke (JF) ist aufgrund einer besonderen Vereinbarung mit der Führung der Geschäfte und der Vertretung der KG beauftragt.

Bei der Ausübung dieser Tätigkeit ist JF an keinerlei zeitliche Vorgaben oder Weisungen durch die KG gebunden. Einen Urlaubsanspruch für JF sieht der Vertrag nicht vor.

Für seine Tätigkeit erhält JF eine gewinnunabhängige Vergütung von 89.250 € pro Wirtschaftsjahr, welche am 28.12.2021 auf seinem Bankkonto gutgeschrieben wird.

Vereinbarungsgemäß rechnet die KG ordnungsgemäß über die Vergütung mit JF am 04.01.2022 ab.

Aufgabenstellungen

1. Beurteilen Sie jeweils für die Sachverhalte a) und b) getrennt:
   - Steuerbarkeit: Unternehmereigenschaft (der GmbH bzw. von JF), Leistungsaustausch
   - Nur wenn Unternehmereigenschaft und Leistungsaustausch gegeben sind, beurteilen Sie auch: Art der Leistung, Leistungszeitpunkt, Leistungsort.

2. Sofern die Steuerbarkeit bejaht wird, beurteilen Sie auch:
   - Steuerbefreiung/Steuerpflicht
   - Steuersatz, Höhe der Umsatzsteuer
   - Bemessungsgrundlage
   - Zeitpunkt der Steuerentstehung
   - Steuerschuldner.

Sachverhalt 2a)

Am 31.08.2021 hat die Tochter des Kommanditisten Werner Platz, Sandra Platz, ihren langjährigen Schulfreund Sebastian Kirch auf Schloss Nordkirchen (bei Münster) geheiratet. Die anschließende Feier fand im Kreise von über 300 Gästen statt. Weil Werner Platz als Brautvater dieses Ereignis sehr wichtig war, er sich aber von seinem Wohnsitz in Madrid aus nur bedingt um die Organisation kümmern konnte, bat er die KG, die Hochzeitsfeier zu organisieren.

Die KG setzte hierfür die bei ihr angestellte Sekretärin Marion Tüchtig ein. Marion Tüchtig war im August 2021 ausschließlich mit der Vorbereitung und Durchführung der Hochzeit beschäftigt und konnte daher keine weiteren Aufgaben für die KG wahrnehmen.

Die KG berechnete Werner Platz für die Überlassung der Marion Tüchtig für den Monat August 2021 am 07.09.2021 vereinbarungsgemäß 2.500 € brutto.

Das von der KG aufgrund des Anstellungsvertrags mit Marion Tüchtig gezahlte Gehalt inkl. Sozialabgaben für den Monat August 2021 betrug 3.700 €.

Andere Unternehmer in Wuppertal, die als Hochzeitsplaner vergleichbare Dienstleistungen erbringen, bieten diese marktüblich für 5.000 € netto an.

Aufgabenstellungen

Die Ausgangsleistung der KG ist zu beurteilen hinsichtlich:
- Steuerbarkeit (Art der Leistung, Leistungszeitpunkt, Leistungsort)
- Steuerbefreiung/Steuerpflicht
- Steuersatz
- Bemessungsgrundlage
- Höhe der Umsatzsteuer
- Zeitpunkt der Steuerentstehung
- Steuerschuldner.

Sachverhalt 2b)

Zu jeder Hochzeitsparty gehört auch ein Hochzeitsbuffet. Das Hochzeitsbuffet hatte Marion Tüchtig im Auftrag des Werner Platz bei dem Party-Service Krüger mit Sitz in Leipzig bestellt. Krüger lieferte nicht nur das Hochzeitsbuffet am 31.08.2021, sondern bediente dabei auch mit eigenem Personal die Gäste.

Damit sich die Hochzeit auch „steuerlich rechnet", hat Marion Tüchtig im Namen und auf Rechnung des Werner Platz bei Auftragserteilung den Krüger gebeten, eine an die KG als Leistungsempfänger adressierte „Gefälligkeitsrechnung" über 15.000 € zzgl. 2.850 € offen ausgewiesener Umsatzsteuer auszustellen. Als Leistungsinhalt sollte Krüger die „Lieferung eines Spezialitätenbuffets für Ihre betriebliche Frühjahrsparty nebst Aufbau und Dekoration sowie Bedienung in Ihren Räumen" abrechnen. Eine vom 10.09.2021 datierende Rechnung mit den gewünschten Angaben wurde Marion Tüchtig am gleichen Tag überreicht.

Die Buchhaltung der KG hat den Nettobetrag von 15.000 € als Aufwand verbucht und in der Umsatzsteuervoranmeldung September 2021 die Vorsteuer von 2.850 € abgezogen.

Aufgabenstellungen

1. Beurteilen Sie die von Krüger erbrachte Leistung bezüglich:
   - Steuerbarkeit (Art der Leistung, Leistungszeitpunkt, Leistungsort)
   - Steuerbefreiung/Steuerpflicht
   - Steuersatz, Höhe der Umsatzsteuer
   - Bemessungsgrundlage
   - Zeitpunkt der Steuerentstehung
   - Steuerschuldner
   - Konsequenzen aus der Rechnungserteilung
   - Möglichkeit einer Rechnungsberichtigung.
2. Beurteilen Sie die Zulässigkeit des von der KG vorgenommenen Vorsteuerabzugs.

Sachverhalt 3

Zu Beginn des Jahres 2021 brach der Umsatz in der Filiale der KG in Paris total ein. Weil das Geschäft am Stammsitz der KG in Wuppertal zu dieser Zeit noch erfolgreich war, brachte Jürgen Funke anlässlich eines geschäftlichen Besuchs der Filiale in Paris am 15.02.2021 ein Gemälde aus Paris nach Wuppertal, um es von den Verkaufsräumen in Wuppertal aus möglichst bald an Kunstliebhaber in Deutschland verkaufen zu können. Bei dem Gemälde handelt es sich um ein vollständig mit der Hand geschaffenes Kunstwerk, das unter die Position 9701 des Zolltarifs fällt. In Kunstkatalogen wird das Gemälde mit einem Einkaufspreis – netto – von 25.000 € angegeben.

Die Filiale der KG in Paris hat alle belegmäßigen Pflichten am 26.02.2021 erfüllt.

Aufgabenstellungen

Beurteilen Sie den Sachverhalt aus Sicht der KG in Deutschland bezüglich:
- Steuerbarkeit (Art und Umfang des Umsatzes, Zeitpunkt und Ort des Umsatzes)
- Steuerbefreiung/Steuerpflicht
- Bemessungsgrundlage
- Steuersatz
- Höhe der Umsatzsteuer
- Steuerentstehung
- Steuerschuldner
- Vorsteuerabzug.

Auf umsatzsteuerliche Konsequenzen in Paris ist nicht einzugehen. Die Differenzbesteuerung findet keine Anwendung.

Sachverhalt 4

Im Januar 2021 fassten die Gesellschafter der KG den Beschluss, auf der noch freien Fläche des Grundstücks Werth 52 in Wuppertal einen zweigeschossigen Neubau in Fertigbauweise zu errichten, dessen Räumlichkeiten nach Fertigstellung an Unternehmer vermietet werden sollten.

Mit der Durchführung der Baumaßnahme beauftragte die KG den Bauunternehmer Mörtel mit Sitz in Leipzig. Dieser rechnete den Neubau nach Abnahme des Bauwerks durch die KG am 28.09.2021 noch am selben Tag mit dem vereinbarten Festpreis i. H. v. 200.000 € zzgl. 19 % offen ausgewiesener Umsatzsteuer i. H. v. 38.000 € mit ordnungsgemäßer Rechnung ab.

Obwohl die beiden Geschosse gleich groß sind, entfallen wegen der unterschiedlichen Ausstattung der Räumlichkeiten 60 % der Herstellungskosten auf das Erdgeschoss (100 qm) und nur 40 % der Herstellungskosten auf das Obergeschoss (100 qm).

Zum Zeitpunkt der Abnahme des Gebäudes beabsichtigte die KG, das Erdgeschoss ab dem 01.01.2022 unter Verzicht auf die Steuerbefreiung steuerpflichtig an einen examinierten Podologen zu vermieten, der in allen von ihm angemieteten Räumlichkeiten sowohl medizinische Fußpflege im Rahmen von Heilbehandlungen als auch kosmetische Leistungen ausführen will. Die Heilbehandlungsleistungen überwiegen den Anteil der kosmetischen Leistungen.

Das Obergeschoss sollte zur kurzfristigen Unterbringung von Messegästen vermietet werden.

Aufgabenstellungen

Beurteilen Sie für die KG:

- den Vorsteuerabzug dem Grunde nach
- ob Ausschlussgründe für den Vorsteuerabzug vorliegen. Hierfür beurteilen Sie die beabsichtigte Vermietung durch die KG jeweils getrennt für das Erdgeschoss und das Obergeschoss ausschließlich Hinblick auf den Vorsteuerabzug.
- Aufteilung der Vorsteuer
- Betrag der abzugsfähigen Vorsteuer und Voranmeldungszeitraum des Abzugs.

Sachverhalt 5

Die KG beabsichtigt, im regionalen Wuppertaler Fernsehen Werbespots für ihre zu veräußernden Kunstgegenstände laufen zu lassen. Mit der Werbegestaltung beauftragt die KG den in Brüssel ansässigen Werbeberater Simon Verdin (SV).

Für seine am 22.06.2021 ausgeführte Leistung sendet er der KG aufgrund seines längeren Kanarenurlaubs eine Rechnung mit Datum vom 06.08.2021 über den Gesamtbetrag von 15.750 €. Da die KG ihm bereits 10.000 € im April 2021 vorab überwiesen hatte, damit Simon Verdin seine Kosten begleichen konnte, überwies sie ihm nach Rechnungserteilung im August 2021 nur noch den Differenzbetrag von 5.750 €.

Aufgabenstellungen

1. Beurteilen Sie die von Simon Verdin erbrachte Leistung bezüglich:
   - Steuerbarkeit (Art der Leistung, Leistungsort)
   - Steuerbefreiung/Steuerpflicht
   - Steuersatz, Höhe der Umsatzsteuer
   - Steuerschuldnerschaft
   - Bemessungsgrundlage
   - Zeitpunkt der Steuerentstehung.
2. Beurteilen Sie für die KG:
   - den Vorsteuerabzug dem Grunde nach
   - ob Ausschlussgründe für den Vorsteuerabzug vorliegen
   - den Betrag der abzugsfähigen Vorsteuer und den Voranmeldungszeitraum des Abzugs.

Teil 2: Abgabenordnung

Sachverhalt 1

Holger Bonte wohnte bis zum 13.01.2021 in Bergisch Gladbach, Buddestr. 25. Er betreibt seit Jahren in Leverkusen, Elbestr. 43, eine Getränkegroßhandlung. Am 13.01.2021 ist er von Bergisch Gladbach nach Wuppertal, Hauptstr. 5 umgezogen.

Die Erklärung zur gesonderten Feststellung seiner Einkünfte für das Jahr 2020 einschließlich der Abschlussunterlagen zum 31.12.2020 hat er am 09.03.2021 beim zuständigen Finanzamt in Leverkusen eingereicht und seine neue Anschrift mitgeteilt.

Das Finanzamt Leverkusen erlässt den an Holger Bonte gerichteten Feststellungsbescheid 2020 am 20.04.2021 (Tag der Aufgabe zur Post), wobei der Bescheid versehentlich an die bisherige Anschrift „Buddestr. 25, Bergisch Gladbach" übermittelt wird.

Der Bescheid enthält eine zutreffende Rechtsbehelfsbelehrung.

Der neue Mieter der Wohnung in Bergisch Gladbach findet den Brief des Finanzamts am 06.05.2021 in seinem Briefkasten und übergibt ihn Holger Bonte anlässlich eines Kundenbesuches am 06.05.2021.

Am 07.06.2021 legt Holger Bonte gegen den Feststellungsbescheid 2020 Einspruch ein (Eingang beim Finanzamt Leverkusen am 08.06.2021) und beantragt, dass Fortbildungskosten noch als Betriebsausgaben berücksichtigt werden. Die notwendigen Unterlagen legt er in der Anlage bei. Im Übrigen liegen die Voraussetzungen für die Berücksichtigung der Fortbildungskosten vor.

Aufgabenstellungen

1. Erläutern Sie kurz, aufgrund welcher Vorschrift das Finanzamt Leverkusen den Feststellungsbescheid 2020 erlassen hat.
2. Prüfen Sie unter Angabe der gesetzlichen Bestimmungen, ob der Bescheid wirksam bekannt gegeben worden ist.
3. Prüfen Sie unter Angabe der gesetzlichen Bestimmungen, ob die Einspruchsfrist gewahrt worden ist.

Benutzen Sie für Ihre Lösung einen Kalender aus dem Jahr 2021.

Sachverhalt 2

Bei Erstellung seiner ESt-Erklärung für das Jahr 2020 am 20.03.2021 stellt Holger Bonte fest, dass das Finanzamt in seinem ESt-Bescheid 2019, der am 22.05.2020 mit einfachem Brief zur Post gegeben wurde und eine zutreffende Rechtsbehelfsbelehrung enthalten hat, die ordnungsgemäß erklärten und nachgewiesenen Unterhaltsleistungen an seine 28-jährige mittellose Tochter i. H. v. 3.000 € nicht berücksichtigt hat. Das Finanzamt hatte Bonte weder vor Erlass des Steuerbescheides rechtliches Gehör gewährt noch eine Begründung im Bescheid selber gegeben, sodass der steuerlich nicht beratene Holger Bonte zunächst von der Richtigkeit des Bescheids ausgegangen war.

Dieser Sachverhalt wird ihm in einem Telefonat am 14.04.2021 mit dem Sachbearbeiter des Finanzamtes bestätigt und gleichzeitig die Rechtsansicht des Finanzamts erläutert.

Am 03.05.2021 (Eingang beim Finanzamt am 05.05.2021) legt Holger Bonte beim zuständigen Finanzamt Einspruch gegen den Einkommensteuerbescheid 2019 ein.

Da ihm bewusst ist, dass die Einspruchsfrist abgelaufen ist, stellt er gleichzeitig – unter Bezugnahme auf das Telefonat vom 13.04.2021 – einen Antrag auf Wiedereinsetzung in den vorigen Stand.

Aufgabenstellungen

1. Prüfen und begründen Sie unter Angaben der gesetzlichen Bestimmungen die Erfolgsaussichten des Antrags auf Wiedereinsetzung in den vorigen Stand.
2. Wie würden Sie den Sachverhalt beurteilen, wenn Holger Bonte den Fehler im ESt-Bescheid 2019 vom 22.05.2020 erst am 05.07.2021 entdeckt hätte und den Ein-

spruch mit dem Antrag auf Wiedereinsetzung in den vorigen Stand noch am 05.07.2021 in den Briefkasten des Finanzamts eingeworfen hätte?

Benutzen Sie für Ihre Lösung einen Kalender aus den Jahren 2020 und 2021. Die Möglichkeit einer Berichtigung nach § 129 AO ist nicht zu prüfen.

Sachverhalt 3

Holger Bonte hat seine ESt-Erklärung für 2020 am 17.08.2021 beim zuständigen Finanzamt eingereicht. Am 01.11.2021 prüft er den ESt-Bescheid 2020, der ohne Nebenbestimmungen ergangen ist und am 12.10.2021 als bekannt gegeben gilt.

Der Bescheid enthält eine zutreffende Rechtsbehelfsbelehrung.

Er stellt fest, dass seine Einkünfte aus Vermietung und Verpachtung anstatt wie erklärt mit 45.000 € im Steuerbescheid mit 54.000 € ausgewiesen sind. Ein Anruf beim Finanzamt bestätigt ihm, dass der zu hohe Ansatz der Einkünfte auf einem sog. „Zahlendreher" des zuständigen Sachbearbeiters des Finanzamts beruht.

Holger Bonte stellt daraufhin im Telefonat vom 26.11.2021 einen Antrag auf Korrektur des ESt-Bescheides 2020 vom 09.10.2021.

Bei der weiteren Überprüfung des Bescheides stellt der Sachbearbeiter fest, dass Unterhaltsleistungen für die beiden Söhne (31 und 32 Jahre) des Holger Bonte gemäß § 33a Abs. 1 EStG i. H. v. insgesamt 16.000 € als außergewöhnliche Belastungen berücksichtigt worden sind, obwohl aufgrund der eigenen Einkünfte und Bezüge der Kinder eine Steuerermäßigung nicht in Betracht kommt. Trotz vollständig beigebrachter Unterlagen des Steuerpflichtigen hatte der Veranlagungsbeamte die Aufwendungen für den Unterhalt aufgrund eines Rechtsfehlers berücksichtigt.

Nach alledem würde sich eine Erhöhung des zu versteuernden Einkommens 2020 um 7.000 € ergeben.

Aufgabenstellungen und Bearbeitungshinweise

1. Prüfen und begründen Sie unter Angabe der Erfolg versprechenden Korrekturvorschriften, ob und ggf. in welchem Umfang der ESt-Bescheid 2020 vom 09.10.2021 geändert werden kann.
2. Nehmen Sie – unabhängig von einer möglichen Änderung – auch zur Festsetzungsfrist Stellung.

Der Einfachheit halber ist von einem Steuersatz i. H. v. 25 % auszugehen. Ausführungen zu einem förmlichen Rechtsbehelfsverfahren sind nicht vorzunehmen.

Teil 3: ErbSt/SchenkSt/BewG

A. Sachverhalt

1. Persönliche Verhältnisse

Dieter Teufel (DT) ist am 20.11.2020 im Alter von 72 Jahren in Leverkusen verstorben.

Durch ein wirksames Testament hat er seine Ehefrau Manuela Teufel (MT) zur Alleinerbin eingesetzt, weil sie keine sonstigen Versorgungsansprüche hat.

Sein Sohn Till wohnt auf Fuerteventura. Till hatte im Jahr 2005 bereits einen erheblichen Geldbetrag von seinem Vater erhalten. Einen weiteren Zufluss von Geld an Till – anlässlich seines Todes – wollte DT mit seinem Testament definitiv ausschließen.

2. Nachlass des DT

Der Nachlass des DT setzt sich wie folgt zusammen:

2.1 Grundstück Leverkusen, Karl-Ulitzka-Str. 9

Das schulden- und lastenfreie Grundstück ist mit einem am 01.11.2016 fertig gestellten Gebäude bebaut. Das Haus besteht aus zwei gleich großen Wohnungen mit je 100 qm Fläche und einer Einliegerwohnung mit 70 qm.

Im Garten des Grundstücks befindet sich ein kleiner Spielplatz, der zusammen mit einer Umzäunung im Jahr 2017 hergestellt wurde (Herstellungskosten: 20.000 €).

Das Gebäude wird wie folgt genutzt:

- Das **Erdgeschoss** des Hauses war an einen Immobilienmakler vermietet. Die letzte Miete, die DT erhielt, war die Mai-Miete des Jahres 2020. Danach hat der durchaus solvente Makler nicht mehr gezahlt. Wegen einer Mietbürgschaft der Sparkasse Leverkusen konnte DT jedoch sicher sein, sein Geld zu erhalten.

  Mit dem Makler hatte DT im Jahr 2018 einen 10-Jahres-Mietvertrag abgeschlossen, welcher eine am ersten des Monats fällige monatliche Miete von 2.300 € vorsah. Hinzu kamen noch monatliche Nebenkosten von 250 € für die Heizung, 90 € für den Strom und 70 € für Wasser. Der Makler hatte im Januar 2020 – unter Hinweis auf den Umstand, dass vergleichbare Gewerbeflächen inzwischen für üblicherweise 20 €/qm zu haben seien – um eine Absenkung der Miete auf 20 €/qm nachgesucht; dieses hatte DT jedoch abgelehnt.

- Die Wohnung im **1. Obergeschoss** war zu Wohnzwecken an die Nichte Simone Grell für 12 €/qm zzgl. Nebenkosten (150 € für die Heizung, 70 € für den Strom und 60 € für Wasser) vermietet. Simone Grell studiert in Köln Rechtswissenschaften. Gemäß dem Mietspiegel der Stadt Leverkusen beträgt die ortsübliche Miete zum Besteuerungszeitpunkt 17 €/qm.

- In der **Einliegerwohnung** lebte DT selbst. Üblicherweise sind für Wohnungen dieser Art in Leverkusen – soweit sie Wohnzwecken dienen – 17 €/qm ortsüblich.

Das Grundstück hat eine Fläche von 910 qm. Zugunsten eines Hinterliegers ist auf dem Grundstück ein Wegerecht eingetragen, sodass DT eine Fläche von 70 qm nicht vollständig nutzen konnte.

Der Gutachterausschuss der Stadt Leverkusen hat für das Objekt den Wert des Grund- und Bodens zum 01.01.2020 auf 900 €/qm festgestellt.

Ein von Till beauftragter Gutachter hat zum Todestag von DT einen reinen Grundstückswert (Grund und Boden nebst Gebäude) für die Immobilie in Leverkusen von 950.000 € festgestellt. Wegen eines in der Nähe geplanten Autobahnausbaus hat er einen Wertabschlag vorgenommen, sodass sich letztlich ein Wert von 900.000 € ergab.

Als Till von dem Tod seines Vaters erfuhr, überlegte er sich, ob er den Pflichtteil geltend machen sollte. Bis jetzt hat er aber noch keinen Pflichtteilsanspruch gegenüber seiner Mutter Manuela geltend gemacht.

2.2 Segelboot

DT hatte am 11.05.2020 von seiner Schwester Birgit ein Segelboot zum Preis von 15.000 € gekauft. Wegen unaufschiebbarer Verpflichtungen der Schwester auf Fuerteventura konnte das Boot noch nicht übergeben werden. DT hatte das Boot auch noch nicht bezahlt.

2.3 Lebensversicherung

DT hatte 2016 eine Lebensversicherung über 500.000 € zugunsten seines Sohnes Till abgeschlossen.

Die am 01.11.2020 fällige Prämienzahlung i. H. v. 2.500 € war noch nicht bezahlt.

3. Sonstige Angaben

- MT unterliegt als Inländerin der persönlichen Steuerpflicht gemäß § 2 Abs. 1 Nr. 1 Buchst. a ErbStG.
- Der maßgebende Bewertungsstichtag ist nach § 9 Abs. 1 Nr. 1 i. V. m. § 11 ErbStG der 20.11.2020.
- MT ist gemäß § 15 Abs. 1 ErbStG der Steuerklasse I zuzuordnen.
- Die Kosten der standesgemäßen Beerdigung des DT betrugen insgesamt 9.500 € und sind von der Alleinerbin Manuela getragen worden. Zudem rechnet sie noch mit Pflichtteilsansprüchen von Till i. H. v. 225.000 €, obwohl dieser bislang noch nichts gesagt hat, sich aber auch weigert, eine entsprechende Verzichtserklärung abzugeben.
- Vorschenkungen des Erblassers an MT innerhalb der letzten 10 Jahre liegen nicht vor.

B. Aufgaben und Bearbeitungshinweise

Beurteilen Sie den o. a. Sachverhalt für MT unter Angabe der gesetzlichen Bestimmungen des ErbStG und des BewG und begründen Sie Ihre Entscheidung.

Gehen Sie bei Ihrer Lösung in der vorgegebenen Reihenfolge nur auf die nachfolgend genannten Punkte ein:
- Ermittlung des Wertes der Bereicherung
- Ermittlung des steuerpflichtigen Erwerbs und der festzusetzenden Erbschaftsteuer.

Ausführungen zur persönlichen Steuerpflicht, zur Entstehung der Steuerschuld und zum Bewertungsstichtag sind nicht erforderlich.

Entsprechend der Systematik des ErbStG sind sachliche Steuerbefreiungen und Freibeträge direkt bei den begünstigten Wirtschaftsgütern zu berücksichtigen.

Rechnungswesen

Teil 1: Buchführung und Jahresabschluss nach Handels- und Steuerrecht

I. Aufgabenstellungen

1. Beurteilen Sie die nachfolgenden Sachverhalte 1 - 6 unter Hinweis auf die maßgeblichen gesetzlichen Bestimmungen des Handels- und Steuerrechts sowie den Verwaltungsanweisungen (EStR/EStH).
2. Entwickeln Sie die jeweiligen Bilanzansätze nach Handelsrecht (HB) und Steuerrecht (StB) zum 31.12.2020.

   Soweit Bewertungswahlrechte bestehen, ist davon auszugehen, dass für das Wirtschaftsjahr 2020 (= Kalenderjahr) steuerrechtlich der niedrigste mögliche Gewinn ausgewiesen werden soll. S möchte, soweit dies möglich ist, eine einheitliche Bilanz (Handelsbilanz = Steuerbilanz) erstellen; eine gesonderte Steuerbilanz will S nicht aufstellen.

   Für evtl. aufgedeckte stille Reserven möchte S, soweit dies möglich ist, eine steuerliche Rücklage bilden.

   Gehen Sie davon aus, dass S bei steuerlichen Wahlrechten ein besonderes Verzeichnis erstellt hat.

   Bei rechtlichen Zweifelsfällen ist der Verwaltungsauffassung zu folgen.

   Sollten die Bilanzansätze in Handelsbilanz und Steuerbilanz zwingend voneinander abweichen, ist dies außerhalb der Handelsbilanz darzustellen.

   Eventuelle Änderungen bei der Vorsteuer bzw. Umsatzsteuer sind nur bei den betreffenden Sachverhalten betragsmäßig anzugeben.

3. Geben Sie für die ggf. erforderlichen Berichtigungs- bzw. Ergänzungsbuchungen die Buchungssätze für das Jahr 2020 an.
4. Nennen Sie die jeweilige Gewinnauswirkung für das Jahr 2020. Steuerliche Abweichungen sind gesondert darzustellen.

II. Hinweise

- Eine betragsmäßige Zusammenstellung sämtlicher Änderungen (Ermittlung des endgültigen steuerlichen Gewinns bzw. Erstellung der Steuerbilanz) ist nicht erforderlich.
- Soweit in den einzelnen Sachverhalten besonders darauf hingewiesen wird, dass Bilanzposten/Buchungen bereits zutreffend erfasst/erfolgt sind, brauchen diese nicht mehr angesprochen werden.
- Ferner ist nicht einzugehen auf gewerbesteuerliche Auswirkungen, latente Steuern (§ 274 HGB) oder die Abzugsbeschränkung gem. § 4h EStG (Zinsschranke).
- Die Steuerbescheide für das Jahr 2019 sind bestandskräftig. Eine Änderung der Bescheide nach den Vorschriften der AO ist nicht mehr möglich.
- Sollte bei den einzelnen Sachverhalten eine Abzinsung vorzunehmen sein, hat die steuerliche Abzinsung nach §§ 12 - 14 BewG zu erfolgen; der handelsrechtliche Abzinsungsfaktor ist mit 0,693 anzusetzen.

III. Allgemeine Angaben

Der Einzelunternehmer Rainer Spahn (S) betreibt sein Unternehmen auf einem gemieteten Grundstück in Köln, Uferstr. 17. Das Einzelunternehmen des S umfasst die Herstellung von Möbeln.

Das Wirtschaftsjahr stimmt mit dem Kalenderjahr überein.

S ermittelt seinen Gewinn gem. § 5 Abs. 1 EStG i. V. m. § 238 Abs. 1 HGB.

Die vorläufige Handelsbilanz des Jahres 2020 wurde am 11.06.2021 erstellt. Außerbilanzielle steuerliche Korrekturen (§ 60 Abs. 2 Satz 1 EStDV) hat S bisher noch nicht vorgenommen.

Das Unternehmen des S erfüllt nicht die Voraussetzungen des § 7g EStG.

S versteuert seine Umsätze nach den allgemeinen Vorschriften des UStG und ist uneingeschränkt zum Vorsteuerabzug berechtigt.

IV. Sachverhalte

Sachverhalt 1

S hatte im Jahr 2015 das unbebaute Grundstück „Rheinallee" erworben. Das Grundstück wurde bis zum 31.12.2019 ausschließlich betrieblich genutzt (Holzlager) und zutreffend mit Anschaffungskosten von 450.000 € bilanziert.

Um einer drohenden Enteignung wegen des Baus einer Umgehungsstraße durch die Stadt Köln zu entgehen, veräußerte S das Grundstück für insgesamt 600.000 € an die Stadt Köln. Der Übergang von Nutzen und Lasten erfolgte zum 01.03.2020.

Neben dem Kaufpreis überwies die Stadt Köln vereinbarungsgemäß noch einen Betrag von 5.000 € zur Abgeltung eines eventuellen Nutzungsausfalls.

Im September 2020 konnte S ein unbebautes Ersatzgrundstück in Köln, Uferstr. 21, erwerben (Übergang Nutzen und Lasten 01.11.2020).

Das Grundstück „Uferstr. 21" entspricht dem veräußerten Grundstück in der Rheinallee und wird ebenfalls betrieblich als Holzlager genutzt. Der Kaufpreis für das Grundstück „Uferstr. 21" betrug 500.000 €.

Bisher wurden für diese Vorgänge folgende Buchungen vorgenommen:

a) Veräußerung Grundstück Rheinallee

Bank	605.000,00 €	an	Grundstück Rheinallee	450.000,00 €
			Privateinlage	155.000,00 €

Auf dem Konto Privateinlage wurde gebucht, da die Veräußerung unter Zwang erfolgte. S ist der Meinung, dass es sich nicht um einen betrieblichen Vorgang handelt.

b) Kauf Grundstück Uferstr. 21

Grundstück Uferstr. 21	500.000,00 €	an	Bank	500.000,00 €

Die im November 2020 bezahlten Notarkosten, Grundbuchgebühren und die Grunderwerbsteuer wurden (zusammengefasst) mit der zutreffend ausgewiesenen Vorsteuer gebucht:

Sonstiger betrieblicher Aufwand	20.000,00 €			
Vorsteuer	250,00 €	an	Bank	20.500,00 €

Sachverhalt 2

Der Bestand an unfertigen Erzeugnissen zum 31.12.2020 wurde vorläufig mit 160.000 € (ohne nachstehende Vitrinen) ermittelt. Der Vorjahresbestand an unfertigen Erzeugnissen betrug zutreffend 180.000 €.

Bezüglich der bisher nicht erfassten Vitrinen ergibt sich folgender Sachverhalt:

S hat im Oktober 2020 noch einen Auftrag zur Herstellung von Vitrinen zu einem Festpreis von 25.000 € (zzgl. 16 % USt) übernommen. Entsprechend der vertraglichen Abmachungen waren die Möbel bis zum 02.03.2021 auszuliefern.

S hat mit der Herstellung im November 2020 begonnen.

Im kalkulierten Festpreis war zunächst ein Gewinn von 3.217 € enthalten. Wegen gestiegener Kosten konnte der Auftrag allerdings nicht mehr kostendeckend ausgeführt werden. Normalerweise erzielt S bei der Produktion derartiger Möbel einen Unternehmergewinn von 5 % bezogen auf den Nettoverkaufspreis.

Bis zum 31.12.2020 sind folgende Aufwendungen (netto) entstanden:

- Vermittlungsprovision an Uwe Krampe
  (Herr Krampe hatte den Kontakt zum Auftraggeber hergestellt)   1.350,00 €
- Fertigungsmaterial   7.500,00 €
- Materialgemeinkosten   1.650,00 €
- Fertigungslöhne   3.000,00 €
- Fertigungsgemeinkosten   4.500,00 €
- Kosten der Verwaltung   1.275,00 €
- Entwurfskosten Vitrinen (fremder Designer)   2.025,00 €
- Fremdkapitalzinsen (herstellungsbezogen)   1.200,00 €

                                                                               22.500,00 €

Bis zur Auslieferung fielen im Jahr 2021 noch folgende Aufwendungen (netto) an:

- Fertigungsmaterial   1.575,00 €
- Materialgemeinkosten   375,00 €
- Fertigungslöhne   2.850,00 €
- Fertigungsgemeinkosten   3.035,00 €
- Verwaltungsgemeinkosten   1.200,00 €
- Vertriebskosten   2.025,00 €

                                                                               11.060,00 €

Für die Bestandsveränderung der unfertigen Erzeugnisse wurde bisher gebucht:

Aufwand Bestandsveränderung unfertige Erzeugnisse	20.000,00 €	an	unfertige Erzeugnisse	20.000,00 €

Sachverhalt 3

Im Jahr 2020 entschloss sich S zum Kauf einer neuen Furniermaschine. Bisher wurden die Furnierarbeiten an eine Fremdfirma vergeben.

Mit dem Bau der Maschine beauftragte S die Kölner Maschinenbau GmbH. Im September 2020 wurde folgender Kaufvertrag geschlossen:

1 Furniermaschine Typ „Softpress"	400.000,00 €
zzgl. 16 % USt	64.000,00 €
Kaufpreis	464.000,00 €

Nach den vertraglichen Vereinbarungen sollte die Lieferung während der Betriebsferien zwischen Weihnachten und Neujahr erfolgen.

Für die Inbetriebsetzung und Montage der Maschine musste S in der Produktionshalle folgende Vorarbeiten leisten:

a) **Starkstromanschluss**

Der Starkstromanschluss wurde am 22.12.2020 von der Fa. Elektro Rösgen verlegt. Die Aufwendungen betrugen:

10 Meisterstunden à 40,00 €	400,00 €
diverses Material	200,00 €
Summe	600,00 €
zzgl. 16 % USt	96,00 €
Rechnungssumme	696,00 €

Die Bezahlung der Rechnung erfolgte am 04.01.2021 vom betrieblichen Bankkonto. Eine Buchung nahm S in 2020 noch nicht vor.

b) **Fundament**

Um die Maschine ordnungsgemäß in Betrieb nehmen zu können, war es erforderlich, in der Produktionshalle ein spezielles Fundament zu errichten, auf dem die Maschine fest verschraubt werden soll.

Das Fundament wurde von betriebseigenen Arbeitnehmern in der Zeit vom 17.12.2020 bis 18.12.2020 errichtet. S schätzt die anteiligen Lohnkosten auf 500 €, da eine genaue Zuordnung nicht möglich war.

Das für das Fundament erforderliche Material (Stahl, Beton) wurde von einem Baustoffhändler erworben, die Rechnung lautet auf netto 250 € zzgl. 16 % USt.

Die Aufwendungen für das Fundament sind in der laufenden Buchführung unter den entsprechenden Aufwandskonten verbucht worden (Löhne u. Gehälter, Aufwand Hilfsstoffe).

Am 18.12.2020 teilte die Kölner Maschinenbau GmbH völlig überraschend mit, dass sie den vereinbarten Liefertermin nicht einhalten könne. Die Auslieferung der Maschine verzögere sich bis ca. Mitte Januar 2021. Tatsächlich erfolgte die Auslieferung der Maschine erst am 22.01.2021.

S erhielt für die Anschaffung der Maschine einen öffentlichen Zuschuss, da mit der Investition auch die Schaffung neuer Arbeitsplätze verbunden war.

Mit Bescheid vom 14.12.2020 wurde ihm ein Zuschuss i. H. v. 10.000 € zugesagt, der noch im Jahr 2020 ausgezahlt worden war.

Buchung:

Bank	10.000,00 €	an	sonstiger betrieblicher Ertrag	10.000,00 €

Sachverhalt 4

Bereits 2006 hat S einen Geschäftsanteil an der Holzimport-GmbH erworben. Die GmbH belieferte S in der Vergangenheit hauptsächlich mit Holz aus Asien.

S erhoffte sich durch die 15 %-ige Beteiligung stabile Einkaufspreise und eine gesicherte Belieferung. Die Anschaffungskosten des GmbH-Anteils betrugen damals 50.000 €; mit diesem Wert wurde der GmbH-Anteil ursprünglich auch aktiviert.

Nachdem sich die finanzielle Situation der Holzimport-GmbH im Laufe der Jahre ständig verschlechtert hatte, musste S zum 31.12.2009 aufgrund der schlechten Geschäftslage der GmbH eine TW-Abschreibung auf 25.000 € vornehmen.

In der Bilanz zum 31.12.2019 wurde der GmbH-Anteil zutreffend mit 25.000 € angesetzt.

Nachdem sich S zwischenzeitlich auch andere Lieferanten gesichert hatte, entschloss er sich im Jahr 2020 zum Verkauf der Beteiligung.

S konnte den Anteil im August 2020 für 32.500 € an den Hauptgesellschafter der GmbH veräußern. Die Nebenkosten des Verkaufs trug der Erwerber.

Nachdem der Kaufpreis auf dem betrieblichen Bankkonto eingegangen war, buchte S:

Bank	32.500,00 €	an	sonstiger betrieblicher Ertrag	32.500,00 €

Sachverhalt 5

Zum 31.12.2020 sind Forderungen i. H. v. 139.230 € vorhanden. Davon entfällt ein Drittel auf Besitzwechsel. Für die im Jahr 2020 entstandenen Forderungen haben die Kunden teilweise Wechsel akzeptiert. Einen dieser Wechsel hat S zur Begleichung einer Lieferantenrechnung weitergegeben. Diesem Wechsel lag eine Möbellieferung über 14.994 € (inkl. 19 % USt) zugrunde.

Der Vorgang der Wechselweitergabe wurde zutreffend gebucht.

Nach den betrieblichen Erfahrungen sind die Wechselforderungen durchschnittlich mit einem Risiko von 5 % behaftet.

Bis zur Erstellung der Bilanz 31.12.2020 sind fast alle Besitzwechsel aus 2020 eingelöst worden. Offen sind bei Bilanzerstellung lediglich Besitzwechsel i. H. v. 10.710 €. Auch der an den Lieferanten weitergegebene Wechsel war zu diesem Zeitpunkt bereits eingelöst, sodass S diesbezüglich zutreffend von der Bildung einer Rückstellung abgesehen hat.

Bei den Forderungen aus Lieferungen und Leistungen des Jahres 2020 (ohne Wechselforderungen) ist zum 31.12.2020 ein pauschales Ausfallrisiko nicht gegeben.

Im Forderungsbestand ist allerdings noch eine Forderung aus dem Jahr 2019 i. H. v. 9.520 € an den Kunden Zocker enthalten. Aufgrund hoher Spielverluste war Zocker finanziell stark angeschlagen. Am 29.12.2020 setzte Zocker in der Spielbank alles auf eine Karte und konnte überraschend einen hohen Gewinn erzielen. Noch im Januar 2021 kündigte Zocker an, dass er seine Schulden nunmehr bezahlen könne und überwies tatsächlich am 05.02.2021 den noch offenen Betrag von 9.520 € auf das private Bankkonto von S.

Eine Buchung wurde weder im Jahr 2020 noch im Jahr 2021 vorgenommen.

Zum 31.12.2019 waren weder für die Wechselforderungen noch für die übrigen Forderungen Wertberichtigungen gebildet worden. Lediglich für die Forderung Zocker wurde zum 31.12.2019 zutreffend eine Einzelwertberichtigung von 4.000 € angesetzt.

In der Buchhaltung 2020 wurden bisher bezüglich der genannten Vorgänge keine Folgerungen gezogen.

Sachverhalt 6

a) **Silo für Holzspäne**

S hat am 02.01.2019 auf dem gemieteten Grundstück Uferstr. 17 mit Zustimmung des Vermieters ein Silo für Holzspäne errichtet.

S ist allerdings verpflichtet, das Silo bei Beendigung des Mietverhältnisses wieder zu entfernen. Das Mietverhältnis läuft noch bis zum 31.12.2028.

Nach Auskunft einer Fachfirma belaufen sich die Aufwendungen für das Entfernen des Silos nach Preisverhältnissen Ende Dezember 2020 auf 6.000 €.

Unter Berücksichtigung von Preissteigerungen ist bei Erfüllung dieser Verpflichtung zum 31.12.2028 mit Aufwendungen von 9.000 € zu rechnen.

S hat aus diesem Grund bereits zum 31.12.2019 eine Rückstellung i. H. v. 9.000 € gebildet. Die Rückstellung wurde im Jahr 2020 unverändert beibehalten. Die Abschreibung für das Silo wurde zutreffend gebucht.

b) **Patentverletzung**

Bei der Herstellung eines neuen Multifunktionsmöbels wurde im Jahr 2020 das Patent eines Konkurrenten verletzt. Nach Rücksprache mit seinem Rechtsanwalt rechnet S daher zutreffend mit Schadenersatzforderungen i. H. v. 25.000 €. Der Patentinhaber hat seine Ansprüche aus der Verletzung des Patents bereits im Jahr 2020 gerichtlich geltend gemacht.

Nach Verhandlungen im März 2021 ergab sich ein Vergleich, wonach S an den Patentinhaber 15.000 € zu zahlen hat. Die Zahlung wurde im Mai 2021 geleistet.

In der Buchhaltung des Jahres 2020 wurde deshalb gebucht:

Sonstiger betrieblicher Aufwand	15.000,00 €	an	Rückstellungen	15.000,00 €

Teil 2: Jahresabschlussanalyse

Die Bilanz und die Gewinn- und Verlustrechnung zum 31.12.2020 enthalten folgende Daten:

AKTIVA			Bilanz zum 31.12.2020	PASSIVA	
		TEUR			TEUR
Anlagevermögen		250	Eigenkapital		200
Umlaufvermögen			Fremdkapital		
Vorräte	200		▶ langfristig		200
Forderungen a. L. u. L.	150		▶ kurzfristig		225
Zahlungsmittel	25	375			
		625			625

Entwicklung des Anlagevermögens:

Anfangsbestand	225 T€
Zugänge	50 T€
Abschreibungen	25 T€
	250 T€

Entwicklung der Vorräte:	01.01.2020	200 T€
	31.12.2020	200 T€
Entwicklung der Forderungen:	01.01.2020	160 T€
	31.12.2020	150 T€

Die Gewinn- und Verlustrechnung weist folgende Zahlen aus:

Gewinn- und Verlustrechnung			
Umsatzerlöse:			1.600 T€
Bestandsmehrung			200 T€
Materialaufwand/Wareneinsatz	800 T€		
Personalaufwand	400 T€		
Abschreibungen	75 T€		
Fremdkapitalzinsen	25 T€		
Sonstige Aufwendungen	400 T€		
Jahresüberschuss	100 T€		
	1.800 T€		1.800 T€

Aufgabenstellungen

Ermitteln Sie in einer übersichtlichen Darstellung folgende Kennzahlen, wobei diese auch ihrem Zweck nach zu erläutern und hinsichtlich ihrer Aussagefähigkeit zu beurteilen sind:

1. Durchschnittlicher Lagerbestand
2. Lagerumschlagshäufigkeit
3. Durchschnittliche Lagerdauer in Tagen
4. Umschlagshäufigkeit der Forderungen
5. Laufzeit der Forderungen in Tagen
6. Umschlagshäufigkeit des Kapitals
7. Kapitalumschlagsdauer in Tagen.

Teil 3: Gesellschaftsrecht

A. Sachverhalt

Der bisher als Arbeitnehmer tätige EDV-Experte Andreas Müller möchte sich mit Wirkung zum 01.01.2021 selbstständig machen. Da er ausschließlich im Dienstleistungsbereich tätig wird und im Zeitpunkt der Gründung nur über flüssige Barmittel i. H. v.

2.000 € und eine EDV-Anlage im Wert von 1.000 € verfügt, hat ihm ein befreundeter Steuerberater die Gründung einer sog. Mini-GmbH (UG-haftungsbeschränkt) empfohlen.

Die in Düsseldorf ansässige Firma soll nach Wunsch von Herrn Müller auf den Namen „Müller Software GmbH" lauten.

Gehen Sie davon aus, dass Gründungskosten i. H. v. 290 € angefallen sind. Der alleinige Gesellschafter Andreas Müller soll als Geschäftsführer bestellt werden; evtl. Ausschlussgründe sind für den unbescholtenen Andreas Müller nicht angezeigt.

B. Aufgabenstellungen

Nehmen Sie im Zusammenhang mit der Gründung und der Führung der „Mini- GmbH" zu den nachstehenden Fragen kurz, aber erschöpfend unter Hinweis auf die maßgeblichen Vorschriften des GmbHG Stellung.

1. a) Ist der Gesellschaftsvertrag in einer bestimmten Form vorgesehen?
    b) Gibt es ggf. Erleichterungen?
2. a) Welche Firma der Gesellschaft muss der Gesellschaftsvertrag enthalten, die auch in das Handelsregister einzutragen und auf den Geschäftsbriefen anzugeben ist?
    b) Bleibt der im Zeitpunkt der Gründung zu führende Firmenname in der Zukunft unverändert bestehen oder besteht evtl. die Möglichkeit, diesen abzuändern? Wäre dieses auch sinnvoll?
3. a) Mit welchem Stammkapital kann die sog. Mini-GmbH gegründet werden?
    b) Wie ist Ihre Empfehlung?
    c) Zu welchem Zeitpunkt ist das Stammkapital zu erbringen?
4. Unterstellt, der Jahresüberschuss beträgt in 2021 insgesamt 10.000 €. Welche bilanziellen Folgerungen muss die sog. Mini-GmbH hieraus ziehen?
5. a) Ist die geplante Geschäftsführung zulässig?
    b) Wer führt die Geschäfte und wem obliegt die Vertretung der zu gründenden Gesellschaft?
6. Welchen Haftungsrisiken ist der Geschäftsführer nach der Eintragung in das Handelsregister gegenüber der Gesellschaft und gegenüber Dritten ausgesetzt? Nennen Sie vier Beispiele.

Lösung s. Seite 209

Dritter Prüfungssatz

Steuerrecht I

Die zu den drei Teilen dieser Übungsklausur aufgeführten Sachverhalte sind entsprechend der Aufgabenstellung zu beurteilen. Begründen Sie Ihre Lösungen unter Angabe der maßgeblichen steuerrechtlichen Vorschriften.

Teil 1: Einkommensteuer

Der nachfolgende Klausurteil Einkommensteuer besteht aus zwei unabhängig zu bearbeitenden Teilaufgaben. Diese Teile bauen nicht aufeinander auf.

Teilaufgabe Nr. 1

I. Aufgabenstellung

Ermitteln Sie die Einkünfte des Tobias Kern aus der Kraut & Rüben KG für den VZ 2020. Etwaige gesonderte Feststellungen für Tobias Kern sind unter Berücksichtigung des § 15a EStG darzustellen.

II. Bearbeitungshinweise

- Der steuerliche Gewinn der KG beträgt auf den 31.12.2019 insgesamt 200.000 € und auf den 31.12.2020 insgesamt 250.000 €.
- Es wird gewünscht, eventuell bestehende steuerliche Wahlrechte so auszuüben, dass geringe Einkünfte entstehen.
- Erforderliche Aufzeichnungen oder Verzeichnisse gelten als ordnungsgemäß geführt.
- Aussagen zur persönlichen Steuerpflicht, zu Veranlagungsarten und zum Steuertarif sind nicht notwendig.
- Sämtliche Anträge gelten als gestellt und erforderliche Bescheinigungen und Nachweise als erbracht.

III. Sachverhalt

Tobias Kern ist mit 20 % als Kommanditist an der Kraut & Rüben KG in Bremen beteiligt. Nach dieser Quote sind auch etwaige Gewinne und Verluste zu verteilen. Auf den 31.12.2019 wurde ein verrechenbarer Verlust gem. § 15a Abs. 4 EStG für Tobias Kern i. H. v. 30.000 € gesondert festgestellt.

Der handelsrechtlich ermittelte Gewinn der KG beträgt auf den 31.12.2020 insgesamt 125.000 €.

Dabei wurden unter anderem auch die nachfolgenden Beträge als Aufwand behandelt:

1. Tobias Kern ist auf Basis eines Arbeitsvertrags leitender Angestellter der KG und erhält hierfür ein Jahresgehalt i. H. v. 100.000 €. Die KG entrichtete Arbeitgeberanteile zur bestehenden Sozialversicherung i. H. v. 7.500 €; beide Beträge wurden als Aufwand gebucht.
2. Tobias Kern vermietet ein Grundstück an die KG. Die monatliche Miete ist i. H. v. 10.000 € monatlich im handelsrechtlichen Aufwand der KG enthalten. Die Abschreibungen i. H. v. 12.500 € jährlich sowie die Finanzierungszinsen i. H. v. 15.000 € jährlich sind bisher unberücksichtigt geblieben. Auf dem Grundstück befindet sich ein Gebäude. In diesem Gebäude befand sich bis Ende 2019 unter anderem ein 100 qm großes Großraumbüro, in dem verschiedene Angestellte der KG ihren Arbeitsplatz hatten. Unter Verwendung von Rigipsplatten (Aufwand: 7.500 €) baute der Eigentümer Tobias Kern das Großraumbüro in vier Einzelbüros um und erneuerte dabei die Elektroinstallationen (Aufwand: 11.000 €) in den von der Baumaßnahme betroffenen Räumen (bisher ebenfalls unberücksichtigt).
3. Die KG beabsichtigt im VZ 2021 die Anschaffung eines neuen, ausschließlich betrieblich genutzten Gebrauchtwagens. Die voraussichtlichen Anschaffungskosten belaufen sich auf 15.000 €. Die an der KG beteiligten Personen wünschen eine Berücksichtigung nach § 7g EStG.

Teilaufgabe Nr. 2

I. Aufgabenstellung

1. Nehmen Sie kurz Stellung zur Veranlagungsart.
2. Ermitteln Sie den Gesamtbetrag der Einkünfte der Eheleute Jens und Nicole Breit für den VZ 2020.
3. Ermitteln Sie die abzugsfähigen Sonderausgaben und gehen Sie dabei auf alle zu den persönlichen Verhältnissen gemachten Angaben ein.
4. Nehmen Sie Stellung zur Berücksichtigung der Kinder.

II. Bearbeitungshinweise

- Aussagen zur persönlichen Steuerpflicht sind entbehrlich.
- Es wird gewünscht, eventuell bestehende steuerliche Wahlrechte so auszuüben, dass geringe Einkünfte entstehen.
- Erforderliche Aufzeichnungen oder Verzeichnisse gelten als ordnungsgemäß geführt.
- Sämtliche Anträge gelten als gestellt und erforderliche Bescheinigungen und Nachweise als erbracht.
- Eine Günstigerprüfung zur Berücksichtigung der Kinder ist nicht erforderlich.

III. Sachverhalt

1. Persönliche Verhältnisse

Die Eheleute Jens und Nicole Breit leben seit dem 01.04.2019 dauernd getrennt voneinander (jeweils mit Wohnsitz in Münster). Die rechtskräftige Scheidung erfolgte am 04.05.2020.

Jens Breit zahlte im VZ 2020 folgende Beträge an Nicole Breit:

- Zugewinnausgleichsanspruch　　　　　　　　　　　　　　　　　　　　250.000 €
- monatlicher, gerichtlich festgelegter Unterhalt　　　　　　　　　　　　　780 €
- freiwilliger monatlicher Unterhalt　　　　　　　　　　　　　　　　　　　380 €
- mtl. Beiträge zur Basiskrankenversicherung (ohne Krankengeld)　　　　200 €
- mtl. Unterhalt an das 11 Jahre alte gemeinsame Kind Peter　　　　　1.000 €

Nicole Breit hat die „Anlage U" für den VZ 2020 unterschrieben und dabei Unterhaltszahlungen i. H. v. 28.320 € bestätigt.

Simone Breit ist die gemeinsame Tochter der Eheleute Breit. Sie wurde am 12.09.1995 geboren und studiert Rechtswissenschaften (Erstausbildung) an der Universität Münster. Im Jahre 2020 erzielte die Tochter als selbstständige gewerbliche Web-Designerin Einkünfte i. H. v. 9.300 €. Sie leistete 1.000 € Krankenversicherungsbeiträge sowie insgesamt 300 € Semesterbeiträge.

Im VZ 2020 leistete Jens Breit folgende begünstigte Spenden (entsprechende Nachweise liegen vor):

- mildtätige Spenden　　　　　　　　　　　　　　　　　　　　　　　　7.500 €
- kirchliche Spenden　　　　　　　　　　　　　　　　　　　　　　　　9.000 €

2. Wirtschaftliche Verhältnisse des Jens Breit

a) **Sommer GmbH**

Jens Breit ist seit 01.03.2016 mit 30 % an der Sommer GmbH beteiligt.

Die Anschaffungskosten i. H. v. 500.000 € finanzierte er mithilfe seiner Hausbank. Am 01.05.2020 veräußerte er die Beteiligung zu einem Preis i. H. v. 125.000 €, der ihm am 11.01.2021 zufloss. Bis zum 30.04.2020 leistete er Schuldzinsen i. H. v. monatlich 2.500 €. Seit dem 01.05.2020 zahlte er Schuldzinsen von monatlich 1.500 €. Die Beträge sind jeweils am 30. eines Monats gezahlt worden.

b) **Einzelunternehmen**

Jens Breit betreibt als Einzelunternehmer ein Ingenieurbüro. Er hat nach § 4 Abs. 3 EStG einen vorläufigen Gewinn i. H. v. 30.000 € ermittelt.

Zu beurteilen sind noch die nachfolgenden Einzelsachverhalte:

aa) Die Umsatzsteuervorauszahlung für den Monat Dezember 2020 leistete er am 08.01.2021 i. H. v. 2.000 €. Jens Breit möchte diesen Aufwand erst im Jahre 2021 mit Abfluss berücksichtigen.

bb) Neben seinem Büro in Münster unterhält Jens Breit in seiner gemieteten Wohnung ein häusliches Arbeitszimmer, für das im VZ 2020 folgende Aufwendungen angefallen sind:

- Anteilige Miete für das Arbeitszimmer   750 €
- Kosten für Büromöbel- und EDV-Leasing   600 €
- Kosten für neuen Teppichboden sowie Tapezieren der Wände   1.200 €

cc) Für das Jahr 2021 beabsichtigt Jens Breit die Anschaffung eines BMW (voraussichtliche Anschaffungskosten: 25.000 €). Mit diesem Pkw plant er die Durchführung seiner beruflichen wie auch privaten Fahrten (30 %).

dd) Für das Jahr 2021 plant Jens Breit den Erwerb neuer Büromöbel (voraussichtliche Anschaffungskosten 20.000 €).

Teil 2: Gewerbesteuer

I. Aufgabenstellung

Ermitteln Sie den Gewerbesteuermessbetrag der Kraut & Rüben GmbH & Co. KG für den Erhebungszeitraum (EZ) 2020.

Die Entscheidungen sind unter Angabe der gesetzlichen Vorschriften zu begründen.

II. Sachverhalt

Die Kraut & Rüben GmbH & Co. KG mit Sitz in Stuttgart betreibt in Stuttgart ein Kieswerk. Gesellschafter sind die Kraut GmbH als Komplementärin sowie Sascha Rüben und Ingrid Klausen als Kommanditisten.

Der Gewinn wird im Verhältnis 1 : 1 : 1 auf die Gesellschafter verteilt.

Tz. 1

Die Kraut & Rüben GmbH & Co. KG hat für den EZ 2020 folgende Erklärung zur gesonderten und einheitlichen Feststellung der Einkünfte aus Gewerbebetrieb zutreffend erstellt:

	Gesamt	Kraut GmbH	Sascha Rüben	Ingrid Klausen
Steuerbilanzgewinn	300.000,00 €	100.000,00 €	100.000,00 €	100.000,00 €
Sonderbilanzgewinn	75.000,00 €			75.000,00 €
Gesamtgewinn	375.000,00 €	100.000,00 €	100.000,00 €	175.000,00 €

Tz. 2

Ingrid Klausen verpachtete der KG seit Dezember 2019 ein unbebautes Grundstück, das diese als Kundenparkplatz benutzte. Die jährliche Pacht von 100.000 € wurde von der KG als Aufwand behandelt. In der Sonderbilanz der Kommanditistin Ingrid Klausen wurden die Pachtzahlungen als Betriebseinnahme erfasst. Nach Abzug sonstiger Aufwendungen ergibt sich ein Sonderbilanzgewinn von 75.000 €.

Es liegen folgende auf Ingrid Klausen lautende Einheitswertbescheide für das Grundstück vor:

- Einheitswertbescheid zum 01.01.2009   100.000 €
- Einheitswertbescheid zum 01.01.2021   125.000 €

Der Einheitswert wurde aufgrund von Baumaßnahmen in 2020 (Errichtung eines Werkstattgebäudes) mit Bescheid vom 14.04.2021 zum 01.01.2021 fortgeschrieben und festgestellt.

Die von der Kommanditistin Klausen getragene Grundsteuer ist in der Sonder-GuV erfasst.

Tz. 3

Die Baubank gewährte der Kraut & Rüben GmbH & Co. KG am 20.04.2020 ein Darlehen über 1.000.000 €. Das Darlehen wurde von der Gesellschaft zur Finanzierung neuer Maschinen (250.000 €), zum Erwerb eines Nachbargrundstückes mit ausbeutbarem Kiesvorkommen (500.000 €) sowie zum Ausgleich des Schuldsaldos auf dem betrieblichen Girokonto verwendet. An Darlehenszinsen und Kontokorrentzinsen sind im EZ 2020 insgesamt 80.000 € angefallen.

Tz. 4

Die KG erwarb vor Jahren von Frauke Fester einen Kiesbetrieb gegen Gewährung einer Leibrente i. H. v. monatlich 2.500 €. Das Konto Rentenaufwand hat folgendes Bild:

	Rentenzahlungen	30.000,00 €
-	Tilgungsanteil der Rentenzahlungen	5.000,00 €
=	Saldo zum 31.12.2020 lt. GuV	25.000,00 €

Tz. 5

An der KG ist die Ehefrau des Sascha Rüben als typische stille Gesellschafterin beteiligt. Deren Gewinnanteil, der zulasten des Jahresüberschusses 2020 gebucht wurde, beträgt 25.000 €.

Tz. 6

Aus dem EZ 2019 ist ein nicht ausgeglichener Verlust i. H. v. 25.000 € gesondert festgestellt worden.

Teil 3: Körperschaftsteuer

I. Aufgabenstellungen

1. Ermitteln Sie das zu versteuernde Einkommen sowie die tarifliche Körperschaftsteuer und den Solidaritätszuschlag der Süper GmbH für den VZ 2020.
2. Ermitteln Sie den ausschüttbaren Gewinn nach § 27 KStG.
3. Führen Sie alle zum 31.12.2020 notwendigen gesonderten Feststellungen durch.

II. Bearbeitungshinweise

- Ihre Ausführungen sollen die maßgeblichen Fundstellen sowie die entsprechenden Hinweise der Richtlinien enthalten.
- Soweit sich aus dem Sachverhalt nicht ausdrücklich etwas anderes ergibt, ist davon auszugehen, dass alle erforderlichen Bescheinigungen vorliegen und Anträge gestellt worden sind.

III. Sachverhalt

Die Süper GmbH mit Sitz in Wiesbaden beliefert Gaststätten mit zubereiteten Feinschmeckergerichten. An der Süper GmbH sind folgende Gesellschafter beteiligt:

- Volker Süper mit einem Anteil von 70 %
- Paul Wurth mit einem Anteil von 30 %

Die Anteile an der GmbH werden im Privatvermögen gehalten.

Tz. 1

Der Bilanzgewinn der GmbH beträgt zum 31.12.2020 insgesamt 283.000 €.

Rücklagen wurden i. H. v. 25.000 € aufgelöst. Im Bilanzgewinn ist ein Gewinnvortrag von 8.000 € enthalten.

Tz. 2

Geschäftsführerin der GmbH ist Silke Schulze, eine Tante des Volker Süper.
Silke Schulze als Geschäftsführerin erhielt im VZ 2020 ein vertraglich vereinbartes Gehalt i. H. v. 3.000 € monatlich.

Wegen der guten Geschäftslage und weil Silke Schulze gut gewirtschaftet hat, wurde das Gehalt rückwirkend auf 4.000 € monatlich erhöht. Die Gesellschafterversammlung beschloss diese Erhöhung zum 01.09.2020. Die Nachzahlung für die Monate Januar bis August 2020 wurde mit dem Septembergehalt ausgezahlt. Der Monatswert von 4.000 € gilt als angemessen. Sozialversicherungsbeiträge sind nicht entstanden.

Tz. 3

Gesellschafter Paul Wurth hat der Gesellschaft vor drei Jahren ein Darlehen i. H. v. 10.000 € überlassen. Der vereinbarte Zinssatz beträgt 5 % und ist angemessen. Die Zinsen für die Jahre 2017, 2018, 2019 und bis zum 31.03.2020 wurden als Verbindlichkeit erfasst (1.625 €). Das Darlehen wurde am 30.03.2020 zurückgezahlt. Auf die Zahlung der Zinsen hat Paul Wurth zu diesem Zeitpunkt verzichtet. Die Verbindlichkeit wurde gewinnerhöhend ausgebucht. Weitere Buchungen erfolgten nicht.

Tz. 4

Gewinnerhöhend wurde ein Beteiligungsertrag i. H. v. 20.000 € aus einer 25 %-igen Beteiligung an einer inländischen GmbH erfasst.

Die Kapitalertragsteuer und der Solidaritätszuschlag wurden korrekt als Aufwand erfasst.

Diese Beteiligung wurde fremdfinanziert. Es fielen Zinsen i. H. v. 1.200 € im VZ 2020 an. Diese Zinsen wurden zutreffend als Aufwand erfasst.

Tz. 5

Gewinnmindernd wurden folgende Posten gebucht:

- Körperschaftsteuervorauszahlungen 2020   17.500,00 €
- Kapitalertragsteuer (Beteiligungsertrag)   5.000,00 €
- Gewerbesteuer 2020   10.000,00 €
- Körperschaftsteuersäumniszuschläge   100,00 €
- Solidaritätszuschlagvorauszahlungen 2020   962,50 €
- Solidaritätszuschlag auf Kapitalertragsteuer   275,00 €

Tz. 6

Im März 2020 erfolgte für den VZ 2019 eine offene Gewinnausschüttung i. H. v. 45.000 €.

Zum 31.12.2019 wurde das Einlagekonto mit 21.000 € gesondert festgestellt.

Das gesamte Eigenkapital der Gesellschaft betrug zum 31.12.2019 insgesamt 101.000 €.

Das gezeichnete Kapital beträgt 45.000 €.

Steuerrecht II

Die zu den drei Teilen dieser Übungsklausur aufgeführten Sachverhalte sind entsprechend der Aufgabenstellung zu beurteilen. Begründen Sie Ihre Lösungen unter Angabe der maßgeblichen steuerrechtlichen Vorschriften.

Teil 1: Umsatzsteuer

I. Allgemeines zu den nachfolgenden Sachverhalten 1 - 3

- Der selbstständige Straßenbauunternehmer Rudolf Anders (RA) mit Sitz in Leverkusen und der selbstständige Tiefbauunternehmer Carsten Loft (CL) mit Sitz in Köln haben sich zur Ausführung von Bauarbeiten an Bundesautobahnen zu einer Arbeitsgemeinschaft (ARGE) in der Rechtsform einer Gesellschaft bürgerlichen Rechts (GbR) mit Sitz in Leverkusen zusammengeschlossen.

  RA und CL haben vereinbart, der ARGE Baugeräte ihres Einzelunternehmens unentgeltlich zur Verfügung zu stellen.

  Sie sind zu jeweils 50 % am Gewinn und Verlust der ARGE beteiligt.

- Unterstellen Sie, dass die weiteren leistungsausführenden beteiligten Unternehmer keine Kleinunternehmer nach § 19 UStG sind und ihre Umsätze im Rahmen ihres Unternehmens im Leistungsaustausch ausführen. Dies ist daher bei der Steuerbarkeit nicht zu prüfen.

- Alle Unternehmer versteuern ihre Umsätze nach vereinbarten Entgelten und geben ihre Umsatzsteuervoranmeldungen monatlich auf elektronischem Wege ab.

- Die Aufgabenstellung befindet sich am Ende der jeweiligen Sachverhalte.

- Die getroffenen Entscheidungen sind unter Angabe der einschlägigen Rechtsgrundlagen (UStG, UStDV, UStAE) zu begründen.

II. Sachverhalte

Sachverhalt 1

a) Die ARGE hat vom Landesamt für Bau und Verkehr des Landes Nordrhein-Westfalen (LT), einer juristischen Person des öffentlichen Rechts, die ausschließlich hoheitlich tätig wird, den Auftrag erhalten, im Zeitraum vom 01.06.2021 - 31.08.2021 die Fahrbahndecke der BAB A 3 zwischen Leverkusen und Dreieck Heumar neu herzustellen. Hierfür verwendet die ARGE ausschließlich von ihr selbst beschaffte Stoffe, z. B. Teer.

Die Übergabe und Abnahme der neu hergestellten Fahrbahndecke durch das Landesamt war für den 31.08.2021 vereinbart, erfolgte aber tatsächlich erst am 30.09.2021. Die verspätete Abnahme war durch Planungsmängel der ARGE verursacht, sodass auch die Inbetriebnahme (Nutzung) der A 3 erst am 30.09.2021 erfolgte.

Als Werklohn waren insgesamt 2.975.000 € einschließlich gesetzlicher Umsatzsteuer vereinbart. Bei Überschreitung des vereinbarten Abnahmetermins am 31.08.2021 hatte die ARGE eine Vertragsstrafe i. H. v. 5 % des Bruttowerklohns zu zahlen.

Als Abschlagszahlungen hatte die ARGE am 15.06.2021 und 16.07.2021 jeweils 1.190.000 € erhalten.

Wegen Fristüberschreitung bezüglich der Baufertigstellung kürzte das Landesamt die ausstehende Restzahlung in Höhe 595.000 €, wie vereinbart, um 5 % des Werklohns und überwies am 12.10.2021 nur noch 446.250 € auf das Konto der ARGE.

Aufgabenstellungen zu a)

1. Nehmen Sie unter kurzer Begründung dazu Stellung, ob die ARGE Unternehmer ist und wem (entweder der ARGE oder RA/CL als Gesellschafter) die Leistung „Erneuerung der Fahrbahndecke" zuzurechnen ist.
2. Nehmen Sie unter kurzer Begründung dazu Stellung, wie die kostenlose Überlassung der Gegenstände durch RA und CL umsatzsteuerrechtlich zu beurteilen ist.
3. Die Ausgangsleistung „Neue Herstellung der Fahrbahndecke" ist zu beurteilen hinsichtlich:
   - Steuerbarkeit (nur Angaben zur Art des Umsatzes, dem Leistungsort, Zeitpunkt der Leistung und ggf. Ausland sind erforderlich)
   - Steuerbefreiung/Steuerpflicht
   - Steuersatz und Höhe der Umsatzsteuer (Betrag angeben)
   - Bemessungsgrundlage
   - Zeitpunkt der Steuerentstehung
   - Wer Steuerschuldner ist. (Prüfen Sie hierbei sowohl § 13a UStG als auch § 13b UStG und geben kurz an, warum eine der beiden Vorschriften nicht anzuwenden ist (Negativabgrenzung).

b) Die ARGE hatte den selbstständigen Subunternehmer Frank Düster (FD) mit Sitz in Solingen mit der Durchführung der Erdarbeiten im Zusammenhang mit der Erstellung der Fahrbahn beauftragt. Hierbei hatte die ARGE eine gültige Freistellungsbescheinigung nach § 48b EStG für umsatzsteuerliche Zwecke vorgelegt. Frank Düster erteilte der ARGE folgende Rechnung:

> Frank Düster, Sternstr. 15, 42697 Solingen   28.09.2021
>
> ARGE Anders & Loft
> Bergstr. 67
> 51381 Leverkusen
>
> Erdarbeiten BAB A 3 Leverkusen – Dreieck Heumar
> obiges Rechnungsdatum entspricht dem Leistungszeitpunkt
>
> Für die erbrachten Erdarbeiten im Zusammenhang mit der Erstellung der Fahrbahn erlaube ich mir zu berechnen:
>
> *Netto 10.000,00 €*

Aufgabenstellungen zu b)

1. Die Ausgangsleistung von FD ist zu beurteilen hinsichtlich:
   - Steuerbarkeit (nur Angaben zur Art und dem Leistungsort des Umsatzes, Zeitpunkt der Leistung sind erforderlich)
   - Steuerbefreiung/Steuerpflicht
   - Bemessungsgrundlage (auch, falls ein steuerfreier Umsatz vorliegen sollte)
   - Steuersatz und Höhe der Umsatzsteuer (Betrag angeben)
   - wer Steuerschuldner ist
   - Zeitpunkt der Steuerentstehung bzw. analog Voranmeldungszeitraum (VAZ) des steuerfreien Umsatzes.

2. Der Vorsteuerabzug der ARGE ist zu beurteilen hinsichtlich:
   - Zulässigkeit des Vorsteuerabzugs dem Grunde nach
   - Vorsteuerabzug der Höhe nach (Betrag angeben) und Prüfung der Ausschlussgründe
   - Voranmeldungszeitraum für den Abzug der Vorsteuer.

3. Prüfen Sie die Ordnungsmäßigkeit der Rechnung und nehmen Sie kurz dazu Stellung, ob sich aus Auswirkungen auf den Vorsteuerabzug und die Steuerschuldnerschaft ergeben.

Sachverhalt 2

a) Die Auftragslage in der Bauunternehmung des Einzelunternehmers Rudolf Anders (RA) entwickelte sich im Verlaufe des Jahres 2021 nicht zufriedenstellend.

Deshalb war RA sehr froh darüber, dem spanischen Bauunternehmer Carlos Brome mit Sitz in Madrid für die Zeit vom 01.04.2021 - 28.05.2021 eine Planierraupe vermieten zu können.

Es war von vornherein vereinbart, dass

- das Entgelt für die Vermietung für den gesamten Zeitraum zum Teil in der Transportleistung des Carlos Brome bestehen sollte (siehe nachfolgender Sachverhalt b)),
- als Baraufgabe des Carlos Brome wurden 5.000 € vereinbart,
- RA über die Leistung des Carlos Brome die Abrechnung erteilen sollte.

Aufgabenstellungen zu a)

Beurteilen Sie die von RA an Carlos Brome erbrachte Leistung bezüglich:

- Steuerbarkeit (nur Angaben zur Art des Umsatzes, dem Leistungsort, Zeitpunkt der Leistung sind erforderlich)
- Bemessungsgrundlage (auch falls ein nicht steuerbarer Umsatz vorliegen sollte)
- Zeitpunkt der Steuerentstehung bzw. analog Voranmeldungszeitraum (VAZ) des Umsatzes
- Auf eventuelle umsatzsteuerliche Konsequenzen in Spanien ist nicht einzugehen.
- Beurteilen Sie zusätzlich, ob sich aus der Rechnung des RA weitere umsatzsteuerliche Konsequenzen ergeben.
- Prüfen Sie, ob sich aus dem Verbringen der Planierraupe nach Madrid und zurück ggf. weitere umsatzsteuerliche Konsequenzen, z. B. Aufzeichnungspflichten, ergeben.

b) RA erteilte Carlos Brome unter Verwendung seiner deutschen USt-IdNr. den Auftrag, die Planierraupe von Madrid zurück nach Leverkusen am 02.06.2021 zu befördern.

Das Entgelt hierfür sollte vereinbarungsgemäß 2.000 € betragen und in dieser Höhe mit der von RA an Carlos Brome erbrachten Leistung abgegolten werden.

RA übergab dem Carlos Brome am 11.06.2021 folgende Rechnung für seine Leistung, in der er auch zugleich über die Leistung des Carlos Brome abrechnete (auszugsweise dargestellt):

Gutschrift:	
Miete für die Nutzungsüberlassung einer Planierraupe in der Zeit vom 01.04.2021 - 28.05.2021	7.000,00 €
abzüglich Ihre Transportleistung Brome, wie vereinbart Leverkusen – Madrid (ausgeführt am 02.06.2021)	2.000,00 €
verbleiben	5.000,00 €
zzgl. 19 % USt	950,00 €
Gesamtbetrag	5.950,00 €

Carlos Brome beglich im Juni 2021, wie vereinbart, nur den ausstehenden Nettobetrag von 5.000 €.

Aufgabenstellungen zu b)

1. Beurteilen Sie die von Carlos Brome an RA erbrachte Leistung bezüglich:
   - Steuerbarkeit (nur Angaben zur Art des Umsatzes, dem Leistungsort, Zeitpunkt der Leistung und ggf. Ausland sind erforderlich)
   - Steuerbefreiung/Steuerpflicht
   - Steuerschuldner
   - Bemessungsgrundlage
   - Steuersatz und Höhe der Umsatzsteuer (Betrag angeben)
   - Zeitpunkt der Steuerentstehung bzw. analog Voranmeldungszeitraum (VAZ) des Umsatzes
   - Art der Rechnungserteilung.
2. Beurteilen Sie für RA bezüglich der Leistung des Carlos Brome:
   - Zulässigkeit des Vorsteuerabzugs dem Grunde nach
   - Vorsteuerabzug der Höhe nach (Betrag angeben) und Prüfung der Ausschlussgründe
   - Voranmeldungszeitraum (VAZ) für den Abzug der Vorsteuer.

Sachverhalt 3
Angaben für das Jahr 2020

Rudolf Anders (RA) hat am 13.03.2020 von dem Nichtunternehmer Bernd Siefen einen gebrauchten Land Rover für 9.500 € erworben. Das Fahrzeug ist besonders für Einsätze auf Baustellen in schwerem Gelände geeignet, sodass RA dieses Fahrzeug vom Tag der Anschaffung an ausschließlich unternehmerisch nutzte.

Im April 2020 ließ RA ein aufwändig ausgestattetes Navigationssystem mit Internetzugang zum Preis von 2.000 € zzgl. 380 € USt nachträglich in das Fahrzeug als Bestandteil fest einbauen.

Im Mai 2020 entstand während eines Baustelleneinsatzes in Wuppertal durch Hagelschlag erheblicher Schaden an dem Fahrzeug. Für die Neulackierung berechnete das auf solche Fahrzeugschäden spezialisierte Unternehmen 7.500 € zzgl. 1.425 € USt. Die Arbeiten wurden am 01.06.2020 fertig gestellt.

Sowohl für das Navigationsgerät als auch für die Neulackierung hat RA den Vorsteuerabzug zutreffend in Anspruch genommen.

Angaben für das Jahr 2021

Am 01.01.2021 schenkte RA den Land Rover seinem Sohn zum Neuen Jahr. Nach der „Schwacke-Liste" beträgt der Netto-Marktwert des Land Rover inkl. Navigationsgerät 19.000 €. Der Netto-Marktwert des Navigationsgerätes (Restwert) ist darin mit 1.500 € enthalten. Die Neulackierung ist am 01.01.2021 wirtschaftlich nicht verbraucht.

Aufgabenstellungen

1. Beurteilen Sie die sich aus der Schenkung des Pkw ergebenden umsatzsteuerlichen Konsequenzen hinsichtlich
   - Steuerbarkeit (nur Angaben zur Art des Umsatzes, dem Leistungsort, Zeitpunkt der Leistung sind erforderlich)
   - Steuerbefreiung/Steuerpflicht
   - Bemessungsgrundlage
   - ggf. Steuersatz und ggf. Höhe der Umsatzsteuer (Betrag angeben)
   - Steuerschuldner
   - Zeitpunkt der Steuerentstehung bzw. analog Voranmeldungszeitraum (VAZ) des steuerfreien Umsatzes.
2. Beurteilen Sie, ob aus der Schenkung umsatzsteuerliche Konsequenzen hinsichtlich einer Vorsteuerberichtigung nach § 15a UStG zu ziehen sind und stellen sie diese vollständig dar, bezüglich
   - Vorliegen eines Berichtigungsobjekts i. S. d. § 15a UStG
   - des Vorliegens einer Änderung der Verhältnisse gegenüber dem ursprünglichen Vorsteuerabzug
   - Berichtigungszeitraum
   - Angaben zum ursprünglichen Vorsteuerabzug
   - Änderung der Verhältnisse ab dem Jahr 2021
   - Berechnung des Vorsteuerberichtigungsbetrages
   - Voranmeldungszeitraum, in dem die Vorsteuerberichtigung durchzuführen ist
   - Anwendung von Vereinfachungen bei der Berichtigung des Vorsteuerabzugs.

Teil 2: Abgabenordnung

Sachverhalt 1

Die Eheleute Peter und Barbara Tenner, beide 40 Jahre alt, wohnen in Oberhausen.

Barbara Tenner ist Komplementärin der Ostermann OHG in Duisburg.

Die Ostermann OHG hat die gesonderte und einheitliche Gewinnfeststellungserklärung für das Jahr 2015 im August 2016 bei dem zuständigen Finanzamt in Duisburg eingereicht.

Das Finanzamt Duisburg erließ den gesonderten und einheitlichen Gewinnfeststellungsbescheid 2015 am 20.07.2019. Der Bescheid erging unter dem Vorbehalt der Nachprüfung. Auf Barbara Tenner entfiel ein Gewinnanteil i. H. v. 22.500 €.

Für ein Darlehen, das Barbara Tenner der Ostermann OHG gewährt hatte, erhielt sie am 31.12.2015 Zinsen für das Jahr 2015 i. H. v. 4.000 €, die bei der Ostermann OHG in voller Höhe als Betriebsausgabe erfasst worden sind.

Peter und Barbara Tenner haben ihre ESt-Erklärung 2015 am 17.08.2016 bei dem Finanzamt Oberhausen eingereicht und die Zusammenveranlagung beantragt.

Sie erklärten u. a. Einkünfte aus Gewerbebetrieb aus der Beteiligung an der Ostermann OHG i. H. v. 22.500 €, Einkünfte aus der Beteiligung an einer Immobilie in Leipzig i. H. v. 500 € und nach § 20 Abs. 1 Nr. 7 EStG Einnahmen aus Kapitalvermögen i. H. v. 4.000 €; hierbei handelte es sich ausschließlich um die von der OHG erhaltenen Darlehenszinsen.

Die Veranlagung zur Einkommensteuer 2015 erfolgte antragsgemäß. Der Steuerbescheid erging ohne Vorbehalt der Nachprüfung und wurde am 25.08.2017 zur Post gegeben.

Anlässlich einer Außenprüfung, die am 11.12.2020 bei der Ostermann OHG begann und auch das Jahr 2015 umfasste, erhöhte der Außenprüfer den Gewinnanteil für Frau Tenner um 4.000 € Darlehenszinsen auf 26.500 €.

Der geänderte Feststellungsbescheid 2015 des Finanzamts Duisburg wurde am 18.03.2021 zur Post gegeben.

Am 08.04.2021 will der Sachbearbeiter des Finanzamts Oberhausen die Mitteilung des Finanzamts Duisburg auswerten und stellt bei Überprüfung seiner Unterlagen fest, dass noch eine Mitteilung des Finanzamts Leipzig vorliegt, aus der hervorgeht, dass den Eheleuten Tenner aus der Beteiligung an der Immobilie in Leipzig für das Jahr 2015 ein Überschuss i. H. v. 1.250 € zugerechnet worden ist.

Der gesonderte und einheitliche Feststellungsbescheid des Finanzamts Leipzig ist am 21.03.2019 zur Post gegeben worden.

I. Aufgabenstellungen

1. Prüfen Sie unter Angabe der gesetzlichen Bestimmungen, ob der geänderte Feststellungsbescheid 2015 für die Ostermann OHG am 18.03.2021 erlassen werden durfte.

   Nehmen Sie Stellung zu
   a) den materiell rechtlichen Voraussetzungen
   b) der Feststellungsfrist
   c) einer möglichen Korrekturvorschrift.

2. Prüfen Sie unter Angabe der gesetzlichen Bestimmungen, ob und ggf. welche Änderungen des Einkommensteuerbescheids 2015 am 08.04.2021 für die Eheleute Tenner notwendig werden.

   Nehmen Sie auch hierbei Stellung zu
   a) der Festsetzungsfrist
   b) einer möglichen Korrekturvorschrift.

3. Ermitteln Sie, in welcher Höhe sich mögliche Änderungen auf die tarifliche Einkommensteuer 2015 auswirken.

II. Bearbeitungshinweise

- Vorsätzliches oder leichtfertiges Handeln der Eheleute Tenner ist auszuschließen.
- Aus Vereinfachungsgründen ist von einem Steuersatz von 25 % auszugehen.
- Auf § 177 AO ist nicht einzugehen und auch bei der Berücksichtigung des Berichtigungsumfangs nicht zu beachten.

Sachverhalt 2

Der gesonderte und einheitliche Gewinnfeststellungsbescheid 2020 der Ostermann OHG ist ohne Vorbehalt der Nachprüfung im Mai 2021 vom Finanzamt Duisburg bekannt gegeben worden.

Die Eheleute Peter und Barbara Tenner nehmen seit dem VZ 2020 an dem Datenabruf-Bekanntgabeverfahren über das ElsterOnline-Portal teil.

Am 05.08.2021 (Donnerstag) sendet das Finanzamt Oberhausen an Peter und Barbara Tenner eine E-Mail, dass ihr ESt-Bescheid 2020 zum Abruf im ElsterOnline-Portal zur Verfügung stehe. Die Eheleute Tenner erhalten die E-Mail am selben Tag. Da sie ihre Zugangsdaten nicht sofort zur Verfügung hatten, loggten sie sich erst am 10.08.2021 im ElsterOnline-Portal ein und riefen den ESt-Bescheid 2020 ab.

Am Donnerstag, den 09.09.2021 (tatsächlicher Eingang beim Finanzamt Oberhausen) legt Barbara Tenner gegen den ESt-Bescheid 2020 beim Finanzamt Oberhausen Einspruch ein, mit der Begründung, sie habe im Jahre 2020 für die OHG Instandhaltungsaufwendungen übernommen. Ihr Gewinnanteil in dem Feststellungsbescheid 2020 sei daher um 2.500 € zu hoch.

Aufgabenstellung

Prüfen und begründen Sie unter Angabe der gesetzlichen Bestimmungen, ob das Finanzamt Oberhausen dem Einspruch gegen den Einkommensteuerbescheid 2020 stattgeben kann.

Teil 3: ErbSt/SchenkSt/BewG

I. Sachverhalt

1. Persönliche Verhältnisse

Ralf Bendig (RB) ist am 27.05.2020 im Alter von 62 Jahren durch einen Stromschlag in seinem Bastelkeller verstorben.

Durch ein wirksames Testament hat er seine Ehefrau Gabi Bendig (GB) zur Alleinerbin eingesetzt.

Der gemeinsame Sohn Holger sollte nach diesem Testament nur ein Rennrad (gemeiner Wert: 100 €) erhalten. Erst nach dem Tode von seiner Mutter GB sollte er etwas erben.

Gabi Bendig (geb. 01.03.1961) bezog im VZ 2020 Hintenbliebenen-Versorgungsbezüge (Witwengeld) i. H. v. brutto 18.000 €.

2. Nachlass des RB

Der Nachlass des RB setzt sich wie folgt zusammen:

2.1 Architektenbüro

RB hatte eine vorsteuerabzugsberechtigte bilanzierende Unternehmung als Architekt. Das Unternehmen, das zu 10 % aus Verwaltungsvermögen besteht, hatte in den letzten Jahren folgende Gewinne:

- Bilanzgewinn 2017   200.000 €
- Bilanzgewinn 2018   210.000 €
- Bilanzgewinn 2019   220.000 €

Der angemessene monatliche Unternehmerlohn für RB betrug in allen drei Jahren 5.000 €.

RB hatte im Jahr 2019 ein ausschließlich betrieblich genutztes unbebautes Grundstück im Wert von 220.000 € in seinen Betrieb eingelegt, nachdem er im Jahr 2019 ein im Jahr

2011 erworbenes ausschließlich betrieblich genutztes unbebautes Grundstück 60.000 € teurer verkaufen konnte, als er es angeschafft hatte.

Im Zusammenhang mit dem im Jahr 2019 eingelegten Grundstück hat RB im Jahr 2019 Aufwendungen i. H. v. 4.500 € getätigt.

Im Jahr 2018 hatte RB zulässigerweise eine Teilwertabschreibung an einem betrieblichen Wirtschaftsgut i. H. v. 17.000 € vorgenommen.

Der Substanzwert des Betriebes beträgt 2.000.000 €. Der Kapitalisierungsfaktor beträgt 13,75.

GB führt das Unternehmen auf unbestimmte Zeit fort und hat keinen Antrag auf 100 %-ige Steuerbefreiung des Betriebsvermögens gestellt. Die Mindestlohnsumme von 400 % wird nicht unterschritten.

2.2 Bankguthaben

RB hatte zum Todeszeitpunkt ein privates Bankguthaben von 800.000 €. Das Guthaben wurde mit 0,4 % jährlich verzinst; die Zinsen waren jeweils zum 31.12. eines Jahres fällig. RB und seine Ehefrau haben – wegen ihrer Zusammenveranlagung – der Bank einen Freistellungsauftrag i. H. v. 1.602 € erteilt.

2.3 Digitalkamera

RB hat am 27.03.2020 bei einer Firma seines Freundes eine neue Digitalkamera zum Preis von 1.200 € inkl. 19 % USt gekauft und bereits in voller Höhe angezahlt.

Am Todestag des RB war die Digitalkamera wegen Frachtproblemen noch nicht geliefert.

2.4 Erbschaftsteuerschuld

RB hatte von seinem Bruder im Jahr 2019 im Wege der gesetzlichen Erbfolge 20.000 € erhalten. Unter Berücksichtigung diverser Vorschenkungen beträgt die noch nicht beglichene Erbschaftsteuerschuld des RB 3.000 €.

3. Sonstige Angaben

- GB unterliegt als Inländerin der persönlichen Steuerpflicht gemäß § 2 Abs. 1 Nr. 1 Buchst. a ErbStG.
- Der maßgebende Bewertungsstichtag ist nach § 9 Abs. 1 Nr. 1 i. V. m. § 11 ErbStG der 27.05.2020.
- GB ist gemäß § 15 Abs. 1 ErbStG der Steuerklasse I zuzuordnen.

- Die Kosten der standesgemäßen Beerdigung des GB betrugen insgesamt 10.000 € und sind von der Alleinerbin getragen worden.
- Auf die Geltendmachung von Pflichtteilsansprüchen hat Holger wirksam verzichtet.
- Vorschenkungen des Erblassers an GB innerhalb der letzten zehn liegen nicht vor.

II. Aufgaben und Bearbeitungshinweise

Beurteilen Sie den o. a. Sachverhalt für GB unter Angabe der gesetzlichen Bestimmungen des ErbStG und des BewG und begründen Sie Ihre Entscheidung.

Gehen Sie bei Ihrer Lösung in der vorgegebenen Reihenfolge nur auf die nachfolgend genannten Punkte ein:
- Ermittlung des Wertes der Bereicherung
- Ermittlung des steuerpflichtigen Erwerbs und der festzusetzenden Erbschaftsteuer.

Ausführungen zur persönlichen Steuerpflicht, zur Entstehung der Steuerschuld und zum Bewertungsstichtag sind nicht erforderlich.

Entsprechend der Systematik des ErbStG sind sachliche Steuerbefreiungen und Freibeträge direkt bei den begünstigten Wirtschaftsgütern zu berücksichtigen.

Rechnungswesen

Teil 1: Buchführung und Jahresabschluss nach Handels- und Steuerrecht

I. Aufgabenstellung

1. Beurteilen Sie die nachfolgenden Sachverhalte 1 - 6 unter Hinweis auf die maßgeblichen gesetzlichen Bestimmungen des Handels- und Steuerrechts sowie den Verwaltungsanweisungen (EStR/EStH).
2. Entwickeln Sie die jeweiligen Bilanzansätze nach Handelsrecht (HB) und Steuerrecht (StB) zum 31.12.2020.

   Soweit Bewertungswahlrechte bestehen, ist davon auszugehen, dass für das Wirtschaftsjahr 2020 (= Kalenderjahr) steuerrechtlich der niedrigste mögliche Gewinn ausgewiesen werden soll. M möchte, soweit dies möglich ist, eine einheitliche Bilanz (Handelsbilanz = Steuerbilanz) erstellen; eine gesonderte Steuerbilanz will M nicht aufstellen.

   Für evtl. aufgedeckte stille Reserven möchte M, soweit dies möglich ist, eine steuerliche Rücklage bilden.

   Gehen Sie davon aus, dass M bei steuerlichen Wahlrechten ein besonderes Verzeichnis erstellt hat.

   Bei rechtlichen Zweifelsfällen ist der Verwaltungsauffassung zu folgen.

   Sollten die Bilanzansätze in Handelsbilanz und Steuerbilanz zwingend voneinander abweichen, ist dies außerhalb der Handelsbilanz darzustellen.

Eventuelle Änderungen bei der Vorsteuer bzw. Umsatzsteuer sind nur bei den betreffenden Sachverhalten betragsmäßig anzugeben.

3. Geben Sie für die ggf. erforderlichen Berichtigungs- bzw. Ergänzungsbuchungen die Buchungssätze für das Jahr 2020 an.
4. Nennen Sie die jeweilige Gewinnauswirkung für das Jahr 2020. Steuerliche Abweichungen sind gesondert darzustellen.

II. Hinweise

- Eine betragsmäßige Zusammenstellung sämtlicher Änderungen (Ermittlung des endgültigen steuerlichen Gewinns bzw. Erstellung der Steuerbilanz) ist nicht erforderlich.
- Soweit in den einzelnen Sachverhalten besonders darauf hingewiesen wird, dass Bilanzposten/Buchungen bereits zutreffend erfasst/erfolgt sind, brauchen diese nicht mehr angesprochen werden.
- Ferner ist nicht einzugehen auf gewerbesteuerliche Auswirkungen, latente Steuern (§ 274 HGB) oder die Abzugsbeschränkung gem. § 4h EStG (Zinsschranke).

III. Allgemeine Angaben

Der Einzelunternehmer Jörg Müller (M) betreibt in Herne eine Schreinerei. Das Unternehmen ist seit 2009 im Handelsregister eingetragen.

M ermittelt seinen Gewinn gem. § 5 Abs. 1 EStG i. V. m. § 238 Abs. 1 HGB.

Der vorläufige Jahresüberschuss für 2020 beträgt lt. Gewinn- und Verlustrechnung 285.000 €.

Das Wirtschaftsjahr stimmt mit dem Kalenderjahr überein.

Die vorläufige Handelsbilanz des Jahres 2020 wurde am 15.10.2021 erstellt. Außerbilanzielle steuerliche Korrekturen (§ 60 Abs. 2 Satz 1 EStDV) hat M bisher noch nicht vorgenommen.

Das Unternehmen des M erfüllt nicht die Voraussetzungen des § 7g EStG.

M versteuert seine Umsätze nach den allgemeinen Vorschriften des UStG und ist uneingeschränkt zum Vorsteuerabzug berechtigt.

IV. Sachverhalte

Sachverhalt 1

M ist Eigentümer eines bebauten Grundstücks in Herne, Eschstr. 25, das er zum 01.07.2011 für 450.000 € erworben hat.

Der Anteil des Grund und Bodens hat seinerzeit 100.000 € betragen und der des Gebäudes 350.000 €. Der Bauantrag für das Gebäude wurde 2005 gestellt.

M hatte das Grundstück vom 01.07.2011 - 31.12.2019 an den Schreinermeister Hobel vermietet, der dort eine Schreinerei betrieben hat. Die Mieteinnahmen wurden in den Jahren 2011 - 2019 zutreffend als Einkünfte aus Vermietung und Verpachtung erfasst. Im Rahmen der Vermietungseinkünfte wurde das Gebäude zutreffend abgeschrieben.

Seit dem 01.01.2020 nutzt M das Grundstück für seinen eigenen Betrieb. Die Teilwerte ermitteln sich wie folgt:

01.01.2020	Grund und Boden	150.000 €
	Gebäude	550.000 €
31.12.2020	Grund und Boden	170.000 €
	Gebäude	600.000 €

Im Dezember 2020 überwies M von seinem betrieblichen Bankkonto auf sein privates Sparbuch einen Betrag i. H. v. 700.000 €. Er sah hierin eine Gegenleistung, die der Betrieb an den Privatmann M für den Erhalt des Grundstücks zu zahlen habe.

M buchte:

Privatentnahme	700.000,00 €	an	Bank	700.000,00 €

Weitere Buchungen hat M im Zusammenhang mit dem Grundstück für das Wirtschaftsjahr 2020 nicht vorgenommen. Die Grundstücksaufwendungen wurden jedoch zutreffend als Betriebsausgaben berücksichtigt.

Außerdem wurden folgende Arbeiten vorgenommen und zu folgenden Terminen abgeschlossen:

02.03.2020	Erstmalige Einzäunung des Grundstücks, netto (Nutzungsdauer des Zauns: zehn Jahre)	20.000 €
03.06.2020	Einbau einer speziellen Klimaanlage, netto (Nutzungsdauer der Klimaanlage: 15 Jahre)	30.000 €

M ließ die Klimaanlage im Lager des Gebäudes installieren, damit er dort bestimmte tropische Hölzer lagern konnte.

M ist der Auffassung, dass eine Bilanzierung der entstandenen Aufwendungen für ihn nicht in Betracht komme und buchte dementsprechend:

Sonstige betriebliche Aufwendungen	50.000,00 €			
Vorsteuer	9.500,00 €	an	Bank	59.500,00 €

Sachverhalt 2

Mit Wirkung zum 01.03.2013 erwarb M das unbebaute Grundstück Eschstr. 17 in Herne.

M beabsichtigte zu expandieren und wollte deshalb auf diesem Grundstück zunächst ein Gebäude für sein Geschäft mit Lager- und Büroräumen errichten. Auch die Bebauung zu Wohnzwecken war möglich. Die Anschaffungskosten einschließlich der Nebenkosten buchte M im Zeitpunkt des Erwerbs im März 2013:

Grund und Boden	43.500,00 €	an	Bank	13.500,00 €
			Darlehen	30.000,00 €

Beim Erwerb im Jahr 2013 wurde vom Veräußerer keine Umsatzsteuer in Rechnung gestellt. In den bisherigen Bilanzen wurde das Grundstück unverändert mit den Anschaffungskosten von 43.500 € aktiviert. Die Darlehensschulden waren von M bis zum 31.12.2019 vollständig getilgt worden und sind deshalb in der Buchführung und der Bilanz nicht mehr enthalten.

Wider Erwarten ist die ursprüngliche Planung, auf dem unbebauten Grundstück ein Geschäftsgebäude zu errichten, am 06.03.2020 von M mit Antrag auf Baugenehmigung endgültig aufgegeben worden. Tatsächlich wurde das bisher noch ungenutzte Grundstück mit einem Wohnhaus (Fertighaus) für die Familie M bebaut. Die entsprechende Baugenehmigung wurde im April 2020 erteilt. Mit der Bebauung wurde sofort begonnen, die Fertigstellung erfolgte am 02.09.2020. Seitdem dient das Gebäude zu 100 % eigenen Wohnzwecken der Familie M.

Der Teilwert bzw. Verkehrswert des Grundstücks betrug während des ganzen Jahres 2020 unverändert 60.000 €.

Schlussfolgerungen hieraus sind von M bisher nicht gezogen worden. In seiner vorläufigen Handels- und Steuerbilanz zum 31.12.2020 ist das Grundstück noch unverändert mit seinen Anschaffungskosten von 43.500 € enthalten.

Sachverhalt 3

Da M für die Belieferung seiner Kunden einen größeren Lkw mit Kran benötigte, schloss er am 01.08.2020 mit der örtlichen Daimler-Benz Niederlassung folgenden Kaufvertrag:

1 Mercedes Lkw Actros	80.000,00 €
Premium Ausstattungspaket	6.000,00 €
1 Spezialkran (Aufbau)	14.000,00 €
	100.000,00 €
16 % Umsatzsteuer	16.000,00 €
	116.000,00 €

Der Lkw wurde vereinbarungsgemäß am 02.12.2020 geliefert (Nutzungsdauer: sechs Jahre).

Die Lieferung des Spezialkrans verzögerte sich bedingt durch einen Produktionsausfall im Herstellerwerk bis Anfang 2021.

M gab bei Erhalt des neuen Mercedes Actros am 02.12.2020 mit einer ordnungsgemäßen Rechnung seinen alten Mercedes für insgesamt 18.560 € (gemeiner Wert) in Zahlung.

Die Kosten für den Spezialkran wurden M in diesem Zusammenhang jedoch noch nicht in Rechnung gestellt, sodass sich noch eine Zahlungsverpflichtung i. H. v. 81.200 € ergab.

M buchte wie folgt:

Lkw	70.000,00 €			
Vorsteuer	11.200,00 €	an	Bank	81.200,00 €

Der in Zahlung gegebene Lkw stand am 31.12.2019 noch mit 12.000 € in der Bilanz. Die Restnutzungsdauer des bisher linear abgeschriebenen Lkw betrug zum 31.12.2019 noch zwei Jahre (gesamte Nutzungsdauer: fünf Jahre).

Außer der o. a. Buchung sind im Jahr 2020 bisher keine weiteren Buchungen erfolgt.

Sachverhalt 4

Für diverse Kleingeräte (nicht selbstständig nutzbare bewegliche Gegenstände der Betriebs- und Geschäftsausstattung hatte M zum 31.12.2017 zulässigerweise einen Festwert i. H. v. 6.000 € gebildet. Dieser Wertansatz ist auch in den nachfolgenden Bilanzen unverändert übernommen worden.

Zum 31.12.2020 führte M erstmals nach 2017 wieder eine Inventur dieser Kleingeräte durch. Die Bewertung ergab zum 31.12.2020 einen zutreffenden Wert i. H. v. 9.000 €.

Folgerungen wurden hieraus nicht gezogen.

Die Aufwendungen für Anschaffungen von Kleingeräten in 2020 i. H. v. netto 2.000 € wurden von M dem Konto „Sonstige betriebliche Aufwendungen" belastet; die abziehbare Vorsteuer wurde zutreffend behandelt.

Sachverhalt 5

M hat durch Inventur am 01.02.2021 einen Bestand an Roh-, Hilfs- und Betriebsstoffen von 150 Stück festgestellt. In der Zeit vom 01.01.2021 bis 31.01.2021 hat er 60 Stück à 400 € zugekauft und 100 Stück entnommen.

Der Bestand an diesen Roh-, Hilfs- und Betriebsstoffen hat sich wie folgt entwickelt:

Bestand 31.12.2019	160 Stück à 330 €
Zukäufe 13.03.2020	440 Stück à 331 €
Zukäufe 02.08.2020	210 Stück à 345 €
Zukäufe 15.10.2020	90 Stück à 340 €
Zukäufe 27.12.2020	60 Stück à 330 €

Der Tagespreis zum 31.12.2020 beträgt 337 € pro Stück.

Mangels genauerer Kenntnisse über die Wertermittlung des Bilanzansatzes hat M die Roh-, Hilfs- und Betriebsstoffe in seiner vorläufigen Bilanz zum 31.12.2020 schätzungsweise mit 70.000 € angesetzt.

Ein etwaiger Mehrbestand soll nicht als besonderer Posten (Layer) ausgewiesen werden.

Sachverhalt 6

Nach einer vorläufigen Berechnung des M setzt sich die Bilanzposition „Forderungen aus Lieferungen und Leistungen" zum 31.12.2020 wie folgt zusammen:

	Forderungen lt. Kontokorrent	907.970,00 €
-	Einzelwertberichtigung[1]	32.100,00 €
-	Pauschalwertberichtigung[2]	27.239,00 €
=	vorläufiger Wert	848.601,00 €

Bisher sind für die vorstehend ermittelten Beträge für die Einzel- und Pauschalwertberichtigung noch keine Buchungen im Rahmen der Abschlussarbeiten für das Jahr 2020 erfolgt.

Der Anfangsbestand des Delkredere-Kontos zum 01.01.2020 ist jedoch bereits zutreffend buchmäßig aufgelöst worden.

Teil 2: Jahresabschlussanalyse

Eine GmbH hat zum 31.12.2020 und 31.12.2019 folgende Strukturbilanzen erstellt:

	31.12.2020	31.12.2019
Gesamtkapital	420.000 T€	400.000 T€
betriebsnotwendiges Kapital	410.000 T€	390.000 T€
Eigenkapitalquote	45 %	40 %
Anlagendeckungsgrad I	90 %	

Aus der Gewinn- und Verlustrechnung zum 31.12.2020 ergibt sich (jeweils in T€):

Umsatzerlöse	1.600.000	
Sonstige betriebliche Erträge	15.000	**Anhang (1)**
Aufwendungen für Roh-, Hilfs- und Betriebsstoffe	- 1.000.000	

---

[1] *Einzelwertberichtigung*
M erhielt am 18.12.2020 davon Kenntnis, dass der Kunde Uwe Keller am 19.11.2020 einen Antrag auf Eröffnung des Insolvenzverfahrens gestellt hatte.
Das Insolvenzgericht hatte jedoch am 18.12.2020 den Antrag mangels Masse abgewiesen. Die Forderung beläuft sich auf 32.100 € (einschl. 19 % Umsatzsteuer).

[2] *Pauschalwertberichtigung*
Alle pauschal zu berücksichtigenden wertmindernden Umstände können mit dem üblichen und von M seit Jahren nachgewiesenen Satz von 3 % angemessen berücksichtigt werden (907.970 € • 3 % = 27.239 €).
Bei Bilanzerstellung am 15.10.2021 waren Forderungen aus dem Bestand zum 31.12.2020 (ohne Forderung Uwe Keller) i. H. v. 23.800 € (einschl. 19 % Umsatzsteuer) noch nicht bezahlt.

Personalaufwand	- 500.000	
Abschreibungen auf immaterielle Vermögensgegenstände und Sachanlagen	- 15.000	**Anhang (2)**
Sonstige betriebliche Aufwendungen	- 70.000	**Anhang (3)**
Erträge aus Beteiligungen	5.000	
Sonstige Zinsen und ähnliche Erträge	1.500	
Zinsen und ähnliche Aufwendungen	- 3.000	
Ergebnis der gewöhnlichen Geschäftstätigkeit	33.500	
Außerordentliche Aufwendungen	- 10.000	
Steuern vom Einkommen und Ertrag	- 9.000	
Sonstige Steuern	- 2.500	
Jahresüberschuss	12.000	

Angaben im Anhang

1. Sonstige betriebliche Erträge

    Darin sind enthalten (jeweils in T€):

▸ Erträge aus dem Abgang von Anlagevermögen	2.000
▸ Erträge aus der Herabsetzung von Pensionsrückstellungen	1.000
▸ Kursgewinne aus dem Verkauf von Wertpapieren des UV	200
▸ Erträge aus der Auflösung des Sonderpostens mit Rücklagen	1.000

2. Abschreibungen

    Darin sind enthalten (jeweils in T€):

▸ Steuerliche Sonderabschreibungen	2.000
▸ Abschreibungen auf immaterielle Vermögensgegenstände	1.500
▸ Außerplanmäßige Abschreibungen	1.000

3. Sonstige betriebliche Aufwendungen

    Darin sind enthalten (jeweils in T€):

▸ Verluste aus dem Abgang von Anlagevermögen	1.000
▸ Kursverluste aus dem Verkauf von Wertpapieren des UV	500
▸ Einstellungen in den Sonderposten mit Rücklageanteil	1.500
▸ Mietaufwendungen für Betriebsgebäude	1.000

Aufgabenstellung

Ermitteln Sie unter Heranziehung des ordentlichen Betriebsergebnisses den Return on Investment (RoI) für das Wirtschaftsjahr 2020.

Teil 3: Gesellschaftsrecht

I. Sachverhalt

An der Handels- und Vertriebsgesellschaft Gebrüder Müller OHG mit Sitz in Ludwigshafen sind die Gesellschafter und Brüder Max, Moritz und Gerd Müller zu je 1/3 beteiligt.

Max Müller wollte im August 2020 einen neuen Lkw kaufen. Die anderen Gesellschafter lehnten diese teure Investition ab. Trotz dieser Einwände schloss Max Müller am 01.10.2020 einen entsprechenden Vertrag ab. Er glaubte, dass er die Zustimmung seiner Mitgesellschafter nicht benötigte, weil im Gesellschaftsvertrag folgende Klausel steht:

> „Jeder Gesellschafter ist zur Geschäftsführung berechtigt und zur Vertretung der Gesellschaft ermächtigt. Die Geschäftsführungsbefugnis und die Vertretungsmacht eines Gesellschafters können bei grober Pflichtverletzung und Unfähigkeit zur ordnungsmäßigen Geschäftsführung bzw. Vertretung durch bloßen Gesellschafterbeschluss entzogen werden."

Tatsächlich ist es Ende Dezember 2020 auch zur Auslieferung des Lkw gekommen, weil die Lieferfirma auf Erfüllung des Kaufvertrages bestanden hat.

II. Aufgabenstellungen

Beantworten Sie die nachstehenden Fragen unter Angabe der einschlägigen Vorschriften des HGB bzw. des BGB:

1. Worin liegt der Unterschied zwischen der Geschäftsführung und der Vertretung?
2. a) Wie ist die persönliche und sachliche Vertretungsbefugnis der OHG gesetzlich geregelt?
   b) Ist die o. g. Vertragsklausel im Gesellschaftsvertrag diesbezüglich notwendig?
   c) Ist diese Vertragsklausel sinnvoll?
3. Durfte Max Müller aufgrund der o. g. Vertragsklausel den Lkw für die Handels- und Vertriebsgesellschaft Gebrüder Müller OHG kaufen?
4. Muss die OHG den Kaufvertrag vom 01.10.2020 erfüllen?
5. Wer haftet für die Schulden aus dem vorstehend genannten Kaufvertrag, falls eine Inanspruchnahme der OHG erfolglos bleibt? Nennen Sie die wesentlichen Elemente dieser Haftung.

Lösung s. Seite 247

Vierter Prüfungssatz

Steuerrecht I

Die zu den drei Teilen dieser Übungsklausur aufgeführten Sachverhalte sind entsprechend der Aufgabenstellung zu beurteilen. Begründen Sie Ihre Lösungen unter Angabe der maßgeblichen steuerlichen Vorschriften.

Teil 1: Einkommensteuer

Der nachfolgende Klausurteil Einkommensteuer besteht aus zwei unabhängig zu bearbeitenden Teilaufgaben.

Teilaufgabe Nr. 1

I. Aufgabenstellung

Ermitteln Sie das zu versteuernde Einkommen der Mandanten Hendrik und Doris Müller für den VZ 2020.

Die abzugsfähigen Vorsorgeaufwendungen sind mit 10.000 € anzusetzen.

II. Bearbeitungshinweise

- Es wird gewünscht, eventuell bestehende steuerliche Wahlrechte so auszuüben, dass ein möglichst geringes zu versteuerndes Einkommen entsteht.
- § 7g EStG ist nicht zu beachten.
- Erforderliche Aufzeichnungen oder Verzeichnisse gelten als ordnungsgemäß geführt.
- Aussagen zur persönlichen Steuerpflicht, zu Veranlagungsarten und zum Steuertarif sind nicht erforderlich.
- Sämtliche Anträge gelten als gestellt; eventuell notwendige Bescheinigungen liegen vor.
- Eine Vergleichsrechnung hinsichtlich der Berücksichtigung von Kinderfreibeträgen bzw. Kindergeld ist nicht vorzunehmen. Es ist zu unterstellen, dass etwaige Kinderfreibeträge zu berücksichtigen sind.
- Auf etwaige Steuerermäßigungen ist einzugehen. Gegebenenfalls sind diese auch zu berechnen.

III. Sachverhalt

1. Persönliche Verhältnisse

Hendrik Müller (45 Jahre) und seine Ehefrau Doris (40 Jahre) sind seit neun Jahren verheiratet und wohnen in gemieteten Räumen in Essen.

Sie leben dort gemeinsam mit ihren beiden leiblichen Kindern Claudia (8 Jahre) und Michael (vier Jahre).

Claudia besuchte im VZ 2020 die dritte Klasse einer Grundschule sowie nachmittags eine im VZ 2020 Aufwendungen i. H. v. 1.200 € (monatlich 100 €) verursachende Hausaufgabenbetreuung.

Ferner erhält sie Nachhilfe (Aufwendungen monatlich 30 €, insgesamt 360 € im Jahr).

In beiden Fällen hatten die Eltern den Lehramtstudenten Stefan Lange engagiert, dessen ordnungsgemäße Rechnungen durch Überweisung bezahlt wurden.

Michael besuchte im VZ 2020 ganzjährig einen Kindergarten, für den die Eltern an die Stadt Essen monatlich 75 € per Überweisung entrichteten.

Der Vermieter erteilte im März 2021 die Nebenkostenabrechnung für den VZ 2020.

Danach zahlten die Eheleute im VZ 2020 neben der Miete noch 300 € für die Treppenhausreinigung und Gartenpflege und 100 € für die Aufzugswartung sowie 900 € für Energiekosten.

Ferner ließen sie im VZ 2020 in ihrer Wohnung auf einigen Böden Fliesen legen. Die Aufwendungen für Material betrugen 2.500 € sowie für die Arbeitsleistung 1.450 €.

Für sämtliche Aufwendungen liegen ordnungsgemäße Rechnungen sowie Zahlungen auf das Konto des Erbringers der Leistung vor.

2. Einkünfte der Doris Müller
Mucki-KG

> **INFO**
>
> Hinsichtlich der KG sind nur die Einkünfte der Doris Müller zu ermitteln. Es ist nicht erforderlich, den Gewinn der KG zu ermitteln.

Gemeinsam mit ihrer Nachbarin Helga Klose (Komplementärin) betreibt Doris (Kommanditistin; Kapitalkonto am 31.05.2020, nach Hinzurechnung des Gewinnanteils 2020 und Berücksichtigung von Privatentnahmen und Neueinlagen, zutreffend: - 10.000 €) in Essen, in dem Wohnhaus, in dem die Eheleute Müller auch ihre Mietwohnung haben, im Erdgeschoss das Sportstudio „Mucki-KG".

Die beiden sind zu je 50 % am Gewinn und Verlust beteiligt.

Eine Kapitalverzinsung ist ausgeschlossen. Der Gewinn wird nach § 5 EStG ermittelt (Wirtschaftsjahr = Kalenderjahr) und beträgt bis zum Ausscheiden der Doris Müller am 31.05.2020 (vgl. Tz. 3) vorläufig 75.000 €.

Doris festgestellter verrechenbarer Verlust i. S. d. § 15a Abs. 4 EStG beträgt auf den 31.12.2019 insgesamt - 10.000 €.

Zur Ermittlung des endgültigen Gewinns sind die nachfolgenden Geschäftsfälle zu beachten:

1. Der Steuerberater der KG erteilte im September 2020 seine Gebührenrechnung für den VZ 2019 (Auszug und vereinfachte Darstellung):

Buchführung und Jahresabschluss 2019	1.750 €
Umsatzsteuer- und Gewerbesteuer-Erklärung 2019	450 €
Gesonderte und einheitliche Feststellung der Einkünfte 2019	500 €

   Die KG überwies die i. H. v. 2.700 € als Aufwand gebuchten Beträge im Oktober 2020. In der Bilanz zum 31.12.2019 war eine Rückstellung i. H. v. 2.200 € für Rechts- und Beratungskosten (Jahresabschluss und betriebliche Steuererklärungen) gebildet worden, die in 2020 zutreffend aufgelöst worden ist.

2. Doris nutzt einen ihr gehörenden Pkw (Nutzungsdauer: sechs Jahre, Listenpreis: 13.000 €, Anschaffungskosten 15.000 € im Januar 2018, lineare AfA 2.500 €, weitere Aufwendungen monatlich 125 €) seit der Anschaffung zu 60 % für Zwecke der KG. Der betriebliche Anteil wurde durch einfache Aufzeichnungen für einen Zeitraum von drei Monaten ermittelt. Der gemeine Wert zum 31.05.2020 beträgt 6.500 €. Der Pkw wurde bisher steuerlich noch nicht berücksichtigt.

3. Doris veräußerte ihren KG-Anteil zum 31.05.2020 in nicht vorhersehbarer Art und Weise wegen dauernder Berufsunfähigkeit für 40.000 € an Dagmar Pahl.

3. Einkünfte des Hendrik Müller
Angestelltentätigkeit

Hendrik Müller ist seit Jahren leitender Angestellter einer Computerfirma, die ihren Sitz in Essen, fünf Kilometer von seiner Wohnung entfernt, hat.

1. Sein Jahresgehalt beträgt 105.000 €.
2. Der Arbeitgeber zahlt ihm zusätzlich einen monatlichen Zuschuss von 50 € für den Kindergartenbesuch des Michael sowie monatlich 75 € für die Hausaufgabenbetreuung der Claudia.
3. Im VZ 2020 verbrachte Hendrik Müller fünf Tage und Nächte in New York. Sein Arbeitgeber verlangte seine Anwesenheit auf einer dortigen, dreitägigen Computermesse. Die übrigen Tage verbrachte er privat und allein in New York. Die Flugkosten betrugen 250 € sowie die Hotelkosten 200 € pro Nacht. Der Arbeitgeber trug sämtliche Aufwendungen.

   Auf Fragen im Zusammenhang mit Aufwendungen für Verpflegung ist nicht einzugehen.

IV. Sonstige Angaben

Im Februar 2020 hat das Finanzamt für den VZ 2014 Erstattungszinsen gem. § 233a AO i. H. v. 1.500 € an die Eheleute Müller gezahlt.

Im August VZ 2020 wurde der ESt-Bescheid 2015 gem. § 173 Abs. 1 Nr. 1 AO zuungunsten der Eheleute Müller geändert, sodass die Eheleute Müller auf den ursprünglichen Zinszeitraum Nachzahlungszinsen i. H. v. 900 € an das Finanzamt entrichten mussten.

Teilaufgabe Nr. 2
I. Aufgabenstellung
Ermitteln Sie die Einkünfte des Silvio Brandela für den VZ 2020 und begründen Sie Ihre Lösung unter Angabe der einschlägigen steuerlichen Vorschriften.

II. Bearbeitungshinweise
- Es wird gewünscht, eventuell bestehende steuerliche Wahlrechte so auszuüben, dass möglichst geringe Einkünfte entstehen.
- Erforderliche Aufzeichnungen oder Verzeichnisse gelten als ordnungsgemäß geführt.
- Aussagen zur persönlichen Steuerpflicht, zu Veranlagungsarten, zum Steuertarif sowie zu Steuerermäßigungen sind nicht notwendig.
- Sämtliche Anträge gelten als gestellt; eventuell notwendige Bescheinigungen liegen vor.

III. Sachverhalt
Silvio Brandela ist Gesellschafter der SB-GmbH, die in Berlin eine Pizzeria betreibt.

Das Wirtschaftsjahr der GmbH stimmt mit dem Kalenderjahr überein.

Silvio Brandela erwarb mit Wirkung zum 31.12.2019 ein bebautes Grundstück zu Anschaffungskosten (inkl. aller Nebenkosten) i. H. v. 285.000 € (davon 75.000 € für den Grund und Boden und 210.000 € für das Gebäude, Bauantrag 01.03.1993).

Das Objekt wurde ab dem 01.01.2020 an die SB-GmbH vermietet. Die vertraglich vereinbarte und auch gezahlte Miete beträgt monatlich 5.000 €. Angemessen wäre eine Miete i. H. v. 4.000 €.

Silvio Brandela zahlte ab dem 01.01.2020 monatlich 1.500 € laufende Aufwendungen für das Grundstück.

Das Stammkapital der SB-GmbH beträgt 100.000 €. Die SB-GmbH hat seit ihrer Gründung im Jahre 2015 folgende Gesellschafter (mit den jeweils eingezahlten Einlagen):

- Silvio Brandela　　　　　　　　　　　　　　　　　　　　　　90 % (90.000 €)
- Sofia Brandela (Mutter von Silvio)　　　　　　　　　　　　10 % (10.000 €)

Silvio Brandela finanzierte seine Stammeinlage mit einem Fälligkeitsdarlehen, für das er bis zum VZ 2020 jährlich 3.000 € Zinsen zahlen muss.

Silvio Brandela ist seit Gründung auch Geschäftsführer der SB-GmbH. Für diese Tätigkeit erhält er ein angemessenes Bruttogehalt von monatlich 4.000 €.

Am 01.04.2020 beschloss die Gesellschafterversammlung der SB-GmbH eine Gewinnausschüttung für das Jahr 2019, die im VZ 2020 nach Abzug der Steuerabzugsbeträge zur folgenden Auszahlung kam:

- Auszahlung Silvio Brandela　　　　　　　　　　　　　　　　　　　27.000 €
- Auszahlung Sofia Brandela　　　　　　　　　　　　　　　　　　　　3.000 €

Am 30.03.2021 beschloss die Gesellschafterversammlung der SB-GmbH eine Gewinnausschüttung für das Jahr 2020, die im VZ 2021 nach Abzug der Steuerabzugsbeträge zur folgenden Auszahlung kommt:

- Auszahlung Silvio Brandela　　　　　　　　　　　　　　　　　　　90.000 €
- Auszahlung Sofia Brandela　　　　　　　　　　　　　　　　　　　10.000 €

Teil 2: Gewerbesteuer

I. Aufgabenstellung

Ermitteln Sie den Gewerbesteuermessbetrag der Waffel KG für den Erhebungszeitraum 2020.

Die Entscheidungen sind unter Angabe der gesetzlichen Vorschriften zu begründen.

II. Sachverhalt

Die Waffel KG mit Sitz in Ludwigshafen betreibt seit vielen Jahren ein Ausflugslokal am Rhein.

Udo Waffel und Peter Sahne sind die Vollhafter der KG. Daneben sind noch die beiden Ehefrauen als Kommanditisten an der KG beteiligt.

Für das Wirtschaftsjahr (= Kalenderjahr) 2020 betrug der vorläufige handelsrechtliche Verlust der KG 18.000 €. Dabei haben sich u. a. folgende Sachverhalte ereignet:

1. Waffel und Sahne führen die Geschäfte der KG. Beide erhalten monatlich jeweils 2.500 € Gehalt. Die Zahlungen wurden als Lohnaufwand gebucht. Lohnsteuer und Sozialversicherungsbeiträge wurden nicht einbehalten und nicht abgeführt.

2. Die KG arbeitet mit 20 Busunternehmen zusammen. Für die gute Zusammenarbeit bedankte sich die KG mit je einem exklusiven Backbuch bei den Partnern. Die Bücher wurden im November 2020 in Ludwigshafen gegen Rechnung gekauft. Der Einzelpreis betrug 17 € netto zzgl. Umsatzsteuer.

   Die Rechnung wurde auf dem Konto „Zeitschriften und Fachbücher" gebucht. Die in der Rechnung offen ausgewiesene Umsatzsteuer wurde als Vorsteuer geltend gemacht.

3. An der Touristen AG (Ludwigshafen) hält die KG in ihrem Gesamthandsvermögen seit Jahren eine 30 %-ige Beteiligung. Diese Beteiligung wurde über ein Darlehen der Hausbank in Ludwigshafen finanziert. Die dafür gezahlten Schuldzinsen i. H. v. 5.000 € wurden als Betriebsausgabe gebucht.

   Die AG schüttete in 2020 an die KG eine Bardividende i. H. v. 10.000 € aus; diese wurde bei der KG zutreffend gebucht.

4. In 2020 musste die KG 75.000 € Kontokorrentzinsen bezahlen. Die Zinsen wurden als Betriebsausgaben gebucht.

5. Die gesamte Einrichtung der Gaststätte (Küche, Lokal und Büro) wurde 2017 neu installiert. Die KG leaste die gesamte Einrichtung für monatlich 12.000 € zzgl. Umsatzsteuer. Nach den vertraglichen Vereinbarungen sind die Einrichtungsgegenstände dem Leasinggeber zuzurechnen.

6. Das Lokal wird auf dem zum Betriebsvermögen gehörenden Grundstück der KG betrieben. Der nach den Wertverhältnissen vom 01.01.1964 zuletzt festgestellte Einheitswert beträgt 175.000 €.

Teil 3: Körperschaftsteuer

I. Aufgabenstellung und Bearbeitungshinweise

Beurteilen Sie die Auswirkungen bei den einzelnen Sachverhalten auf das zu versteuernde Einkommen der GmbH.

Eine Gesamtberechnung des zu versteuernden Einkommens aus allen Sachverhalten ist nicht vorzunehmen und eventuelle Auswirkungen auf den Jahresüberschuss und auf den steuerlichen Gewinn sind nicht zu berücksichtigen.

Auf andere Steuern ist nicht einzugehen.

Ihre Ausführungen sollen die maßgeblichen Fundstellen sowie die entsprechenden Hinweise der Richtlinien enthalten.

Soweit sich aus dem Sachverhalt nicht ausdrücklich etwas anderes ergibt, ist davon auszugehen, dass alle erforderlichen Bescheinigungen vorliegen und Anträge gestellt worden sind.

II. Sachverhalte

Die Schramm GmbH hat Sitz und Geschäftsleitung in Solingen. Manfred Schramm ist zu 75 % mit Stimmrecht am Kapital beteiligt. Er ist Alleingeschäftsführer und von den Beschränkungen des § 181 BGB wirksam befreit. Die Ehefrau des Mehrheitsgesellschafters Birgit Schramm ist Angestellte der GmbH. Die übrigen 25 % des gezeichneten Kapitals befinden sich im Streubesitz (25 Gesellschafter zu je 1 %).

Die folgenden Sachverhalte aus dem VZ 2020 sind jeweils getrennt zu beurteilen:

1. Im Dezember 2020 beschloss die Geschäftsführung, aufgrund des wirtschaftlich hervorragend gelaufenen Jahres 2020 eine Sondervergütung von je 5.000 € an den Geschäftsführer Manfred Schramm sowie an seine Ehefrau Birgit zu zahlen. In den Anstellungsverträgen von Manfred und Birgit Schramm finden sich keine Regelungen über derartige Vergütungen.

2. Im Anstellungsvertrag mit dem Geschäftsführer Manfred Schramm ist eine Vereinbarung über die Zahlung einer Gewinntantieme i. H. v. 10 % des Jahresüberschusses vor Abzug der Tantieme und der ertragsabhängigen Steuern enthalten. Ferner ist im Anstellungsvertrag auch eine Regelung enthalten, wonach die Gesellschafterversammlung bei Liquiditätsschwierigkeiten berechtigt ist, die Tantieme niedriger oder überhaupt nicht auszuzahlen. Für das Jahr 2020 wurde eine Tantieme von 7.500 € gezahlt.

3. Birgit Schramm hat mit Vertrag vom 21.04.2018 der GmbH ein zinsloses Fälligkeitsdarlehen i. H. v. 50.000 € gewährt. Die fremdüblichen Darlehenszinsen im VZ 2020 betrugen unstrittig 6 %. Das Darlehen ist im VZ 2021 zu tilgen.

4. Die GmbH hat Manfred Schramm am 03.08.2018 ein zinsloses Darlehen i. H. v. 50.000 € gewährt. Die fremdüblichen Guthabenzinsen im VZ 2020 betrugen unstrittig 4 %. Die Forderung an Schramm war am 31.12.2020 mit 50.000 € aktiviert.

5. Die GmbH hat im VZ 2020 folgende Beträge erfolgswirksam gebucht:

    - GewSt-Vorauszahlungen für 2020   5.000 €
    - Zinserträge aus GewSt-Erstattung 2017 (§ 233a AO)   1.000 €
    - KSt-Vorauszahlungen für 2020   2.500 €
    - Solidaritätszuschlag für KSt-Vorauszahlungen für 2020   137,50 €
    - KSt-Erstattung aus 2016   10.000 €
    - Zinserträge aus der KSt-Erstattung aus 2016 (§ 233a AO)   1.200 €
    - Geldbußen (verhängt vom Amtsgericht Solingen)   3.500 €
    - Rechtsanwaltskosten in Zusammenhang mit diesen Geldbußen   750 €

6. Am 01.01.2020 war die GmbH zu 40 % (Buchwert 01.01.2020 = 225.000 €) an der Knapp AG Wuppertal beteiligt. Mit Kaufvertrag vom 29.04.2020 wurden 20 % der Anteile für 250.000 € verkauft. Der Veräußerungsvorgang wurde zutreffend gebucht. An Veräußerungskosten sind insgesamt 15.000 € angefallen und als Betriebsausgaben gebucht. Darin enthalten sind 5.000 € in bar als Vermittlungsprovision an einen Tippgeber, der namentlich nicht genannt werden wollte.

Steuerrecht II

Die zu den drei Teilen dieser Übungsklausur aufgeführten Sachverhalte sind entsprechend der Aufgabenstellung zu beurteilen. Begründen Sie Ihre Lösungen unter Angabe der maßgeblichen steuerrechtlichen Vorschriften.

Teil 1: Umsatzsteuer

I. Allgemeines zu den nachfolgenden Sachverhalten 1 - 4

Silvia Ruseler (R) betreibt seit Jahren in Bremen ein Einzelhandelsgeschäft für Möbel.

Außerdem betätigt sich R ab dem 01.09.2021 als selbstständige Versicherungsvertreterin im Namen und für Rechnung der Versicherungsgesellschaft „Pro Moneta AG".

Alle Beteiligten sind Unternehmer (keine Kleinunternehmer nach § 19 UStG) und führen ihre Umsätze im Rahmen ihres Unternehmens im Leistungsaustausch aus.

Alle Beteiligten versteuern ihre Umsätze nach vereinbarten Entgelten und geben ihre Umsatzsteuervoranmeldungen monatlich auf elektronischem Wege ab.

Anfang Dezember 2021 soll bei R eine Umsatzsteuer-Sonderprüfung durchgeführt werden, die sich auf die Voranmeldungszeiträume März 2021 bis September 2021 erstrecken wird. Im Vorfeld der Prüfung bittet R um die umsatzsteuerrechtliche Würdigung der in den folgenden Sachverhalten geschilderten Vorgänge.

II. Allgemeine Bearbeitungshinweise

- Die getroffenen Entscheidungen sind unter Angabe der einschlägigen Rechtsgrundlagen (UStG, UStDV, UStAE) zu begründen.
- Folgen Sie bei der Gliederung Ihrer Lösung der Aufgabenstellung.
- Sofern bei mehreren Teilziffern jeweils der gleiche Ort als Leistungsort bestimmt wird, ist nur einmal die Prüfung Inland/Ausland bei der Steuerbarkeit aufzuzeigen.

III. Sachverhalte

Sachverhalt 1

a) Der Verkaufsschlager bei R ist der Strandkorb „Heiligenhafen". Auch der Unternehmer Gerd Panzer (P) mit Wohnort und Unternehmenssitz in Hannover bestellte bei R einen solchen Strandkorb, um damit sein privates Ferienhaus auf Fuerteventura auszustatten. Der vereinbarte Kaufpreis betrug 714 € einschließlich gesetzlicher Umsatzsteuer.

R hatte jedoch nur noch ein Ausstellungsstück vorrätig, das aus Werbezwecken in den Verkaufsräumen der R verbleiben sollte. Daher bestellte R ihrerseits den Strandkorb bei der Strandkorb GmbH (S-GmbH) in Dresden zum Preis von 500 € zzgl. gesetzlicher Umsatzsteuer.

Da P einen Pkw mit Anhänger besitzt, vereinbarten R und P, dass P den Strandkorb bei der Strandkorb-GmbH in Dresden selbst abholt. Am 14.04.2021 holte P den Strandkorb bei der Strandkorb GmbH in Dresden ab und transportierte diesen mit eigenem Fahrzeug zu seinem privaten Ferienhaus auf Fuerteventura. Die Zollformalitäten erledigte P bei Grenzübertritt.

Aufgabenstellungen zu a)

1. Beurteilen Sie die Art des Geschäfts.
2. Die Ausgangsseiten (Leistung der S-GmbH und Leistung der R) sind jeweils zu beurteilen hinsichtlich:
   - Steuerbarkeit (nur Angaben zur Art des Umsatzes, dem Leistungsort, Zeitpunkt der Leistung und ggf. Inland/Ausland sind erforderlich)
   - Steuerbefreiung/Steuerpflicht
   - Steuersatz und Höhe der Umsatzsteuer (Betrag angeben)
   - Bemessungsgrundlage (auch, falls ein steuerfreier Umsatz vorliegen sollte)
   - Zeitpunkt der Steuerentstehung bzw. analog Voranmeldungszeitraum (VAZ) des steuerfreien Umsatzes

b) R forderte mit Rechnung vom 14.05.2021 den Kaufpreis von 714 € „zahlbar innerhalb von 14 Tagen ohne Abzug" bei P an. Eine Bezahlung innerhalb der Zahlungsfrist erfolgte nicht.

Ende Juli 2021 erfuhr R, dass gegen P am 08.06.2021 das Insolvenzverfahren eröffnet worden war. Mit dem Zahlungseingang konnte R also ab diesem Zeitpunkt nicht mehr rechnen. Gegen alle Erwartungen ging am 06.08.2021 allerdings noch eine Zahlung des P auf den Kaufpreis des Strandkorbs i. H. v. 150 € bei R ein.

Aufgabenstellung zu b)

Beurteilen Sie, ob und welche Konsequenzen sich aus der Beurteilung dieses zusätzlichen Sachverhalts zum Sachverhalt a) für die Bemessungsgrundlage ergeben und stellen Sie die Konsequenzen dar.

c) Ebenfalls am 06.08.2021 ging R über den Einkauf des Strandkorbs die allen Formerfordernissen entsprechende, ordnungsgemäße Rechnung der Strandkorb GmbH über 500 € zzgl. 95 € gesondert ausgewiesener Umsatzsteuer zu. Diese Rechnung beglich R noch am selben Tage in voller Höhe.

Aufgabenstellungen zu c)

Bitte beurteilen Sie für R, auch unter Berücksichtigung des Sachverhaltes zu a):

- Zulässigkeit des Vorsteuerabzugs dem Grunde nach unter Prüfung der Ausschlussgründe
- Vorsteuerabzug der Höhe nach (Betrag angeben)
- Voranmeldungszeitraum (VAZ) für den Abzug der Vorsteuer.

Sachverhalt 2

a) Am 19.08.2021 lud R den spanischen Geschäftsfreund und Eventmanager Carlos Hernandez (H) mit Wohnsitz und Geschäftsleitung in Madrid zum Essen bei Pino (P), Inhaber einer Pizzeria in der Bremer Innenstadt, ein, um die Möbelpräsentation auf einem Messestand der R anlässlich der im September 2021 stattfindenden Möbelmesse in Madrid zu besprechen.

P erteilte R nach Abschluss des Geschäftsessens unter Angabe seines Namens und der vollständigen Anschrift der Pizzeria eine Rechnung mit Datum vom 19.08.2021 über zwei Nudelgerichte, zwei Vorspeisenteller, eine Flasche Wein und einen Espresso. Der Rechnungsbetrag über insgesamt 60 € einschließlich 19 % Mehrwertsteuer enthält auch das von R an P persönlich gezahlte Trinkgeld i. H. v. 5 € und ist angemessen. R beglich die Rechnung in bar und machte darauf ordnungsgemäß die Angaben zur betrieblichen Veranlassung.

Aufgabenstellungen

1. Beurteilen Sie die von P an R erbrachte Leistung bezüglich:
   - Steuerbarkeit (nur Angaben zur Art des Umsatzes, dem Leistungsort, Zeitpunkt der Leistung und ggf. Inland/Ausland sind erforderlich)
   - Steuerbefreiung/Steuerpflicht
   - Bemessungsgrundlage (auch falls ein steuerfreier Umsatz vorliegen sollte)
   - Steuersatz und Höhe der Umsatzsteuer (Betrag angeben).
2. Beurteilen Sie bitte für R bezüglich der Leistung des P:
   - Zulässigkeit des Vorsteuerabzugs dem Grunde nach unter Prüfung der Ausschlussgründe
   - Vorsteuerabzug der Höhe nach (Betrag angeben)
   - Voranmeldungszeitraum (VAZ) für den Abzug der Vorsteuer.

b) Während des Geschäftsessens vereinbarte H mit R, dass R zur Eröffnung der Möbelmesse in Madrid für H ein der Allgemeinheit zugängliches Seminar über ökologisches Wohnen in deutscher Sprache halten solle.

R hielt das Seminar unter großem Beifall des Publikums am 14.09.2021 in Madrid ab und berechnete H hierfür mit Rechnung vom gleichen Tage ein Vortragshonorar i. H. v. 1.000 € zzgl. 190 € offen ausgewiesener deutscher Umsatzsteuer.

Das angeforderte Honorar wurde von H unmittelbar nach Erhalt der Rechnung ohne Abzug per Banküberweisung bezahlt.

Aufgabenstellung

Beurteilen Sie die von R an H erbrachte Leistung bezüglich:
- Steuerbarkeit (nur Angaben zur Art des Umsatzes, dem Leistungsort, Zeitpunkt der Leistung und ggf. Inland/Ausland sind erforderlich)
- Steuerbefreiung/Steuerpflicht
- Bemessungsgrundlage (auch falls ein nicht steuerbarer oder steuerfreier Umsatz vorliegen sollte)
- ggf. Steuersatz und ggf. Höhe der Umsatzsteuer (Betrag angeben)
- Zeitpunkt der Steuerentstehung bzw. analog Voranmeldungszeitraum (VAZ) des steuerfreien Umsatzes
- sich ggf. aus der Rechnungserteilung ergebende umsatzsteuerliche Konsequenzen.

Auf eventuelle steuerliche Pflichten der R in Spanien ist nicht einzugehen.

c) Damit auch die spanischen Messebesucher den Seminarablauf verstehen können, hatte R dem in Spanien ansässigen Sandro (S) den Auftrag erteilt, den Seminarablauf simultan in die spanische Sprache zu übersetzen. S berechnete R für die Simultanübersetzung am 14.09.2021 mit Rechnung vom 14.09.2021 ein Honorar i. H. v. 500 €. Die Rechnung ging am 15.09.2021 bei R ein. Das angeforderte Honorar wurde von R unmittelbar nach Erhalt der Rechnung ohne Abzug per Banküberweisung bezahlt.

Aufgabenstellungen

1. Beurteilen Sie bitte die von S an R erbrachte Leistung bezüglich:
    - Steuerbarkeit (nur Angaben zur Art des Umsatzes, dem Leistungsort, Zeitpunkt der Leistung und ggf. Inland/Ausland sind erforderlich)
    - Steuerbefreiung/Steuerpflicht
    - Steuerschuldner

- Bemessungsgrundlage (auch falls ein steuerfreier Umsatz vorliegen sollte)
- Steuersatz und Höhe der Umsatzsteuer (Betrag angeben)
- Zeitpunkt der Steuerentstehung bzw. analog Voranmeldungszeitraum (VAZ) des steuerfreien Umsatzes.

2. Für R ist bezüglich der Leistung des S zu beurteilen:
   - Zulässigkeit des Vorsteuerabzugs dem Grunde nach unter Prüfung der Ausschlussgründe
   - Vorsteuerabzug der Höhe nach (Betrag angeben)
   - Voranmeldungszeitraum (VAZ) für den Abzug der Vorsteuer.

Sachverhalt 3

Anlässlich des 10-jährigen Firmenjubiläums hat R im Juni 2021 mit dem selbstständigen Betreiber einer freien Tankstelle, Josef Kaule (K), in Bremen Folgendes vereinbart:

R stellt ihren 10 Angestellten jeweils einen Gutschein über 50 Liter Dieselkraftstoff zur Verwendung für private Zwecke (Betanken der privaten Pkw) aus. Diesen Gutschein können die Angestellten bei K bei Bezug von 50 Liter Dieselkraftstoff einlösen.

Die Angestellten haben noch im Juni 2021 ihre Gutscheine bei K eingelöst (also ihre privaten Fahrzeuge mit jeweils 50 Liter Diesel betankt und nichts dafür bezahlt).

Am 29.06.2021 erstellt K folgende, den Formerfordernissen des § 14 UStG entsprechende Rechnung (auszugsweise dargestellt):

Abgabe von insgesamt 500 Liter Dieselkraftstoff an Ihre Arbeitnehmer aufgrund der von Ihnen ausgestellten 10 Gutscheine:	
500 · 1,50 € =	750,00 €
zzgl. 19 % Umsatzsteuer	142,50 €
Rechnungsbetrag insgesamt	892,50 €
Rechnungsdatum = Leistungsdatum	

R überwies den Rechnungsbetrag noch am selben Tage auf das Bankkonto des K.

Aufgabenstellungen

1. Beurteilen Sie, wer der Leistungsempfänger der von K erbrachten Leistung ist und wenden hierzu Abschn. 1.8 Abs. 12 Nr. 1 UStAE analog an.
2. Für den von Ihnen unter Aufgabe 1 ermittelten Leistungsempfänger ist bezüglich der Leistung des K zu beurteilen:
   - Zulässigkeit des Vorsteuerabzugs dem Grunde nach unter Prüfung der Ausschlussgründe
   - Vorsteuerabzug der Höhe nach (Betrag angeben)
   - Voranmeldungszeitraum (VAZ) für den Abzug der Vorsteuer.
3. Beurteilen Sie, ob und welche Konsequenzen sich für R aus der für die Anstellten kostenlosen Abgabe von Dieselkraftstoff ergeben und gehen dabei auf Folgendes ein:
   - Steuerbarkeit (nur Angaben zur Art des Umsatzes, dem Leistungsort, Zeitpunkt der Leistung und ggf. Inland/Ausland sind erforderlich)
   - Steuerbefreiung/Steuerpflicht
   - Bemessungsgrundlage (auch falls ein steuerfreier Umsatz vorliegen sollte)
   - Steuersatz und Höhe der Umsatzsteuer (Betrag angeben)
   - Zeitpunkt der Steuerentstehung bzw. analog Voranmeldungszeitraum (VAZ) des steuerfreien Umsatzes.

Sachverhalt 4

Wegen des von vielen Kunden der R geäußerten Wunsches, die bei R erworbenen wertvollen Möbel gegen Diebstahl und mutwillige Beschädigung zu versichern, erweiterte R ab dem 01.09.2021 den Bereich ihrer unternehmerischen Tätigkeit. R vermittelt seitdem im Namen und für Rechnung der in Frankfurt ansässigen Versicherungsgesellschaft „Pro Moneta AG" (als Leistungsempfänger für die von R erbrachten selbstständigen Vermittlungsleistungen) nach § 4 Nr. 10 UStG steuerfreie Sachversicherungen für Möbel.

R hatte Anfang des Jahres 2021 eine Partie Papier erworben und zutreffend den Vorsteuerabzug i. H. v. 1.500 € vorgenommen. Anfang September 2021 verwendet R die Partie Papier jedoch im Rahmen einer Werbeaktion für ihre Versicherungsagentur.

Aufgabenstellungen

1. Die Leistungen der R aus ihrer Tätigkeit als Versicherungsvertreterin sind zu beurteilen hinsichtlich:
   - Steuerbarkeit (nur Angaben zur Art des Umsatzes, dem Leistungsort und ggf. Inland/Ausland sind erforderlich)
   - Steuerbefreiung/Steuerpflicht
   - grundsätzliche Berechtigung zum Vorsteuerabzug für diese Umsätze.

2. Beurteilen Sie anschließend, ob sich aus der Verwendung der Partie Papier für die Versicherungsagentur eine Veränderung der Verhältnisse im Hinblick auf den ursprünglich zulässigen Vorsteuerabzug für die Partie Papier ergibt und ob ggf. eine Vorsteuerberichtigung durchzuführen ist. Eine Vorsteuerberichtigung ist bezüglich aller erforderlichen Angaben und auch rechnerisch vollständig aufzeigen.

Teil 2: Abgabenordnung

Sachverhalt 1

Die Eheleute Stefan und Margot Schwab haben entsprechend ihrer gesetzlichen Verpflichtung ihre ESt-Erklärung 2015 am 21.11.2016 und ihre Einkommensteuererklärung 2016 am 19.02.2018 dem Finanzamt eingereicht.

In beiden Jahren erzielten sie unverändert Mieteinnahmen von 16.760 €.

Eine gegliederte Aufstellung der Mieteinnahmen fügten sie den jeweiligen Erklärungen wie folgt als Anlage bei:

	ESt-Erklärung 2015	ESt-Erklärung 2016
Erdgeschoss	9.125,00 €	9.125,00 €
1. Obergeschoss	6.065,00 €	6.065,00 €
Dachgeschoss	1.570,00 €	1.570,00 €
	17.760,00 €	15.260,00 €

In der ESt-Erklärung für das Jahr 2015 gaben sie die Mieteinnahmen demzufolge versehentlich mit 17.760 € und in der ESt-Erklärung für das Jahr 2016 versehentlich mit 15.260 € an.

Der ESt-Bescheid 2015 wurde am 19.01.2018 und der ESt-Bescheid 2016 am 04.03.2018 unter Berücksichtigung der jeweils erklärten Mieteinnahmen bekannt gegeben. Beide ESt-Bescheide sind nicht unter dem Vorbehalt der Nachprüfung gem. § 164 Abs. 1 AO ergangen.

Der ESt-Bescheid 2015 wurde auf Antrag der Eheleute Schwab im Hinblick auf fehlende Unterhaltsleistungen gem. § 172 Abs. 1 Nr. 2a AO berichtigt. Dieser berichtigte ESt-Bescheid 2015 wurde am 18.03.2020 bekannt gegeben und ist nicht unter dem Vorbehalt der Nachprüfung gem. § 164 Abs. 1 AO ergangen. Die Mieteinnahmen blieben unverändert.

Im Rahmen der Bearbeitung der ESt-Erklärung 2020 im März 2021 überprüfte der Sachbearbeiter auch die Mieteinnahmen der Vorjahre, wobei ihm die fehlerhaften Mieterträge in den Jahren 2015 und 2016 auffielen.

Aufgabenstellung

Prüfen Sie unter Angabe der gesetzlichen Bestimmungen, ob die ESt-Bescheide der Jahre 2015 und 2016 noch geändert werden können.

Sachverhalt 2

Klaus Silber betreibt in Leverkusen eine Möbelgroßhandlung.

Sein ESt-Bescheid 2018 wurde am 11.09.2019 bekannt gegeben und ist nicht unter dem Vorbehalt der Nachprüfung gem. § 164 Abs. 1 AO ergangen.

Im September 2021 wurde bei Klaus Silber eine Außenprüfung gem. § 193 Abs. 1 AO für die Jahre 2018, 2019 und 2020 durchgeführt.

Aufgrund des Ergebnisses dieser Außenprüfung änderte das Finanzamt u. a. den ESt-Bescheid 2018 nach § 173 Abs. 1 Nr. 1 AO. Der ESt-Bescheid wird am 13.10.2021 zur Post gegeben. Die tarifliche Einkommensteuer erhöht sich von bisher 27.625 € um 2.050 € auf 29.675 €.

Am 18.11.2021 reicht Klaus Silber folgendes Schreiben, das er versehentlich nicht unterschrieben hat, beim Finanzamt ein:

> Klaus Silber, Hauptstr. 75, 51373 Leverkusen
>
> Sehr geehrte Damen und Herren,
>
> bei der Erstellung meiner ESt-Erklärung für das Jahr 2018 im Mai 2019 habe ich völlig vergessen, meine Dienstreise und die damit im Zusammenhang stehenden Fortbildungskosten steuerlich geltend zu machen. Diese Werbungskosten werden nach Auskunft meines Steuerberaters zu einer Minderung der tariflichen Einkommensteuer i. H. v. 2.050 € führen.
>
> Die notwendigen Belege füge ich in der Anlage bei und bitte um Berücksichtigung.
>
> Wegen der sich aus dem ESt-Bescheid vom 13.10.2021 ergebenden Nachzahlung i. H. v. 2.050 € bitte ich bis zur Entscheidung über mein Schreiben von weiteren Maßnahmen abzusehen.

Aufgabenstellungen

Prüfen und begründen Sie unter Hinzuziehung eines Kalenders für 2021 und unter Angabe der gesetzlichen Bestimmungen,
1. ob der ESt-Bescheid 2018 aufgrund des Schreibens von Klaus Silber geändert werden kann,
2. wie das Finanzamt bezüglich der Nachzahlung von 2.050 € entscheiden wird.

Sachverhalt 3

Helga Peters erstellt ihre ESt-Erklärung für das Jahr 2020 im März 2021. Im Zuge der Erstellung stellt sie zu ihrem Entsetzen fest, dass das Finanzamt im ESt-Bescheid 2019 bei den von ihr erklärten Werbungskosten im Zusammenhang mit den Einkünften aus nichtselbstständiger Arbeit um 775 € zu ihren Ungunsten abgewichen ist. Die erforderliche Anhörung nach § 91 Abs. 1 AO vor Erlass des ESt-Bescheides 2019 ist ebenso wie die nach § 121 Abs. 1 AO erforderliche Begründung im ESt-Bescheid 2019 unterblieben.

Der ESt-Bescheid 2019 wurde am 18.05.2020 bekanntgegeben und ist nicht unter dem Vorbehalt der Nachprüfung gem. § 164 Abs. 1 AO ergangen.

Anlässlich eines persönlichen Gesprächs im Finanzamt am 04.05.2021 teilt ihr der Sachbearbeiter mit, warum die geltend gemachten Fortbildungs- und Reisekosten nicht berücksichtigt worden sind. Die eingereichten Belege findet er noch in der Steuerakte von Helga Peters.

Am 07.05.2021 legt Helga Peters Einspruch gegen den ESt-Bescheid 2019 unter Bezugnahme auf das mit dem Sachbearbeiter des Finanzamts geführte Gespräch ein.

Aufgabenstellung

Bitte prüfen und begründen Sie, ob der Einspruch als fristgerecht eingelegt gilt.

Teil 3: ErbSt/SchenkSt/BewG

I. Sachverhalt

1. Persönliche Verhältnisse

Der verwitwete Hans Krämer (HK) ist am 21.09.2020 im Alter von 69 Jahren verstorben. HK hatte seinen Wohnsitz in Düsseldorf. HK ist leiblicher Vater von Marc Krämer und Sven Krämer. Durch eigenhändig errichtetes und unterschriebenes Testament vom 24.05.2017 hat er folgende Regelungen getroffen:

> Zu meinem Alleinerben berufe ich meinen Sohn Marc Krämer (geb. 19.04.1988), wohnhaft in Duisburg.
>
> Marc Krämer wird verpflichtet, meine Beteiligung an der Firma Fan-GmbH in Essen auf meinen Sohn Sven Krämer (geb. 29.04.2002), wohnhaft in Düsseldorf, zu übertragen.

Marc Krämer hat das Erbe angenommen.

2. Nachlass des HK

Der Nachlass des HK setzt sich wie folgt zusammen:

2.1 Trikot

HK war seit 1986 Alleingesellschafter der GmbH. Das voll eingezahlte Stammkapital der in Wuppertal ansässigen GmbH beträgt 750.000 €. Der gemeine Wert der Anteile zum Todestag beträgt 1.500.000 €.

2.2 Fan-GmbH

HK war seit 1998 mit 45.000 € am Stammkapital der GmbH von 150.000 € beteiligt. Mit notariell beurkundeten Vertrag vom 02.01.2020 hat er mit Wirkung vom gleichen Tage einen Anteil am Stammkapital von 15.000 € an seinen Mitgesellschafter veräußert. Der gemeine Wert der HK am Todestag zuzurechnenden Anteile beträgt 600.000 €.

2.3 Bankguthaben

Das Bankguthaben einschließlich Zinsen beträgt am Todestag 350.000 €.

2.4 Lebensversicherung

Zugunsten von Sven Krämer hatte HK eine Lebensversicherung bei der Provinzial Versicherungsgesellschaft abgeschlossen. Als Bezugsberechtigter in der Police ist ausdrücklich Sven Krämer benannt worden. Beginnend mit dem Tode von HK hat Sven Krämer Anspruch auf eine lebenslange Rente i. H. v. monatlich 1.500 €.

3. Sonstige Angaben

- Der Wert des Haurats liegt unter dem gesetzlichen Freibetrag.
- Sven und Marc Krämer unterliegen als Inländer der persönlichen Steuerpflicht gemäß § 2 Abs. 1 Nr. 1 Buchst. a) ErbStG.
- Der maßgebende Bewertungsstichtag ist nach § 9 Abs. 1 Nr. 1 i. V. m. § 11 ErbStG der 21.09.2020.
- Sven und Marc Krämer sind gemäß § 15 Abs. 1 ErbStG der Steuerklasse I zuzuordnen.
- Die Kosten der standesgemäßen Beerdigung des HK betrugen insgesamt 12.000 € und sind von dem Alleinerben getragen worden.
- Auf die Geltendmachung von Pflichtteilsansprüchen hat Sven Krämer wirksam verzichtet.
- Die Erben haben anlässlich des Todes ihres Vaters keinen Anspruch auf steuerfreie Versorgungsbezüge.
- Vorschenkungen des Erblassers an Sven und Marc Krämer innerhalb der letzten 10 Jahre liegen nicht vor.

II. Aufgaben und Bearbeitungshinweise

Beurteilen Sie den o. a. Sachverhalt unter Angabe der gesetzlichen Bestimmungen des ErbStG und des BewG und begründen Sie Ihre Entscheidung.

Gehen Sie bei Ihrer Lösung in der vorgegebenen Reihenfolge nur auf die nachfolgend genannten Punkte ein:
- Ermittlung des Wertes der Bereicherung getrennt für Sven und Marc Krämer
- Ermittlung des steuerpflichtigen Erwerbs und der festzusetzenden Erbschaftsteuer getrennt für Sven und Marc Krämer
- Bei der Ermittlung der Höhe der festzusetzenden Erbschaftsteuer für Sven Krämer ist auch auf die Möglichkeit einer alternativen Besteuerung einzugehen.

Ausführungen zur persönlichen Steuerpflicht, zur Entstehung der Steuerschuld und zum Bewertungsstichtag sind nicht erforderlich.

Entsprechend der Systematik des ErbStG sind sachliche Steuerbefreiungen und Freibeträge direkt bei den begünstigten Wirtschaftsgütern zu berücksichtigen.

Rechnungswesen

Teil 1: Buchführung und Jahresabschluss nach Handels- und Steuerrecht

Der Aufgabenteil 1 besteht aus zwei selbstständigen Teilen, die unabhängig voneinander bearbeitet werden können.

Teil 1

Die Alster KG betreibt in Hamburg eine Brauerei. Die Unternehmung ist im Handelsregister eingetragen. Die KG hat ein Wirtschaftsjahr, das dem Kalenderjahr entspricht. Am Gewinn und Vermögen der KG sind beteiligt:
- Mirco Alster (Komplementär) mit 50 %
- Siegfried Alster (Kommanditist) mit 50 %.

Die KG hat in der erstellten Handelsbilanz für 2020 einen Gewinn von 105.000 € ermittelt. Vorwegzurechnungen bei der Gewinnverteilung sind lt. Gesellschaftsvertrag bei den Gesellschaftern nicht vorgesehen. Das Handelsbilanzergebnis kann grundsätzlich auch der Besteuerung zugrunde gelegt werden.

Folgender Sachverhalt ist noch zu beurteilen:
Mit Vertrag vom 11.06.2020 hat die KG vom Gesellschafter Mirco Alster ein unbebautes Grundstück gemietet, welches sich bereits seit 12 Jahren im Alleineigentum von Mirco Alster befindet.

Das Grundstück hat Mirco Alster seit Anschaffung in der Bilanz seines Einzelunternehmens (Getränkehandel) als gewillkürtes Betriebsvermögen mit den Anschaffungskosten i. H. v. 50.000 € ausgewiesen.

Im Jahr 2015 wurde das Grundstück mit einer Umzäunung versehen. Die Aufwendungen hierfür haben 5.000 € betragen. Umsatzsteuer war nicht gesondert ausgewiesen.

Mirco Alster hat die Umzäunung zutreffend als Außenanlage mit Anschaffungskosten i. H. v. 5.000 € im Einzelunternehmen aktiviert und auf eine Nutzungsdauer von 10 Jahren (Beginn: 01.07.2015) linear abgeschrieben.

Zum 31.12.2019 war die Umzäunung mit einem Buchwert von 2.750 € in der Bilanz des Einzelunternehmens enthalten.

Das Grundstück war bisher an ein anderes Unternehmen (ohne USt-Ausweis) vermietet. Soweit in diesem Zusammenhang bis zum 30.06.2020 Erträge und Aufwendungen angefallen sind, wurden diese im Einzelunternehmen des Mirco Alster erfasst.

Zwischen Mirco Alster und der KG wurden folgende Vereinbarungen getroffen:
- Der Mietvertrag beginnt ab dem 01.07.2020 und ist von beiden Seiten mit einer Frist von sechs Monaten jederzeit kündbar.
- Die KG nutzt das unbebaute Grundstück als Lagerplatz für Leergut.
- Der Mietzins beträgt, beginnend ab dem 01.07.2020, monatlich 1.000 € zzgl. gesetzlicher USt.
- Die mit dem Grundstück in Zusammenhang stehenden Aufwendungen sind von der KG zu tragen.

Der Verkehrswert des gesamten Grundstücks beträgt im Jahr 2020 insgesamt 104.000 € (davon entfallen auf die Umzäunung 4.000 €). Der Wert kann durch ein entsprechendes Gutachten nachgewiesen werden.

Die Vereinbarungen zwischen der KG und Mirco Alster sind wie unter Fremden zustande gekommen.

Die Miete für das Grundstück wurde von der KG jeweils zum Monatsanfang auf ein privates Bankkonto von Mirco Alster überwiesen und bei der KG auf dem Konto „Mietaufwand" und „Vorsteuer" gebucht.

Die Aufwendungen im Zusammenhang mit dem Grundstück wurden – wie vereinbart – von der KG getragen und auf dem Konto „Grundstücksaufwendungen" erfasst.

Mirco Alster möchte nunmehr die gesamten Mieteinnahmen bei den Einkünften aus Vermietung und Verpachtung erfassen.

In der Buchhaltung des Einzelunternehmens wurde deshalb in 2020 das Grundstück (mit Umzäunung) zum 01.07.2020 ausgebucht mit der Buchung:

Privatentnahme	52.500,00 €			
Abschreibung	250,00 €	an	Grund und Boden	50.000,00 €
			Umzäunung (Außenanlage)	2.750,00 €

Bezüglich der Grundstücksvermietung sind bei Mirco Alster noch Aufwendungen i. H. v. 400 € zzgl. 16 % Umsatzsteuer angefallen. Es handelt sich dabei um Rechtsanwaltskosten für die Ausarbeitung des Mietvertrags mit der KG. Diese Kosten wurden von Mirco Alster im Jahr 2020 vom privaten Bankkonto bezahlt.

Für die Umsatzsteuer aus den Mieteinnahmen 2020 möchte Mirco Alster nur eine Jahreserklärung abgeben. Im Jahr 2020 wurden deshalb keinerlei Zahlungen an das Finanzamt geleistet. Für 2020 hat Mirco Alster noch keine Steuererklärungen abgegeben.

Aufgabenstellungen zu Teil 1

- Würdigen Sie den Sachverhalt in ertragsteuerlicher Hinsicht. Beschränken Sie sich dabei auf die Auswirkungen auf der Ebene der KG. Auf die Auswirkungen im Einzelunternehmen Mirco Alster ist nicht einzugehen.
- Sollten Wirtschaftsgüter nur einzelnen Gesellschaftern zuzuordnen sein, ist dies in eigenen Sonderbilanzbereichen darzustellen. Die Bilanzansätze hierzu sind zu entwickeln. Die Erstellung einer Sonderbilanz ist nicht erforderlich.
- Sollten sich für Sonderbilanzbereiche relevante Sachverhalte ergeben, ist dies mit Buchungssätzen darzustellen. Ebenso ist dazu die entsprechende Gewinnauswirkung anzugeben.
- Auf gewerbesteuerliche und grunderwerbsteuerliche Probleme ist nicht einzugehen.

Teil 2

I. Hinweise

- Eine betragsmäßige Zusammenstellung sämtlicher Änderungen (Ermittlung des endgültigen steuerlichen Gewinns bzw. Erstellung der Steuerbilanz) ist nicht erforderlich.
- Soweit in den einzelnen Sachverhalten besonders darauf hingewiesen wird, dass Bilanzposten/Buchungen bereits zutreffend erfasst/erfolgt sind, brauchen diese nicht mehr angesprochen werden.
- Ferner ist nicht einzugehen auf gewerbesteuerliche Auswirkungen, latente Steuern (§ 274 HGB) oder die Abzugsbeschränkung gem. § 4h EStG (Zinsschranke).
- Sollte bei den einzelnen Sachverhalten eine Abzinsung vorzunehmen sein, hat die steuerliche Abzinsung nach den §§ 12 - 14 BewG zu erfolgen.

II. Allgemeine Angaben

Der Einzelunternehmer Ingo Selbach (S) betreibt sein Unternehmen auf einem eigenen Grundstück in Frankfurt, Ernst-Schneider-Platz 1. Das Einzelunternehmen des S umfasst die Herstellung und den Vertrieb von Damen- und Herrenbekleidung.

Das Wirtschaftsjahr stimmt mit dem Kalenderjahr überein.

S ermittelt seinen Gewinn gem. § 5 Abs. 1 EStG i. V. m. § 238 Abs. 1 HGB.

Die vorläufige Handelsbilanz des Jahres 2020 wurde am 10.06.2021 erstellt. Außerbilanzielle steuerliche Korrekturen (§ 60 Abs. 2 Satz 1 EStDV) hat S bisher noch nicht vorgenommen.

Das Unternehmen des S erfüllt nicht die Voraussetzungen des § 7g EStG.

S versteuert seine Umsätze nach den allgemeinen Vorschriften des UStG und ist uneingeschränkt zum Vorsteuerabzug berechtigt.

Aufgabenstellungen zu Teil 2

1. Beurteilen Sie die nachfolgenden Sachverhalte 1 - 4 unter Hinweis auf die maßgeblichen gesetzlichen Bestimmungen des Handels- und Steuerrechts sowie den Verwaltungsanweisungen (EStR/EStH).
2. Entwickeln Sie die jeweiligen Bilanzansätze nach Handelsrecht (HB) und Steuerrecht (StB) zum 31.12.2020.

    Soweit Bewertungswahlrechte bestehen, ist davon auszugehen, dass für das Wirtschaftsjahr 2020 (= Kalenderjahr) steuerrechtlich der niedrigste mögliche Gewinn ausgewiesen werden soll. S möchte, soweit dies möglich ist, eine einheitliche Bilanz (Handelsbilanz = Steuerbilanz) erstellen; eine gesonderte Steuerbilanz will S nicht aufstellen.

    Für evtl. aufgedeckte stille Reserven möchte S, soweit dies möglich ist, eine steuerliche Rücklage bilden.

    Gehen Sie davon aus, dass S bei steuerlichen Wahlrechten ein besonderes Verzeichnis erstellt hat.

    Bei rechtlichen Zweifelsfällen ist der Verwaltungsauffassung zu folgen.

    Sollten die Bilanzansätze in Handelsbilanz und Steuerbilanz zwingend voneinander abweichen, ist dies außerhalb der Handelsbilanz darzustellen.

    Eventuelle Änderungen bei der Vorsteuer bzw. Umsatzsteuer sind nur bei den betreffenden Sachverhalten betragsmäßig anzugeben.
3. Geben Sie für die ggf. erforderlichen Berichtigungs- bzw. Ergänzungsbuchungen die Buchungssätze für das Jahr 2020 an.
4. Nennen Sie die jeweilige Gewinnauswirkung für das Jahr 2020. Steuerliche Abweichungen sind gesondert darzustellen.

III. Sachverhalte

Sachverhalt 1

Für die Jahre 2017 - 2019 führte das Finanzamt im September 2020 eine Außenprüfung durch.

Die Prüfungsfeststellungen wurden von S sofort akzeptiert, daraufhin erging noch im November 2020 ein entsprechender Prüfungsbericht.

Prüfungsfeststellungen mit Gewinnauswirkung wurden nur für das Jahr 2019 getroffen. Es zeigen sich folgende Gewinnkorrekturen nach der Bilanzmethode:

		2019
a)	Teilfertige Erzeugnisse	+ 12.500,00 €
b)	Verbindlichkeiten	− 5.950,00 €
	Vorsteuer hierzu	+ 950,00 €
c)	Privatentnahmen	+ 2.975,00 €
	Umsatzsteuer hierzu	− 475,00 €

Erläuterungen lt. Betriebsprüfungsbericht hierzu:

zu a)
Bei den teilfertigen Erzeugnissen wurden die steuerlichen Herstellungskosten zugrunde gelegt. Dadurch ergibt sich eine Erhöhung des bisherigen Ansatzes um 12.500 €.

Zum 31.12.2020 waren keine teilfertigen Erzeugnisse vorhanden. Der zum 01.01.2020 lt. eingereichter Steuerbilanz angesetzte Bestand wurde in 2020 erfolgswirksam aufgelöst.

zu b)
Die im Jahr 2020 bezahlte Lieferantenrechnung ist noch im Jahr 2019 zu erfassen, da die entsprechende Lieferung bereits im Jahr 2019 erfolgte. Die Rechnung war ebenfalls Ende 2019 schon vorhanden.

Bei Bezahlung im Jahr 2020 wurde gebucht:

Wareneinkauf	5.000,00 €			
Vorsteuer	950,00 €	an	Bankkonto	5.950,00 €

Die bezogene Ware ist, soweit am Bilanzstichtag noch vorhanden, bei der Inventur zum 31.12.2019 und zum 31.12.2020 erfasst worden. Die Bewertung erfolgte mit zutreffenden Werten.

zu c)
Im Einvernehmen mit S werden für Privatentnahmen im Jahr 2019 (Ehefrau, Töchter) 2.500 € netto angesetzt. Der Vorgang unterliegt der Umsatzsteuer mit 19 %.

Die geänderten Steuerbescheide für das Jahr 2019 ergingen erst im Jahr 2021. Aus diesem Grund wurden für die vorgenannten Feststellungen in der Buchführung 2019 keine Konsequenzen gezogen.

Sachverhalt 2

Am 30.10.2020 geriet ein betrieblicher Gabelstapler wegen eines beschädigten Kabels in Brand. Da die Angestellten den Brand nicht sofort bemerkten, wurde der Gabelstapler völlig zerstört.

S hatte den fabrikneuen Gabelstapler (Nutzungsdauer: fünf Jahre) im Januar 2018 für netto 25.000 € angeschafft und seit diesem Zeitpunkt jährlich mit 20 % linear abgeschrieben. In der Bilanz war der Gabelstapler noch mit einem Wert von 15.000 € enthalten.

Die Versicherung leistete im Dezember 2020 folgende Entschädigungszahlung:

Zeitwert Gabelstapler	16.000,00 €
Beseitigung der Brandschäden am Gebäude	3.000,00 €
Ertragswertentschädigung für Beeinträchtigung des Betriebs wegen Beseitigung der Brandschäden	1.000,00 €
Kosten für die Entsorgung des ausgebrannten Wracks	1.000,00 €
	21.000,00 €

Die Versicherungsentschädigung wurde von S privat vereinnahmt, weil er im Betrieb seit dem 01.11.2020 einen Gabelstapler nutzt, den er in 2015 für 23.000 € privat erworben hatte und bis einschließlich August 2020 ausschließlich beim Bau seines privaten Einfamilienhauses einsetzte.

Der Teilwert des vorher im Privatvermögen befindlichen Gabelstaplers betrug zum 01.11.2020 15.400 € und zum 31.12.2020 15.000 €.

Da S sein privates Einfamilienhaus inzwischen fertig gestellt hat, beabsichtigt er den Gabelstapler zukünftig ausschließlich im Betrieb zu nutzen. Die Nutzungsdauer des Gabelstaplers wurde am 01.11.2020 zutreffend auf drei Jahre geschätzt.

Der ab dem 01.11.2020 betrieblich genutzte Gabelstapler kann den abgebrannten Gabelstapler jedoch nicht vollständig ersetzen, da er eine deutlich geringere Hubkraft und Hubhöhe hat.

Aus diesem Grund hat S bereits am 06.11.2020 einen neuen Gabelstapler vom gleichen Typ (wie der abgebrannte Gabelstapler) bestellt, der vom Hersteller im Februar 2021 ausgeliefert werden soll. Der Kaufpreis beträgt 30.000 € zzgl. 16 % Umsatzsteuer.

S hat aus dem gesamten Vorgang bisher keine Konsequenzen gezogen, insbesondere deshalb, weil der Teilwert des von S eingelegten Gabelstaplers zum 31.12.2020 mit dem Bilanzansatz des ausgeschiedenen Gabelstaplers auf den 31.12.2019 übereinstimmt.

Sachverhalt 3

Am 01.07.2020 bestellte S bei der Schweizer Firma Egli in Zürich eine Maschine zum Festpreis von 100.000 SFR (Schweizer Franken). Die Maschine hat eine Nutzungsdauer von zehn Jahren.

Hinsichtlich der Bezahlung der Maschine wurde im Kaufvertrag folgende Vereinbarung getroffen:
- 20 % des Kaufpreises sind einen Monat nach Bestellung der Maschine fällig.
- 80 % des Kaufpreises sind drei Monate nach Lieferung fällig. Zu diesem Zeitpunkt soll dann auch der Eigentumsübergang erfolgen.

20 % des Kaufpreises wurden vereinbarungsgemäß am 01.08.2020 mittels Banküberweisung bezahlt.

S buchte:

Maschinen	17.600,00 €	an	Bank	17.600,00 €

Die Maschine wurde am 04.11.2020 geliefert und sofort in Betrieb genommen.

Die vereinbarte Zahlung von 80 % des Kaufpreises wurde am 03.02.2021 vorgenommen und im Jahr 2021 von S gebucht:

Maschinen	68.000,00 €	an	Bank	68.000,00 €

Da die Maschine zum 31.12.2020 nur teilweise bezahlt war, wurde im Jahr 2020 keine Abschreibung vorgenommen.

Außer den genannten Buchungen wurden bezüglich dieses Sachverhalts im Jahr 2020 keine weiteren Buchungen vorgenommen.

Der maßgebende Umrechungskurs (€ zu SFR) beträgt:

01.07.2020:   0,94 €/SFR
01.08.2020:   0,88 €/SFR
04.11.2020:   0,88 €/SFR
31.12.2020:   0,84 €/SFR
03.02.2021:   0,85 €/SFR

Zusatzaufgabe
Ergäbe sich für 2020 eine andere Lösung, wenn der Restkaufpreis (80 % von 100.000 SFR) vereinbarungsgemäß erst am 31.12.2021 fällig wäre?

Sachverhalt 4

a) Im Bilanzansatz „Vorräte" zum 31.12.2020 sind u. a. Stoffe für die Herstellung von Damenblusen enthalten. Aus einem im Jahr 2019 abgewickelten Großauftrag stammt noch ein Restbestand von 300 laufenden Metern (Rollenware).

Diese Stoffe hatten im Jahr 2019 Anschaffungskosten von 12 € je laufenden Meter. Wegen der schlechten Verwertbarkeit des Restbestandes wurden die Stoffe zum 31.12.2019 (zutreffend) mit 5 € je laufenden Meter angesetzt.

Im bisherigen Ansatz zum 31.12.2020 wurde der Ansatz vom Vorjahr übernommen.

Noch Ende 2020 konnte mit einem Abnehmer ein Liefervertrag abgeschlossen werden, welcher die volle Verwertbarkeit dieser Stoffe sichert. Um den Auftrag abwickeln zu können, mussten von S noch weitere Mengen von gleichartigen Stoffen bestellt werden. Der Preis der zum 31.12.2020 bestellten, aber noch nicht gelieferten Stoffe beträgt 15 € je laufendem Meter. Die bestellten Stoffe sind mit den auf Lager befindlichen Stoffen absolut gleichwertig.

Mit der Produktion der bestellten Damenblusen wird erst im Jahr 2021 begonnen.

b) Im Bilanzansatz „Vorräte" sind auch Herrensocken mit einem Wert von 35.000 € enthalten.

Der Bestand dieser Warengruppe wurde bereits am 15.11.2020 aufgenommen. Bei Ansatz mit Anschaffungskosten ergab sich ein Wert von 40.000 €. Die Wiederbeschaffungskosten betrugen zu diesem Zeitpunkt 35.000 €. In der Folgezeit stieg der Marktpreis nie mehr über die Wiederbeschaffungskosten.

Zwischen dem 16.11.2020 und dem 31.12.2020 wurden bezüglich der Herrensocken in der Buchführung folgende Vorgänge erfasst:

- Wareneinkäufe zu Anschaffungskosten   5.000 €
- Warenverkäufe zu Verkaufspreis (ohne USt)   9.500 €
- Rücksendungen an Lieferanten zu Anschaffungskosten   300 €
- Rücksendungen von Kunden zu Nettoverkaufspreisen   500 €

S kalkuliert bei dieser Warengruppe mit einem durchschnittlichen Rohgewinnaufschlagsatz von 80 %.

Teil 2: Jahresabschlussanalyse

Eine GmbH hat zum 31.12.2020 und 31.12.2019 folgende Strukturbilanzen erstellt:

	31.12.2020	31.12.2019
Gesamtkapital	420.000 T€	400.000 T€
betriebsnotwendiges Kapital	410.000 T€	390.000 T€
Eigenkapitalquote	45 %	40 %
Anlagendeckungsgrad I	90 %	

Aus der Gewinn- und Verlustrechnung zum 31.12.2020 ergibt sich: (jeweils in T€)

Umsatzerlöse	1.600.000
Sonstige betriebliche Erträge	15.000
Aufwendungen für Roh-, Hilfs- und Betriebsstoffe	- 1.000.000
Personalaufwand	- 500.000
Abschreibungen auf immaterielle Vermögensgegenstände und Sachanlagen	- 15.000
Sonstige betriebliche Aufwendungen	- 70.000
Erträge aus Beteiligungen	5.000
Sonstige Zinsen und ähnliche Erträge	1.500
Zinsen und ähnliche Aufwendungen	- 3.000
Ergebnis der gewöhnlichen Geschäftstätigkeit	33.500
Außerordentliche Aufwendungen	- 10.000
Steuern vom Einkommen und Ertrag	- 9.000
Sonstige Steuern	- 2.500
Jahresüberschuss	12.000

Aufgabenstellungen

1. Errechnen Sie die Eigenkapitalrentabilität vor Steuern vom Einkommen und Ertrag.
2. Errechnen Sie die Gesamtkapitalrentabilität vor Steuern vom Einkommen und Ertrag. Welche Überlegungen ergeben sich aus einem Vergleich der Gesamtkapitalrentabilität mit einem Zinssatz für langfristiges Fremdkapital?

Teil 3: Gesellschaftsrecht

I. Sachverhalt

Markus Delle (D) und Stefan Krüger (K) wollen sich selbstständig machen. Ihr Unternehmen soll im Bereich Fassadenverkleidungen tätig werden. Der Sitz der Gesellschaft soll sich in Leverkusen befinden.

D und K haben sich auf Anraten eines sachkundigen Beraters entschlossen, ihr Unternehmen in der Rechtsform der GmbH & Co. KG zu führen, wobei D und K sowohl an der neu zu gründenden GmbH als auch an der neu zu gründenden KG im gleichen Verhältnis beteiligt sein sollen.

D und K beabsichtigen, eine reine Bargründung vorzunehmen. Für die beiden Gesellschafter D und K ist eine Kommanditeinlage i. H. v. jeweils 20.000 € vorgesehen.

Das Stammkapital der GmbH, die keinen eigenen Geschäftsbetrieb unterhält, soll 25.000 € betragen. Geschäftsführer der GmbH sollen ausschließlich die beiden Gesellschafter D und K sein.

Gehen Sie bei Ihren Entscheidungen davon aus, dass die D & K GmbH & Co. KG erst dann mit ihrer geschäftlichen Betätigung beginnt, wenn diese zivilrechtlich entstanden ist.

II. Aufgabenstellungen

Beantworten Sie die nachstehenden Fragen unter Angabe der einschlägigen Vorschriften des HGB, des BGB bzw. des GmbHG:

1. a) Wer tritt in vorliegendem Fall als Gesellschafter der GmbH & Co. KG auf?
   b) Wie bezeichnet man die Erscheinungsform der GmbH & Co. KG bei den im Sachverhalt vorgegebenen Beteiligungsidentitäten?
2. Beschreiben Sie, in welcher Reihenfolge die Gründung der GmbH & Co. KG erfolgen muss. Nehmen Sie dabei insbesondere Stellung
   - zu den jeweiligen Rechtsgrundlagen
   - zur jeweiligen Rechtsform
   - zum jeweiligen Gesellschaftsvertrag
   - zum frühest möglichen Zeitpunkt des Abschlusses des Gesellschaftsvertrages der GmbH & Co. KG und
   - zur jeweiligen Einlage.
3. Wann ist die GmbH & Co. KG zivilrechtlich entstanden?

4. Welches zivilrechtliche Problem kann sich durch das Tätigwerden der Personen D und K sowohl aufseiten der GmbH als auch der KG bei der Gründung und der späteren Tätigkeit der vorliegenden Gesellschaft ergeben? Wodurch kann ggf. Abhilfe erfolgen?
5. Wer ist zur Geschäftsführung und zur Vertretung der D & K GmbH & Co. KG berechtigt?
6. Wie sind die Haftungsverhältnisse bei der später entstandenen D & K GmbH & Co. KG geregelt? Auf Besonderheiten, wie z. B. das Insolvenzrecht und kapitalersetzende Gesellschafterdarlehen, ist hierbei nicht einzugehen.

Lösung s. Seite 281

Fünfter Prüfungssatz

Steuerrecht I

Die zu den drei Teilen dieser Übungsklausur aufgeführten Sachverhalte sind entsprechend der Aufgabenstellung zu beurteilen. Begründen Sie Ihre Lösungen unter Angabe der maßgeblichen steuerrechtlichen Vorschriften.

Teil 1: Einkommensteuer

A. Teilaufgabe Nr. 1

I. Aufgabenstellung und Bearbeitungshinweise

- Ermitteln Sie die Einkünfte des Mandanten Bernd Kramer für den VZ 2020.
- Ermitteln Sie ferner seine abzugsfähigen Sonderausgaben. Dabei ist ausschließlich nach der Rechtslage im Veranlagungszeitraum 2020 vorzugehen, auf eine Günstigerprüfung ist zu verzichten.
- Es wird gewünscht, eventuell bestehende steuerliche Wahlrechte so auszuüben, dass ein möglichst geringes Einkommen entsteht.
- Erforderliche Aufzeichnungen oder Verzeichnisse gelten als ordnungsgemäß geführt.
- Aussagen zur persönlichen Steuerpflicht, zu Veranlagungsarten, zum Steuertarif sowie zu Steuerermäßigungen sind entbehrlich.
- Sämtliche Anträge gelten als gestellt; eventuell notwendige Bescheinigungen liegen vor.

II. Sachverhalt

Der 40-jährige Bernd Kramer lebt in Düsseldorf. Er ist geschieden und hat ein Kind. Seiner Steuerakte entnehmen Sie folgende Angaben:

1. Grundstück Adlerstr. 21

   Bei dieser Immobilie handelt es sich um ein Grundstück, welches mit einem Mehrfamilienhaus bebaut ist. Bis zur Veräußerung im September 2019 war Bernd Kramer Eigentümer dieser Immobilie, die er zur Erzielung von Einkünften aus Vermietung und Verpachtung genutzt hatte. Allerdings hat der Mandant im VZ 2020 noch Schuldzinsen von 4.000 € für ein Darlehen leisten müssen, welches mit dieser Immobilie im Zusammenhang steht.

   Dieses Darlehen diente der Finanzierung von Erhaltungsaufwendungen aus dem VZ 2016. Diese Erhaltungsaufwendungen sind im VZ 2016 zu Recht als sofort abzugsfähige Werbungskosten beurteilt worden.

2. Tätigkeit als selbstständiger Rechtsanwalt

   Bernd Kramer ist seit einigen Jahren als selbstständiger Rechtsanwalt in Düsseldorf tätig. Er hat seinen Gewinn gem. § 4 Abs. 3 EStG i. H. v. vorläufig 300.000 € ermittelt.

Dabei hat er seine Beiträge i. H. v. 12.000 € an das Versorgungswerk der Rechtsanwälte, zu denen er als Rechtsanwalt verpflichtet ist, als Betriebsausgaben erfasst.

Ferner erfasste er seine privaten Krankenversicherungsbeiträge i. H. v. 8.400 € als Betriebsausgaben.

Der mit der Krankenversicherung abgeschlossene Tarif umfasst folgende Leistungen:

- ambulante Basisleistungen (54,60 Punkte – § 3 Abs. 2 Nr. 1 KVBEVO),
- stationäre Basisleistungen (15,11 Punkte – § 3 Abs. 2 Nr. 3 KVBEVO),
- Einbettzimmer (3,64 Punkte – § 3 Abs. 2 Nr. 4 KVBEVO),
- Chefarztbehandlung (9,24 Punkte – § 3 Abs. 2 Nr. 5 KVBEVO),
- zahnärztliche Basisleistung (9,88 Punkte – § 3 Abs. 2 Nr. 6 KVBEVO).

3. Tätigkeit als Insolvenzverwalter

Neben seiner Tätigkeit als Rechtsanwalt ist Bernd Kramer als Insolvenzverwalter tätig. Diese sehr personalintensive Tätigkeit erbringt er unter fachlicher Mitwirkung, die weit über Hilfsarbeiten hinausgeht, von zwei angestellten Rechtsanwälten sowie drei angestellten Diplom-Kaufleuten. Diese Personen unterstützen Bernd Kramer ausschließlich bei der Insolvenzverwaltung.

Im Rahmen dieser Tätigkeit erzielte der Mandant Betriebseinnahmen i. H. v. 410.000 €. Dem standen Betriebsausgaben i. H. v. 300.000 € gegenüber.

Diese Beträge sind in seiner unter 2. dargestellten Gewinnermittlung für die Tätigkeit als Rechtsanwalt enthalten. Die diesbezüglichen Betriebseinnahmen/Betriebsausgaben hat er auf speziellen „Konten" erfasst, die eine direkte Zuordnung zu seiner Tätigkeit als Insolvenzverwalter erlauben.

4. Grundstück Karl-Ulitzka-Str. 9

Mit Kaufvertrag vom 25.01.2020 (Übergang von Nutzung und Lasten am 01.03.2020, Umschreibung im Grundbuch am 17.04.2020) erwarb Bernd Kramer ein ungeteiltes Zweifamilienhaus (Baujahr 2016), welches aus zwei gleich großen und gleichwertigen Wohnungen besteht.

Aus dem Notarvertrag ergibt sich auszugsweise Folgendes:

> „Der Kaufpreis beträgt insgesamt 300.000 €. Er verteilt sich gleichmäßig auf das Erdgeschoss i. H. v. 150.000 € und auf das Obergeschoss i. H. v. 150.000 €."

Der Grund- und Bodenanteil beträgt 25 % der Anschaffungskosten. An Anschaffungsnebenkosten sind 10 % des Kaufpreises angefallen.

Ab 01.03.2020 überlässt Bernd Kramer die Wohnung im Erdgeschoss unentgeltlich seinem Enkel Till. Das Obergeschoss wird ab 01.03.2020 zu einer monatlichen Miete von 600 € inkl. Nebenkosten an Bernd Brause vermietet, der im Obergeschoss als freiberuflich tätiger Künstler sein Atelier betreibt.

Bernd Kramer überwies den Kaufpreis nebst Anschaffungsnebenkosten für das Erdgeschoss am 28.02.2020 und für das Obergeschoss am 01.03.2020. Hinsichtlich der Zahlung des Kaufpreises für das Obergeschoss nahm er ein Darlehen bei seiner Hausbank auf. Von diesem Darlehenskonto aus überwies er den Kaufpreis am 01.03.2020. Das Darlehen beträgt 150.000 €. Die monatlichen Schuldzinsen betragen 720 €.

Monatlich fielen weitere laufende Aufwendungen (gesamtes Grundstück betreffend) i. H. v. 500 € an.

B. Teilaufgabe Nr. 2
I. Aufgabenstellung und Bearbeitungshinweise

- Ermitteln Sie für die Mandantin Monika Delle die Einkünfte für den VZ 2020.
- Es wird gewünscht, eventuell bestehende steuerliche Wahlrechte so auszuüben, dass ein möglichst geringes Einkommen entsteht.
- Erforderliche Aufzeichnungen oder Verzeichnisse gelten als ordnungsgemäß geführt.
- Aussagen zur persönlichen Steuerpflicht, zu Veranlagungsarten, zum Steuertarif sowie zu Steuerermäßigungen sind nicht notwendig.
- Sämtliche Anträge gelten als gestellt; eventuell notwendige Bescheinigungen liegen vor.

II. Sachverhalt

Die 52-jährige Mandantin Monika Delle lebt seit Jahren mit ihrem Sohn Marc in Leverkusen.

1. Erwerbsminderungsrente

    Die Mandantin erzielt seit dem VZ 2017 eine Erwerbsminderungsrente aus der gesetzlichen Rentenversicherung. Diese Rente soll als Altersrente ausgestaltet werden, wenn Monika Delle das 60. Lebensjahr vollendet hat.

    Im VZ 2020 betrug die Rente insgesamt 8.800 €; der festgeschriebene Rentenfreibetrag beträgt 4.200 €.

2. Textilgeschäft

    Monika Delle handelt mit Textilien aller Art. Es wurde ein vorläufiger steuerlicher Gewinn i. H. v. 300.000 € ermittelt. Aus der Buchführung ergeben sich unter anderem folgende Angaben:

▶ Zinsaufwendungen für finanziertes Anlagevermögen	25.000 €
▶ Zinsaufwendungen für finanziertes Umlaufvermögen	10.000 €
▶ Kontokorrentzinsen	2.500 €

    Sämtliche Zinsen wurden als Aufwand gebucht.

    Monika Delle musste im VZ 2020 eine höhere Einkommensteuerabschlusszahlung leisten (Einkommensteuer: 50.000 €, Kirchensteuer 4.500 €, Solidaritätszuschlag

2.750 €). Sie musste deshalb ihr betriebliches Konto überziehen; hierbei entstanden 1.750 € Kontokorrentzinsen, die in den o. a. 2.500 € enthalten sind.

Ihr Kapitalkonto 2020 enthält folgende Informationen:

- Entnahmen   350.000 €
- Einlagen   25.000 €

Die o. a. Steuerzahlungen sind in den Entnahmen von 350.000 € nicht enthalten.

3. Tochter Dominique und Sohn Marc

Prüfen und begründen Sie, ob und in welcher Höhe bzw. in welchem Umfang Dominique und Marc als Kinder i. S. d. EStG für den VZ 2020 berücksichtigt werden können.

Die Mandantin lebt in einer Haushaltsgemeinschaft mit ihrer 23-jährigen Tochter Dominique und ihrem 24-jährigen Sohn Marc. Der Vater lebt seit 2005 auf Fuerteventura.

Dominique begann im Januar 2020 nach bestandener Prüfung zur Friseurin ein Studium zur Diplom-Visagistin. Um während des Studiums über die Runden zu kommen, hilft sie seit August 2020 unbefristet in einem Bistro als Kellnerin aus. Die wöchentliche Arbeitszeit beträgt 10 Stunden. Sie erhält eine monatliche Vergütung von 400 €; ihr Trinkgeld beträgt durchschnittlich 50 € im Monat. Im Dezember 2020 erhielt sie neben der vereinbarten monatlichen Vergütung ein vertraglich zugesichertes Weihnachtsgeld i. H. v. 200 €.

Marc schloss nach dem Abitur zunächst eine Berufsausbildung mit der Gesellenprüfung ab und studiert seit dem VZ 2019. Seit dem 22.07.2020 betreibt er neben seinem Studium über „Ebay" einen gewerblichen Internethandel (wöchentliche Arbeitszeit: 30 Stunden) und erzielte daraus im VZ 2020 Einkünfte i. H. v. insgesamt 8.000 €. Daneben realisierte Marc im VZ 2020 aus Aktien eine Bardividende i. H. v. 3.000 €.

Teil 2: Gewerbesteuer

I. Aufgabenstellung

Ermitteln Sie den Gewerbesteuermessbetrag des Gewerbetreibenden Volker Teig für den Erhebungszeitraum 2020.

Die Entscheidungen sind unter Angabe der gesetzlichen Vorschriften zu begründen.

II. Sachverhalt

Der Einzelunternehmer Volker Teig betreibt in Stuttgart auf einem eigenen Grundstück ein Betonmischwerk.

Der Steuerbilanzgewinn für das Kalenderjahr 2020 betrug 62.500 €. Darin ist der Gewinn aus dem Verkauf einer zum Betriebsvermögen gehörenden Beteiligung an der

Backstein KG i. H. v. 12.500 € enthalten. Der Verkauf der Beteiligung erfolgte zum 30.06.2020. Für den Zeitraum 01.01. - 30.06.2020 wurde für den Einzelunternehmer Teig ein Gewinnanteil aus der Beteiligung an der KG i. H. v. 7.500 € einheitlich und gesondert festgestellt.

Der Gesamtumsatz des Mischwerkes im Erhebungszeitraum 2020 betrug 2,5 Mio. €. Die gezahlten Löhne und Gehälter beliefen sich im gleichen Zeitraum auf 500.000 €.

Zur Finanzierung eines neuen Radladers hat Volker Teig am 01.04.2020 ein Darlehen i. H. v. 50.000 € aufgenommen. Die Zinsen für dieses Darlehen beliefen sich im Erhebungszeitraum 2020 auf insgesamt 3.000 € und wurden als Zinsaufwand erfasst.

Die Leasingraten für sämtliche Betonmischwagen beliefen sich im Erhebungszeitraum 2020 auf insgesamt 160.000 € und wurden als Betriebsausgabe gebucht.

Einem ehemaligen Mitarbeiter zahlte Volker Teig eine monatliche Rente. Diese Rentenzahlung beruhte auf einer Versorgungszusage des Unternehmers Volker Teig an seinen Mitarbeiter. Der Aufwand hierfür beläuft sich auf monatlich 1.500 €.

Aus Mitteln seines Gewerbebetriebes spendete Volker Teig im Erhebungszeitraum 2020 einen Betrag von 12.500 € an das Deutsche Rote Kreuz. In der Buchhaltung wurde die Spende zutreffend gebucht.

Der zuletzt auf den 01.01.2016 festgestellte Einheitswert des Betriebsgrundstückes betrug 100.000 €.

Teil 3: Körperschaftsteuer

I. Aufgabe und Bearbeitungshinweise

Ermitteln Sie das zu versteuernde Einkommen sowie die tarifliche Körperschaftsteuer und den Solidaritätszuschlag der X-GmbH für den VZ 2020.

Ihre Ausführungen sollen die maßgeblichen Fundstellen sowie die entsprechenden Hinweise der Richtlinien enthalten.

Soweit sich aus dem Sachverhalt nicht ausdrücklich etwas anderes ergibt, ist davon auszugehen, dass alle erforderlichen Bescheinigungen vorliegen und Anträge gestellt worden sind.

II. Sachverhalt

Die X-GmbH stellt moderne Kinderwagen mit Elektroantrieb her. Ihr Sitz befindet sich in München. In ihrer Handelsbilanz weist sie ein gezeichnetes Kapital von 100.000 € aus, welches jeweils zur Hälfte die beiden Gesellschafter Ingrid und Michael Sonne aufgebracht haben. Das Wirtschaftsjahr entspricht dem Kalenderjahr.

Die folgenden Sachverhalte aus dem VZ 2020 sind jeweils getrennt zu beurteilen:

1. In der Handelsbilanz zum 31.12.2020 hat die X-GmbH einen Bilanzgewinn i. H. v. 35.000 € ausgewiesen. Zur Stärkung des Eigenkapitals wurde ein Betrag von 15.000 € zulasten des Jahresüberschusses den anderen Gewinnrücklagen zugewiesen.

2. Weiterhin hat im Jahr 2020 für das Jahr 2019 eine Gewinnausschüttung stattgefunden. Die Beschlussfassung über eine Ausschüttung von 12.500 € je Gesellschafter erfolgte bei der Gesellschafterversammlung am 19.06.2020. Die Auszahlung erfolgte im Juli 2020 und wurde zutreffend gebucht.

3. Die X-GmbH ist alleinige Gesellschafterin der Y-AG. Die Hauptversammlung der Y-AG beschloss am 11.12.2020, für das Wirtschaftsjahr 2020 insgesamt 19.000 € auszuschütten. Da die Auszahlung erst im Januar 2021 erfolgte, wurde für das Jahr 2020 bei der X-GmbH noch keine Buchung vorgenommen.

4. Die X-GmbH leistete in 2020 KSt-Vorauszahlungen i. H. v. 10.000 € zuzüglich 550 € Solidaritätszuschlag und buchte diesen Betrag gewinnmindernd unter Steuern vom Einkommen und Ertrag. Auf demselben Konto sind weitere Zahlungen gebucht worden:

   ▶ Gewerbesteuernachzahlung für das Jahr 2018 i. H. v. 750 €
   ▶ Gewerbesteuerrückstellung für 2020 3.750 €
   ▶ Grundsteuer für das private Einfamilienhaus des Geschäftsführers Michael Sonne 500 €
   ▶ Kfz-Steuer für den betrieblichen Pkw, welcher dem Geschäftsführer aufgrund seines Anstellungsvertrages auch für private Fahrten überlassen wird 175 €
   ▶ Verspätungszuschlag für die verspätete Abgabe einer USt-Voranmeldung 25 €

5. Die X-GmbH hat gegenüber einem Spielwarengeschäft aus der Schweiz Forderungen i. H. v. 2.500 € aus der Lieferung mehrerer Kinderwagen in den Jahren 2013 bis 2017.

6. Die einzelnen Mahnverfahren der nicht beglichenen Rechnungen blieben erfolglos. Deshalb sind diese Forderungen bereits in der Bilanz zum 31.12.2019 in voller Höhe ausgebucht worden. In einem Rechtsstreit erstritt sich die X-GmbH am 20.11.2020 in erster Instanz eine Entscheidung, mit der ihr die Forderungen zzgl. 100 € Zinsen zugesprochen worden sind. Gegen das Urteil wurde keine Berufung eingelegt. Die Forderung ist wieder als voll werthaltig anzusehen.

Steuerrecht II

Die zu den drei Teilen dieser Übungsklausur aufgeführten Sachverhalte sind entsprechend der Aufgabenstellung zu beurteilen. Begründen Sie Ihre Lösungen unter Angabe der maßgeblichen steuerrechtlichen Vorschriften.

Teil 1: Umsatzsteuer

I. Allgemeines zu den nachfolgenden Sachverhalten 1 - 4

Wolfgang Weber (WW) betreibt in Würzburg ein Einzelhandelsgeschäft für Fahnen und Wimpel. Zum Rahmen seines Unternehmens zählt auch die Tätigkeit als Berater sowie die Vermietung der Villa Sonnenschein.

Wolfgang Weber versteuert seine Umsätze nach vereinbarten Entgelten und gibt seine Umsatzsteuervoranmeldungen monatlich ab.

Alle Beteiligten – mit Ausnahme des DFB – sind Unternehmer und führen ihre Umsätze im Rahmen ihres Unternehmens im Leistungsaustausch aus.

Zur Vorbereitung für die Erstellung der Umsatzsteuererklärung für das Jahr 2021 bittet Wolfgang Weber um Ihre umsatzsteuerrechtliche Beurteilung der folgenden Sachverhalte 1 - 4 unter Berücksichtigung der jeweiligen Aufgabenstellung.

Die getroffenen Entscheidungen sind unter Angabe der einschlägigen Rechtsgrundlagen (UStG, UStDV, UStAE) zu begründen.

Sachverhalt 1

a) Der Deutsche Fußballbund (DFB) bestellte im Februar 2021 für die Fußball-Europameisterschaft 2021 bei WW 100.000 Auto-Fähnchen.

Der vereinbarte Preis belief sich auf insgesamt brutto 357.000 €.

Die Fahnen sollten beim DFB rechtzeitig vor Beginn der Europameisterschaft am 01.06.2021 in Frankfurt eintreffen. Die Verantwortung für die Einhaltung des Termins lag vereinbarungsgemäß bei WW. Für den Fall der Terminüberschreitung war eine Vertragsstrafe i. H. v. 20 % des Bruttopreises vereinbart.

Die ebenfalls vereinbarte Anzahlung i. H. v. 10 % des Bruttopreises überwies der DFB auf das Geschäftskonto des WW und wurde diesem am 19.02.2021 gutgeschrieben.

Obwohl WW die Fahnen rechtzeitig am 28.05.2021 in Würzburg der Deutschen Bahn AG zum Transport nach Frankfurt übergeben hatte, trafen diese wegen Überlastung des Schienennetzes erst am 22.06.2021 beim DFB in Frankfurt ein.

Über das verspätete Eintreffen der Fahnen war der DFB sehr verärgert. Der DFB überwies erst nach Ende der Europameisterschaft, am 30.07.2021, den Betrag von 249.900 € an WW.

b) Für die Beförderung der Fahnen erhielt WW am 24.06.2021 von der Deutschen Bahn AG eine ordnungsgemäße Rechnung vom 22.06.2021 über 2.500 € zzgl. 475 € USt.

WW hatte bei der Deutschen Bahn AG das verspätete Eintreffen der Fahnen beanstandet und erhielt daraufhin am 09.08.2021 eine Gutschrift zu der Rechnung vom

22.06.2021 über 595 €. Der Gutschriftsbetrag wurde von der Deutschen Bahn AG am 13.08.2021 überwiesen und noch am selben Tag dem Geschäftskonto des WW gutgeschrieben.

c) Ebenfalls im Februar 2021 schloss der DFB mit WW einen Beratervertrag über von WW zu erbringende Werbeberatungsleistungen ab.

Auf Wunsch des DFB und mit Zustimmung des WW wurde der Beratervertrag einvernehmlich am 13.08.2021, noch vor Ausführung der Werbeleistungen des WW, aufgehoben. Als Gegenleistung für den Verzicht auf die Rechte (Rechtsverzicht) aus dem Beratervertrag wurde eine Einmalzahlung (Abstandszahlung) i. H. v. 100.000 € vereinbart.

Anlass für die Auflösung des Vertrages war ein Präsidiumsbeschluss des DFB, wonach die Selbstdarstellung des DFB über mehr Internetrepräsentanz anstatt über Wimpel und Fahnen erfolgen sollte.

Aufgabenstellungen

1. Die Ausgangsseite (Leistungen des WW) ist zu beurteilen hinsichtlich:
   - Steuerbarkeit (nur Angaben zur Art des Umsatzes, dem Leistungsort, Zeitpunkt der Leistung und ggf. Inland/Ausland sind erforderlich)
   - Steuerbefreiung/Steuerpflicht
   - Steuersatz
   - Bemessungsgrundlage (auch falls ein steuerfreier Umsatz vorliegen sollte)
   - Höhe der Umsatzsteuer (Betrag angeben)
   - Zeitpunkt der Steuerentstehung bzw. analog Voranmeldungszeitraum (VAZ) des steuerfreien Umsatzes.

2. Die Eingangsseite (Leistungen anderer Unternehmer für WW) ist für den Vorsteuerabzug des WW zu beurteilen hinsichtlich:
   - Steuerbarkeit (nur Angaben zur Art des Umsatzes, dem Leistungsort, dem Leistungszeitpunkt und ggf. Inland/Ausland sind erforderlich)
   - Steuerpflicht
   - Steuersatz
   - Bemessungsgrundlage
   - Höhe der Umsatzsteuer (Betrag angeben).

3. Für WW sind zu beurteilen:
   - Zulässigkeit des Vorsteuerabzugs
   - Vorsteuerabzug der Höhe nach (Betrag angeben)
   - Voranmeldungszeitraum (VAZ) für den Abzug der Vorsteuer.

Sachverhalt 2

Im Frühjahr 2021 stieg die Nachfrage nach Deutschlandfahnen bei WW sprunghaft an, der diese umsatzsteuerpflichtig veräußern wollte.

WW hat daher bei dem in Enschede (Niederlanden) ansässigen Unternehmer van Nestel (NL) eine Million Deutschlandfahnen mit Kunststoffhalterungen erworben.

Da NL die Fahnen nicht vorrätig hatte, hat er diese seinerseits bei dem in Lodz (Polen) ansässigen Textilfabrikanten Polalski (P) erworben.

Die Geschäfte wurden dadurch erfüllt, dass P die Fahnen mit eigenem Lkw am 13.03.2021 nach Würzburg zu WW beförderte.

P, NL und WW traten bei der Abwicklung des jeweiligen Geschäfts jeweils unter ihrer nationalen und gültigen USt-IdNr. auf.

NL erteilte WW am 19.03.2021 eine ordnungsgemäße, die Besonderheiten des Geschäfts berücksichtigende, Rechnung über 50.000 € netto.

Alle buch- und belegmäßigen Nachweispflichten sind von den Beteiligten erbracht.

Aufgabenstellungen

1. Beurteilen Sie die Art des vorliegenden Geschäfts und begründen Sie Ihre Lösung.
2. Anschließend beurteilen Sie nur die von NL an WW erbrachte Leistung bezüglich:
   - Steuerbarkeit (nur Angaben zur Art des Umsatzes, dem Leistungsort, Zeitpunkt der Leistung und ggf. Inland/Ausland sind erforderlich)
   - Steuerbefreiung/Steuerpflicht
   - Steuerschuldnerschaft
   - Bemessungsgrundlage (auch falls ein steuerfreier Umsatz vorliegen sollte)
   - Steuersatz
   - Höhe der Umsatzsteuer (Betrag angeben)
   - Zeitpunkt der Steuerentstehung bzw. analog Voranmeldungszeitraum (VAZ) des steuerfreien Umsatzes.
3. Für WW sind zu beurteilen:
   - Zulässigkeit des Vorsteuerabzugs
   - Vorsteuerabzug der Höhe nach (Betrag angeben).

Sachverhalt 3

WW hatte im Frühjahr 2021 Fahnen mit dem Aufdruck der niederländischen Nationalfarben an Abnehmer in Amsterdam versendet und diese Geschäftsvorfälle zutreffend als umsatzsteuerfreie innergemeinschaftliche Lieferungen behandelt. Nach dem Ausscheiden der holländischen Mannschaft aus dem EM-Turnier befürchtete WW Schwierigkeiten hinsichtlich der Zahlung der noch ausstehenden Restforderungen i. H. v. 150.000 €.

WW trat die Forderung i. H. v. 150.000 € daher am 02.07.2021 zum Festpreis von 125.000 € an das in der Schweiz ansässige Inkassounternehmen „Credit Suisse" (CS) ab, welches die Forderung einziehen und das Ausfallrisiko im Rahmen eines echten Factoring übernehmen sollte.

CS und WW sind hinsichtlich ihrer umsatzsteuerlichen Beurteilung dieses Vorganges einvernehmlich davon ausgegangen, dass es sich bei allen Beträgen um Netto-Beträge handelt.

CS hat den Betrag von 125.000 € sogleich überwiesen. Er wurde dem Konto des WW am 09.07.2021 gutgeschrieben.

Aufgabenstellungen

1. Dieser Vorgang ist zu beurteilen hinsichtlich der Leistung der „Credit Suisse" (CS) an WW:
   - Steuerbarkeit (nur Angaben zur Art des Umsatzes, Leistungsort, dem Leistungszeitpunkt und ggf. Inland/Ausland sind erforderlich)
   - Beschreiben Sie die Leistung (Umsatz) und den Leistungsumfang kurz und knapp.
   - Steuerbefreiung/Steuerpflicht
   - Steuersatz
   - Bemessungsgrundlage (auch falls ein steuerfreier Umsatz vorliegen sollte)
   - Höhe der Umsatzsteuer (Betrag angeben)
   - Zeitpunkt der Steuerentstehung bzw. analog Voranmeldungszeitraum (VAZ) des steuerfreien Umsatzes
   - Steuerschuldnerschaft.

2. Soweit ein Vorsteuerabzug für WW möglich ist, machen Sie auch folgende Angaben:
   - Zulässigkeit des Vorsteuerabzugs
   - Vorsteuerabzug der Höhe nach (Betrag angeben)
   - Voranmeldungszeitraum (VAZ) für den Abzug der Vorsteuer.

Sachverhalt 4

a) WW vermietete die seit über 20 Jahren zu seinem Unternehmensvermögen gehörende Villa Sonnenschein in Würzburg, Kernallee 25 in der Zeit vom 01.01.2021 - 30.06.2021 ohne Ausweis von Umsatzsteuer im Mietvertrag, der alle erforderlichen Angaben gem. § 14 UStG enthält, für monatlich 1.500 € an die Versicherungsgesellschaft „Pro Moneta AG".

Im April 2021 ließ WW im Rahmen umfangreicher Renovierungsmaßnahmen an der Villa ein bis dahin in das Gebäude eingebautes Panoramafenster mit Holzrahmen durch ein neues Panoramafenster mit Kunststoffrahmen ersetzen. Der Fensterbauer F erteilte WW nach Abnahme des Fensters am 23.04.2021 noch am gleichen Tag eine ordnungsgemäße Rechnung über 59.500 € zzgl. 19 % USt von 11.305 €, insgesamt 70.805 €.

Im Mai 2021 wurde der Mietvertrag von der Versicherungsgesellschaft zum 30.06.2021 fristgemäß gekündigt. Ende April war noch nicht abzusehen, dass das Mietverhältnis zum 30.06.2021 beendet werden würde.

Aufgabenstellungen

1. Die Ausgangsseite (Leistungen des WW) ist, soweit erforderlich, zu beurteilen hinsichtlich:
   - Steuerbarkeit (nur Angaben zur Art des Umsatzes, dem Leistungsort, dem Leistungszeitpunkt und ggf. Inland/Ausland sind erforderlich)
   - Steuerbefreiung/Steuerpflicht
   - Steuersatz
   - Bemessungsgrundlage (auch falls ein steuerfreier Umsatz vorliegen sollte)
   - Höhe der Umsatzsteuer
   - Zeitpunkt der Steuerentstehung bzw. analog Voranmeldungszeitraum (VAZ) des steuerfreien Umsatzes.

2. Die Eingangsseite (Leistungen anderer Unternehmer für WW) ist für den Vorsteuerabzug des WW zu beurteilen hinsichtlich:
   - Steuerbarkeit (nur Angaben zur Art des Umsatzes, dem Leistungsort, dem Leistungszeitpunkt und ggf. Inland/Ausland sind erforderlich)
   - Steuerpflicht
   - Steuersatz
   - Bemessungsgrundlage
   - Höhe der Umsatzsteuer (Betrag angeben).

3. Für WW sind zu beurteilen:
   - Zulässigkeit des Vorsteuerabzugs
   - Vorsteuerabzug der Höhe nach (Betrag angeben)
   - Voranmeldungszeitraum (VAZ) für den Abzug der Vorsteuer.

b) Ab dem 01.07.2021 wird die Villa Sonnenschein unter Verzicht auf die Steuerbefreiung nach § 9 Abs. 1 und Abs. 2 UStG zutreffend steuerpflichtig vermietet.

Aufgabenstellung

Beurteilen Sie, ob sich aus der steuerpflichtigen Vermietung des Gebäudes ab dem 01.07.2021 eine Veränderung der Verhältnisse im Hinblick auf den ursprünglich zulässigen Vorsteuerabzug für den Einbau der Fenster ergibt und ob ggf. eine Vorsteuerberichtigung durchzuführen ist.

Eine Vorsteuerberichtigung ist bezüglich aller erforderlichen Angaben und auch rechnerisch vollständig aufzuzeigen.

Die steuerpflichtige Vermietungsleistung ist nicht zu beurteilen.

Teil 2: Abgabenordnung

Aufgabe 1

Ludger Bremer ist Geschäftsführer der Möbelgroßhandlung Holz GmbH mit Sitz in Mannheim. Ludger Bremer ist den steuerlichen Verpflichtungen für die GmbH bisher immer pünktlich nachgekommen.

Für das Jahr 2020 hat die Holz GmbH lt. Körperschaftsteuerbescheid vom 01.10.2021 (= Freitag, Tag der Aufgabe zur Post durch das Finanzamt mit einfachem Brief) eine Körperschaftsteuer-Abschlusszahlung i. H. v. 12.000 €, fällig am Donnerstag, dem 04.11.2021, zu leisten. Der Körperschaftsteuerbescheid enthielt eine ordnungsgemäße Rechtsbehelfsbelehrung.

Am 05.11.2021 sind weiterhin Kapitalertragsteuern i. H. v. 1.600 € an das Finanzamt abzuführen.

Durch einen unvorhersehbaren großen Forderungsausfall Ende Oktober 2021 gerät die Holz GmbH vorübergehend in erhebliche Zahlungsschwierigkeiten, die den Geschäftsbetrieb gefährden. Die Bank ist nicht bereit, einen Kredit zu gewähren.

Am 01.02.2022 wird sich die wirtschaftliche Situation nachweislich durch einen zu erwartenden größeren und sicheren Geldeingang sowie durch den Zuschlag eines größeren Auftrags wieder verbessern.

Am 04.11.2021 steht endgültig fest, dass Ludger Bremer die o. a. Steuerzahlungen nicht fristgerecht leisten kann.

Er überprüft den Körperschaftsteuerbescheid 2020 noch einmal und stellt nach Absprache mit seinem Steuerberater fest, dass dem Finanzamt ein Rechtsfehler mit einer steuerlichen Auswirkung zulasten der GmbH i. H. v. 3.500 € unterlaufen ist.

Ludger Bremer legt gegen den Körperschaftsteuerbescheid 2020 fristgerecht Einspruch ein.

Aufgabenstellungen

1. Überprüfen Sie unter Angabe der gesetzlichen Bestimmungen Möglichkeiten, die Fälligkeit der KSt-Nachzahlung und der KapESt-Zahlung hinauszuschieben und welche Anträge ggf. an das Finanzamt zu stellen sind.
2. Sofern zur Fälligkeit Anträge zu stellen sind, erläutern Sie unter Angabe der gesetzlichen Bestimmungen, ob und ggf. in welcher Form das Finanzamt den Anträgen stattgeben kann. Gehen Sie dabei auch auf mögliche steuerliche Nebenleistungen ein.

   Gehen Sie davon aus, dass die rückständigen Steuern am 01.02.2022 bezahlt werden.

   Sofern aus dem Sachverhalt erkennbar, sind Betragsangaben und Fristberechnungen erforderlich.

Aufgabe 2

Aufgrund des großen Arbeitsanfalls in der GmbH übersieht es Ludger Bremer, seine persönliche am 07.12.2021 fällige Einkommensteuer-Abschlusszahlung 2020 i. H. v. 3.545 € zu leisten.

Erst nach Erhalt einer Mahnung am 14.12.2021 stellt Ludger Bremer sofort einen Stundungsantrag, dem ab dem 14.12.2021 bis zum 15.01.2022 stattgegeben wird.

Aufgabenstellungen

Prüfen Sie unter Angabe der gesetzlichen Bestimmungen

1. welche Folgen sich für Ludger Bremer durch die Stundung ab 14.12.2021 ergeben und
2. wann der Anspruch des Finanzamtes hinsichtlich der ESt-Abschlusszahlung 2020 verjährt.

Aufgabe 3

Sachverhalt 1

Die Eheleute Robert und Dagmar Hanke haben ihre ESt-Erklärung für das Jahr 2020 am 11.01.2021 dem Finanzamt eingereicht und die Zusammenveranlagung zur Einkommensteuer beantragt.

Robert Hanke hat Einkünfte aus selbstständiger freiberuflicher Tätigkeit i. H. v. 30.000 € erzielt. Weitere Einkünfte sind nicht erklärt worden.

Die Eheleute haben einen gemeinsamen Einkommensteuerbescheid für das Jahr 2020 (datierend vom 03.02.2021) an ihre gemeinsame Anschrift übermittelt bekommen. Nach Abzug der von Robert Hanke geleisteten ESt-Vorauszahlungen verbleibt für das Jahr 2020 eine bis zum 08.03.2021 zu zahlende ESt-Abschlusszahlung i. H. v. 4.000 €.

Da Robert Hanke die Nachzahlung nicht leisten kann, fragt Dagmar Hanke, ob sie die Nachzahlung unter Umständen aus eigenen Ersparnissen erbringen muss, obwohl das Finanzamt nur einen Steuerbescheid erteilt hat.

Aufgabenstellung
Begründen Sie Ihre Entscheidung unter Angabe der gesetzlichen Bestimmungen.

Sachverhalt 2
Am 03.06.2021 teilt Dagmar Hanke dem Finanzamt mit, dass sie versehentlich Mieteinnahmen i. H. v. 1.200 €, die ihr erstmalig im Jahr 2020 zugeflossen sind, nicht in der Einkommensteuererklärung 2020 erklärt hat, weil sie irrtümlich der Meinung war, sie seien steuerfrei. Als Aufwendungen bei den Einkünften aus Vermietung und Verpachtung habe sie im VZ 2020 Darlehenszinsen i. H. v. 5.000 € bezahlt.

Sie befürchtet, dass eine mögliche, auf sie entfallende Erstattung von Einkommensteuer für das Jahr 2020 mit einer noch rückständigen Umsatzsteuernachzahlung für das Jahr 2018 ihres Ehemannes Robert i. H. v. 2.000 € aufgerechnet wird.

Aufgabenstellungen
1. Prüfen Sie unter Angabe der gesetzlichen Bestimmungen, ob und ggf. in welchem Umfang das Finanzamt den ESt-Bescheid 2020 vom 03.02.2021 ändern kann.
2. Besteht für das Finanzamt – grundsätzlich – die Möglichkeit, den auf Frau Hanke entfallenden Teil der Einkommensteuererstattung 2020, der sich ggf. aus einer Anrechnung der Zinsabschlagsteuer auf die Einkommensteuer 2020 ergeben würde, mit der noch gegen den Ehemann der Frau Hanke bestehenden Umsatzsteuernachzahlung 2018 aufzurechnen?

Teil 3: ErbSt/SchenkSt/BewG

I. Sachverhalt

1. Persönliche Verhältnisse

Carl Magerfeld (CM) ist am 30.09.2020 in Berlin verstorben. Er hat testamentarisch Lothar Lohmann (LL), geboren am 03.03.1972, mit dem er eine eingetragene Lebenspartnerschaft i. S. d. LPartG eingegangen ist, zum Alleinerben eingesetzt.

2. Nachlass des CM

Der Nachlass des CM setzt sich wie folgt zusammen:

2.1 Einfamilienhaus

CM ist seit 2014 Alleineigentümer eines eigengenutzten Einfamilienhauses in Berlin, das schulden- und lastenfrei ist. Bezüglich dieses Einfamilienhauses liegen folgende Angaben vor:

- Festgestellter Grundbesitzwert zum 30.09.2020: 850.000 €
- Einheitswert (Wertverhältnisse 01.01.1964) 150.000 €

LL wird das Einfamilienhaus weiterhin zu eigenen Wohnzwecken nutzen.

2.2 Ferienhaus auf Sylt

Außerdem war CM Eigentümer eines auf Sylt gelegenen Ferienhauses, das er ausschließlich für eigene Erholungszwecke genutzt hat. Das Ferienhaus ist ebenfalls schulden- und lastenfrei. Folgende Angaben liegen vor:

- Festgestellter Grundbesitzwert zum 30.09.2020: 750.000 €
- Einheitswert (Wertverhältnisse 01.01.1964): 100.000 €

2.3 OHG-Beteiligung

CM war zu 50 % an der Magerfeld & Schliffer OHG beteiligt, die zu 10 % aus Verwaltungsvermögen besteht.

Der im Wege des vereinfachten Ertragswertverfahrens ermittelte gemeine Wert der OHG beträgt 500.000 €. Die Kapitalkonten laut OHG-Bilanz betragen zum Bewertungsstichtag 30.09.2020:

- Carl Magerfeld 150.000 €
- Claudia Schliffer 200.000 €

CM hat ein unbebautes Grundstück an die OHG verpachtet, die es als Kundenparkplatz nutzt. In der Sonderbilanz des CM wurde der Grund und Boden mit 172.000 € aktiviert (gesondert festgestellter Bedarfswert i. S. d. BewG: 184.000 €) und eine damit im Zusammenhang stehende Hypothek i. H. v. 132.400 € passiviert.

LL tritt gem. Gesellschaftsvertrag in die Gesellschafterstellung des CM ein und hat keinen Antrag auf 100 %-ige Steuerbefreiung des Betriebsvermögens gestellt. Die Mindestlohnsumme von 400 % wird nicht unterschritten.

2.4 Hausrat und Bankguthaben

Der gemeine Wert des Hausrats am Todestag beträgt 41.000 €; das Bankguthaben einschließlich Zinsen beträgt 450.000 €.

3. Sonstige Angaben

- LL unterliegt als Inländer der persönlichen Steuerpflicht gemäß § 2 Abs. 1 Nr. 1 Buchst. a) ErbStG.
- LL ist gemäß § 15 Abs. 1 ErbStG der Steuerklasse I zuzuordnen.
- LL hatte aus dem Nachlass die Beerdigungskosten und die Kosten für ein Grabdenkmal i. H. v. insgesamt 9.500 € bezahlt.
- LL geht zutreffenderweise davon aus, dass jährlich etwa 500 € Aufwendungen für die Grabpflege anfallen.
- LL stehen anlässlich des Todes keine steuerfreien Versorgungsbezüge zu.
- Vorschenkungen des Erblassers an LL innerhalb der letzten 10 Jahre liegen nicht vor.

II. Aufgabenstellungen und Bearbeitungshinweise

Beurteilen Sie den o. a. Sachverhalt für LL unter Angabe der gesetzlichen Bestimmungen des ErbStG und des BewG und begründen Sie Ihre Entscheidung.

Gehen Sie bei Ihrer Lösung in der vorgegebenen Reihenfolge nur auf die nachfolgend genannten Punkte ein:

- Ermittlung des Wertes der Bereicherung
- Ermittlung des steuerpflichtigen Erwerbs und der festzusetzenden Erbschaftsteuer.

Ausführungen zur persönlichen Steuerpflicht, zur Entstehung der Steuerschuld und zum Bewertungsstichtag sind nicht erforderlich.

Entsprechend der Systematik des ErbStG sind sachliche Steuerbefreiungen und Freibeträge direkt bei den begünstigten Wirtschaftsgütern zu berücksichtigen.

Rechnungswesen

Teil 1: Buchführung und Jahresabschluss nach Handels- und Steuerrecht

I. Aufgabenstellungen

1. Beurteilen Sie die nachfolgenden Sachverhalte 1 - 5 unter Hinweis auf die maßgeblichen gesetzlichen Bestimmungen des Handels- und Steuerrechts sowie den Verwaltungsanweisungen (EStR/EStH).
2. Entwickeln Sie die jeweiligen Bilanzansätze nach Handelsrecht (HB) und Steuerrecht (StB) zum 31.12.2020.

    Soweit Bewertungswahlrechte bestehen, ist davon auszugehen, dass für das Wirtschaftsjahr 2020 (= Kalenderjahr) steuerrechtlich der niedrigste mögliche Gewinn ausgewiesen werden soll. M möchte, soweit dies möglich ist, eine einheitliche Bilanz (Handelsbilanz = Steuerbilanz) erstellen; eine gesonderte Steuerbilanz will M nicht aufstellen.

    Für evtl. aufgedeckte stille Reserven möchte M, soweit dies möglich ist, eine steuerliche Rücklage bilden.

    Gehen Sie davon aus, dass M bei steuerlichen Wahlrechten ein besonderes Verzeichnis erstellt hat. Bei rechtlichen Zweifelsfällen ist der Verwaltungsauffassung zu folgen.

    Sollten die Bilanzansätze in Handelsbilanz und Steuerbilanz zwingend voneinander abweichen, ist dies außerhalb der Handelsbilanz darzustellen.

    Eventuelle Änderungen bei der Vorsteuer bzw. Umsatzsteuer sind nur bei den betreffenden Sachverhalten betragsmäßig anzugeben.
3. Geben Sie für die ggf. erforderlichen Berichtigungs- bzw. Ergänzungsbuchungen die Buchungssätze für das Jahr 2020 an.
4. Nennen Sie die jeweilige Gewinnauswirkung für das Jahr 2020. Steuerliche Abweichungen sind gesondert darzustellen.

II. Hinweise

- Eine betragsmäßige Zusammenstellung sämtlicher Änderungen (Ermittlung des endgültigen steuerlichen Gewinns bzw. Erstellung der Steuerbilanz) ist nicht erforderlich.
- Soweit in den einzelnen Sachverhalten besonders darauf hingewiesen wird, dass Bilanzposten/Buchungen bereits zutreffend erfasst/erfolgt sind, brauchen diese nicht mehr angesprochen werden.
- Ferner ist nicht einzugehen auf gewerbesteuerliche Auswirkungen, latente Steuern (§ 274 HGB) oder die Abzugsbeschränkung gem. § 4h EStG (Zinsschranke).

III. Allgemeine Angaben

Der Einzelunternehmer Kai Muster (M) betreibt in Düsseldorf einen Handel mit Werkzeugmaschinen.

Das Unternehmen ist seit 2012 im Handelsregister eingetragen.

M ermittelt seinen Gewinn gem. § 5 Abs. 1 EStG i. V. m. § 238 Abs. 1 HGB.

Der vorläufige Jahresüberschuss für 2020 beträgt lt. Gewinn- und Verlustrechnung 170.000 €.

Das Wirtschaftsjahr stimmt mit dem Kalenderjahr überein.

Die vorläufige Handelsbilanz des Jahres 2020 wurde am 15.10.2021 erstellt. Außerbilanzielle steuerliche Korrekturen (§ 60 Abs. 2 Satz 1 EStDV) hat M bisher noch nicht vorgenommen.

Das Unternehmen des M erfüllt nicht die Voraussetzungen des § 7g EStG.

M versteuert seine Umsätze nach den allgemeinen Vorschriften des UStG und ist uneingeschränkt zum Vorsteuerabzug berechtigt.

IV. Sachverhalte

Sachverhalt 1

M erwarb mit Wirkung vom 01.02.2020 ein bebautes Grundstück (Baujahr 1980, Grundstücksgröße = 900 qm), welches seitdem ausschließlich zu eigenbetrieblichen Zwecken genutzt wird. Als Kaufpreis hatte M netto 300.000 € aufbringen müssen, obwohl der Verkehrswert laut Gutachten eines Sachverständigen 250.000 € betrug (Anteil Grund und Boden unstreitig 20 %). Der Grund und Boden wurde deshalb mit 50.000 € bilanziert. Der Zugang beim Gebäude betrug laut Buchführung 250.000 €.

Die Zahlung und die Hypothekenschulden sind buchmäßig zutreffend erfasst worden. Die Anschaffungsnebenkosten (Grunderwerbsteuer, Notar etc.) i. H. v. insgesamt netto 20.000 € (ohne die anrechenbare Vorsteuer, die zutreffend gebucht worden ist) wurden dem Konto „Sonstige betriebliche Aufwendungen" belastet. Weitere Buchungen sind bisher nicht erfolgt.

Im Jahr 2020 wurden an dem vorstehenden Bauwerk nachfolgende Arbeiten notwendig und zu den angegebenen Terminen abgeschlossen:

16.03.2020:	Erstmaliger Einbau eines betrieblich notwendigen Lastenaufzuges (Nutzungsdauer: 15 Jahre)	22.500,00 €

15.05.2020:	Erneuerung des bereits beim Erwerb schadhaften Daches (Nutzungsdauer: ca. 30 Jahre)	18.500,00 €
12.10.2020:	Hofbefestigung: Erstmalige Asphaltierung und Erstellung eines Kundenparkplatzes/Lagerplatzes (Nutzungsdauer: 19 Jahre)	19.000,00 €
	Aufwendungen (netto) insgesamt	60.000,00 €

Die jeweiligen Netto-Beträge von insgesamt 60.000 € wurden zunächst auf dem Konto „im Bau befindliche Anlagen" erfasst und beim Jahresabschluss auf das Konto „Sonstige betriebliche Aufwendungen" umgebucht, weil M der Auffassung war, es handele sich um reine Erhaltungsmaßnahmen. Die anrechenbare Vorsteuer wurde zutreffend gebucht.

Weitere Buchungen sind für 2020 noch nicht vorgenommen worden.

Sachverhalt 2

M hatte im Januar 2018 eine Produktionsmaschine Typ C für seinen Betrieb angeschafft. Die Anschaffungskosten haben 50.000 € betragen. Die betriebsgewöhnliche Nutzungsdauer beträgt zehn Jahre. Der Bilanzansatz bis zum 31.12.2020 entwickelt sich wie folgt:

	Zugang 03.01.2018	50.000,00 €
-	AfA 2018	5.000,00 €
=	Bilanzwert zum 31.12.2018	45.000,00 €
-	AfA 2019	5.000,00 €
=	Bilanzwert zum 31.12.2019	40.000,00 €
-	AfA 2020	5.000,00 €
=	Bilanzwert zum 31.12.2020	35.000,00 €

Aufgrund der starken Konkurrenz musste der Hersteller die Produktionsmaschine Typ C Ende Dezember 2020 zu einem Preis von 15.000 € (ohne USt) anbieten.

Außer der planmäßigen AfA sind keine weiteren Beträge buchmäßig erfasst worden.

Sachverhalt 3

M hatte im Jahre 2012 Geschäftsanteile (90 %) an der A & K Maschinenbau GmbH erworben, die seitdem unverändert mit den ursprünglichen Anschaffungskosten i. H. v. 90.000 € als „Beteiligung" i. S. d. § 266 Abs. 2 A III Nr. 3 HGB in der Bilanz ausgewiesen sind.

Zur Überbrückung kurzfristiger Zahlungsengpässe hatte M der A & K Maschinenbau GmbH am 02.01.2020 aus betrieblichen Mitteln der Einzelunternehmung ein zinsloses Darlehen i. H. v. 15.000 € gewährt, das am 31.12.2020 in einer Summe zurückzuzahlen ist. Der marktübliche Zinssatz hätte 7 % p. a. betragen.

M buchte im Januar 2020:

Darlehensforderung	15.000,00 €	an	Bank	15.000,00 €

Trotz der sehr guten Auftragslage und einer sich stetig verbessernden Gewinnsituation hat M wegen der anhaltenden Liquiditätsschwäche der A & K Maschinenbau GmbH am 31.12.2020 unwiderruflich auf die Rückzahlung des voll werthaltigen Darlehens verzichtet und dieses wie folgt gebucht:

Forderungsverluste	15.000,00 €	an	Darlehensforderung	15.000,00 €

Darüber hinaus hat M zum 31.12.2020 aus Gründen der Vorsicht auf die Beteiligung eine außerplanmäßige Abschreibung i. H. v. 20.000 € vorgenommen, obwohl zweifelsfrei konkrete Anhaltspunkte allenfalls für eine vorübergehende Wertminderung vorliegen. Der Bilanzansatz der Beteiligung zum 31.12.2020 beträgt somit 70.000 €.

M buchte:

Außerplanmäßige Abschreibungen	20.000,00 €	an	Beteiligungen	20.000,00 €

Weitere Buchungen sind nicht erfolgt.

Sachverhalt 4

a) Im Juni 2020 benötigte M einen neuen Lieferwagen. Er schloss daher Ende Juni 2020 einen unkündbaren Leasingvertrag (Laufzeit 01.07.2020 - 30.06.2023) mit der Leasing-AG (Sitz Düsseldorf ab).

Am 03.07.2020 wurde der Lieferwagen durch M bei einem Düsseldorfer Autohaus abgeholt. Die monatliche Miete (fällig zum Monatsende) beträgt 1.100 € zzgl. 176 € Umsatzsteuer. Am 03.07.2020 musste M noch eine einmalige Sonderzahlung i. H. v. 6.000 € zzgl. 960 € Umsatzsteuer leisten. Rechnungen der Leasing-AG in entsprechender Höhe mit gesondertem Umsatzsteuerausweis liegen vor.

Die Leasing-AG hat den Lkw (Nutzungsdauer: sechs Jahre) im Juni 2020 direkt vom Hersteller für 40.000 € zzgl. 6.400 € Umsatzsteuer erworben. Die Finanzierungsnebenkosten aufseiten der Leasing-AG betragen während der Grundmietzeit 4.000 €.

Nach der im Leasingvertrag enthaltenen Kaufoption kann M den Lieferwagen nach Ablauf der Grundmietzeit für 22.000 € zzgl. Umsatzsteuer erwerben.

Bisher wurden von M lediglich folgende Buchungen vorgenommen:

am 03.07.2020:

Kfz-Kosten (Sonderzahlung)	6.960,00 €	an	Bank	6.960,00 €

jeweils am Monatsende (Juli 2020 - Dezember 2020):

Leasing-Kosten	1.100,00 €			
Vorsteuer	176,00 €	an	Bank	1.276,00 €

b) Im betrieblichen Fuhrpark des M befinden sich neben dem neuen geleasten Lkw noch drei ältere Lkw. Im Februar 2021 sind hierfür die Haupt- und Abgasuntersuchungen fällig. Für diese Untersuchungen war M im Februar 2021 beim TÜV Rheinland in Düsseldorf und musste je Fahrzeug einen Betrag von 120 € zzgl. 22,80 € Umsatzsteuer entrichten.

M hat zum 31.12.2020 gebucht:

Kfz-Kosten	360,00 €	an	sonstige Rückstellungen	360,00 €

Sachverhalt 5

Aus den Unterlagen der Personalabteilung des M ist zu entnehmen, dass ein Mitarbeiter sich im März 2021 an 15 Arbeitstagen in Urlaub befand. Hierbei handelt es sich um einen tariflichen Urlaubsanspruch des Jahres 2020, der aus betrieblichen Gründen erst im Jahre 2021 realisiert werden konnte. Aus der Buchhaltung liegen folgende Daten vor:

Tariflohn 2020	36.000 €
Arbeitgeberanteile zur Sozialversicherung, einschließlich Berufsgenossenschaft	9.000 €
Tarifliches Urlaubsgeld	2.500 €
Gewinnbeteiligung (freiwillige Sondervergütung des M)	1.000 €

Die regulären Arbeitstage des Jahres 2020 betrugen 250 Tage. Im Januar 2021 wird der Tariflohn des Mitarbeiters um 2 % erhöht. Eine Buchung ist bisher nicht erfolgt.

Teil 2: Jahresabschlussanalyse

Die Bilanz und die Gewinn- und Verlustrechnung zum 31.12.2020 enthalten folgende Daten:

AKTIVA		Bilanz zum 31.12.2020	PASSIVA
	TEUR		TEUR
Anlagevermögen	250	Eigenkapital	200
Umlaufvermögen		Fremdkapital	
Vorräte	200	▸ langfristig	200
Forderungen a. L. u. L.	150	▸ kurzfristig	225
Zahlungsmittel	25 375		
	625		625

Aufgabenstellungen

Ermitteln Sie in einer übersichtlichen Darstellung folgende Kennzahlen, wobei diese auch ihrem Zweck nach zu erläutern und hinsichtlich ihrer Aussagefähigkeit zu beurteilen sind:

1. Eigenkapitalquote
2. Anlagendeckungsgrad I
3. Anlagendeckungsgrad II
4. Vermögensstruktur und Vermögensaufbau
5. Liquidität I., II. und III. Grades.

Teil 3: Gesellschaftsrecht

I. Sachverhalt

Die natürlichen Personen Andreas Bohlen, Bernd Brecht, Clemens Haber und Karl Meier sind Gesellschafter der Bohlen & Brecht GmbH mit Sitz in Düsseldorf.

Sie sind seit der Gründung unverändert zu je 25 % am Stammkapital der Bohlen & Brecht GmbH von insgesamt 200.000 € beteiligt, die sich seit 2002 gewinnbringend im Speditionsbereich betätigt. Die Gesellschaft beschäftigt 220 Mitarbeiter/innen.

II. Aufgabenstellungen

Nehmen Sie zu den nachstehenden Fragen kurz, aber erschöpfend unter Hinweis auf die maßgeblichen Vorschriften des GmbHG Stellung:

1. a) Welche notwendigen Organe kennt die GmbH?
   b) Gibt es auch nicht notwendige Organe einer GmbH?
2. a) Wer führt die Geschäfte und wem obliegt die Vertretung der GmbH?
   b) Ist die Bestellung der Geschäftsführung zwingend erforderlich, welche Personen können hierzu bestellt werden und wie bzw. wodurch kann sie erfolgen?
3. Welchen wesentlichen Haftungsrisiken ist ein Geschäftsführer gegenüber der GmbH nach dem GmbHG ausgesetzt?
4. Wer ist zuständig für
   a) die Feststellung des Jahresabschlusses und Verwendung des Ergebnisses und
   b) die Einforderung von Nachschüssen auf die Stammeinlagen

   und in welchem Gremium wird hierüber entschieden?

Lösung s. Seite 316

Sechster Prüfungssatz

Steuerrecht I

Teil 1: Einkommensteuer/Gewerbesteuer

I. Aufgabenstellung

Ermitteln Sie die steuerlichen Einkünfte der Mandantin Anke Jolle (A. J.) für den VZ 2020.

II. Bearbeitungshinweise

A. J. möchte bestehende steuerliche Wahlrechte so auszuüben, dass möglichst geringe Einkünfte entstehen. § 6c und § 7g EStG sind dabei zu beachten.

- Erforderliche Aufzeichnungen oder Verzeichnisse gelten als ordnungsgemäß geführt.
- Aussagen zur persönlichen Steuerpflicht, zu Veranlagungsarten, zum Steuertarif sowie zu Steuerermäßigungen sind entbehrlich.
- Einkünfte aus Gewerbebetrieb sind nach § 4 Abs. 1 sowie § 5 EStG (ggf. unter Berücksichtigung einer Gewerbesteuer-Rückstellung) zu ermitteln.
- Der Gewerbesteuer-Hebesatz von Oberhausen beträgt 550 %.
- Sämtliche Anträge gelten als gestellt; eventuell notwendige Bescheinigungen liegen vor.
- USt-Voranmeldungen gelten inhaltlich zutreffend als pünktlich eingereicht. Das Finanzamt hat sie unmittelbar bearbeitet; Erstattungen oder Zahlungen sind unmittelbar erfolgt.
- A. J. ist nach § 15 Abs. 1 UStG uneingeschränkt zum Vorsteuerabzug berechtigt.

III. Sachverhalt

1. Persönliche Verhältnisse

Die 35-jährige A. J. wohnt in Essen (Glückstr. 17), gemeinsam mit ihren beiden noch minderjährigen Kindern Michael und Sabine. Sie ist seit 2018 verwitwet und hat nicht wieder geheiratet.

2. Wirtschaftliche Verhältnisse

Künstlerische Tätigkeit

a) Aus ihrer künstlerischen Tätigkeit erzielte A. J. im VZ 2020 Betriebseinnahmen i. H. v. 250.000 € sowie Betriebsausgaben i. H. v. 50.000 € (Gewinnermittlung gem. § 4 Abs. 3 EStG).

b) A. J. ist seit vielen Jahren als selbstständige Malerin tätig. Sie übt ihre Tätigkeit auf dem in ihrem Eigentum befindlichen bebauten Grundstück in Essen (Glückstr. 17) aus. Für dieses Objekt zahlt sie monatlich 1.800 € Zinsen, die in den Betriebsausgaben noch nicht erfasst worden sind.

4/5 des Betrags entfallen auf das Atelier; 1/5 des Betrags entfällt auf die sich im Obergeschoss befindende und selbst genutzte Wohnung.

Hinsichtlich der Immobilie ergeben sich aus dem Anlagenverzeichnis folgende Werte (zusammengefasste Darstellung):

aa)	Grund und Boden, Anschaffungskosten 2012	150.000,00 €
bb)	Gebäude, Anschaffungskosten 2012	500.000,00 €
	Abschreibungen 2012 - 2019, pro Jahr: 15.000,00 € • 8 Jahre	120.000,00 €
	31.12.2019	380.000,00 €

Mit Übergang von Besitz, Nutzungen und Lasten am 01.06.2020 veräußerte A. J. diese Immobilie an eine Bank. Die Bank zahlte einen Veräußerungspreis von 600.000 € und übernahm die bestehenden Verbindlichkeiten i. H. v. 300.000 €. Der Grund und Boden-Anteil beträgt 20 %. Die beschriebenen Vorgänge rund um das Grundstück sind in der Gewinnermittlung bisher noch nicht erfasst worden.

c) Mit dem neuen Eigentümer schloss A. J. mit Wirkung vom 01.06.2020 sowohl über das Erdgeschoss als auch über das Obergeschoss einen Mietvertrag ab. Ein Missbrauch rechtlicher Gestaltungsmöglichkeiten i. S. v. § 42 AO liegt nicht vor. Während A. J. für die Wohnung im Obergeschoss eine monatliche Miete i. H. v. 700 € entrichtet, vereinbarte sie für das Atelier eine Mietvorauszahlung bis zum 31.05.2030 i. H. v. 88.900 €, die sie am 17.04.2020 in einer Summe zur Zahlung anwies. Dieser Vorgang ist noch nicht berücksichtigt worden.

d) Am 01.04.2020 erwarb A. J. einen neuen BMW (Nutzungsdauer: sechs Jahre, geschätzter betrieblicher Nutzungsanteil 60 %, ein Fahrtenbuch wird nicht geführt) zum Kaufpreis von 40.000 € zzgl. 7.600 € Umsatzsteuer. Dabei konnte sie einen Rabatt aushandeln, da derartige Fahrzeuge zu einem Bruttolistenpreis von 52.000 € angeboten werden.

Für die Anschaffung eines solchen Fahrzeugs hatte A. J. in ihrer Gewinnermittlung 2018 einen Investitionsabzugsbetrag gem. § 7g EStG i. H. v. 20.000 € (50.000 € • 40 %) berücksichtigt. A. J. wünscht eine Zuordnung zum Betriebsvermögen. Sie hat den Pkw seit der Anschaffung in ihr Anlagenverzeichnis aufgenommen und die laufenden Pkw-Kosten i. H. v. 4.000 € als Betriebsausgaben erfasst. Abschreibungen wurden bisher noch nicht berücksichtigt.

Eine umsatzsteuerliche Beurteilung und ihre Auswirkung auf die Einkünfte sollen unterbleiben.

V-GmbH, Oberhausen

A. J. ist seit Jahren mit 70 % an der mit Kunstgegenständen handelnden V-GmbH beteiligt. Die GmbH fasste im Dezember 2020 den Beschluss über die Gewinnausschüttung für 2019, die der A. J. im Januar 2021 nach Abzug der Kapitalertragsteuer und des Solidaritätszuschlages i. H. v. 36.812,50 € zufloss. Im Zusammenhang mit der Finanzierung der Beteiligung sind ihr im VZ 2020 Zinsen i. H. v. 2.000 € entstanden.

Bebautes Grundstück Ludwigstr. in Oberhausen

Mit Übergang von Besitz, Nutzungen und Lasten zum 01.11.2018 erwarb A. J. dieses im Jahre 2015 bebaute Grundstück zu einem Kaufpreis von 1.000.000 € (Grund und Bodenanteil: 25 %).

Das Objekt wurde an die V-GmbH vermietet. Die Mieten wurden jeweils pünktlich bezahlt. Die monatliche angemessene Miete beträgt 10.000 €. Die Verwaltung des Objekts vollzieht sich in Oberhausen. Die V-GmbH nutzt die Immobilie zu ihrer eigenen Verwaltung sowie als Ausstellungs- und Verkaufsfläche. Das Mietverhältnis begann zum 01.11.2018.

Im VZ 2020 wurden Erhaltungsaufwendungen i. H. v. 25.585 € (inkl. 19 % USt) getätigt. Darüber hinaus wurden im VZ 2021 (bis zum 31.10.2021) weitere Erhaltungsaufwendungen von 119.000 € (inkl. 19 % USt) geleistet. Dadurch wurde der Standard der Immobilie aber nicht erhöht.

Sowohl im Dezember 2018 als auch im VZ 2019 wurden keine Erhaltungsaufwendungen geleistet.

Die Immobilie Ludwigstr. wurde von A. J. fremd finanziert. Im VZ 2020 fielen Schuldzinsen i. H. v. 3.000 € an. Der Einheitswert des Objekts beträgt 30.000 €.

Aktienverkauf

Von ihrem Onkel erbte A. J. im September 2019 Aktien im Kurswert von 750.000 €. Der Onkel hatte diese Aktien am 21.06.2019 für 600.000 € angeschafft. A. J. veräußerte diese Aktien am 28.08.2020 und erzielte dabei einen Veräußerungserlös i. H. v. 1.900.000 €.

Ferienwohnung auf Rügen

Mit Übergang von Besitz, Nutzungen und Lasten zum 01.01.2020 erwarb A. J. eine Ferienwohnung (Baujahr 2006) auf Rügen. Der Veräußerer stellte ihr 200.000 € zzgl. 38.000 € Umsatzsteuer in Rechnung. Der Grund- und Bodenanteil beträgt 40 %. Die Anschaffungsnebenkosten, die von A. J. getragen wurden, betrugen 7 % des Nettokaufpreises.

Die von A. J. nicht selbst genutzte Ferienwohnung dient als reine Kapitalanlage und konnte im VZ 2020 noch an 150 Tagen vermietet werden. Dabei erzielte A. J. Mieteinnahmen i. H. v. 15.000 € zzgl. 1.050 € Umsatzsteuer. Zusätzliche Leistungen wurden nicht erbracht. Im Oktober 2020 ließ A. J. neue Fenster für 10.000 € zzgl. 1.600 € Umsatzsteuer einbauen. Sie wünscht die Aufwendungen auf drei Jahre zu verteilen.

Teil 2: Körperschaftsteuer

I. Aufgabenstellungen und Bearbeitungshinweise

- Ermitteln Sie für den VZ 2020 das zu versteuernde Einkommen und die Körperschaftsteuer für die N-GmbH.
- Auf Steuerpflicht und allgemeine Einkommensermittlungsgrundsätze ist nicht einzugehen.
- Stellen Sie die Auswirkungen auf die gesonderten Feststellungen der N-GmbH dar.
- Stellen Sie die Behandlung der Gewinnausschüttungen auf die einheitliche und gesonderte Feststellung der W-GmbH & Co. KG sowie auf die Erfassung im Rahmen der Einkommensteuer bzw. Körperschaftsteuer ihrer Gesellschafter dar. Gehen Sie dabei von einem Gewinn der W-GmbH & Co. KG i. H. v. 60.000 € vor Berücksichtigung der Gewinnausschüttungen aus.
- Stellen Sie die Auswirkungen auf die Ermittlung des Gewerbeertrages der W-GmbH & Co. KG dar.

Soweit sich aus dem Sachverhalt nicht ausdrücklich etwas anderes ergibt, ist davon auszugehen, dass alle erforderlichen Bescheinigungen vorliegen und Anträge gestellt wurden.

Auf den Solidaritätszuschlag ist nicht einzugehen.

II. Sachverhalt

Alleiniger Gesellschafter der N-GmbH ist die W-GmbH & Co. KG. Gesellschafter der KG sind jeweils zu 50 % Rolf Wolter und die X-GmbH. Alleiniger Gesellschafter der X-GmbH ist wiederum Rolf Wolter.

Das Wirtschaftsjahr entspricht dem Kalenderjahr.

Die vorläufige Handels- und Steuerbilanz der N-GmbH zum 31.12.2020 hat folgendes Bild:

AKTIVA	Vorläufige Bilanz		PASSIVA
	Euro		Euro
Beteiligung K-GmbH	25.000,00	Stammkapital	50.000,00
I. Anlagevermögen	375.000,00	Gewinnvortrag	75.000,00
II. Umlaufvermögen	200.000,00	Jahresüberschuss	87.000,00
		Rückstellungen	388.000,00
	600.000,00		600.000,00

Zum 31.12.2019 wurden keine gesonderten Feststellungen vorgenommen.

1. Die N-GmbH ist zu 25 % am Stammkapital der K-GmbH beteiligt. Die K-GmbH hat ein kalendergleiches Wirtschaftsjahr. Zum 31.12.2019 ergab sich bei der K-GmbH ein Jahresüberschuss von 35.000 €, der i. H. v. 30.000 € entsprechend der Beteiligungsverhältnisse ausgeschüttet worden ist.

   Die Bilanz der K-GmbH wurde am 14.12.2020 mit Gewinnverwendungsbeschluss festgestellt. Die Gewinnanteile wurden am 18.01.2021 durch Bankgutschrift ausgezahlt. Weil die Zahlung erst 2021 erfolgte, wurde der Vorgang im Jahresabschluss 2020 nicht berücksichtigt.

2. Die N-GmbH betreibt ihren Geschäftsbetrieb in vom Gesellschafter Rolf Wolter überlassenen Räumen. Die angemessene Pacht beträgt monatlich 3.000 €. Die Pachtzahlungen für August 2020 bis Oktober 2020 blieb die GmbH zunächst schuldig. Die GmbH buchte den Sachverhalt wie folgt:

Pachtaufwand	9.000,00 €	an	Sonstige Verbindlichkeiten	9.000,00 €

   Aus gesellschaftsrechtlichen Gründen verzichtete Rolf Wolter am 06.11.2020 rechtsverbindlich auf die Bezahlung dieser (werthaltigen) Pacht. Eine Buchung erfolgte nicht.

3. Rolf Wolter ist einziger Geschäftsführer der N-GmbH. In der Gewinn- und Verlustrechnung sind die angemessenen laufenden Gehaltszahlungen i. H. v. 132.000 € enthalten. Außerdem erhielt er für am Wochenende erbrachte Arbeitsleistungen Überstundenvergütungen i. H. v. insgesamt 4.000 €. Die GmbH verbuchte diesen Betrag als Arbeitslohn.

4. Am 14.12.2020 hat Rolf Wolter aus dem Warenlager der N-GmbH Baumaterialien für Privatzwecke entnommen, ohne dafür ein Entgelt zu zahlen. Die Ware wurde im April 2020 für 2.000 € zzgl. 380 € Umsatzsteuer eingekauft. Der Einkaufspreis am 14.12.2020 beträgt 2.200 € zzgl. Umsatzsteuer. Bei einem Fremdgeschäft hätte die GmbH 3.000 € zzgl. Umsatzsteuer in Rechnung gestellt.

5. Die N-GmbH hat in 2020 für 2019 an die W-GmbH & Co. KG insgesamt einen Betrag i. H. v. 40.000 € Gewinn ausgeschüttet.

Steuerrecht II

Die zu den drei Teilen dieser Übungsklausur aufgeführten Sachverhalte sind entsprechend der Aufgabenstellung zu beurteilen. Begründen Sie Ihre Lösungen unter Angabe der maßgeblichen steuerrechtlichen Vorschriften.

Teil 1: Umsatzsteuer

Allgemeine Bearbeitungshinweise

Der Aufgabenteil Umsatzsteuer besteht aus drei selbstständigen Teilen (Tz. 1 bis Tz. 3).

Im Vorfeld von Besprechungen mit den Mandanten M 1 - M 3 bittet Sie Ihr Arbeitgeber, zu einzelnen umsatzsteuerlichen Sachverhalten ausführlich Stellung zu nehmen. Dabei sind auch die Geschäftspartner Ihrer Mandanten aus umsatzsteuerlicher Hinsicht zu beurteilen.

Soweit der von Ihrem Arbeitgeber dargestellte Sachverhalt dazu Anlass gibt, ist bei Ihrer Stellungnahme folgende Gliederung einzuhalten:

- Steuerbarkeit (Art, Umfang, Zeit und Ort der Leistung, Leistungsaustausch, Unternehmereigenschaft, Rahmen des Unternehmens)
- Steuerbefreiung/Steuerpflicht
- Steuersatz
- Bemessungsgrundlage bzw. Höhe des steuerfreien Umsatzes
- Übertragung der Steuerschuldnerschaft
- Höhe der Umsatzsteuer und Zeitpunkt der Entstehung bzw. Voranmeldungszeitraum des steuerfreien Umsatzes
- Rechnungserteilung (Folgen falscher Rechnungserteilung, Rechnungsberichtigung)
- Vorsteuerabzugsberechtigung dem Grunde und der Höhe nach unter Angabe des Voranmeldungszeitraums für den Abzug
- Vorsteuerberichtigung.

Die getroffenen Entscheidungen sind unter Angabe der einschlägigen Rechtsgrundlagen (UStG, UStDV, UStAE) zu begründen.

Erforderliche Buch- und Belegnachweise gelten als erbracht, es sei denn, aus dem einzelnen Sachverhalt ergibt sich etwas anderes.

Die besonderen Hinweise Ihres Arbeitgebers zu den einzelnen Sachverhalten sind zu beachten.

Tz. 1

a) Mandant M 1 ist selbstständiger Künstler mit Sitz in Leverkusen, der seine Umsätze nach vereinbarten Entgelten im Rahmen monatlicher Umsatzsteuervoranmeldungen versteuert. Außerdem ist er Eigentümer eines ebenfalls in Leverkusen belegenen zweigeschossigen Wohn- und Geschäftshauses. Vom 01.09.2021 an vermietet M 1 das Erdgeschoss an die Spedition Rasant, die in den Geschäftsräumen Gütertransporte in die Schweiz besorgt. Der Mietvertrag sieht ein monatlich zu entrichtendes Mietentgelt i. H. v. 5.000 € zzgl. 950 € offen ausgewiesener Umsatzsteuer vor. Die Spedition Rasant führt sämtliche Gütertransporte in die Schweiz selbst mit eigenen Lkws durch.

b) M 1 hat den notariell beurkundeten Kaufvertrag über den Erwerb des in Leverkusen gelegenen bebauten Grundstücks mit dem Grundstückshändler G am 14.04.2021 geschlossen. Der Grundstückskaufvertrag sieht u. a. Folgendes vor:

Der Kaufpreis des Grundstücks einschließlich aufstehender Gebäude beträgt 300.000 €. In diesem Betrag enthalten ist der Kaufpreis für den Grund und Boden i. H. v. 60.000 €. Der Erwerber (M 1) hat die Grunderwerbsteuer allein zu tragen, der Veräußerer (G) verzichtet ausdrücklich auf die Umsatzsteuerbefreiung. Übergang von Besitz, Nutzungen und Lasten ist der 01.07.2021. Das Gebäude ist zu diesem Zeitpunkt nicht vermietet und wird weder durch den bisherigen Eigentümer noch durch andere, insbesondere Mieter, genutzt.

c) M 1 hatte bereits Anfang Juli 2021 konkrete Verhandlungen mit der Spedition Rasant über die Anmietung des Erdgeschosses aufgenommen.

d) Das Obergeschoss, das die gleiche Fläche aufweist wie das Erdgeschoss, nutzt M 1 ab dem Besitzübergang für eigene Wohnzwecke.

M 1 hat dem Finanzamt im Rahmen der Umsatzsteuervoranmeldung für den VZ 07/2021 schriftlich mitgeteilt, dass er das Grundstück mit aufstehendem Gebäude insgesamt dem Unternehmensvermögen zuordnet.

M 1 sind im Verlauf des Jahres 2021 noch Finanzierungskosten i. H. v. 10.000 € entstanden. Darüber hinaus liegen Belege über laufende Aufwendungen im Zusammenhang mit der Nutzung des Grundstücks nicht vor.

Tz. 2

Mandant M 2 ist Schriftsteller mit Sitz in Düsseldorf und versteuert seine Umsätze nach vereinbarten Entgelten im Rahmen monatlicher Umsatzsteuervoranmeldungen. Er schreibt regelmäßig steuerrechtliche Fachaufsätze, die der NWB Verlag in Herne in seiner monatlich erscheinenden Fachzeitschrift „Die Steuerfachangestellten" veröffentlicht.

M 2 hat mit dem Verlag einen Vertrag geschlossen, wonach der Verlag das ausschließliche, zeitlich und örtlich unbeschränkte Recht hat, die von M 2 geschriebenen Fachaufsätze zu vervielfältigen und zu verbreiten.

Außerdem ist vereinbart, dass der Verlag nach entsprechender Veröffentlichung die Abrechnung erteilt.

Das vereinbarte Honorar pro Seite beträgt brutto einschließlich gesetzlicher Umsatzsteuer 53,50 €.

Für den im Mai 2021 veröffentlichten Aufsatz erhielt M 2 vom NWB Verlag am 28.05.2021 folgende als „Gutschrift" bezeichnete Abrechnung (auszugsweise dargestellt):

Für die Überlassung der Manuskripte (Urheberrechte):

6 Seiten à 40,00 €	240,00 €
+ 7 % Umsatzsteuer	45,60 €
Gesamt	285,60 €

Bitte teilen Sie uns für Umsatzsteuerzwecke noch Ihre Steuernummer bzw. Umsatzsteuer-Identifikationsnummer mit.

Nachdem M 2 dem Verlag seine zutreffende Steuernummer mitgeteilt hatte, erteilte der NWB Verlag mit Datum vom 02.07.2021 folgende als „Gutschrift" bezeichnete berichtigte Abrechnung, die nunmehr auch die Steuernummer des M 2 enthielt:

Berichtigung der Abrechnung vom 28.05.2021

Für die Überlassung der Manuskripte (Urheberrechte)

6 Seiten à 50,00 €	300,00 €
+ 7 % Umsatzsteuer	21,00 €
Gesamt	321,00 €

Beurteilen Sie diesen Sachverhalt aus der Sicht des M 2 und aus Sicht des NWB Verlages.

Tz. 3

a) Mandant M 3, der seit dem 01.01.2021 als niedergelassener Zahnarzt in Essen eine Zahnarztpraxis betreibt, erzielte im Jahre 2021 erwartungsgemäß mit der Behandlung von Zahnerkrankungen Einnahmen i. H. v. 53.000 € und mit der Überlassung von Zahnspangen an Patienten zur Kieferregulierung Einnahmen i. H. v. 6.000 €. Für einige Privatpatienten fertigte M 3 außerdem Zahnkronen und Füllungen im eigenen Dentallabor an. Damit erzielte M 3 in der Zeit vom 01.04.2021 - 31.12.2021 ebenfalls erwartungsgemäß Einnahmen i. H. v. 6.000 €.

b) Um die Zahnkronen und Füllungen effizienter einsetzen zu können, erwarb M 3 (wie schon bei Eröffnung der Zahnarztpraxis beabsichtigt) am 17.09.2021 bei dem niederländischen Hersteller zahnmedizinischer Behandlungsgeräte (N) ein computergesteuertes Lasergerät. Ein Fahrer des N übergab M 3 das Lasergerät am 22.10.2021 in dessen Praxisräumen.

Den von N mit ordnungsgemäßer Rechnung vom 29.10.2021 erbetenen Betrag i. H. v. 13.000 € ohne Umsatzsteuer überwies M 3 unmittelbar nach Rechnungserhalt am 05.11.2021.

c) Nach Abschluss einer weiteren Facharztausbildung für Mund-, Kiefer- und Gesichtschirurgie wird M 3 in seiner Praxis in Essen ab Januar 2022 auch ambulante Schönheitsoperationen durchführen. Das Lasergerät wird von diesem Zeitpunkt an nur noch im Rahmen der Schönheitsoperationen eingesetzt werden. Zu Beginn des Kalenderjahres 2022 rechnet M 3 damit, die Einnahmen des Vorjahres 2021 im Hinblick auf den neuen Behandlungszweig um mindestens 60.000 € steigern zu können.

Beurteilen Sie diesen Sachverhalt aus der Sicht des M 3

1. für das Jahr 2021. M 3 hat auf die Anwendung der Kleinunternehmerbesteuerung nach § 19 UStG nicht verzichtet und will nach Möglichkeit die Kleinunternehmerregelung anwenden.

    Im Falle der Umsatzsteuerpflicht ist davon auszugehen, dass die Einnahmen die Umsatzsteuer enthalten.

2. zu Beginn des Jahres 2022 unter besonderer Berücksichtigung der Schönheitsoperationen.

Teil 2: Abgabenordnung

Sachverhalt 1

Der ESt-Bescheid 2020 der Sigrid Butt wird vom Finanzamt Bergisch-Gladbach am 02.06.2021 zur Post gegeben.

Sie leert ihr Postfach urlaubsbedingt am 06.07.2021. Am 07.07.2021 legt Sigrid Butt gegen den Steuerbescheid Einspruch ein.

Der Sachbearbeiter ruft sie am 16.07.2021 an, um ihr mitzuteilen, ihr Einspruch sei wegen Fristablauf unzulässig.

Überprüfen Sie anhand der gesetzlichen Bestimmungen, ob die Aussage des Sachbearbeiters richtig ist. Verwenden Sie für Ihre Lösung einen Kalender aus 2021.

Sachverhalt 2

Der ledige Josef Knapp, wohnhaft in Oberhausen, hat seine ESt-Erklärung 2015 am 31.05.2016 bei dem zuständigen Finanzamt eingereicht. In dieser ESt-Erklärung machte er Aufwendungen für Wege zwischen Wohnung und erster Tätigkeitsstätte für 280 Arbeitstage geltend, erklärte aus einer im Februar 2015 angemeldeten gewerblichen Tätigkeit einen Verlust i. H. v. 7.500 € und beantragte die Berücksichtigung der Unterhaltsleistungen an seine mittellose Schwester i. H. v. 8.000 € nach § 33a Abs. 1 EStG.

In dem am 21.08.2016 erteilten ESt-Bescheid berücksichtigte der Sachbearbeiter Aufwendungen für 210 Arbeitstage, den Verlust aus gewerblicher Tätigkeit wie erklärt i. H. v. 7.500 € und die Unterhaltsleistungen mit dem zulässigen Höchstbetrag von 8.472 €.

Der Steuerbescheid erging nach § 164 Abs. 1 AO unter dem Vorbehalt der Nachprüfung und war nach § 165 Abs. 1 AO teilweise vorläufig, u. a. hinsichtlich des Verlustes aus Gewerbebetrieb wegen der noch nicht abschließend geprüften Gewinnerzielungsabsicht.

Der am 17.09.2016 eingelegte Einspruch, mit dem Josef Knapp ohne weitere Begründung die Anerkennung von 280 Arbeitstagen verlangte, wurde mit Einspruchsentscheidung vom 25.10.2016 als unbegründet zurückgewiesen.

Am 07.01.2021 erhielt das Finanzamt Unterlagen, aus denen sich zweifelsfrei ergibt, dass der Verlust aus Gewerbebetrieb 2015 endgültig nicht zu berücksichtigen ist, da es sich um „Liebhaberei" handelt.

Daraufhin erhielt Josef Knapp am 25.01.2021 (Tag der Aufgabe zur Post) für das Jahr 2015 einen geänderten ESt-Bescheid 2015, aus dem sich eine ESt-Nachzahlung von insgesamt 7.623 € ergibt. In der „Anlage zum Bescheid" wird u. a. ausgeführt:
- In dem Bescheid ist der Verlust aus Gewerbebetrieb i. H. v. 7.500 € (ESt-Auswirkung: 4.065 €) nicht mehr zu berücksichtigen, da keine Gewinnerzielungsabsicht vorliegt.
- Gleichzeitig sind die bisher als außergewöhnliche Belastung angesetzten Unterhaltsleistungen an die Schwester i. H. v. 8.472 € (ESt-Auswirkung: 3.558 €) nicht anzuerkennen, da es sich bei der Schwester nicht um eine gesetzlich unterhaltsberechtigte Person handelt.

Verärgert warf Josef Knapp am Abend des 01.03.2021 (letzter Tag der Einspruchsfrist) einen Brief in den Briefkasten des Finanzamts, in dem er mitteilt, dass er unter gar keinen Umständen gewillt sei, die Einkommensteuernachzahlung für das Jahr 2015 zu leisten, da die Sache längst erledigt sei.

Aufgabenstellungen

Überprüfen Sie in einzelnen Schritten und anhand der gesetzlichen Bestimmungen,
1. wie das Schreiben des Josef Knapp zu deuten ist und
2. wie das Finanzamt über den Brief entscheiden wird.

Sachverhalt 3

In seiner am 31.05.2017 beim Finanzamt eingereichten ESt-Erklärung 2016 hatte Josef Knapp auch einen Verlust aus Gewerbebetrieb i. H. v. 1.700 € erklärt.

Der ESt-Bescheid 2016 vom 16.01.2018 (Tag der Aufgabe zur Post) war nach § 165 Abs. 1 AO teilweise vorläufig erlassen worden, u. a. hinsichtlich des Verlustes aus Gewerbebetrieb. Ansonsten enthält der Bescheid keine weiteren Nebenbestimmungen.

Am 06.04.2021 (Tag der Aufgabe zur Post) erhielt Josef Knapp einen geänderten ESt-Bescheid 2016, in dem der Verlust – unter Verweis auf die Korrektur der Steuerfestsetzung für 2015 – nicht mehr berücksichtigt wurde (ESt-Auswirkung: 950 €).

Gegen diesen Bescheid legte er form- und fristgerecht Einspruch ein und beantragte, dass unstrittige Werbungskosten (Fortbildungskosten) i. H. v. 2.500 € (ESt-Auswirkung: 750 €), die bisher nicht erklärt worden sind, nachträglich berücksichtigt werden.

Die ursprünglich wegen unordentlicher Ablage nicht auffindbaren Belege fügte er in der Anlage bei.

Überprüfen Sie anhand der gesetzlichen Bestimmungen, ob die nachträglich geltend gemachten Werbungskosten noch berücksichtigt werden können.

Teil 3: ErbSt/SchenkSt/BewG

I. Sachverhalt

1. Persönliche Verhältnisse

Ernst Meurer (E. M.), 66 Jahre alt, ist seit 1975 mit Mathilde Meurer (M. M.), 60 Jahre alt, verheiratet. Die Eheleute sind kinderlos und leben in einer Haushaltsgemeinschaft in Köln.

Wegen einer schweren Erkrankung geht E. M. davon aus, dass er nur noch kurze Zeit zu leben hat. Er bittet Sie deshalb, ihm bei der Entscheidung behilflich zu sein, ob er sein gesamtes Vermögen noch zu Lebzeiten auf M. M. übertragen soll oder ob M. M. nach seinem Tod als gesetzliche Alleinerbin sein Vermögen erhalten soll.

Bei der Ermittlung der schenkung- bzw. erbschaftsteuerlichen Belastung sind die nachfolgend vom Mandanten genannten Sachverhalte und Zahlen zugrunde zu legen:

2. Vermögenswerte

a) E. M. ist Alleineigentümer der zwei nachfolgend genannten Grundstücke: Einfamilienhaus „Köln, Volksgartenstr. 48"

- Gemeiner Wert   500.000 €
- Einheitswert   250.000 €

Das Grundstück wird von den Eheleuten zu eigenen Wohnzwecken genutzt und ist schulden- und lastenfrei. M. M. wird das Einfamilienhaus auch weiterhin zu eigenen Wohnzwecken nutzen.

Büro- und Geschäftshaus „Köln, Barbarossaplatz 5"

- Gemeiner Wert 1.100.000 €
- Einheitswert 500.000 €

Das Grundstück ist ebenfalls schulden- und lastenfrei.

b) Wegen ihrer geringen Höhe sollen die Bargeldbestände und Bankguthaben des E. M. bei der Vergleichsrechnung unberücksichtigt bleiben.

c) E. M. bezieht eine Altersrente aus der gesetzlichen Rentenversicherung. Im Falle seines Todes beträgt der Jahreswert der Witwenrente 18.000 €. Das Lebensalter der M. M. im Zeitpunkt des Rentenbezugs soll mit 61 Jahren angesetzt werden.

d) Der Wert des Hausrats übersteigt nicht den Freibetrag gemäß § 13 Abs. 1 Nr. 1 ErbStG.

3. Sonstige Angaben

- Vorschenkungen seitens des E. M. an M. M. innerhalb der letzten zehn Jahre liegen nicht vor.
- M. M. ist gem. § 15 Abs. 1 ErbStG nach der Steuerklasse I zu besteuern.
- Es sind keine pflichtteilsberechtigten Verwandten des E. M. vorhanden.
- Die Kosten der Bestattung und der Nachlassregelung übersteigen nicht den Betrag von 10.300 €.
- Die fiktive steuerfreie Ausgleichsforderung gem. § 5 Abs. 1 ErbStG der M. M. beträgt 0 €.

II. Aufgabenstellungen

Beurteilen Sie jeweils den o. a. Sachverhalt unter Angabe der gesetzlichen Vorschriften des Erbschaftsteuer- und Schenkungsteuergesetzes (ErbStG) und des Bewertungsgesetzes (BewG).

Gehen Sie bei Ihrer Lösung in der vorgegebenen Reihenfolge nur auf die nachfolgend genannten Punkte ein:

a) **Übertragung zu Lebzeiten gem. § 1 Abs. 1 Nr. 2 i. V. m. § 7 Abs. 1 ErbStG**

   Ermittlung der Bereicherung

   Ermittlung des steuerpflichtigen Erwerbs

   Höhe der festzusetzenden Schenkungsteuer.

b) **Erwerb von Todes wegen gem. § 1 Abs. 1 i. V. m. § 3 Abs. 1 Nr. 1 ErbStG**

   Ermittlung des Vermögensanfalls

   Ermittlung der Bereicherung

   Ermittlung des steuerpflichtigen Erwerbs

   Höhe der festzusetzenden Erbschaftsteuer.

Rechnungswesen

Teil 1: Buchführung und Jahresabschluss nach Handels- und Steuerrecht

I. Aufgabenstellung

1. Beurteilen Sie die nachfolgenden Sachverhalte 1 - 5 unter Hinweis auf die maßgeblichen gesetzlichen Bestimmungen des Handels- und Steuerrechts sowie den Verwaltungsanweisungen (EStR/EStH).
2. Entwickeln Sie die jeweiligen Bilanzansätze nach Handelsrecht (HB) und Steuerrecht (StB) zum 31.12.2020.

   Soweit Bewertungswahlrechte bestehen, ist davon auszugehen, dass für das Wirtschaftsjahr 2020 (= Kalenderjahr) steuerrechtlich der niedrigste mögliche Gewinn ausgewiesen werden soll. A möchte, soweit dies möglich ist, eine einheitliche Bilanz (Handelsbilanz = Steuerbilanz) erstellen; eine gesonderte Steuerbilanz will A nicht aufstellen.

   Eventuell aufgedeckte stille Reserven sollen soweit wie möglich übertragen werden.

   Gehen Sie davon aus, dass A bei steuerlichen Wahlrechten ein besonderes Verzeichnis erstellt hat.

   Bei rechtlichen Zweifelsfällen ist der Verwaltungsauffassung zu folgen.

   Sollten die Bilanzansätze in Handelsbilanz und Steuerbilanz zwingend voneinander abweichen, ist dies außerhalb der Handelsbilanz darzustellen.

   Eventuelle Änderungen bei der Vorsteuer bzw. Umsatzsteuer sind nur bei den betreffenden Sachverhalten betragsmäßig anzugeben.

3. Geben Sie für die ggf. erforderlichen Berichtigungs- bzw. Ergänzungsbuchungen die Buchungssätze für das Jahr 2020 an.
4. Nennen Sie die jeweilige Gewinnauswirkung für das Jahr 2020. Steuerliche Abweichungen sind gesondert darzustellen.

II. Hinweise

- Eine betragsmäßige Zusammenstellung sämtlicher Änderungen (Ermittlung des endgültigen steuerlichen Gewinns bzw. Erstellung der Steuerbilanz) ist nicht erforderlich.
- Soweit in den einzelnen Sachverhalten besonders darauf hingewiesen wird, dass Bilanzposten/Buchungen bereits zutreffend erfasst/erfolgt sind, brauchen diese nicht mehr angesprochen werden.
- Ferner ist nicht einzugehen auf gewerbesteuerliche Auswirkungen, latente Steuern (§ 274 HGB) oder die Abzugsbeschränkung gem. § 4h EStG (Zinsschranke).
- Sollte bei den einzelnen Sachverhalten eine Abzinsung vorzunehmen sein, hat die steuerliche Abzinsung nach §§ 12 - 14 BewG zu erfolgen; der handelsrechtliche Abzinsungsfaktor ist mit 0,808 anzusetzen.

III. Allgemeine Angaben

Pino Agassi (A) betreibt in Gladbeck eine Pizzeria in der Rechtsform eines Einzelunternehmens. Das Unternehmen ist im Handelsregister eingetragen.

Das Wirtschaftsjahr stimmt mit dem Kalenderjahr überein.

A ermittelt seinen Gewinn gem. § 5 Abs. 1 EStG i. V. m. § 238 Abs. 1 HGB.

Die vorläufige Handelsbilanz des Jahres 2020 wurde am 16.07.2021 erstellt. Außerbilanzielle steuerliche Korrekturen (§ 60 Abs. 2 Satz 1 EStDV) hat A bisher noch nicht vorgenommen.

Das Unternehmen des A erfüllt nicht die Voraussetzungen des § 7g EStG.

A versteuert seine Umsätze nach den allgemeinen Vorschriften des UStG und ist uneingeschränkt zum Vorsteuerabzug berechtigt.

IV. Sachverhalte

Sachverhalt 1

a) Mit Übergang von Nutzungen und Lasten zum 01.01.2020 veräußerte A ein Betriebsgrundstück nebst Einrichtung in der Haldenstraße. Das Grundstück war seit 15 Jahren im Betriebsvermögen und hatte zum 31.12.2019 bzw. 01.01.2020 noch einen Buchwert von 150.000 €, wovon 50.000 € auf den Grund und Boden entfielen.

Von dem gesamten Veräußerungserlös i. H. v. 400.000 € entfielen auf den Grund und Boden 150.000 €. Umsatzsteuer wurde hierbei nicht in Rechnung gestellt.

Ebenfalls veräußert wurde die bereits voll abgeschriebene Einrichtung (ursprüngliche Nutzungsdauer: acht Jahre).

Der Erlös für die Einrichtung i. H. v. 17.850 € (inkl. 19 % USt) wurde auf ein privates Konto von A. überwiesen.

Bisherige Buchung der gesamten Veräußerung:

Bank	400.000,00 €	an	Grund und Boden Haldenstr.	50.000,00 €
			Gebäude Haldenstr.	100.000,00 €
			Ertrag aus Veräußerung Anlagevermögen	250.000,00 €

b) Am 01.10.2020 wurde das von A errichtete Gebäude in der Baroeulallee fertig gestellt (Bauantrag: 03.06.2019). Die Herstellungskosten beliefen sich auf 1.000.000 € (zzgl. 190.000 € Umsatzsteuer).

Der Grund und Boden befand sich bereits seit dem Erwerb in 2019 im Betriebsvermögen des A und wurde in der Bilanz zum 31.12.2019 mit seinen Anschaffungskosten von 75.000 € ausgewiesen.

Im Erdgeschoss des neuen Gebäudes befindet sich das Restaurant „Bella Italia". Das Obergeschoss teilt sich auf in zwei gleich große Wohnungen, die seit der Fertigstellung zu Wohnzwecken vermietet sind. Das Erdgeschoss und das Obergeschoss haben die gleiche Fläche.

Die Wohnungsmieten wurden auf das betriebliche Bankkonto überwiesen und richtig gebucht.

Da A das gesamte Gebäude als Betriebsvermögen behandeln möchte, wurden die Herstellungskosten gebucht:

Gebäude Baroeulallee	1.000.000,00 €			
Vorsteuer	190.000,00 €	an	Bank	1.190.000,00 €

Weitere Buchungen wurden nicht vorgenommen.

Die Nutzungsdauer des gesamten Gebäudes beträgt einheitlich 50 Jahre.

Sachverhalt 2

A erwarb mit Vertrag vom 09.11.2020 bei einem Großhändler in Bern für 120.000 SFR (Schweizer Franken) verschiedene Einrichtungsgegenstände (Nutzungsdauer: zehn Jahre), die am 04.12.2020 geliefert wurden. Die Zahlung des Kaufpreises erfolgte am 10.01.2021.

Kurse: 04.12.2020 0,88 €/SFR
31.12.2020 0,90 €/SFR
10.01.2021 0,94 €/SFR
16.07.2021 0,94 €/SFR

A buchte in 2020:

Einrichtungsgegenstände	105.600,00 €	an	Verbindlichkeiten	105.600,00 €

Die im Dezember 2020 gezahlte Einfuhrumsatzsteuer i. H. v. 16.896 € hat A zutreffend als Vorsteuer abgezogen.

Zur Schuldentilgung wurde in den USA ein unverzinsliches Darlehen aufgenommen. Der Vertrag wurde am 21.12.2020 über 71.000 US-$ abgeschlossen. Die Darlehensauszahlung erfolgte am 21.12.2020 in Höhe der vereinbarten Summe. Die Rückzahlung hat vereinbarungsgemäß am 20.12.2025 in einer Summe zu erfolgen.

A buchte in 2020:

Bank	99.400,00 €	an	Darlehen	99.400,00 €

Kurse: 21.12.2020 1,40 €/US-$
       31.12.2020 1,32 €/US-$
       10.01.2021 1,25 €/US-$
       16.07.2021 1,25 €/US-$

Weitere Buchungen sind nicht erfolgt, weil sich A nicht sicher ist, wie mit welchem Wert er das Darlehen zum 31.12.2020 ansetzen muss.

Sachverhalt 3

Am 26.10.2020 hat A mit der Gladbecker Unternehmung Blank-GmbH einen Vertrag über die Lieferung einer Spülmaschine abgeschlossen. Vereinbart wurde ein Kaufpreis von 10.000 € (zzgl. 16 % Umsatzsteuer).

Als Lieferdatum ist der 03.02.2021 vorgesehen.

Zum 31.12.2020 sind die Preise für diese und vergleichbare Maschinen auf 7.500 € (netto) gefallen.

A hat noch im November 2020 eine Anzahlung von 2.900 € geleistet.

Eine ordnungsgemäße Rechnung über 2.500 € zzgl. 400 € Umsatzsteuer lag vor.

A buchte im November 2020:

sonst. betriebl. Aufwendungen	2.900,00 €	an	Bank	2.900,00 €

Sachverhalt 4

Am 23.11.2020 erwarb A eine neue Theke (Betriebsvorrichtung, Nutzungsdauer: acht Jahre) für sein neues Restaurant. Für den Kaufpreis über 9.000 € (zzgl. 16 % USt) erhielt A vom Lieferanten eine entsprechende Rechnung. A musste nur 4.640 € brutto überweisen, da den Rest (brutto 5.800 €) die Brauerei als Zuschuss unmittelbar an den Lieferanten überwies.

Im Gegenzug hat sich A gegenüber der Brauerei schriftlich verpflichtet, für sein Restaurant „Bella Italia" fünf Jahre lang Bier und alkoholfreie Getränke ausschließlich von der Brauerei abzunehmen.

A buchte:

Geschäftsausstattung	4.000,00 €			
Vorsteuer	640,00 €	an	Bank	4.640,00 €

Sachverhalt 5

A hat sich wegen der guten geschäftlichen Entwicklung in den vorausgegangenen Wirtschaftsjahren und im Wirtschaftsjahr 2020 im August 2020 seinen Arbeitnehmern gegenüber jeweils durch eine schriftliche Einzelzusage zur Zahlung einer einmaligen Gratifikation in einer Gesamtsumme von 60.000 € verpflichtet. Hiermit sollen in erster Linie die Betriebstreue und die erbrachten Leistungen in der Vergangenheit honoriert werden. Die Höhe der Gratifikation für den einzelnen Arbeitnehmer richtet sich nach der Dauer seiner Betriebszugehörigkeit und der Höhe des durchschnittlichen Monatsverdienstes im Wirtschaftsjahr 2020.

Um die Arbeitnehmer auch weiterhin an den Betrieb zu binden, soll die Gratifikation erst zum 31.12.2024 ausbezahlt werden. Im Falle eines vorzeitigen Ausscheidens durch Kündigung entfällt der Anspruch auf Auszahlung ersatzlos.

Nach den Erfahrungen in der Vergangenheit kann davon ausgegangen werden, dass auf die betroffenen Mitarbeiter, die vorzeitig aus dem Unternehmen ausscheiden werden, 10 % der Gratifikation entfallen.

A buchte zum 31.12.2020:

Löhne und Gehälter	60.000,00 €	an	Rückstellung für Gratifikation	60.000,00 €

Teil 2: Jahresabschlussanalyse

I. Sachverhalt

Nach Aufstellung eines Jahresabschlusses für die M-GmbH aus Hamburg bittet Sie der Geschäftsführer der GmbH, der vor Kreditverhandlungen mit der Hausbank steht, um die Ermittlung einiger Kennzahlen aus dem Jahresabschluss. Bei der Aufbereitung der Basiszahlen soll keine Aufdeckung stiller Reserven, keine Aufstellung einer vollständigen Strukturbilanz und keine Saldierung der passiven gegen die aktiven Rechnungsabgrenzungen erfolgen.

Bilanz der M-GmbH zum 31.12.2020

AKTIVA	Erläuterungen	TEUR	TEUR
Anlagevermögen			
Immaterielle Vermögensgegenstände	(1)	122	
Sachanlagen		19.347	
Finanzanlagen		5.182	24.651
Umlaufvermögen			
Vorräte		228	
Forderungen und sonstige Vermögensgegenstände		2.676	
Wertpapiere		2	
Flüssige Mittel		2.192	5.098
Rechnungsabgrenzungsposten	(2)		190
			29.939

PASSIVA	Erläuterungen	TEUR	TEUR
Eigenkapital			
Gezeichnetes Kapital		5.050	
Kapitalrücklage		1.439	
Gewinnrücklage		3.382	
Jahresüberschuss		955	10.826
Sonderposten mit Rücklageanteil	(3)		1.703
Rückstellungen	(4)		2.265
Verbindlichkeiten	(5)		15.093
Rechnungsabgrenzungsposten			52
			29.939

Gewinnverwendung

Der Gesellschaftsversammlung soll eine Gewinnausschüttung von 15 % auf das gezeichnete Kapital vorgeschlagen werden.

Erläuterungen zu den einzelnen Bilanzposten

(1) Unter den immateriellen Vermögensgegenständen ist ein Firmenwert i. H. v. 72 T€ ausgewiesen worden.

(2) Im aktiven Rechnungsabgrenzungsposten ist ein Disagio von 90 T€ enthalten.

(3) Der Sonderposten mit Rücklageanteil ist durch nur steuerrechtlich zulässige Abschreibungen auf langlebige abnutzbare Gegenstände des Sachanlagevermögens entstanden und je zur Hälfte dem Eigenkapital und Fremdkapital zuzurechnen.

(4) Die hier ausgewiesenen Pensionsrückstellungen belaufen sich auf 1.470 T€.

(5) Von den Verbindlichkeiten besitzen 8.750 T€ eine Restlaufzeit von mehr als fünf Jahren.

Aufgabenstellungen
Ermitteln Sie in einer übersichtlichen Darstellung ohne Begründung
a) das bilanzanalytische Eigenkapital und das Gesamtkapital.
b) die Eigenkapitalquote.
c) das bilanzanalytische Anlagevermögen und das langfristige Kapital.
d) den langfristigen Anlagendeckungsgrad (= Anlagendeckungsgrad II bzw. auch Anlagendeckungsgrad B).

Teil 3: Gesellschaftsrecht

I. Sachverhalt
Der Sanitärgroßhändler Karl-Heinz Tenner (K. T.) verfügt aufgrund eines unerwarteten Lottogewinns über ein Geldkapital i. H. v. 125.000 €.

Er beabsichtigt nun kurzfristig – unter Einsatz dieser Summe –, sich an der erfolgreich tätigen Immobilien-KG, deren einziger Vollhafter und vertretungsberechtigter Gesellschafter sein langjähriger Schulfreund Volker Schatz (V. S.) ist, zu beteiligen.

K. T. und V. S. haben sich bereits in einem ersten Gespräch auf die nachfolgend genannten zwei Alternativen geeinigt:
- Beteiligung des K. T. als stiller Gesellschafter an der Immobilien-KG oder
- Beteiligung des K. T. als Kommanditist an der Immobilien-KG.

II. Aufgabenstellungen
In der Nachbereitung des ersten Gesprächs und zur Vorbereitung auf die weiteren Verhandlungen bitten die Mandanten K. T. und V. S. Sie, ihnen folgende Fragen zu beantworten:
1. Die gesetzlichen Vorschriften (§§ 230 ff. HGB) zur stillen Gesellschaft haben dispositiven/abdingbaren Charakter. Erläutern Sie den Mandanten in verständlicher Form diese Aussage.
2. Welche vertraglichen Vereinbarungen des Gesellschaftsvertrages könnten insbesondere zu einer atypisch stillen Beteiligung des K. T. an der KG führen?
3. Erläutern Sie hinsichtlich der nachfolgend genannten Punkte die Unterschiede in der gesellschaftsrechtlichen Stellung eines typischen stillen Gesellschafters zu der eines Kommanditisten:
   - Haftung für Gesellschaftsverbindlichkeiten bei noch nicht erbrachter Einlage
   - Mitwirkungsrechte bei Handlungen (Geschäftsführung), die über den gewöhnlichen Betrieb eines Handelsgewerbes (z. B. Gründung einer neuen Betriebsstätte) hinausgehen
   - Vertretungsmacht
   - Verlustbeteiligung.

Lösung s. Seite 347

Siebter Prüfungssatz

Finanzierung

Aufgabe 1

Sachverhalt 1

In der Schmitz, Krüger und Pauly OHG wird erwogen, die Geschäftstätigkeit auch auf ausländische Märkte auszudehnen. Die hierzu erforderlichen Investitionen belaufen sich auf 100.000 €.

In einer Besprechung über die Finanzierung schlägt Gesellschafter Schmitz die Beteiligung eines weiteren Gesellschafters vor, während Gesellschafter Krüger auf die bisherigen hohen Gewinne verweist und diese zur Finanzierung heranziehen möchte.

Aufgabenstellungen

1. Nennen Sie je zwei Vor- und zwei Nachteile der Finanzierungsart, die Schmitz vorgeschlagen hat.
2. Geben Sie zwei Gründe an, die für den Vorschlag von Krüger sprechen.

Sachverhalt 2

Zu Beginn des letzten Geschäftsjahres betrugen die Kapitalanteile von Schmitz 275.000 €, von Krüger 225.000 € und von Pauly 100.000 €.

Der Reingewinn betrug 81.000 €, die nicht zu verzinsenden Privatentnahmen von Schmitz 17.500 € und von Pauly 12.500 €. Krüger entnahm nichts.

Laut Gesellschaftsvertrag werden die Kapitalanteile vorab mit 8 % verzinst. Der Restgewinn wird nach Köpfen verteilt.

Aufgabenstellungen

1. Ermitteln Sie die sich aus diesen Daten ergebende mögliche offene Selbstfinanzierung.
2. Nach eingehenden Beratungen unter den Gesellschaftern wird die Beteiligung eines weiteren Gesellschafters abgelehnt. Wenn die Selbstfinanzierung nicht ausreicht, soll der Rest durch einen Bankkredit finanziert werden. Zur Kreditsicherung kommen Teile des Fuhrparks und der Forderungen infrage. Erläutern Sie, wie diese Vermögenswerte zur Kreditsicherung eingesetzt werden können.

Aufgabe 2

Sachverhalt

Die Schmitz, Krüger und Pauly OHG plant die Anschaffung eines zusätzlichen Kleintransporters.

Zur Auswahl stehen die Fahrzeugtypen A und B.

	Fahrzeugtyp A	Fahrzeugtyp B
Anschaffungskosten	30.000 €	42.000 €
Nutzungsdauer	6 Jahre	6 Jahre
Kalkulatorischer Zinssatz	7 % p. a.	7 % p. a.
Kfz-Steuer pro Jahr	750 €	1.000 €
Kfz-Versicherung pro Jahr	850 €	850 €
Benzinkosten pro 100 km	20 €	20 €
Wartungskosten pro 1.000 km	130 €	50 €
Jahreskilometerleistung	50.000 km	50.000 km

Aufgabenstellungen

1. Ermitteln Sie mithilfe der Kostenvergleichsrechnung, welchen Fahrzeugtyp die OHG anschaffen sollte.
2. Ermitteln Sie rechnerisch, bei welchen Jahreskilometerleistungen die beiden Fahrzeugtypen jeweils am günstigsten sind.
3. Bei der Investitionsrechnung werden statische und dynamische Verfahren unterschieden.

    Nennen und erklären Sie kurz – außer der Kostenvergleichsrechnung – je zwei statische und zwei dynamische Verfahren.

Aufgabe 3

Sachverhalt

Die Schmitz, Krüger und Pauly OHG will zur Finanzierung einer betrieblichen Maschine ein Darlehen über 75.000 € aufnehmen.

Das Darlehen soll nach vier Jahren vollständig zurückgezahlt werden (endfällige Tilgung).

Zwei Darlehensangebote liegen vor:

	Angebot Bank A	Angebot Bank B
Disago	4,0 %	2,0 %
Nominalzinssatz p. a.	8,5 %	8,9 %

Aufgabenstellungen

1. Ermitteln Sie für beide Darlehensangebote den effektiven Zinssatz (bei statischer Betrachtung) und entscheiden Sie, für welches Angebot sich die OHG demnach entscheiden sollte.
2. Beschreiben Sie die möglichen Kreditsicherheiten „Sicherungsübereignung" und „Grundschuld".
3. Entscheiden und begründen Sie, welche Kreditsicherheit für die geplante Finanzierungsmaßnahme infrage kommen sollte.
4. Welche weiteren Überlegungen bzw. Folgewirkungen müssen aus finanzwirtschaftlicher Sicht bei Erweiterungsinvestitionen beachtet werden?

Aufgabe 4

Sachverhalt

Zur Finanzierung einer Erweiterungsinvestition schlägt der Finanzberater der Schmitz, Krüger und Pauly OHG „optimiertes Banking" vor.

In der Ausgangssituation zeigt die Bilanz der OHG folgende Kapitalstruktur:

Eigenkapital	200.000,00 €
Fremdkapital	300.000,00 €
Gesamtkapital	500.000,00 €

wobei die Gesamtkapitalrendite bei 6 % liegt und für das Fremdkapital ein durchschnittlicher Zins von 7 % p. a. gezahlt wird.

Die OHG plant eine Erweiterungsinvestition i. H. v. 100.000 €. Diese soll mit einem Darlehen – Zinssatz ebenfalls 7 % – finanziert werden. Die Gesamtkapitalrentabilität wird unverändert mit 6 % p. a. erwartet.

Aufgabenstellungen

1. Beschreiben Sie die Voraussetzungen, die bestehen müssen, damit sich das Darlehen und die erhöhte Belastung des Betriebsgrundstückes positiv auf die Eigenkapitalrentabilität auswirken, und nennen Sie den Fachbegriff hierfür.
2. Berechnen und entscheiden Sie anhand der Veränderung der Eigenkapitalrentabilität, ob sich die zusätzliche Kreditaufnahme lohnt.

Aufgabe 5

Sachverhalt

Die Schmitz, Krüger und Pauly OHG plant die Anschaffung eines zusätzlichen Lkw. Die Anschaffungskosten (netto) betragen 75.000 €.

Die OHG überlegt, ob sie den Kauf fremd finanzieren oder aber den Lkw leasen soll. Das Angebot für den Kredit bei der Hausbank enthält folgende Konditionen:

- Kreditsumme: 75.000 €
- Laufzeit: 6 Jahre
- Tilgung: in gleichen Jahresraten, die jeweils am Ende des jeweiligen Kreditjahres fällig werden
- Zinssatz: 8 % p. a.
- Kreditsicherheit: Der Bankkredit soll durch Eintragung einer Grundschuld zugunsten der Hausbank gesichert werden, was auch möglich ist.

Der Lkw soll linear abgeschrieben werden.

Die Leasing GmbH bietet den Lkw wie folgt an:

- einmalige Abschlussgebühr: 10 % der Anschaffungskosten (sie sind linear auf die Grundmietzeit zu verteilen)
- voraussichtliche Mietzeit: 6 Jahre, der Vertrag ist innerhalb der ersten 3 Jahre unkündbar.
- Leasingraten: In der Grundmietzeit beträgt die Monatsmiete 3 % der Anschaffungskosten. Im Falle einer Vertragsverlängerung um weitere 3 Jahre wird eine Jahresmiete von 5 % der Anschaffungskosten (netto) verlangt.

Die einzelnen Leasingraten sowie die Abschlussgebühr werden jeweils erst nach einem Jahr fällig. Weiter wird angenommen, dass nach Ablauf der sechsjährigen Nutzungszeit weder für den Käufer des Lkws (Kreditkauf) noch für die Leasinggesellschaft die Erzielung eines besonderen Verwertungserlöses möglich ist.

Aufgabenstellungen

1. Berechnen Sie den für beide Finanzierungsarten anzusetzenden Gesamtaufwand.
2. Begründen Sie rechnerisch, für welche Finanzierungsart Sie sich ausschließlich unter Aufwandsgesichtspunkten entscheiden würden.
3. Berechnen Sie, wie viel Prozent des Kaufpreises die Summe aus der ersten Leasingrate und der Abschlussgebühr ausmacht. Erläutern Sie kurz, welche Auswirkungen sich hieraus auf die Liquidität ergeben können.
4. Erläutern Sie den Unterschied zwischen Operate Leasing und Finance Leasing sowie zwischen direktem und indirektem Leasing anhand eines Merkmals.

Aufgabe 6
Sachverhalt

Die Schmitz, Krüger und Pauly OHG stellt fest, dass ihre Forderungen aus Lieferungen und Leistungen immer mehr zunehmen.

Deshalb wird ernsthaft überlegt, ob als Finanzierungsinstrument das Factoring in Betracht kommt.

Die Hausbank bietet der OHG folgende Konditionen:
- Factoring-Gebühren: 2,1 % auf den Durchschnittsumsatz von 100.000 €
- Sollzinsen: 15 % auf die in Anspruch genommenen Gelder
- ankaufbare Forderungen: 70 % des durchschnittlichen Forderungsbestandes von 100.000 €
- 20 % der ankaufbaren Forderungen werden auf ein Sperrkonto überwiesen, worauf keine Zinsen gewährt werden.
- Senkung der bisherigen Kosten bei der OHG (Mahnwesen, Skontierung usw.) durch die Umstellung auf Factoring: 20.000 €.

Aufgabenstellungen
1. Ermitteln Sie rechnerisch, ob sich die Umstellung auf Factoring lohnt.
2. Die OHG sollte darüber hinaus auch die Delkrederefunktion übernehmen. Erläutern Sie diese Funktion und nennen Sie zwei mögliche Einschränkungen, die sich die Hausbank vorbehalten kann.
3. Unterscheiden Sie, welche grundsätzlichen Ziele mit „Factoring" und „Zession" verfolgt werden.

Aufgabe 7
Sachverhalt

Die Schmitz, Krüger und Pauly OHG plant den Aufbau und die Errichtung einer neuen Zweigniederlassung, sodass eine dafür einberufene „Task-Force" den Kapitalbedarf für die geplante Maßnahme ermitteln soll.

Für die Ermittlung des Kapitalbedarfs ist im Einzelnen von folgenden Daten auszugehen:
- rechtliche und wirtschaftliche Vorbereitung   20.000 €
- Grundstückskauf, Errichtung Fabrikgebäude   1.000.000 €
- technische Anlagen und Maschinen   200.000 €
- Betriebs- und Geschäftsausstattung   300.000 €

- Der hier geplante Materialsicherheitsbestand soll einem Materialverbrauch von 15 Tagen entsprechen.

Die Task-Force ermittelt einen auszahlungswirksamen Bedarf pro Kalendertag für

- Materialeinsatz — 18.000 €
- Fertigungskosten — 20.000 €
- Verwaltungs- und Vertriebsgemeinkosten, zusammen — 3.500 €

Folgende Bindungsfristen werden als realistisch angesehen:

- durchschnittliche Lagerdauer des Materials — 24 Tage
- durchschnittliche Fertigungsdauer — 9 Tage
- durchschnittliche Lagerdauer der Fertigerzeugnisse — 12 Tage
- durchschnittliches Lieferantenziel (Material) — 10 Tage
- durchschnittliches Kundenziel — 23 Tage

Es wird weiterhin von folgenden Annahmen ausgegangen:

- Die Fertigungskosten entstehen ab Fertigungsbeginn.
- Die Verwaltungs- und Vertriebsgemeinkosten fallen mit Anlieferung des Materials an.

Aufgabenstellungen

Ermitteln Sie

1. den Kapitalbedarf für das langfristig gebundene Vermögen (Grundfinanzierung).
2. die Finanzierung der laufenden Geschäftstätigkeit nach der unterschiedlichen Bindungsdauer.
3. den Gesamtkapitalbedarf.
4. Zeigen Sie zwei negative Folgen einer fehlerhaften (zu geringen bzw. zu hohen) Kapitalbedarfsermittlung auf.

Lösung s. Seite 376

Achter Prüfungssatz

Kosten- und Leistungsrechnung

Aufgabe 1

Ordnen Sie die nachfolgenden neun Sachverhalte der ABC-OHG im Monat November 2021 mit den entsprechenden Beträgen in das beigefügte Lösungsmuster ein.

Nichtansätze sind mit einer „0" zu kennzeichnen.

1. Am 05.11.2021 wurden Waren im Wert von 75.000 € geliefert.

   Die Rechnung wurde am 12.11.2021 nur teilweise durch Überweisung vom betrieblichen Bankkonto beglichen. Zum 30.11.2021 bestand aus diesem Wareneinkauf noch eine Restverbindlichkeit i. H. v. 50.000 €.

   Die Waren befanden sich Ende November 2021 noch im Lagerbestand.

2. Die Löhne und Gehälter der Mitarbeiter für November 2021 wurden i. H. v. 37.500 € am 26.11.2021 überwiesen.

3. Am 05.11.2021 wurde eine neue Maschine für 120.000 € angeschafft und in Betrieb genommen. Gemäß Zahlungsvereinbarung mit dem Lieferanten wurden die ersten 40.000 € noch im November 2021 überwiesen. Der Restbetrag wird erst im Dezember 2021 bezahlt.

   Die bilanziellen Abschreibungen für den Monat November 2021 betrugen 1.250 €.

   Für die kalkulatorische Rechnung wird eine Nutzungsdauer von 10 Jahren veranschlagt.

4. Im August 2021 wurden 1.000 Stück Bleche à 3,25 € gekauft und eingelagert. 250 Stück wurden im November 2021 verbraucht.

   Aufgrund schwankender Metallpreise betrug der Verrechnungspreis für die Kalkulation 3,50 € pro Blech.

5. Durch Liquiditätsprobleme der ABC-OHG wurden im September 2021 bezogene Roh-, Hilfs- und Betriebsstoffe im Wert von 12.500 € erst im November 2021 per Banküberweisung beglichen.

6. Es wurden im November 2021 kalkulatorische Wagnisse i. H. v. 2.500 € berücksichtigt und verrechnet.

   Faktisch sind jedoch im Anlage- und im Umlaufvermögen keinerlei Risiken eingetreten.

7. Das Unternehmen spendete im November 2021 insgesamt 1.000 € in bar an eine politische Partei.

8. Das Kreditinstitut belastete das Bankkonto am 05.11.2021 mit Leasingraten für den laufenden Monat i. H. v. 1.000 € für betrieblich genutzte Maschinen.

9. Für den mitarbeitenden Firmeninhaber wurde für November 2021 ein kalkulatorischer Unternehmerlohn i. H. v. 3.000 € verrechnet.

Sachverhalt	Auszahlung	Ausgabe	Aufwand	Kosten
1				
2				
3				
4				
5				
6				
7				
8				
9				

Aufgabe 2

Ein geschäftsführender Gesellschafter der ABC-OHG hat die Aufgabe, das vorhandene System der Kostenrechnung zu überprüfen.

Dazu werden die Merkmale der verschiedenen Systeme herausgestellt und auf ihre Tauglichkeit für das eigene Unternehmen untersucht.

Die ABC-OHG arbeitet gegenwärtig mit der Zuschlagskalkulation.

In diesem Zusammenhang werden folgende Systeme der Vollkostenrechnung diskutiert und besprochen:

a) die Istkostenrechnung,
b) die Normalkostenrechnung und
c) die Plankostenrechnung.

Beschreiben Sie diese drei Systeme und gehen Sie dabei insbesondere auf folgende Punkte vergleichend ein:

- Welche Werte werden angesetzt und sind diese für die Planung tauglich?
- Welche Endergebnisse werden ausgewiesen?
- Inwieweit kann die rein betriebliche Leistung kontrolliert werden?

Aufgabe 3

Sachverhalt 1

Der Videohändler Poldi bezieht Smartphones zu folgenden Bedingungen:

- Listeneinkaufspreis je Stück netto (ohne USt): 200 €
- Lieferrabatt: 10,0 %

- Lieferskonto: 3,0 %
- Bezugskosten in Prozent des Bezugspreises (= Einstandspreis): 4,0 %

Der ABC-OHG entstehen je Periode folgende Kosten:
- Personalkosten: 15.000 €
- Miete: 3.000 €
- Sonstige Kosten: 5.000 €
- Warenbezugswert (Einstandswert) je Periode netto (ohne USt): 200.000 €

Aufgrund der großen Konkurrenz auf dem Videomarkt kann Poldi seine Smartphones zu nur 250 € netto (ohne USt) verkaufen.

Auf diesen Betrag gewährt er seinen Kunden
- Kundenrabatt: 5,0 %
- Kundenskonto: 1,0 %.

Ermitteln und berechnen Sie in einer übersichtlichen Darstellung
a) den Bezugspreis (= Einstandspreis) je Smartphone,
b) den Handlungskostenzuschlagssatz und
c) den Gewinnzuschlagssatz.

Sachverhalt 2

Poldi vertreibt auch Breitbildfernseher.

Dabei beträgt der Bezugspreis (= Einstandspreis) netto (ohne USt) 500 €. Der Nettoverkaufspreis (ohne USt) beläuft sich auf 750 €.

Ermitteln und berechnen Sie in einer übersichtlichen Darstellung
a) den Kalkulationszuschlag,
b) den Kalkulationsfaktor und
c) die Handelsspanne.

Aufgabe 4

Bei der Herstellung eines Gegenstandes stehen folgende Daten zur Verfügung:
- Fertigungsmaterial: 80,19 €/Stück
- Materialgemeinkostenzuschlagssatz: 6 %
- Fertigungslöhne: Stundensatz 40 €

- Durchlaufzeit:
  - Fertigungsstufe 1: 30 Minuten/Stück
  - Fertigungsstufe 2: 60 Minuten/Stück
- Fertigungsgemeinkostenzuschlagssatz:
  - Fertigungsstufe 1: 200 %
  - Fertigungsstufe 2: 150 %
- Sondereinzelkosten der Fertigung: 12 €
- Verwaltungsgemeinkostenzuschlagssatz: 10 %
- Vertriebsgemeinkostenzuschlagssatz: 6 %
- Sondereinzelkosten des Vertriebs: 20 €/Stück

Kalkulieren Sie in einer übersichtlichen Darstellung
a) die Herstellungskosten,
b) die Selbstkosten und
c) ermitteln Sie den Nettoverkaufspreis, indem Sie noch folgende Daten berücksichtigen:
   - Gewinnzuschlag: 15 %
   - Kundenskonto: 2 %
   - Kundenrabatt: 5 %

Aufgabe 5

Ein Unternehmen stellt auf einer Produktionsanlage ein Zulieferprodukt für die Reifenindustrie her.

Die Fertigung erreicht bei voller Auslastung 3 Mio. Stück pro Monat.

Der Materialverbrauch und die übrigen variablen Kosten betragen 40.000 € für 1 Mio. Stück.

Die erzeugnisfixen Kosten wurden i. H. v. 200.000 € pro Monat ermittelt. Am Markt lässt sich ein Nettoverkaufspreis von 0,20 €/Stück erzielen.

Zurzeit beträgt der Beschäftigungsgrad dieser Anlage 80 %.
a) Bestimmen Sie die Kostenfunktion.
b) Ermitteln Sie rechnerisch die Gewinnschwellenmenge (Break-even-Point).
c) Berechnen Sie das Betriebsergebnis des Monats in der oben geschilderten Situation.
d) Durch Nachfragerückgang in der Reifenindustrie sinkt in der nächsten Periode der Absatz um 500.000 Stück pro Monat. Gleichzeitig zwingt die Marktsituation das Unternehmen, den Preis um 20 % zu reduzieren.

Errechnen Sie mithilfe der Deckungsbeitragsrechnung die Auswirkungen auf das Betriebsergebnis des Monats unter diesen Bedingungen.

e) Nennen Sie zwei weitere unterschiedliche betriebliche Entscheidungssituationen, bei denen die Deckungsbeitragsrechnung Entscheidungshilfen geben kann.

Geben Sie auch jeweils die Entscheidungsgrundlage an.

Aufgabe 6

Ein Maschinenbauunternehmen erwarb im Jahr 2020 eine Maschine zu Anschaffungskosten von 573.913 €.

Der Preisindex im Anschaffungsjahr betrug 110 %. In 2021 liegt der Index bei 115 %. Geplant ist ein Dreischichtbetrieb bei 22 Arbeitstagen im Monat und einer Maschinenauslastung von 80 %.

Aus Erfahrungswerten des Unternehmens und den Informationen des Herstellers ist weiterhin bekannt:

- Die betriebsgewöhnliche Nutzungsdauer beträgt sechs Jahre.
- Der Anschlusswert beträgt 100 KW bei 80 % durchschnittlicher Abnahmeleistung. Der Energiepreis beträgt 0,15 €/KWh.
- Der Schmierstoffverbrauch wird insgesamt mit 15.000 € für das Jahr 2021 kalkuliert.
- Die Werkzeugkosten für das Jahr 2021 betragen monatlich 3.750 €.
- Die Platzkosten betragen 25 €/qm im Monat bei 30 qm.
- Die Instandhaltungskosten betragen 4 % der Wiederbeschaffungskosten pro Jahr.
- Das Unternehmen kalkuliert mit einem Zinssatz von 14 % (Basis: Anschaffungskosten).

Gehen Sie davon aus, dass die Kosten für Energie, Schmierstoffe, Werkzeuge und Instandhaltung variabel sind, alle anderen Kosten sind fix.

a) Ermitteln Sie den geplanten Maschinenstundensatz für das Jahr 2021. Die Istauslastung in 2021 betrug 4.000 Stunden.

b) Ermitteln Sie den Beschäftigungsgrad (Rundung auf vollen Prozentwert).

c) Ermitteln Sie den Anteil der nicht verrechneten fixen Kosten (Beschäftigungsabweichung).

d) Ermitteln Sie die Verbrauchsabweichung für Werkzeuge und Schmierstoffe entsprechend der flexiblen Plankostenrechnung.

Aufgabe 7

Sachverhalt 1

Ein Personenbeförderer hat vor drei Jahren einen Bus angeschafft.

Der Listenpreis einschließlich 19 % Umsatzsteuer betrug 160.650 €; der Personenbeförderer handelte einen Preisnachlass von 5 % auf den Listenpreis aus. Die Nebenkosten für Überführung und Zulassung lagen bei netto 2.750 €.

Zum damaligen Zeitpunkt lag der Index der Wiederbeschaffungswerte bei 1,296. Bis zum laufenden Jahr ist der Index auf 1,512 angestiegen.

Die AfA-Tabellen sehen für Fahrzeuge dieses Typs einen Abschreibungszeitraum von mindestens 8 Jahren vor.

Die übliche betriebsgewöhnliche Nutzungsdauer liegt bei zehn Jahren.

a) Ermitteln Sie die damaligen Anschaffungskosten des Fahrzeugs.
b) Erläutern und begründen Sie allgemein, von welchen Ausgangswerten die Abschreibungen in der Finanzbuchhaltung und in der Kostenrechnung berechnet werden.
c) Berechnen Sie den Wiederbeschaffungswert des Fahrzeugs und die kalkulatorischen Abschreibungen im laufenden Jahr bei linearer Abschreibung.

Sachverhalt 2

Ein Taxiunternehmer erwirbt einen neuen Kleinbus zu Anschaffungskosten von 55.000 €, der nach einem Nutzungsjahr wieder veräußert werden soll.

Nach den Erfahrungswerten eines vereidigten Taxierers beträgt der Restwert dieses Modells nach einem Jahr 45.000 € bei einer zurückgelegten Fahrleistung von 30.000 km bzw. 49.000 € bei einer zurückgelegten Fahrleistung von 25.000 km.

Es ist zu unterstellen, dass diese Restwerte den Werteverzehr des Kleinbusses hinreichend genau beschreiben.

Der Taxiunternehmer will den neuen Kleinbus im kommenden Jahr über 40.000 km nutzen.

Die Abschreibung (Anschaffungskosten erneut 55.000 €) soll sich aus einem fixen und einem variablen Teil zusammensetzen.

a) Begründen Sie, welche Bezugsgröße Sie in diesem Fall zur Verrechnung der variablen Abschreibungen verwenden.
b) Berechnen Sie den variablen Abschreibungssatz (in €/km) und die erwarteten variablen Abschreibungen auf den Kleinbus im kommenden Jahr.
c) Berechnen Sie die fixen Abschreibungen und den zu erwartenden kalkulatorischen Restwert des Kleinbusses nach einem Jahr bei der geplanten Fahrleistung von 40.000 km.

Lösung s. Seite 383

Klausurtypischer Teil – Lösungen
Erster Prüfungssatz
Steuerrecht I
Teil 1: Einkommensteuer
1. Persönliche Einkommensteuerpflicht
Eloisa Brome ist nach § 1 Abs. 1 Satz 1 EStG unbeschränkt einkommensteuerpflichtig, weil sie als natürliche Person ihren Wohnsitz in Leverkusen (Inland) hat.

2. Veranlagungsart
Für den VZ 2020 ist eine Einzelveranlagung durchzuführen, § 25 EStG.

Eine Zusammenveranlagung kommt nicht in Betracht, weil seit dem 17.04.2019 eine dauerhafte Trennung vorliegt.

3. Einkommensteuertarif
Auf das zu versteuernde Einkommen ist der Grundtarif nach § 32a Abs. 1 EStG anzuwenden.

Das Verwitwetensplitting kann Eloisa Brome nicht in Anspruch nehmen, weil im Zeitpunkt des Todes (21.07.2019) die Voraussetzungen des § 26 Abs. 1 Satz 1 EStG nicht mehr erfüllt waren, § 32a Abs. 6 Nr. 1 EStG.

4. Berücksichtigung von Kindern
Manuel steht als adoptiertes Kind den leiblichen Kindern gleich, weil er ebenfalls im ersten Grad mit der Steuerpflichtigen verwandt ist, § 32 Abs. 1 Nr. 1 EStG.

Eloisa Brome erhält die doppelten Kinder- und Betreuungsfreibeträge, weil der andere Elternteil verstorben ist, § 32 Abs. 6 Satz 3 Nr. 1 EStG.

Damit erhält sie den Kinderfreibetrag i. H. v. 5.172 € und den Betreuungsfreibetrag i. H. v. 2.640 €. **(1,0 P.)**

5. Ermittlung der Einkünfte für Eloisa Brome
5.1 Verpachtung und Veräußerung eines Gewerbebetriebs
Eloisa tritt hinsichtlich des verpachteten Gewerbebetriebs die Gesamtrechtsnachfolge (§ 45 AO) an und hat die Verpachtung deshalb weiterzuführen. **(1,0 P.)**

Bis zur Veräußerung handelt es sich deshalb um Einkünfte aus einem ruhenden Gewerbebetrieb (§§ 15, 24 Nr. 2 EStG), weil eine Aufgabe des Gewerbebetriebs nicht erklärt worden ist. **(1,0 P.)**

Die Einkünfte aus Gewerbebetrieb bestehen aus der Jahrespacht (120.000 €), weil Aufwendungen und Abschreibungen insoweit nicht angefallen sind. **(0,5 P.)**

Die Veräußerung des Gewerbebetriebes im Ganzen führt zu Einkünften aus Gewerbebetrieb gem. §§ 15, 16 Abs. 1 Nr. 1 EStG. **(2,0 P.)**

Der Veräußerungsgewinn entsteht mit der Veräußerung im VZ 2020. Unerheblich ist, dass der Kaufpreis bis Ende Februar 2021 gestundet worden ist, denn das Zuflussprinzip findet bei den Gewinneinkünften keine Anwendung (§ 11 Abs. 1 Satz 5 EStG). **(1,0 P.)**

Der Veräußerungsgewinn errechnet sich gem. § 16 Abs. 2 EStG wie folgt:

	Veräußerungspreis	750.000,00 €	
-	Buchwerte	100.000,00 €	
=	Veräußerungsgewinn	**650.000,00 €**	**(1,0 P.)**

Der Freibetrag nach § 16 Abs. 4 EStG und die Anwendung des § 34 Abs. 3 EStG kommt nicht in Betracht, weil Eloisa im Zeitpunkt der Veräußerung das 55. Lebensjahr noch nicht vollendet hat. **(1,0 P.)**

Es kann lediglich die Tarifermäßigung gem. § 34 Abs. 1 EStG in Anspruch genommen werden. **(0,5 P.)**

5.2 Ping Pong GmbH/Karl-Ulitzka-Str. 9

Eloisa Brome erzielt mit der Vermietung des Grundstücks ab dem 01.10.2020 keine Einkünfte aus Vermietung und Verpachtung (§ 21 Abs. 1 Nr. 1 EStG), sondern Einkünfte aus Gewerbebetrieb, weil eine Betriebsaufspaltung vorliegt, H 15.7 Abs. 4 EStH. **(2,0 P.)**

Eine **personelle Verflechtung** liegt vor, weil eine beherrschende Beteiligung (hier: 75 %) vorhanden ist, H 15.7 Abs. 6 EStH. **(1,0 P.)**

Das vermietete Grundstück stellt eine wesentliche Betriebsgrundlage dar, sodass auch eine **sachliche Verflechtung** gegeben ist, H 15.7 Abs. 5 EStH. **(1,0 P.)**

Die GmbH-Beteiligung gehört ab dem 01.10.2020 zum notwendigen Betriebsvermögen des Gewerbebetriebs, **(1,0 P.)** sodass die Gewinnausschüttung ebenfalls zu den Einkünften aus Gewerbebetrieb führt (§ 20 Abs. 1 Nr. 1, Abs. 8 EStG), **(1,0 P.)** wobei das Teileinkünfteverfahren nach § 3 Nr. 40 Buchst. d) EStG anzuwenden ist. **(0,5 P.)**

Die Einkünfte berechnen sich wie folgt:

	Mieteinnahmen	15.000,00 €	**(0,5 P.)**
−	Aufwendungen inkl. Abschreibungen	35.000,00 €	**(0,5 P.)**
+	Ausschüttung für 2019		
	95.000,00 € · 60 %	57.000,00 €	**(0,5 P.)**
=	Einkünfte	**37.000,00 €**	**(0,5 P.)**

5.3 Veräußerung der Anteile an der Fitness-GmbH

Hinsichtlich der Veräußerung der Anteile an der Fitness-GmbH erzielt die Alleingesellschafterin Eloisa Brome Einkünfte aus Gewerbebetrieb, weil zum Privatvermögen gehörende Anteile an einer Kapitalgesellschaft veräußert werden, an der sie zu mindestens 1 % beteiligt ist (§ 17 Abs. 1 Satz 1 EStG). **(1,0 P.)**

Der Gewinn entsteht mit der Veräußerung am 30.12.2020 und berechnet sich gem. § 17 Abs. 2 EStG wie folgt: **(1,0 P.)**

	Verkaufspreis zu 60 % (§ 3 N r. 40c EStG)	105.000,00 €	**(1,0 P.)**
−	Anschaffungskosten zu 60 % (§ 3c Abs. 2 EStG)	60.000,00 €	**(1,0 P.)**
=	Veräußerungsgewinn	**45.000,00 €**	

Die Einkünfte errechnen sich unter Abzug des Freibetrages gem. § 17 Abs. 3 EStG wie folgt:

	Veräußerungsgewinn			45.000,00 €	
−	Freibetrag		9.060,00 €		
	Veräußerungsgewinn	45.000,00 €			
	− Karenzbetrag	36.100,00 €			
	= schädlicher Betrag	8.900,00 €	8.900,00 €		
	= Freibetrag		160,00 €	160,00 €	**(1,0 P.)**
=	Einkünfte			**44.840,00 €**	

5.4 Einkünfte aus Kapitalvermögen

<u>Schuldzinsen</u>

Die gezahlten Schuldzinsen i. H. v. 5.000 € führen grundsätzlich zu Werbungskosten bei den Einkünften aus Kapitalvermögen, da von einer Einnahmenerzielungsabsicht (Gewinnbeteiligung) nach § 20 Abs. 1 Nr. 1 EStG auszugehen ist. **(1,0 P.)**

Allerdings können bei den Einkünften aus Kapitalvermögen keine tatsächlichen Werbungskosten, sondern nur der Sparer-Pauschbetrag nach § 20 Abs. 9 EStG in Abzug gebracht werden. **(1,0 P.)**

Weil die Alleingesellschafterin Eloisa Brome jedoch zu mindestens 25 % (hier: 100 %) an der GmbH beteiligt ist, findet antragsgemäß § 32d Abs. 2 Nr. 3 Buchst. a) EStG Anwendung, **(1,0 P.)** sodass nach § 32d Abs. 2 Nr. 3 Satz 2 EStG die tatsächlichen Werbungskosten abgezogen werden können, allerdings nur im Rahmen des Teileinkünfteverfahrens. **(1,0 P.)**

Anzusetzen sind demnach: 5.000 € • 60 % = 3.000 €. **(1,0 P.)**

Zinsen aus Gesellschafterdarlehen

Bei den Zinsen i. H. v. 3.500 € handelt es sich um Einnahmen aus Kapitalvermögen i. S. d. § 20 Abs. 1 Nr. 7 EStG. **(0,5 P.)**

Diese unterliegen nicht dem Abgeltungsteuersatz nach § 32d Abs. 1 EStG von 25 %, **(1,0 P.)** weil Eloisa zu mindestens 10 % an der GmbH beteiligt ist, § 32d Abs. 2 Nr. 1 Buchst. b) EStG. **(1,0 P.)**

Aktien der Bayer AG

Bei dem Veräußerungsgewinn i. H. v. (12.500 € - 10.000 € =) 2.500 € handelt es sich um Einnahmen aus Kapitalvermögen i. S. d. § 20 Abs. 2 Nr. 1 EStG. **(1,0 P.)**

Diese unterliegen nach § 43 Abs. 1 Nr. 9 EStG dem Kapitalertragsteuerabzug. **(1,0 P.)**

Dieser Kapitalertragsteuerabzug hat nach § 43 Abs. 5 EStG abgeltende Wirkung, sodass ein Ansatz im Rahmen der ESt-Veranlagung unterbleibt. **(1,0 P.)**

Darlehen an Peter G. Döns

Bei den Zinsen i. H. v. 4.000 € handelt es sich um Einnahmen aus Kapitalvermögen i. S. d. § 20 Abs. 1 Nr. 7 EStG. **(0,5 P.)**

Die Besteuerung dieser Einnahme erfolgt nach § 32d Abs. 1 EStG innerhalb der Veranlagung **(1,0 P.)** mit dem gesonderten Steuertarif von 25 % unter Abzug des Sparer-Pauschbetrages i. H. v. 801 €. **(1,0 P.)**

§ 32d Abs. 2 Nr. 1 Buchst. a) EStG findet keine Anwendung, weil es sich bei Peter G. Döns insoweit nicht um eine nahestehende Person handelt, weil er mit Eloisa Brome nicht verwandt ist. **(1,0 P.)**

Zusammenstellung

Die Einkünfte aus Kapitalvermögen betragen demnach:

	Einnahmen Gesellschafterdarlehen	3.500,00 €
-	Schuldzinsen	3.000,00 €
=	Einkünfte	500,00 € (1,0 P.)

Veräußerung eines VW Golf

Bei dem veräußerten Pkw handelt es sich um einen Gegenstand des täglichen Gebrauchs. **(1,0 P.)**

Der Veräußerungsgewinn i. H. v. 1.500 € stellt deshalb kein privates Veräußerungsgeschäft dar, weil nach § 23 Abs. 1 Satz 1 Nr. 2 Satz 2 EStG **(1,0 P.)** die Besteuerung derartiger Veräußerungsgeschäfte ausgenommen wird. **(0,5 P.)**

6. Sonderausgaben/Kinderbetreuung

Die Aufwendungen für die Kindertagesstätte können als Sonderausgaben gem. § 10 Abs. 1 Nr. 5 EStG berücksichtigt werden, weil Manuel das 14. Lebensjahr noch nicht vollendet hat. **(1,0 P.)**

Unerheblich ist, dass Eloisa Brome weder krank, noch behindert ist und dass die von ihr erzielten Einkünfte keine Erwerbstätigkeit begründen, denn auf die persönlichen Anspruchsvoraussetzungen bei den Eltern kommt es nicht an. **(1,0 P.)**

Die Aufwendungen für die Musikschule können nicht berücksichtigt werden, weil sie der Vermittlung besonderer Fähigkeiten dienen, § 10 Abs. 1 Nr. 5 Satz 2 EStG. **(1,0 P.)**

Die Aufwendungen für das Kindermädchen können nicht berücksichtigt werden, weil sie wegen der erfolgten Barzahlung nicht auf deren Konto geleistet worden sind, § 10 Abs. 1 Nr. 5 Satz 4 EStG. **(1,0 P.)**

Abzugsfähig sind demnach: 1.800 € · $^2/_3$ = 1.200 € **(1,0 P.)**

7. Außergewöhnliche Belastungen

Die im Februar 2020 gezahlten Beerdigungskosten (5.000 €) können mangels Belastung nicht im Rahmen des § 33 EStG berücksichtigt werden, weil das Erbe (Gewerbebetrieb) den tatsächlich geleisteten Aufwand übersteigt. **(1,0 P.)**

8. Steuerermäßigungen

Da die Aufwendungen für das Kindermädchen nicht gem. § 10 Abs. 1 Nr. 5 EStG berücksichtigt werden können, öffnet sich nach § 35a Abs. 5 Satz 1 EStG die Vorschrift des § 35a Abs. 1 EStG. **(0,5 P.)**

Eine Zahlung auf ein Konto ist insoweit nicht notwendig, § 35a Abs. 5 Satz 3 EStG. **(0,5 P.)**

Abzugsfähig sind demnach: 1.500 € • 20 % = 300 €. **(0,5 P.)**

Der Höchstbetrag von 510 € wird nicht erreicht. **(0,5 P.)**

Teil 2: Gewerbesteuer

Vorläufiger Gewerbeertrag		267.500,00 €
Hinzurechnungen:		
Tz. 2	Entgelte für Schulden, § 8 Nr. 1a GewStG **(1,0 P.)**	20.000,00 €
	Schuldzinsen **(0,5 P.)**	1.500,00 €
	Zeitanteiliges Disagio **(1,0 P.)**	
Tz. 3	Verzugszinsen, § 8 Nr. 1a GewStG **(1,0 P.)**	210,00 €
Tz. 2	Rentenzahlung, § 8 Nr. 1b GewStG **(1,0 P.)**	
	Zahlungen 2020 9.000,00 €	
	− Tilgung Rentenschuld 5.000,00 €	
	4.000,00 € **(0,5 P.)**	4.000,00 €
Tz. 4	Stiller Gesellschafter, § 8 Nr. 1c GewStG **(1,0 P.)**	5.000,00 €
Tz. 1	Pachtzinsen Betriebsvorrichtungen, § 8 Nr. 1d GewStG **(1,0 P.)**	
	20 % von 87.500,00 € =	17.500,00 €
Tz. 1	Pachtzinsen Grundbesitz, § 8 Nr. 1e GewStG **(1,0 P.)**	
	50 % von 112.500 € =	56.250,00 €
Tz. 2	Erbbauzinsen, § 8 Nr. 1e GewStG **(1,0 P.)**	
	50 % von 7.500 € =	3.750,00 €
Tz. 3	Lizenzgebühren, § 8 Nr. 1f GewStG **(1,0 P.)**	
	1.500,00 € • 12 Monate • 25 % = **(1,0 P.)**	4.500,00 €
=	Summe der Hinzurechnungen (Tz. 1 - 4)	112.710,00 €
−	Freibetrag **(1,0 P.)**	112.710,00 €
=	verbleibender Betrag **(0,5 P.)**	0,00 €

Kürzungen:

Tz. 2	Einheitswert Erbbaurecht, § 9 Nr. 1 GewStG **(1,0 P.)** 50.000 € • 140 % • 1,2 % =	840,00 €
	Das Verwaltungsgebäude wurde erst am 01.02.2020 erworben, sodass gem. § 20 Abs. 1 Satz 3 GewStDV eine Kürzung unterbleibt. **(1,0 P.)**	
Tz. 5	Einheitswert Geschäftsgrundstück, § 9 Nr. 1 GewStG **(1,0 P.)** 45.000 € • 140 % • 1,2 % =	756,00 €
Tz. 6	Gewinnausschüttung GmbH, § 9 Nr. 2a GewStG **(1,0 P.)** Unter Berücksichtigung des Teileinkünfteverfahrens ergibt sich eine Kürzung i. H. v. (60 % von 50.000 € =) **(1,0 P.)**	30.000,00 €
=	Gewerbeertrag **(0,5 P.)**	235.904,00 €
-	Verlustvortrag aus 2019 gem. § 10a GewStG **(1,0 P.)** (Tz. 7)	39.000,00 €
=	verbleibender Gewerbeertrag abrunden auf volle 100 € **(0,5 P.)**	196.904,00 € 196.900,00 €
-	Freibetrag **(0,5 P.)**	24.500,00 €
		172.400,00 €
•	3,5 % = Steuermessbetrag **(0,5 P.)**	6.034,00 €

Teil 3: Körperschaftsteuer

Tz. 1 und Tz. 2

Der Bilanzgewinn 2020 wurde um die Zuführung in die Gewinnrücklage gemindert. Außerdem ist in dem ausgewiesenen Bilanzgewinn der Gewinnvortrag aus 2019 enthalten (§ 268 Abs. 1 HGB). Zur Berechnung des Jahresüberschusses ist daher die Zuführung zur Gewinnrücklage hinzuzurechnen und der Vortrag auf neue Rechnung abzuziehen:

	Gewinn lt. Handelsbilanz	15.000,00 €	**(1,0 P.)**	
+	Zuführung Gewinnrücklage	10.000,00 €	**(1,0 P.)**	
-	Vortrag neue Rechnung	6.500,00 €	**(1,0 P.)**	
=	Jahresüberschuss 2020	**18.500,00 €**		18.500,00 €

Tz. 3

Der überhöhte Teil der Rechnung stellt eine vGA dar, weil die Ehefrau des Lars Müller (= nahestehende Person) einen Vermögensvorteil erhält, den eine fremde Person nicht erhalten würde (vgl. R 8.5 Abs. 1 Satz 1 und 3 KStR). Nach § 8 Abs. 3 Satz 2 KStG darf die vGA das Einkommen nicht mindern: 2.500 € - 1.500 € =   + 1.000 € **(1,5 P.)**

Tz. 4

Die verbilligte Grundstücksüberlassung führt gem. R 8.9 Abs. 1 KStR zu einer verdeckten Einlage, **(1,0 P.)** weil Lars Müller als Gesellschafter der GmbH einen einlagefähigen Vermögensvorteil zuwendet, denn die Aktiva der GmbH wird größer (H 8.9 KStH „Einlagefähiger Vermögensvorteil") und dies gem. R 8.9 Abs. 3 KStR seine Ursache im Gesellschaftsverhältnis hat, denn ein fremder Dritte hätte den Verkehrswert erzielen wollen (H 8.9 KStH „Gesellschaftsrechtliche Veranlassung"). **(1,0 P.)**

Die Bewertung des Grund und Bodens erfolgt grundsätzlich mit den Anschaffungskosten i. H. v. 15.000 € zzgl. Nebenkosten. Die verdeckte Einlage ist jedoch gem. § 8 Abs. 1 KStG i. V. m. § 6 Abs. 1 Nr. 5 EStG mit dem Teilwert i. H. v. 22.500 € zu bewerten, vgl. auch R 8.9 Abs. 4 Satz 1 KStR. **(1,0 P.)**

In der Bilanz der GmbH ergibt sich folgender Bilanzansatz:

	Anschaffungspreis	15.000,00 €	
+	Anschaffungsnebenkosten	1.250,00 €	
+	verdeckte Einlage (22.500 € - 15.000 € =)	7.500,00 €	
=	**Bilanzansatz**	**23.750,00 €**	**(1,0 P.)**

Der Bilanzansatz hat innerhalb der Bilanz und beim zu versteuernden Einkommen folgende Auswirkungen:

Der Wert der verdeckten Einlage kann entweder als außerordentlicher Ertrag oder (im Regelfall) erfolgsneutral als Kapitalrücklage (§ 272 Abs. 2 Nr. 4 HGB) gebucht werden. Insofern muss beim Jahresabschluss noch eine entsprechende Ergänzungsbuchung erfolgen. **(0,5 P.)**

Sofern der Betrag als Ertrag behandelt worden ist, muss gem. § 8 Abs. 3 Satz 3 KStG eine außerbilanzielle Einkommenskorrektur vorgenommen werden.

In beiden Fällen ergibt sich gem. R 8.9 Abs. 2 Satz 1 KStR keine Auswirkung auf die Höhe des Einkommens der GmbH. **(1,0 P.)**

Gemäß § 27 Abs. 1 Satz 2 KStG erhöht sich das steuerliche Einlagekonto der GmbH zum 31.12.2020 um 7.500 €. **(0,5 P.)** Insofern findet gem. § 27 Abs. 2 Satz 1 KStG eine gesonderte Feststellung statt. **(0,5 P.)**

Tz. 5

Durch die verspätete Einzahlung der Kapitalerhöhung durch den Gesellschafter Peter Krause und die dadurch veranlasste Zwischenfinanzierung entstanden der Gesellschaft Zinsaufwendungen. Dieser Sachverhalt führt zu einer verdeckten Gewinnausschüttung, die außerbilanziell hinzuzurechnen ist, § 8 Abs. 3 Satz 2 KStG, R 8.5 Abs. 1 KStR, H 8.5 „V. Einzelfälle – Darlehenszinsen" KStH. **(1,0 P.)**

Die verdeckte Gewinnausschüttung ist mit der erzielbaren Vergütung zu bewerten (H 8.6 „Nutzungsüberlassungen" KStH): **(1,0 P.)**

	anteilige Kapitalerhöhung: 30 % von 100.000 € =	30.000,00 €
+	hierauf entfallendes Agio: 10 % von 30.000 € =	3.000,00 €
		33.000,00 €

hierauf entfallende Zinsen:
8 % von 33.000 € • 5 Monate =   + 1.100,00 €
                                                                     (1,5 P.)

Tz. 6

Bei dem Gutschriftsbetrag i. H. v. 3.534 € handelt es sich um die Nettodividende. Die einbehaltene Kapitalertragsteuer und der Solidaritätszuschlag dürfen das Einkommen nicht mindern und sind deshalb außerbilanziell hinzuzurechnen. **(1,0 P.)**

Nettodividende:	3.534,00 € = 73,625 %	
Bruttodividende:	4.800,00 € = 100 %	
	1.266,00 € (2,0 P.)	**+ 1.266,00 €**

Die Bruttodividende ist nach § 8b Abs. 1 Satz 1 KStG steuerfrei und deshalb außerbilanziell wieder abzuziehen. **(0,5 P.)**   − 4.800,00 €

Gleichzeitig ist eine außerbilanzielle Hinzurechnung i. H. v. 5 % von 4.800 € vorzunehmen, § 8b Abs. 5 KStG. **(0,5 P.)**   + 240,00 €

Die Teilwertabschreibung wegen voraussichtlich dauernder Wertminderung wurde bilanziell zutreffend behandelt. Nach § 8b Abs. 3 Satz 3 KStG darf sie jedoch das steuerliche Einkommen nicht mindern und ist deshalb außerbilanziell wieder hinzuzurechnen. **(1,0 P.)**   + 17.500,00 €

Tz. 7

Die KSt-Vorauszahlungen und die SolZ-Vorauszahlungen sind nach § 10 Nr. 2 KStG hinzuzurechnen. **(1,0 P.)** +10.550,00 €

Die Hinzurechnung der GewSt-Nachzahlung 2019 ergibt sich aus § 8 Abs. 1 KStG i. V. m. § 4 Abs. 5b EStG. **(1,0 P.)** +2.500,00 €

Tz. 8

Die Aufwendungen für die Finca auf Fuerteventura stellen nichtabzugsfähige Betriebsausgaben dar und sind deshalb nach § 4 Abs. 5 Nr. 3 EStG außerbilanziell wieder hinzuzurechnen. **(1,0 P.)** +1.000,00 €

Tz. 9

	Die Spenden sind zunächst in voller Höhe hinzuzurechnen. **(0,5 P.)**	5.250,00 €
=	Einkommen **(0,5 P.)**	54.106,00 €
-	Spenden	
	Spenden an politische Parteien und Spenden, für die keine Zuwendungsnachweise vorliegen, sind nicht abziehbar. Die übrigen Spenden (4.500 €) sind nach § 9 Abs. 1 Nr. 2 KStG abziehbar bis zum Höchstbetrag von 20 % des Einkommens: 20 % von 54.106 € = 10.822 €, max. abzugsfähig **(1,0 P.)**	-4.500,00 €
=	zu versteuerndes Einkommen **(0,5 P.)**	**49.606,00 €**
	tarifliche KSt, § 23 Abs. 1 KStG: **(0,5 P.)** 15 % von 49.606 € = (abgerundet)	7.440,00 €
	SolZ, § 3 Abs. 1 Nr. 1, § 4 Nr. 1 SolZG: **(0,5 P.)** 5,5 % von 7.440 € =	409,20 €

Steuerrecht II

Teil 1: Umsatzsteuer

Sachverhalt 1

Leistung des FB an die Royal Dutch Shell

FB erbringt eine Vermittlungsleistung, da er die Kraftstoffe in fremdem Namen und für fremde Rechnung verkauft. **(0,5 P.)**

Es handelt sich gem. § 3 Abs. 9 Satz 1 UStG um eine sonstige Leistung, **(0,5 P.)** die am 31.07.2021 ausgeführt worden ist. **(0,5 P.)**

Die Royal Dutch Shell hat durch die Verwendung ihrer USt-IdNr. angezeigt, dass sie die Leistung als Unternehmer für ihr Unternehmen bezieht, **(0,5 P.)** sodass der Leistungsort gem. § 3a Abs. 2 Satz 1 UStG in Den Haag (Ausland) liegt. **(0,5 P.)** § 3a Abs. 3 Nr. 4 UStG ist insoweit nicht anwendbar. **(0,5 P.)**

Die Leistung ist deshalb nach § 1 Abs. 1 Nr. 1 UStG nicht steuerbar. **(0,5 P.)**

Die BMG beträgt gem. § 10 Abs. 1 Satz 1 UStG 70.000 €. **(0,5 P.)**

Die von FB vereinnahmten und an die Royal Dutch Shell abgeführten 3,5 Mio. € sind durchlaufende Posten gem. § 10 Abs. 1 Satz 5 UStG und deshalb kein Bestandteil des Entgelts. **(0,5 P.)**

Steuerschuldner für die in den Niederlanden ausgeführte steuerpflichtige Leistung ist gem. Abschn. 3a.16. Abs. 5 UStAE die Royal Dutch Shell. **(1,0 P.)**

Die Leistung ist gesondert nach § 18b Satz 1 Nr. 2 UStG **(0,5 P.)** in der Voranmeldung Juli 2021 gem. § 18b Satz 3 UStG anzugeben. **(0,5 P.)**

Nach § 18a Abs. 2 UStG ist der Umsatz in der ZM **(0,5 P.)** bis zum 26.10.2021 beim BZSt **(0,5 P.)** für das III. Quartal 2021 zu erklären, § 18a Abs. 1 Satz 2 UStG. **(0,5 P.)**

Konsequenzen aus der Abrechnung

Die Abrechnung durch die Royal Dutch Shell ist eine Gutschrift gem. § 14 Abs. 2 Satz 2 UStG, **(0,5 P.)** weil diese Form der Abrechnung zwischen den Beteiligten vorher vereinbart wurde.

FB schuldet die zu hoch ausgewiesene USt gem. § 14c Abs. 1 Satz 1 UStG **(0,5 P.)** als Steuerschuldner gem. § 13a Abs. 1 Nr. 1 UStG. **(0,5 P.)**

§ 14c UStG findet gem. Abschn. 14c.1. Abs. 3 UStAE auch auf Gutschriften Anwendung. **(0,5 P.)**

Die Steuer entsteht mit Ausgabe der Gutschrift am 10.09.2021 gem. § 13 Abs. 1 Nr. 3 UStG. **(0,5 P.)**

Die Royal Dutch Shell hat die Möglichkeit, die Gutschrift zu berichtigen gem. § 14c Abs. 1 Satz 2 UStG. **(0,5 P.)** Bei der Berichtigung ist § 17 Abs. 1 UStG entsprechend anzuwenden. **(0,5 P.)**

Die Gutschrift verliert die Wirkung einer Rechnung gem. § 14 Abs. 2 Satz 3 UStG, wenn FB dieser widerspricht. **(0,5 P.)**

Sachverhalt 2

Leistung des FB aus den im Mai 2021 verbrauchten Waschmarken

Es handelt sich im Mai 2021 **(0,5 P.)** um eine sonstige Leistung gem. § 3 Abs. 9 Satz 1 UStG, da Arbeiten an beweglichen körperlichen Gegenständen ausgeführt werden. **(0,5 P.)**

Da die Leistung an nichtunternehmerische Leistungsempfänger erbracht wird, **(0,5 P.)** bestimmt sich der Leistungsort nach § 3a Abs. 3 Nr. 3 Buchst. c) und liegt in Würzburg. **(0,5 P.)**

Die sonstige Leistung ist somit nach § 1 Abs. 1 Nr. 1 UStG steuerbar **(0,5 P.)** und mangels Steuerbefreiung nach § 4 UStG auch steuerpflichtig. **(0,5 P.)**

Die Bemessungsgrundlage nach § 10 Abs. 1 UStG beträgt (5.140,80 €: 1,19 =) 4.320 €. **(0,5 P.)**

Die Zugabe des Poliermittels ist keine unentgeltliche Wertabgabe gem. § 3 Abs. 1b Nr. 3 UStG, **(0,5 P.)** sondern Teil der insgesamt und einheitlich entgeltlichen Leistung, Abschn. 3.3. Abs. 19 UStAE. **(0,5 P.)**

Bei einem Steuersatz von 19 % (§ 12 Abs. 1 UStG) beträgt die USt (4.320 € · 19 % =) 820,80 €. **(0,5 P.)**

Die Steuer entsteht gem. § 13 Abs. 1 Nr. 1 Buchst. a) UStG mit Ablauf des Voranmeldungszeitraums Mai 2021. **(0,5 P.)**

Steuerschuldner ist gem. § 13a Abs. 1 Nr. 1 UStG der FB. **(0,5 P.)**

Konsequenzen aus der Abgabe der nicht verbrauchten Waschmarken

Es handelt sich insofern um eine Vorauszahlung für bestimmte steuerpflichtige Leistungen. **(0,5 P.)**

Die Steuer entsteht hierfür gem. § 13 Abs. 1 Nr. 1 Buchst. a) Satz 4 UStG mit Ablauf des Voranmeldungszeitraums Mai 2021, da im Mai 2021 die Vorauszahlungen vereinnahmt wurden. **(0,5 P.)**

Die Steuer beträgt: 5.712 € - 5.140,80 € = 571,20 € : 1,19 · 0,19 = 91,20 €. **(0,5 P.)**

Sachverhalt 3

Leistung des WC

WC erbringt insgesamt (einschl. Anfahrt und Reise) mit dem Einbau der neuen Waschdüsen eine Werklieferung gem. § 3 Abs. 4 UStG, **(0,5 P.)** weil die selbst beschafften Waschdüsen nicht nur Zutaten oder sonstige Nebensachen sind. **(0,5 P.)**

Leistungszeitpunkt ist der Tag der Abnahme, hier also der 02.07.2021. **(0,5 P.)**

Der Leistungsort liegt gem. § 3 Abs. 7 Satz 1 UStG in Würzburg, sodass der Vorgang nach § 1 Abs. 1 Nr. 1 UStG steuerbar ist. **(0,5 P.)**

Mangels Steuerbefreiung nach § 4 UStG ist die Werklieferung auch steuerpflichtig. **(0,5 P.)**

WC ist gem. § 13b Abs. 7 Satz 1 UStG ein im Ausland ansässiger Unternehmer, **(0,5 P.)** der eine Werklieferung gem. § 13b Abs. 2 Nr. 1 UStG ausführt. **(0,5 P.)**

Steuerschuldner ist daher FB gem. § 13b Abs. 5 Satz 1 UStG. **(0,5 P.)**

Die Bemessungsgrundlage beträgt gem. § 10 Abs. 1 UStG insgesamt 6.150 €, **(0,5 P.)** denn zur Bemessungsgrundlage gehört alles, was der Leistungsempfänger aufwenden soll, also auch die berechneten Anfahrtskosten und die Reisespesen. **(0,5 P.)**

Die USt beträgt bei einem Steuersatz von 19 % (§ 12 Abs. 1 UStG): 6.150 € · 19 % = 1.168,50 €. **(0,5 P.)**

Die Steuer entsteht gem. § 13b Abs. 2 UStG mit Ausstellung der Rechnung im August 2021. **(0,5 P.)**

Vorsteuerabzug von FB

FB ist dem Grunde nach gem. § 15 Abs. 1 Nr. 4 UStG zum Vorsteuerabzug von 1.168,50 € berechtigt. **(0,5 P.)**

Es besteht kein Ausschluss vom Vorsteuerabzug nach § 15 Abs. 2 UStG. **(0,5 P.)**

Der Vorsteuerabzug ist betragsidentisch i. H. v. 1.168,50 € und zeitgleich in der Voranmeldung August 2021 vorzunehmen. **(0,5 P.)**

Sachverhalt 4

a) Vermietung des Familienzimmers

Die Vermietungsleistung stellt gem. § 3 Abs. 9 UStG eine sonstige Leistung in Form eines Duldens dar. **(0,5 P.)**

Das Kinderbett dient ebenfalls der Beherbergung, vgl. Abschn. 12.16. Abs. 4 erster Spiegelstrich UStAE. **(0,5 P.)**

Leistungszeitpunkt ist mit Vollendung der Leistung am 14.08.2021. **(0,5 P.)**

Der Ort liegt gem. § 3a Abs. 3 Nr. 1 Buchst. a) UStG in Würzburg, **(0,5 P.)** sodass die Vermietungsleistung nach § 1 Abs. 1 Nr. 1 UStG steuerbar ist. **(0,5 P.)**

Eine Steuerbefreiung kommt wegen § 4 Nr. 12a Satz 2 UStG **(0,5 P.)** nicht in Betracht, sodass der Vorgang steuerpflichtig ist.

Die Bemessungsgrundlage beträgt nach § 10 Abs. 1 UStG: 1.140 € : 1,07 = 1.065,42 €. **(0,5 P.)**

Bei einem Steuersatz von 7 % nach § 12 Abs. 2 Nr. 11 Satz 1 UStG **(0,5 P.)** beträgt die Umsatzsteuer: 1.065,42 € • 7 % = 74,58 €.

Die USt entsteht gem. § 13 Abs. 1 Nr. 1 Buchst. a) mit Ablauf des Voranmeldungszeitraums August 2021. **(0,5 P.)**

Steuerschuldner ist die GbR nach § 13a Abs. 1 Nr. 1 UStG. **(0,5 P.)**

b) Vollpension

Es handelt sich um eine sonstige Leistung nach § 3 Abs. 9 UStG. **(0,5 P.)**

Eine unselbstständige Nebenleistung zur Vermietungsleistung liegt nicht vor, **(0,5 P.)** weil diese separat buchbar ist und nicht nur dazu dient, die Übernachtung unter optimalen Bedingungen in Anspruch zu nehmen. **(0,5 P.)**

Leistungszeitpunkt ist mit Vollendung der Leistung am 14.08.2021. **(0,5 P.)**

Der Ort liegt gem. § 3a Abs. 3 Nr. 3 Buchst. b) UStG in Würzburg, **(0,5 P.)** sodass die sonstige Leistung nach § 1 Abs. 1 Nr. 1 UStG steuerbar ist. **(0,5 P.)**

Der Vorgang ist mangels Eingreifens einer Steuerbefreiung nach § 4 UStG auch steuerpflichtig. **(0,5 P.)**

Die Bemessungsgrundlage beträgt nach § 10 Abs. 1 UStG: 610 € : 1,19 = 512,61 €. **(0,5 P.)**

Bei einem Steuersatz von 19 % nach § 12 Abs. 2 Nr. 11 Satz 2 UStG **(0,5 P.)** beträgt die Umsatzsteuer: 512,61 € • 19 % = 97,39 €.

Die USt entsteht gem. § 13 Abs. 1 Nr. 1 Buchst. a) mit Ablauf des Voranmeldungszeitraums August 2021. **(0,5 P.)**

Steuerschuldner ist die GbR nach § 13a Abs. 1 Nr. 1 UStG.

c) Seilbahn

Die Personenbeförderung stellt eine sonstige Leistung dar (§ 3 Abs. 9 UStG). **(0,5 P.)**

Die Leistung wird mit Vollendung am 02.08.2021 erbracht. **(0,5 P.)**

Der Ort liegt gem. § 3b Abs. 1 Satz 1 UStG im Bayerischen Wald, **(0,5 P.)** sodass der Vorgang nach § 1 Abs. 1 Nr. 1 UStG steuerbar ist. **(0,5 P.)**

Der Vorgang ist mangels Eingreifens einer Steuerbefreiung nach § 4 UStG auch steuerpflichtig. **(0,5 P.)**

Die Bemessungsgrundlage beträgt nach § 10 Abs. 1 UStG: 100 € : 1,07 = 93,46 €. **(0,5 P.)**

Bei einem Steuersatz von 7 % nach § 12 Abs. 2 Nr. 10 Buchst. b) UStG **(0,5 P.)** beträgt die Umsatzsteuer: 93,46 € • 7 % = 6,54 €.

Die USt entsteht gem. § 13 Abs. 1 Nr. 1 Buchst. a) mit Ablauf des Voranmeldungszeitraums August 2021. **(0,5 P.)**

Steuerschuldner ist die GbR nach § 13a Abs. 1 Nr. 1 UStG.

d) Stornogebühren

Die Stornogebühren sind keine Gegenleistung für eine von der GbR erbrachte Leistung, sondern entstehen gem. vertraglicher Vereinbarung bei Rücktritt vom Vertrag. **(0,5 P.)**

Die Stornogebühr ist nach Abschn. 25.1. Abs. 14 Satz 1 UStAE echter Schadenersatz **(1,0 P.)** und somit nicht steuerbar. **(0,5 P.)**

Sachverhalt 5

Vermietungsleistung

Die sonstige Leistung wird als Teilleistung gem. § 13 Abs. 1 Nr. 1 Buchst. a) Sätze 2 und 3 UStG erbracht, da die Vermietungsleistung wirtschaftlich teilbar ist und das Entgelt gesondert pro Monat vereinbart wurde. **(0,5 P.)**

Leistungszeitpunkt ist bei Vollendung des jeweiligen Monats gegeben, hier September 2021. **(0,5 P.)**

Die Vermietungsleistung ist nach § 4 Nr. 12 Buchst. a) UStG steuerfrei, **(0,5 P.)** weil die Vermietung nicht kurzfristig, sondern dauerhaft zur Begründung des Wohnsitzes der Mutter erfolgt, vgl. Abschn. 4.12.9 Abs. 1 Satz 2 UStAE. **(0,5 P.)**

Ein Verzicht auf die Steuerbefreiung nach § 9 Abs. 1 UStG ist nicht möglich, weil die Leistung nicht an einen Unternehmer erbracht wird. **(0,5 P.)**

Die sonstige Leistung ist analog § 13 Abs. 1 Nr. 1 Buchst. a) UStG in der Voranmeldung September 2021 anzumelden **(0,5 P.)**, und zwar von der GbR nach § 13a Abs. 1 Nr. 1 UStG analog. **(0,5 P.)**

Der Vorsteuerabzug für diese Leistung ist gem. § 15 Abs. 2 Nr. 1 UStG ausgeschlossen. **(0,5 P.)**

Der Ausschluss vom Vorsteuerabzug wurde in § 15 Abs. 3 Nr. 1 Buchst. a) UStG nicht wieder aufgehoben. **(0,5 P.)**

Vorsteuerberichtigung

Es liegt somit eine Änderung der Verhältnisse gem. § 15a Abs. 1 Satz 1 UStG vor, weil die GbR aus den Herstellungskosten für den „Herzblatt" zum vollen Vorsteuerabzug berechtigt war. **(0,5 P.)**

Der Berichtigungszeitraum beträgt 10 Jahre, § 15a Abs. 1 Satz 2 UStG. **(0,5 P.)**

Zeitpunkt der erstmaligen Verwendung: 01.12.2018 **(0,5 P.)**

Berichtigungszeitraum: 01.12.2018 - 30.11.2028 **(0,5 P.)**

Ursprünglicher Vorsteuerabzug zu 100 %: 120.000 € **(1,0 P.)**

Tatsächlich zum Vorsteuerabzug berechtigende Verwendung im Jahr 2021:

8 Monate • 100 % =	800
4 Monate • 80 % =	320
Gesamt	1.120 : 12 Monate = **93,34 % (0,5 P.)**

Änderung der Verhältnisse:

Vorsteuerabzug (alt)	100,00 %
Vorsteuerabzug (neu)	93,34 %
	6,66 % **(0,5 P.)**

Vorsteuerbetrag pro Jahr: 120.000 € : 10 = 12.000 € **(0,5 P.)**

Vorsteuerberichtigung für 2021: 12.000 € • 6,66 % = 799,20 € **(0,5 P.)**

Die Vorsteuerberichtigung entfällt nicht gem. § 44 Abs. 1 UStDV, da die Vorsteuer aus den Herstellungskosten mehr als 1.000 € betragen hat. **(0,5 P.)**

Die Vorsteuerberichtigung entfällt jedoch gem. § 44 Abs. 2 UStDV, **(0,5 P.)** weil sich für 2021 die Verhältnisse nur um 6,66 % und damit um weniger als 10 % geändert haben und der Betrag der Vorsteuerberichtigung 1.000 € nicht übersteigt. **(0,5 P.)**

Teil 2: Abgabenordnung

Sachverhalt 1

Statthaftigkeit

Der „Widerspruch" ist als Einspruch i. S. der §§ 347 ff. AO zu werten, denn nach § 357 Abs. 1 Satz 3 AO schadet eine unrichtige Bezeichnung nicht. **(0,5 P.)**

Bei dem Schreiben vom 06.03.2020 handelt es sich um die Ablehnung eines Änderungsantrages. **(0,5 P.)**

Der Ablehnungsbescheid steht nach § 155 Abs. 1 Satz 3 AO einem Steuerbescheid gleich, sodass der Einspruch i. S. d. § 347 Abs. 1 Satz 1 Nr. 1 AO der statthafte Rechtsbehelf ist. **(1,0 P.)**

Form

Der Einspruch kann auch elektronisch, mithin durch E-Mail, eingelegt werden, § 357 Abs. 1 Satz 1 AO. **(0,5 P.)**

Es ist ausreichend, wenn aus dem Einspruch hervorgeht, wer ihn eingelegt hat (§ 357 Abs. 1 Satz 2 AO), sodass das Formerfordernis erfüllt ist. **(0,5 P.)**

Frist

Nach § 355 Abs. 1 Satz 1 AO beginnt die Einspruchsfrist mit der Bekanntgabe des Ablehnungsbescheides vom 05.03.2020. **(0,5 P.)**

Bekanntgabe gem. § 122 Abs. 2 Nr. 1 AO:	08.03.2020 (Sonntag)	
§ 108 Abs. 3 AO:	09.03.2020	**(1,0 P.)**
Beginn der Frist:	10.03.2020, 0:00 Uhr	**(0,5 P.)**
Dauer gem. § 356 Abs. 2 AO:	1 Jahr	**(1,0 P.)**
Ende der Frist:	09.03.2021, 24:00 Uhr	**(0,5 P.)**

Der Einspruch ist fristgerecht am 09.03.2021 eingelegt worden. **(0,5 P.)**

Beschwer
Mit dem Hinweis auf die Steuerermäßigung macht Andrea Ritter geltend, in ihren Rechten verletzt zu sein, sodass eine Beschwer nach § 350 AO gegeben ist. **(1,0 P.)**

Begründetheit

Da das Finanzamt die Gewinnerzielungsabsicht akzeptiert hat, ist die Ungewissheit **(0,5 P.)** beseitigt, sodass die ESt-Festsetzung 2014 grundsätzlich nach § 165 Abs. 2 Satz 2 AO zu ändern ist, vorausgesetzt, es ist keine Festsetzungsverjährung eingetreten. **(1,0 P.)**

Nach § 149 Abs. 1 Satz 1 AO war Andrea Ritter verpflichtet, eine Steuererklärung abzugeben. **(0,5 P.)**

Nach § 170 Abs. 2 Satz 1 Nr. 1 AO beginnt die Festsetzungsverjährung mit Ablauf des Jahres 2015, weil die ESt-Erklärung 2014 im Jahre 2015 abgegeben worden ist. **(1,0 P.)**

Nach § 169 Abs. 2 Satz 1 Nr. 2 AO beträgt die Festsetzungsfrist vier Jahre **(1,0 P.)** und endet damit grundsätzlich mit Ablauf des 31.12.2019 um 24:00 Uhr. **(0,5 P.)**

Durch die vorläufige Festsetzung ist nach § 171 Abs. 8 AO eine Ablaufhemmung eingetreten. **(1,0 P.)**

Damit endet die Festsetzungsfrist nicht vor Ablauf eines Jahres, nachdem die Ungewissheit beseitigt worden ist und das Finanzamt Kenntnis davon erlangt hat, im vorliegenden Fall erfolgte die Kenntniserlangung des Finanzamtes am 30.01.2020, sodass die Festsetzungsfrist mit Ablauf des 29.01.2021 enden würde. **(1,0 P.)**

Über den Änderungsantrag vom 29.01.2020 ist aber noch nicht unanfechtbar entschieden worden. **(0,5 P.)**

Das führt nach § 171 Abs. 3 AO zu einer weiteren Ablaufhemmung, sodass am 09.03.2021 (Tag des Eingangs des Einspruchs beim Finanzamt) noch keine Festsetzungsverjährung eingetreten ist. **(0,5 P.)**

Der Antrag ist somit auch begründet. **(0,5 P.)**

Sachverhalt 2

Als Alleinerbin ist Andrea Ritter Gesamtrechtsnachfolgerin. **(0,5 P.)**

Als Gesamtrechtsnachfolgerin tritt sie nach § 45 AO in die Rechtsstellung ihres Vaters ein. **(0,5 P.)**

Nach § 170 Abs. 2 Satz 1 Nr. 1 AO begann die Festsetzungsfrist für die Einkommensteuer 2017 des Vaters mit Ablauf des 31.12.2018 und beträgt vier Jahre nach § 169 Abs. 2

Nr. 2 AO und endet am 31.12.2022, sodass die Frist im April 2021 noch nicht abgelaufen ist. **(2,0 P.)**

Da Andrea Ritter vor Ablauf der Festsetzungsfrist erkannt hat, dass der Vater eine unrichtige Erklärung abgegeben hat, ist sie nach § 153 Abs. 1 Nr. 1 AO verpflichtet, die Mieteinnahmen nachträglich zu erklären. **(1,0 P.)**

Das Finanzamt wird den Steuerbescheid 2017 nach § 173 Abs. 1 Nr. 1 AO berichtigen. **(1,0 P.)**

Teil 3: ErbSt/SchenkSt/BewG
1. Ermittlung des Wertes der Bereicherung

Grundstück Nürnberg, Hauptstr. 57

Das Grundstück ist gem. § 12 Abs. 3 ErbStG i. V. m. § 151 Abs. 1 Satz 1 Nr. 1 BewG mit dem Grundbesitzwert von 500.000 € anzusetzen. **(1,0 P.)**

Der Erwerb des Einfamilienhauses ist gem. § 13 Abs. 1 Nr. 4c ErbStG dem Grunde nach steuerfrei, weil es vom Erblasser zu eigenen Wohnzwecken genutzt worden und von der Tochter als Alleinerbin unverzüglich zur Selbstnutzung zu eigenen Wohnzwecken bestimmt ist. **(1,0 P.)**

Die Steuerbefreiung ist für das Einfamilienhaus jedoch nicht in vollem Umfang zu gewähren, weil diese gem. § 13 Abs. 1 Nr. 4c Satz 1 ErbStG auf eine Wohnfläche von 200 qm beschränkt ist. **(1,0 P.)**

Somit ermitteln sich der Umfang der Steuerbefreiung und der anteilig der Besteuerung unterliegende Grundbesitzwert bei einer Wohnfläche von 250 qm wie folgt:

-	Grundbesitzwert		500.000,00 €
	Steuerbefreiung 500.000 € • 200 qm/250 qm		400.000,00 €
=	Steuerpflichtiger Erwerb		**100.000,00 €** **(1,0 P.)**

Grundstück Dortmund, Bergstr. 21

Das Grundstück ist gem. § 12 Abs. 3 ErbStG i. V. m. § 151 Abs. 1 Satz 1 Nr. 1 BewG mit dem Grundbesitzwert von 600.000 € anzusetzen. **(0,5 P.)**

Es kommt die Steuerbefreiung nach § 13d ErbStG in Betracht, weil die Voraussetzungen des § 13d Abs. 3 ErbStG erfüllt sind. **(1,0 P.)**

Somit ist der Grundbesitzwert nur zu 90 % = 540.000 € der Besteuerung zu unterwerfen. **(1,0 P.)**

Die auf dem Grundstück lastende Grundschuld i. H. v. 50.000 € ist grundsätzlich als Nachlassverbindlichkeit nach § 10 Abs. 5 Nr. 1 ErbStG zu berücksichtigen. **(1,0 P.)**

Da der Grundbesitzwert durch § 13d ErbStG zu 10 % von der Besteuerung ausgenommen ist, ist die Grundschuld gem. § 10 Abs. 6 Satz 6 auch nur zu 90 % = 45.000 € abzugsfähig. **(1,0 P.)**

Grundstück Buxtehude, Fischkaule 13

Das Grundstück ist gem. § 12 Abs. 3 ErbStG i. V. m. § 151 Abs. 1 Satz 1 Nr. 1 BewG mit dem Grundbesitzwert von 600.000 € anzusetzen. **(0,5 P.)**

Für die zu Wohnzwecken vermietete Wohnung im 2. OG (100 qm) ist die Steuerbefreiung nach § 13d Abs. 3 ErbStG zu gewähren. Maßgebend für die Aufteilung des Grundbesitzwertes ist das Verhältnis der Wohn- und Nutzflächen der einzelnen Wohnungen. **(1,0 P.)**

Der der Besteuerung unterliegende Grundbesitzwert errechnet sich demnach wie folgt:

Grundbesitzwert		600.000,00 €
hiervon entfallen auf die Wohnung im 2. OG		
600.000 € · 100 qm/300 qm	200.000,00 €	
davon 10 % Steuerbefreiung =		20.000,00 €
Steuerpflichtiger Erwerb		**580.000,00 €** **(1,0 P.)**

Hausrat

Der Hausrat ist nach § 12 Abs. 1 ErbStG i. V. m. § 9 BewG mit dem gemeinen Wert von 91.000 € anzusetzen. **(1,0 P.)**

In diesem Zusammenhang ist die Steuerbefreiung nach § 13 Abs. 1 Nr. 1a ErbStG i. H. v. 41.000 € zu gewähren, weil die Erwerberin gem. § 15 Abs. 1 ErbStG als Kind des Erblassers der Steuerklasse I zuzuordnen ist, **(1,0 P.)** sodass (91.000 € - 41.000 € =) 50.000 € anzusetzen sind.

Die Schuld für den zum Hausrat gehörenden Plasma TV ist gem. § 10 Abs. 5 Nr. 1 ErbStG als Nachlassverbindlichkeit zu berücksichtigen. **(1,0 P.)**

Die Bewertung hat als unverzinsliche Forderung mit einer Laufzeit von zwei Jahren nach § 13 Abs. 1 BewG und der Anlage 9a zum BewG mit dem Gegenwartswert zu erfolgen:

- Jahreswert: 200 € · 12 Monate = 2.400 €
- Vervielfältiger gem. Anlage 9a zum BewG (zwei Jahre): 1,897
- = Wertansatz: 2.400 € · 1,897 = **4.552 € (1,0 P.)**

ESt-Bescheid 2019

ESt-Erstattungsansprüche aus VZ, die vor dem Todeszeitpunkt des Erblassers endeten, sind mit Ablauf des jeweiligen VZ entstanden (§ 36 Abs. 1 EStG i. V. m. § 37 Abs. 2 AO). **(1,0 P.)**

Somit gehört der Anspruch i. H. v. 10.000 € gem. § 10 Abs. 1 Satz 3 ErbStG mit dem materiell-rechtlich zutreffenden Wert zum steuerpflichtigen Erwerb. **(1,0 P.)**

Zusammenstellung

	Grundstück Nürnberg	100.000,00 €	
+	Grundstück Dortmund	540.000,00 €	
+	Grundstück Buxtehude	580.000,00 €	
+	Hausrat	50.000,00 €	
+	ESt-Erstattungsanspruch 2019	10.000,00 €	
		1.280.000,00 €	**(1,0 P.)**
–	Nachlassverbindlichkeiten		
	Grundschuld Grundstück Dortmund	45.000,00 €	
	Kaufpreisschuld Plasma TV	4.552,00 €	
	Beerdigungskosten, § 10 Abs. 5 Nr. 3 ErbStG		
	PB, da tats. Kosten (9.500 €) geringer sind	10.300,00 €	**(1,0 P.)**
=	Wert der Bereicherung	**1.220.148,00 €**	

2. Steuerpflichtiger Erwerb/festzusetzende Erbschaftsteuer

	Wert der Bereicherung	1.220.148,00 €	
–	Freibetrag nach § 16 Abs. 1 Nr. 2 ErbStG	400.000,00 €	**(1,0 P.)**
–	Freibetrag nach § 17 Abs. 2 Nr. 5 ErbStG		
	(Alter der Tochter: 21 Jahre)	10.300,00 €	**(1,0 P.)**
=	Steuerpflichtiger Erwerb	809.848,00 €	
	abrunden, § 10 Abs. 1 Satz 6 ErbStG	809.800,00 €	**(1,0 P.)**
•	19 % Steuersatz, § 19 Abs. 1 ErbStG = ErbSt	153.862,00 €	**(1,0 P.)**

Eine Herabsetzung der Erbschaftsteuer durch den in § 19 Abs. 3 ErbStG geregelten Härteausgleich kommt offensichtlich nicht in Betracht.

Rechnungswesen

Teil 1: Buchführung und Jahresabschluss nach Handels- und Steuerrecht

Sachverhalt 1

Ertragsteuerlich sind verschiedene Wirtschaftsgüter getrennt zu beurteilen: der Grund und Boden, das Gebäude, die Kfz-Hebebühne und die Hofbefestigung. **(0,5 P.)**

Hinsichtlich sämtlicher Wirtschaftsgüter besteht ein Aktivierungsgebot gem. § 5 Abs. 1 Satz 1 Halbsatz 1 EStG i. V. m. §§ 240 Abs. 1, 246 Abs. 1 HGB, weil die Wirtschaftsgüter wegen ihrer ausschließlich betrieblichen Nutzung zum notwendigen Betriebsvermögen gehören. **(0,5 P.)**

Grund und Boden

Der Grund und Boden ist als selbstständiges Wirtschaftsgut **(0,5 P.)** gem. R 6.1 Abs. 1 Satz 6 EStR dem nicht abnutzbaren Anlagevermögen zuzuordnen und daher gem. § 6 Abs. 1 Nr. 2 Satz 1 EStG bzw. § 253 Abs. 1 Satz 1 HGB mit den Anschaffungskosten zu bewerten. **(0,5 P.)**

Zu den Anschaffungskosten gehören gem. § 255 Abs. 1 HGB sämtliche Aufwendungen, um den Vermögensgegenstand zu erwerben, einschließlich der Nebenkosten. **(0,5 P.)**

Die gebuchte Vorsteuer gehört gem. § 9b Abs. 1 EStG nicht zu den Anschaffungskosten. **(0,5 P.)**

Da das Gebäude mit der Absicht des Abbruchs erworben wurde (innerhalb von drei Jahren) und das Gebäude im Zeitpunkt des Erwerbs objektiv wertlos war, **(1,0 P.)** gehören die kompletten Anschaffungskosten einschließlich der Nebenkosten zu den Anschaffungskosten des Grund und Bodens, vgl. H 6.4 EStH „Abbruchkosten" Nr. 3 Buchst. b) **(0,5 P.)**, sodass die von M vorgenommene außerplanmäßige Abschreibung zu korrigieren ist.

Die Abbruchkosten werden allerdings aufgewendet, um das neue Gebäude errichten zu können und gehören deshalb zu den Herstellungskosten des neuen Gebäudes, vgl. H 6.4 EStH „Abbruchkosten" Nr. 3 Buchst. b) zweiter Halbsatz. **(0,5 P.)**

Kontenentwicklung:

Zugang 01.02.2020	90.000,00 €
Nebenkosten, netto	4.500,00 €
Bilanzwert 31.12.2020	**94.500,00 €** **(0,5 P.)**
	(bisher: 45.000,00 €)

Korrekturbuchung: **(0,5 P.)**

Grund und Boden	49.500,00 €	an	außerplanmäßige Abschreibung	45.000,00 €
			Grundstücksaufwendungen	4.500,00 €

Gewinnauswirkung: gewinnerhöhend um 49.500 € **(1,0 P.)**

Gebäude

Das neu fertig gestellte Gebäude ist ebenfalls ein einheitliches, selbstständiges Wirtschaftsgut und ist dem unbeweglichen abnutzbaren Anlagevermögen zuzuordnen (R 6.1 Abs. 1 Satz 5 EStR, R 7.1 Abs. 1 Nr. 4 EStR). **(0,5 P.)**

Das Gebäude ist gem. § 6 Abs. 1 Nr. 1 Satz 1 EStG bzw. § 253 Abs. 3 Satz 1 HGB mit den fortgeführten Herstellungskosten zu bewerten. **(0,5 P.)**

Der AfA-Beginn richtet sich nach der Fertigstellung am 01.11.2020 **(0,5 P.)**, § 11c Abs. 1 Nr. 2 EStDV bzw. R 7.4 Abs. 1 EStR.

Die Gebäude-AfA beträgt gem. § 7 Abs. 4 Satz 1 Nr. 1 EStG 3 % **(0,5 P.)**, denn das Gebäude gehört zum Betriebsvermögen, dient nicht Wohnzwecken und der Antrag auf Baugenehmigung ist nach dem 31.03.1985 erfolgt. Eine degressive Abschreibung nach § 7 Abs. 5 Satz 1 Nr. 1 EStG ist nicht möglich, weil der Antrag auf die Baugenehmigung nach dem 31.12.1993 gestellt worden ist.

Kontenentwicklung:

	Herstellungskosten insgesamt	666.500,00 €	
−	Kfz-Hebebühne	30.000,00 €	
−	Hofbefestigung	66.500,00 €	
=	Zwischensumme	570.000,00 €	**(0,5 P.)**
+	Abbruchkosten	30.000,00 €	**(0,5 P.)**
=	Herstellungskosten insgesamt	600.000,00 €	
−	AfA: 3 % für 2 Monate	3.000,00 €	**(0,5 P.)**
=	Bilanzwert 31.12.2020	**597.000,00 €**	

Korrekturbuchungen:

Gebäude	30.000,00 €	an	sonst. betr. Aufwand (Abbruch)	30.000,00 €	**(0,5 P.)**

Gebäude	30.325,00 €	an	AfA (Korrektur)	30.325,00 €	**(1,0 P.)**

Gewinnauswirkung: gewinnerhöhend um 60.325 € **(1,0 P.)**

Kfz-Hebebühne (Betriebsvorrichtung)

Die hergestellte Hebebühne dient unmittelbar dem gewerblichen Betrieb und ist deshalb gem. R 4.2 Abs. 3 Satz 3 Nr. 1 EStR als selbstständiges Wirtschaftsgut gesondert zu bilanzieren. **(1,0 P.)**

Da sie in einem unmittelbaren Funktionszusammenhang mit dem Betrieb steht, ist sie als Betriebsvorrichtung zu qualifizieren. **(1,0 P.)**

Als Betriebsvorrichtung ist sie gem. R 7.1 Abs. 2 und 3 Satz 2 EStR stets dem beweglichen abnutzbaren Anlagevermögen zuzuordnen, **(0,5 P.)** auch wenn sie wesentlicher Bestandteil des Grundstücks geworden ist. **(0,5 P.)**

Die Kfz-Hebebühne ist gem. § 6 Abs. 1 Nr. 1 Satz 1 EStG bzw. § 253 Abs. 3 Satz 1 HGB mit den fortgeführten Herstellungskosten zu bewerten. **(0,5 P.)**

Kontenentwicklung:

	Zugang am 01.11.2020	30.000,00 €
−	degressive AfA (16 $^2/_3$ %) **(0,5 P.)** für 2 Monate **(0,5 P.)**, aufgerundet	834,00 €
=	Bilanzansatz 31.12.2020	**29.166,00 €**

Buchung: **(0,5 P.)**

Kfz-Hebebühne	29.166,00 €			
AfA	834,00 €	an	Gebäude	30.000,00 €

Gewinnauswirkung: gewinnmindernd um 334 € **(0,5 P.)**

Hofbefestigung (Außenanlage)

Die Hofbefestigung steht nicht in einem einheitlichen Nutzungs- und Funktionszusammenhang mit dem Gebäude und ist deshalb als Außenanlage ein selbstständiges Wirtschaftsgut und deshalb auch gesondert abschreibungsfähig, vgl. H 7.1. EStH „Gebäudeteile". **(1,0 P.)**

Die Hofbefestigung ist auch nicht speziell auf den Betrieb ausgerichtet, sodass diese auch nicht als Betriebsvorrichtung zu qualifizieren ist. **(0,5 P.)**

Die Außenanlagen sind gem. R 7.1 Abs. 1 Nr. 3 EStR den unbeweglichen abnutzbaren Wirtschaftsgütern, die keine Gebäude oder Gebäudeteile sind, zuzuordnen. **(0,5 P.)**

Die Bewertung erfolgt gem. § 6 Abs. 1 Nr. 1 Satz 1 EStG bzw. § 253 Abs. 3 Satz 1 HGB mit den fortgeführten Herstellungskosten. **(0,5 P.)**

Die AfA ist nach § 7 Abs. 1 Sätze 1 und 4 EStG linear und zeitanteilig vorzunehmen. **(0,5 P.)**

Kontenentwicklung:

	Zugang am 01.11.2020	66.500,00 €
−	lineare AfA, 5,263 % **(0,5 P.)** für 2 Monate **(0,5 P.)**, aufgerundet	584,00 €
=	Bilanzansatz 31.12.2020	65.916,00 €

Buchung: **(0,5 P.)**

Hofbefestigung	65.916,00 €			
AfA	584,00 €	an	Gebäude	66.500,00 €

Gewinnauswirkung: gewinnmindernd um 584 € **(0,5 P.)**

Sachverhalt 2

a) Anteile an der X-GmbH (Beteiligung)

Verkauf

Die Anteile an der X-GmbH gehören bis zu ihrer Veräußerung gem. R 4.2 Abs. 1 Satz 1 EStR zum notwendigen Betriebsvermögen des M, weil es sich um eine branchengleiche Beteiligung handelt.

In der Handelsbilanz besteht kein Handlungsbedarf, weil der Bilanzwert der Beteiligung wegen der Veräußerung zutreffend mit 0 € ausgewiesen worden ist und die stillen Reserven auch als Ertrag gebucht worden sind. **(1,0 P.)**

Steuerrechtlich besteht jedoch ein Wahlrecht dahingehend, dass die aufgedeckten stillen Reserven nicht sofort versteuert werden müssen, sondern durch Bildung einer Rücklage auf ein Ersatzwirtschaftsgut übertragen werden können.

Eine Minderung der Anschaffungskosten oder die Bildung einer entsprechenden Rücklage in der Handelsbilanz ist nach den Vorschriften des HGB nicht zulässig. **(1,0 P.)**

Die Abweichung vom Handelsbilanzansatz in der Steuerbilanz wird durch § 5 Abs. 1 Satz 1 Halbsatz 2 EStG zugelassen. Die Ausübung des steuerlichen Wahlrechts wird insoweit nicht nach § 5 Abs. 1 Satz 1 Halbsatz 1 EStG durch die Maßgeblichkeit der handelsrechtlichen Grundsätze ordnungsgemäßer Buchführung beschränkt (BMF v. 12.03.2011, BStBl 2011 I S. 239 – Tz. 13, 14). **(1,0 P.)**

Die Veräußerung der Anteile mit Wirkung zum 02.09.2020 erfüllt steuerlich die Voraussetzungen des § 6b EStG, **(0,5 P.)** denn die Anteile gehörten mindestens sechs Jahre ununterbrochen zum Betriebsvermögen (§ 6b Abs. 4 Nr. 2 i. V. m. Abs. 10 Satz 4 EStG) des M, es handelt sich bei M nicht um eine Körperschaft (§ 6b Abs. 10 Satz 1 EStG) und das Wirtschaftsgut „Beteiligung an Kapitalgesellschaften" ist in § 6b Abs. 10 Satz 1 EStG aufgeführt. **(2,0 P.)**

Die aufgedeckten stillen Reserven i. H. v. 30.000 € können deshalb gem. § 6b Abs. 10 Satz 5 EStG zum 31.12.2020 gewinnmindernd in eine steuerliche Rücklage eingestellt werden. **(0,5 P.)**

Da M keine gesonderte Steuerbilanz aufstellen will, muss er die Ausübung des steuerlichen Wahlrechts gem. § 5 Abs. 1 Satz 2 EStG in einem gesonderten Verzeichnis ausweisen, das Bestandteil der Buchführung ist. **(1,0 P.)**

In der Handelsbilanz ist keine Buchung erforderlich, weil der Abgang bereits zutreffend erfasst worden ist.

Steuerlich ist der Gewinn außerbilanziell gem. § 60 Abs. 2 Satz 1 EStDV um 30.000 € zu mindern. **(1,0 P.)**

Erträge aus der Beteiligung

Der Anspruch auf Dividende entsteht mit der Beschlussfassung am 22.06.2020. Es handelt sich gem. § 20 Abs. 8 EStG um betriebliche Erträge. **(0,5 P.)**

Es greift gem. § 3 Nr. 40 Buchst. d) EStG das Teileinkünfteverfahren, sodass 40 % der Erträge steuerfrei sind. **(0,5 P.)**

Die Kapitalertragsteuer und der SolZ erhöhen den betrieblichen Ertrag in 2020 und sind gleichzeitig gem. § 4 Abs. 1 Satz 2 EStG als Privatentnahme zu erfassen. **(0,5 P.)**

Die Bruttodividende beträgt (4.417,50 € • 100 : 73,625 =) 6.000 €; die einbehaltenen Steuerabzugsbeträge belaufen sich demnach auf (6.000 € - 4.417,50 € =) 1.582,50 €. **(1,5 P.)**

Buchung: **(0,5 P.)**

Privatentnahmen	1.582,50 €	an	Beteiligungserträge	1.582,50 €

Gewinnauswirkung: gewinnerhöhend um 1.582,50 €. **(0,5 P.)** Der steuerliche Gewinn ist gem. § 60 Abs. 2 Satz 1 EStDV wegen des Teileinkünfteverfahrens außerbilanziell um (40 % von 6.000 € =) 2.400 € zu mindern. **(0,5 P.)**

b) Anteile an der Y-AG (Wertpapiere)

Die Wertpapiere gehören gem. § 4 Abs. 1 EStG i. V. m. R 4.2 Abs. 1 Satz 3 EStR zum gewillkürten Betriebsvermögen, vgl. auch H 4.2 Abs. 1 EStH „Gewillkürtes Betriebsvermögen". **(0,5 P.)**

Da die Anteile nur vorübergehend dem Betrieb dienen sollen, sind sie gem. R 6.1 Abs. 2 EStR und Umkehrschluss aus § 247 Abs. 2 HGB dem Umlaufvermögen zuzuordnen. **(0,5 P.)**

Die Bewertung erfolgt nach § 6 Abs. 1 Nr. 2 Satz 1 EStG bzw. § 253 Abs. 1 Satz 1 HGB mit den Anschaffungskosten. **(0,5 P.)**

Nach dem strengen Niederstwertprinzip sind die Wertpapiere in der Handelsbilanz gem. § 253 Abs. 4 HGB **(1,0 P.)** zutreffend mit dem niedrigeren Kurswert von 3.045 € angesetzt worden: Nennwert 2.500 € · 120 % = 3.000 € zzgl. 1,5 % Nebenkosten von 45 €. **(0,5 P.)**

Eine Abschreibung auf den steuerlichen Teilwert (in gleicher Höhe) ist gem. § 5 Abs. 6 EStG i. V. m. § 6 Abs. 1 Nr. 2 Satz 2 EStG zulässig, **(1,0 P.)** weil eine voraussichtlich dauernde Wertminderung gegeben ist, denn die Kurserholung im neuen Jahr stellt ein wertbegründendes Ereignis dar, das unberücksichtigt bleibt (BMF v. 02.09.2017). **(0,5 P.)**

Steuerlicher Bilanzansatz zum 31.12.2020 ebenfalls mit 3.045 € **(0,5 P.)**

Sachverhalt 3

Die vorgenommene handelsrechtliche Aufwandsbuchung ist nicht zulässig, denn der entgeltlich erworbene Geschäfts- oder Firmenwert muss gem. § 246 Abs. 1 Satz 4 HGB aktiviert werden. **(0,5 P.)**

Steuerlich besteht gem. § 5 Abs. 2 EStG ebenfalls ein Aktivierungsgebot, **(0,5 P.)** sodass zwischen dem Handels- und dem Steuerrecht kein Unterschied besteht.

Der Firmenwert ist als immaterielles Wirtschaftsgut dem Anlagevermögen zuzuordnen, § 247 Abs. 2 HGB und R 6.1 Abs. 1 Sätze 4 und 5 EStR und R 7.1. Abs. 1 Nr. 2 EStR. **(0,5 P.)**

Er ist gem. § 6 Abs. 1 Nr. 1 Satz 1 EStG bzw. § 253 Abs. 3 Satz 1 HGB mit den fortgeführten Anschaffungskosten zu bewerten. **(0,5 P.)**

Die AfA darf nur linear vorgenommen werden, weil der Firmenwert als immaterielles Wirtschaftsgut kein bewegliches Wirtschaftsgut ist, Umkehrschluss aus R 7.1 Abs. 2 EStR. **(0,5 P.)**

Handelsrechtlich gilt eine Nutzungsdauer von 10 Jahren (§ 253 Abs. 3 HGB). **(1,0 P.)**

Für den steuerlichen Bilanzansatz sind gem. § 5 Abs. 6 EStG die steuerlichen Vorschriften stets dann vorrangig, wenn sie zwingend etwas anderes vorschreiben. § 7 Abs. 1 Satz 3 EStG legt für den Firmenwert eine Nutzungsdauer von 15 Jahren zugrunde. **(0,5 P.)**

Kontenentwicklungen:

		Handelsbilanz	Steuerbilanz
	Zugang Firmenwert zum 01.04.2020	15.000,00 €	15.000,00 €
-	lineare AfA für 9 Monate		
	10 Jahre bzw. 15 Jahre Nutzungsdauer	1.125,00 €	750,00 €
=	Bilanzansatz zum 31.12.2020 (je 0,5 P.)	13.875,00 €	14.250,00 €

Buchung: **(0,5 P.)**

Firmenwert	13.875,00 €			
AfA	1.125,00 €	an	sonst. betr. Aufw.	15.000,00 €

Gewinnauswirkung: gewinnerhöhend um 13.875 €. **(1,0 P.)** Der steuerliche Gewinn ist gem. § 60 Abs. 2 Satz 1 EStDV in Höhe der AfA-Differenz um (1.125 € - 750 € =) 375 € außerbilanziell zu erhöhen. **(0,5 P.)**

Sachverhalt 4

Selbstständig bewertungs- und nutzungsfähig sind nur die einzelnen Einrichtungsgegenstände, R 6.13 Abs. 1 Satz 6 EStR und H 6.13 EStH selbstständig nutzungsfähige WG Einrichtungsgegenstände. **(1,0 P.)** Demnach ist der Zugang steuerlich wie folgt zu behandeln:

Stühle

Aufwendungen bis zu 250 € – wie im vorliegenden Fall die neun Stühle zu je 100 € – können in voller Höhe gemäß § 6 Abs. 2 EStG als Betriebsausgaben abgezogen werden. Das Wahlrecht kann für jedes Wirtschaftsgut individuell in Anspruch genommen werden (wirtschaftsgutbezogenes Wahlrecht). **(1,0 P.)**

Bei Anwendung der Bewertungsfreiheit des § 6 Abs. 2 EStG bestehen mit Ausnahme der buchmäßigen Erfassung des Zugangs des Wirtschaftsgutes keine weiteren Aufzeichnungspflichten; aus steuerlichen Gründen ist eine Aufnahme in ein Inventar i. S. d. § 240 HGB nicht erforderlich.

Die 900 € stellen deshalb einen sofort abziehbaren Aufwand dar. **(0,5 P.)**

Schreibtisch

Aufwendungen von mehr als 250 € und nicht mehr als 800 € – wie hier der Schreibtisch – können in voller Höhe gemäß § 6 Abs. 2 EStG als Betriebsausgaben abgezogen werden, zumal M seinen Gewinn so niedrig wie möglich ausweisen möchte. **(0,5 P.)**

Nach § 6 Abs. 2 Satz 4 und 5 ist das Wirtschaftsgut unter Angabe des Tages der Anschaffung in ein besonderes, laufend zu führendes Verzeichnis aufzunehmen. Das Verzeichnis braucht nicht geführt zu werden, wenn diese Angaben aus der Buchführung ersichtlich sind.

Die 800 € stellen deshalb einen sofort abziehbaren Aufwand dar. **(0,5 P.)**

Konferenztisch

Aufwendungen von mehr als 800 € und nicht mehr als 1.000 € – wie der Konferenztisch – können grundsätzlich gem. § 6 Abs. 2a EStG in einen Sammelposten eingestellt werden.

Dieses Wahlrecht kann jedoch nach Auffassung der Finanzverwaltung (BMF v. 30.09.2011, BStBl 2011 I S. 755 – Tz. 7) nur einheitlich für alle Wirtschaftsgüter des Wirtschaftsjahres mit Aufwendungen von mehr als 250 € und nicht mehr als 1.000 € in Anspruch genommen werden (wirtschaftsjahrbezogenes Wahlrecht). **(0,5 P.)**

Da die Aufwendungen für den Schreibtisch nicht in den Sammelposten einzustellen sind, sind die Aufwendungen für den Konferenztisch zwingend zu aktivieren und degressiv abzuschreiben und unter Berücksichtigung der Nutzungsdauer gewinnmindernd als Betriebsausgaben zu berücksichtigen (BMF v. 30.09.2011, BStBl 2011 I S. 755 – Tz. 7 und 1). **(0,5 P.)**

Kontenentwicklung:

	Zugang 09.10.2020	900,00 €
−	degressive AfA für 3 Monate	44,00 € (aufgerundet) **(0,5 P.)**
=	Bilanzansatz 31.12.2020	**856,00 € (0,5 P.)**

Korrekturbuchung: **(2,0 P.)**

BGA	856,00 €			
Sofortabschreibung GWG	1.700,00 €			
AfA BGA	44,00 €	an	sonstiger betr. Aufwand	2.600,00 €

Gewinnauswirkung: gewinnerhöhend um 856 €. **(1,0 P.)**

Sachverhalt 5

Darlehen

Der Darlehensbetrag steht im Zusammenhang mit der Erweiterung des Betriebs und der Verkaufsfläche und ist deshalb nach § 4 Abs. 1 EStG i. V. m. H 4.2 Abs. 15 EStH „Betriebsschuld" bzw. § 5 Abs. 1 Satz 1 Halbsatz 1 EStG i. V. m. §§ 240 Abs. 1, 246 Abs. 1 HGB als notwendiges Betriebsvermögen zu passivieren. **(1,0 P.)**

Das Darlehen ist gem. § 253 Abs. 1 Satz 2 HGB bzw. § 6 Abs. 1 Nr. 3 EStG, H 6.10. EStH „Anschaffungskosten" mit dem Erfüllungsbetrag – hier der Rückzahlungsbetrag – zu passivieren. **(0,5 P.)**

Kontenentwicklung:

Zugang 01.06.2020	100.000 €
Bilanzansatz 31.12.2020	**100.000 € (0,5 P.)**

Zinsen/Vermittlungsprovision

Weil das Darlehen zum notwendigen Betriebsvermögen gehört, sind die damit im Zusammenhang stehenden Zinsaufwendungen gem. § 4 Abs. 4 EStG Betriebsausgaben; **(0,5 P.)** eine Einschränkung gem. § 4 Abs. 4a Satz 5 EStG unterbleibt, weil das Darlehen im Zusammenhang mit der Anschaffung von Wirtschaftsgütern des Anlagevermögens steht. **(0,5 P.)**

Die Zinsen i. H. v. (100.000 € · 4 % · $7/12$ =) 2.334 € sind gem. § 5 Abs. 1 Satz 1 Halbsatz 1 EStG i. V. m. § 252 Abs. 1 Nr. 5 HGB abzugrenzen; insofern liegt eine sonstige Verbindlichkeit vor, die zu passivieren ist, R 5.6 Abs. 3 Satz 2 EStR. **(0,5 P.)**

Bilanzansatz 31.12.2020 2.334 € **(0,5 P.)**

Die Vermittlungsprovision von 1.000 € ist eine Betriebsausgabe des Jahres 2020, vgl. H 6.10 EStH „Vermittlungsprovision". **(0,5 P.)**

Die Bezahlung der Provision aus privaten Mitteln stellt eine Geldeinlage i. S. d. § 4 Abs. 1 Satz 8 EStG dar. **(0,5 P.)**

Buchung: **(1,0 P.)**

Zinsaufwendungen	2.334,00 €			
Sonstige betr. Aufw.	1.000,00 €	an	sonstige Verbindlichkeiten	2.334,00 €
			Privateinlage	1.000,00 €

Gewinnauswirkung: gewinnmindernd um 3.334 €. **(1,0 P.)**

Disagio

Bezüglich des Disagios besteht handelsrechtlich ein Aktivierungswahlrecht gem. § 250 Abs. 3 HGB. **(0,5 P.)**

Steuerrechtlich muss das Disagio aktivisch abgegrenzt werden; der Rechnungsabgrenzungsposten ist auf die Laufzeit verteilt aufzulösen, § 5 Abs. 5 Satz 1 Nr. 1 EStG, H 6.10 EStH „Damnum". **(0,5 P.)** Laut Aufgabenstellung ist in der Handelsbilanz entsprechend zu verfahren. **(0,5 P.)**

Die Auflösung hat bei einem Tilgungsdarlehen nach der Zinsstaffelmethode zu erfolgen (H 5.6 EStH-Auflösung). Bei vier Raten beträgt der Nenner (4 + 3 + 2 + 1 =) 10. **(0,5 P.)**

Kontenentwicklung:

	Zugang 01.06.2020	4.000,00 €
−	Auflösung in 2020 ($^4/_{10}$ von 4.000,00 · $^7/_{12}$ =)	934,00 €
=	Bilanzansatz 31.12.2020 (HB = StB)	**3.066,00 €** **(1,0 P.)**

Buchung: **(0,5 P.)**

Aktive RAP	3.066,00 €			
Zinsaufwendungen	934,00 €	an	Darlehensschulden	4.000,00 €

Gewinnauswirkung: gewinnmindernd um 934 €. **(0,5 P.)**

Sachverhalt 6

Es besteht gem. § 5 Abs. 1 Satz 1 Halbsatz 1 EStG i. V. m. § 249 Abs. 1 Satz 1 HGB ein Passivierungsgebot als Rückstellung für eine ungewisse Verbindlichkeit, weil die Streitsache am Bilanzstichtag anhängig ist und der Prozess schwebt, R 5.7 Abs. 1 und 2 EStR. **(1,0 P.)**

Durch das positive Urteil am 16.04.2021 werden für den M keine rückwirkenden besseren Erkenntnisse über das Prozessrisiko zum 31.12.2020 vermittelt; eine Wertaufhellung i. S. d. § 252 Abs. 1 Nr. 4 HGB liegt insofern nicht vor, H 5.7 Abs. 13 EStH „Rechtsmittel". **(1,0 P.)**

Rückstellungen sind in Höhe des nach vernünftiger kaufmännischer Beurteilung notwendigen Erfüllungsbetrages anzusetzen, § 5 Abs. 1 Satz 1 Halbsatz 1 EStG i. V. m. § 253 Abs. 1 Satz 2 HGB. **(0,5 P.)**

Die Höhe der Rückstellung ist nur nach dem Streitwert am Bilanzstichtag unter Berücksichtigung der in diesem Zeitpunkt angerufenen Instanz zu berechnen, das sind hier 4.000 €. **(0,5 P.)**

Da Rückgriffsmöglichkeiten gegenüber einer Rechtsschutzversicherung nicht bestehen, kommt eine Minderung der Rückstellung nicht in Betracht.

Eine Abzinsung erfolgt nicht, da die Laufzeit nicht mindestens 12 Monate beträgt, § 6 Abs. 1 Nr. 3a Buchst. e) EStG bzw. § 253 Abs. 2 Satz 1 HGB. **(0,5 P.)**

Bilanzansatz 31.12.2020 4.000 € **(0,5 P.)**

Buchung: **(0,5 P.)**

Rechts- und Beratungskosten 4.000,00 €	an	sonstige Rückstellungen 4.000,00 €

Gewinnauswirkung: gewinnmindernd um 4.000 €. **(0,5 P.)**

Teil 2: Jahresabschlussanalyse

zu a)

Anlagenintensität = Anlagevermögen • 100 : Gesamtvermögen
= 15.435 € • 100 : 38.500 €
= **40,1 % (2,0 P.)**

Die Anlagenintensität des Anlagevermögens liegt weit unter den 55 %, die in der Branche üblich sind. Dies ist hinsichtlich des Bestehens von Fixkosten günstig. Damit ist das Unternehmen weniger abhängig von Schwankungen beim Beschäftigungsgrad. Zu prüfen wäre ggf., inwiefern Leasingverträge diese Situation bedingen. **(2,0 P.)**

zu b)

Anlagendeckung II = (Eigenkapital + langfristiges Fremdkapital) · 100 : Anlagevermögen

= (6.350 € + 8.500 €) · 100 : 15.435 €

= **96,21 % (2,0 P.)**

Die Anlagendeckung II beträgt 96,21 %. Sie liegt unter der „Goldenen Bilanzregel" im weiteren Sinne, d. h. unter dem Stand von 100 %. Aus der Sicht der Fristenkongruenz scheint der Wert allerdings vertretbar zu sein. **(2,0 P.)**

zu c)

Verschuldenskoeffizient = Fremdkapital · 100 : Eigenkapital

= 32.150 € · 100 : 6.350 €

= **506,3 % (2,0 P.)**

Bei der 1:1-Regel wäre die Verschuldungssituation 100 %, bei der Einhaltung der 2:1 Regel 200 %. Mit dem erheblich höheren Wert besteht die Gefahr, von den Fremdkapitalgebern abhängig zu werden. Außerdem sind hohe Fremdkapitalkosten zu erwarten. **(2,0 P.)**

Teil 3: Gesellschaftsrecht

zu 1.

Die Neugründung der F & K GmbH & Co. KG verläuft in zwei Stufen:

1. Stufe: Gründung der GmbH

a) Die GmbH ist eine juristische Person mit eigener Rechtspersönlichkeit, §§ 1, 13 GmbHG. **(0,5 P.)**

b) Für die Komplementär-GmbH ist als Rechtsgrundlage das GmbHG zu beachten. **(0,5 P.)**

c) Der Gesellschaftsvertrag bedarf gem. § 2 Abs. 1 GmbHG der notariellen Beurkundung. Zu diesem Zeitpunkt – hier am 05.04.2020 – ist die Vor-GmbH entstanden. **(0,5 P.)**

Im vorliegenden Fall ist ein vereinfachtes Verfahren i. S. d. § 2 Abs. 1a GmbHG möglich. Ein Musterprotokoll, das zugleich auch die Gesellschafterliste und die Bestellung des Geschäftsführers beinhaltet, ist zulässig, weil die Gesellschaft höchstens drei Gesellschafter (hier: nur ein Gesellschafter) und auch nur einen Geschäftsführer hat. **(1,0 P.)**

d) siehe 2. Stufe: Gründung der KG.

e) Die zu leistende Bareinlage des alleinigen Gesellschafters F entspricht gem. § 5 Abs. 1 GmbHG der gesetzlichen Mindesteinlage von 25.000 €. **(0,5 P.)** Gemäß § 7 Abs. 2 Satz 2 GmbHG hätte eine Mindesteinzahlung von 12.500 € vor der Anmeldung genügt.

2. Stufe: Gründung der Kommanditgesellschaft

a) Die F & K GmbH & Co. KG ist eine Personengesellschaft **(0,5 P.)** i. S. d. § 161 Abs. 1 HGB; sie besitzt als Personengesellschaft gem. § 161 Abs. 2 i. V. m. § 124 Abs. 1 HGB Teilrechtsrechtsfähigkeit. **(0,5 P.)**

b) Für die F & K GmbH & Co. KG finden insbesondere die §§ 161 ff. HGB Anwendung, ergänzend gem. § 161 Abs. 2 HGB die Vorschriften über die OHG und gem. § 105 Abs. 3 HGB auch die Vorschriften der BGB-Gesellschaft gem. §§ 705 ff. BGB. **(1,0 P.)**

c) Der Abschluss des Gesellschaftsvertrages ist bei der Bargründung formfrei; die Schriftform ist jedoch zweckmäßig und üblich. **(0,5 P.)**

d) Obwohl die GmbH erst am 22.05.2020 mit der Eintragung zivilrechtlich entsteht (§ 11 Abs. 1 GmbHG), kann der Gesellschaftsvertrag bereits mit der Vor-GmbH (mit Abschluss des notariell beurkundeten GmbH-Vertrages am 06.04.2020) abgeschlossen werden. **(1,0 P.)**

e) Eine gesetzliche Einlagepflicht (wie bei der GmbH) besteht weder für die Kommanditisten noch für die Komplementär-GmbH. **(0,5 P.)**

zu 2.

Im Außenverhältnis ist die GmbH & Co. KG gem. § 161 Abs. 2 i. V. m. § 123 Abs. 1 HGB am 29.05.2020 mit der Eintragung in das Handelsregister entstanden. **(1,0 P.)**

zu 3.

Zur Geschäftsführung und Vertretung der GmbH & Co. KG ist nur die Komplementärin, d. h. die GmbH berechtigt, die nur gem. §§ 6, 35 GmbHG durch ihren alleinigen Gesellschafter-Geschäftsführer handeln kann. **(1,0 P.)**

Die Kommanditisten F und K sind gem. § 164 HGB von der Führung der Geschäfte ausgeschlossen und gem. § 170 HGB nicht zur Vertretung der F & K GmbH & Co. KG ermächtigt. **(1,0 P.)**

zu 4.

Die GmbH haftet zwar als einzige Komplementärin formell nach § 161 Abs. 1 HGB unbeschränkt; **(0,5 P.)** die Realisierung der Gläubigeransprüche wird jedoch gem. § 13 Abs. 2 GmbHG durch das Gesellschaftsvermögen (Stammkapital) begrenzt. **(0,5 P.)**

Die Kommanditisten F und K haften unmittelbar gem. § 171 Abs. 1 HGB, aber beschränkt bis zur Höhe ihrer Einlage von 45.000 €. **(0,5 P.)** Die Haftung ist ausgeschlossen, soweit die Einlage am 15.05.2020 erbracht ist. **(0,5 P.)**

Zweiter Prüfungssatz

Steuerrecht I

Teil 1: Einkommensteuer

1. Berücksichtigung von Kindern

Sohn Till Reich

Till ist ein leibliches Kind der Eheleute Reich gem. § 32 Abs. 1 Nr. 1 EStG. **(0,5 P.)**

Er ist aufgrund des Studiums im gesamten VZ 2020 grundsätzlich nach § 32 Abs. 4 Satz 1 Nr. 2 Buchst. a) EStG zu berücksichtigen, weil er sich insoweit in Berufsausbildung befindet und das 18. Lebensjahr, nicht aber das 25. Lebensjahr vollendet hat. **(0,5 P.)**

Das Studium wird jedoch nach Abschluss einer erstmaligen Berufsausbildung zum Steuerfachangestellten durchgeführt, sodass Till nach § 32 Abs. 4 Satz 2 und 3 EStG nur berücksichtigt werden kann, wenn seine ausgeübte Erwerbstätigkeit unschädlich ist. **(0,5 P.)**

Unschädlich ist eine Erwerbstätigkeit dann, wenn die regelmäßige wöchentliche Arbeitszeit insgesamt nicht mehr als 20 Stunden beträgt. Hierbei ist von der individuell vertraglich vereinbarten Arbeitszeit auszugehen. **(0,5 P.)**

Eine vorübergehende (höchstens zwei Monate andauernde) Ausweitung der Beschäftigung auf mehr als 20 Stunden ist unbeachtlich, wenn während des Zeitraumes innerhalb eines Kalenderjahres, in dem einer der Grundtatbestände des § 32 Abs. 4 Satz 1 Nr. 2 EStG erfüllt ist, die durchschnittliche wöchentliche Arbeitszeit nicht mehr als 20 Stunden beträgt (BMF v. 07.12.2012, BStBl 2012 I S. 1243, Tz. 24). **(0,5 P.)**

Berechnung: **(2,0 P.)**

$$\frac{(17 \text{ Wochen} \cdot 20 \text{ Std.}) + (8 \text{ Wochen} \cdot 45 \text{ Std.}) + (8 \text{ Wochen} \cdot 49 \text{ Std.})}{52 \text{ Wochen}} = 21 \text{ Std.}$$

Die durchschnittliche wöchentliche Arbeitszeit beträgt mit 21 Stunden mehr als 20 Stunden, sodass Till für den VZ 2020 nicht als Kind i. S. d. § 32 EStG zu berücksichtigen ist. **(0,5 P.)**

Tochter Ulrike Reich

Das leibliche Kind von HR kann nicht berücksichtigt werden, weil es das 25. Lebensjahr bereits im VZ 2009 vollendet hatte, § 32 Abs. 1 Nr. 1 i. V. m. Abs. 4 Nr. 2 EStG. **(0,5 P.)**

2. Ermittlung der Einkünfte für Helmut Reich (HR)

2.1 Tätigkeit als Arzt

Als Arzt erzielt HR Einkünfte aus selbstständiger Arbeit gem. § 18 Abs. 1 Nr. 1 EStG. **(0,5 P.)**

zu Tz. 1: Anschaffung Röntgengerät

Gemäß § 7g Abs. 2 Satz 1 EStG ist der Investitionsabzugsbetrag i. H. v. 40 % der Anschaffungskosten dem Gewinn hinzuzurechnen; die Hinzurechnung darf jedoch den im VZ 2019 abgezogenen Investitionsabzugsbetrag nicht übersteigen. **(1,0 P.)**

Für Investitionsabzugsbeträge und Sonderabschreibungen, die nach dem 31.12.2019 endenden Wirtschaftsjahren in Anspruch genommen werden, erhöht sich der Prozentsatz von 40 % auf 50 %.

Anschaffungskosten 2020: 120.000 € · 40 % =	48.000,00 €
Investitionsabzugsbetrag 2019	30.000,00 €

Dem Gewinn sind deshalb 30.000 € hinzuzurechnen. **(1,0 P.)**

Um das steuerlich günstigste Ergebnis für den VZ 2020 zu erzielen, sind die Anschaffungskosten des Röntgengerätes im VZ 2020 gem. § 7g Abs. 2 Satz 2 EStG im Umfang von 30.000 € gewinnmindernd herabzusetzen. **(1,0 P.)**

Demnach ergibt sich für den VZ 2020 Folgendes:

	Anschaffungskosten Mai 2020	120.000,00 €	
–	Investitionsabzugsbetrag 2019	30.000,00 €	
=	AfA-Bemessungsgrundlage	90.000,00 €	**(0,5 P.)**
–	Sonder-AfA gem. § 7g Abs. 5 und 6 EStG (20 % von 90.000 € =)	18.000,00 €	**(1,0 P.)**
–	degressive AfA gem. § 7 Abs. 2 EStG (25 % von 90.000 € · 8/12 =)	15.000,00 €	**(1,0 P.)**
=	Buchwert zum 31.12.2020	**57.000,00 €**	

Somit ergeben sich für den VZ 2020 folgende Gewinnkorrekturen:

+	Hinzurechnung, § 7g Abs. 2 Satz 1 EStG	30.000,00 €
–	Auflösung gem. § 7g Abs. 2 Satz 2 EStG	30.000,00 €
–	Sonder-AfA gem. § 7g Abs. 5 und 6 EStG	18.000,00 €
–	degressive AfA gem. § 7 Abs. 2 EStG	15.000,00 €
=	Gewinnminderung 2020	**33.000,00 €**

zu Tz. 2: Pkw-Nutzung

Von der Gesamtfahrleistung (13.000 km) entfallen (8.000 km • 100 : 13.000 km =) 61,5 % auf Privatfahrten und demnach nur 38,5 % auf betriebliche Fahrten, sodass der Pkw kein notwendiges Betriebsvermögen darstellt, R 4.2 Abs. 1 Satz 4 EStR. **(0,5 P.)**

Wegen der fehlenden Zuordnung zum gewillkürten Betriebsvermögen (R 4.2. Abs. 1 Satz 6 EStR) ist das Fahrzeug dem Privatvermögen zuzurechnen. **(0,5 P.)**

Aufgrund der Nutzungsverhältnisse stellen jedoch 38,5 % der Aufwendungen dem Grunde nach Betriebsausgaben i. S. d. § 4 Abs. 4 EStG dar. **(1,0 P.)**

Bezüglich der Fahrten zwischen Wohnung und Praxis ist jedoch zu beachten, dass die Aufwendungen gem. § 4 Abs. 5 Nr. 6 EStG höchstens mit 0,30 €/Entfernungskilometer als Betriebsausgaben berücksichtigt werden dürfen. **(1,0 P.)**

Die abzugsfähigen Betriebsausgaben berechnen sich demnach wie folgt:

Fahrtkosten zum Ärztekongress (1.000 km = 7,7 %)
Gesamtaufwendungen: 7.500 € • 7,7 % = − 578,00 € **(0,5 P.)**

Fahrten zur Praxis (4.000 km = 30,8 %)
Gesamtaufwendungen: 7.500 € • 30,8 % = 2.310 € **(0,5 P.)**
maximal: 200 Tage • 10 km • 0,30 € = 600 €   − 600,00 € **(0,5 P.)**
                                              − 1.178,00 €

zu Tz. 3: Büroausstattung

Die Anschaffungskosten des elektronischen Terminplaners sind grundsätzlich im Wege der Abschreibung zu berücksichtigen, weil die Nutzungsdauer mehr als ein Jahr beträgt. **(0,5 P.)**

Aufwendungen bis zu netto 250 € können (Wahlrecht!) jedoch in voller Höhe gemäß § 6 Abs. 2 EStG als Betriebsausgaben abgezogen werden.

Gemäß § 6 Abs. 2 EStG können (Wahlrecht!) die Anschaffungskosten 2020 jedoch im Jahr der Anschaffung in voller Höhe als Betriebsausgaben berücksichtigt werden, weil sie ohne Vorsteuer den Betrag von 250 € (hier: 278,40 € : 1,16 = 240,00 €) nicht übersteigen (BMF v. 30.09.2011, BStBl 2011 I S. 755). Um das steuerlich günstigste Ergebnis für den VZ 2020 zu erzielen, ist von dieser Bewertungsfreiheit Gebrauch zu machen. **(0,5 P.)**, sodass sich der Gewinn um 278,40 € mindert.

In diesem Zusammenhang ist unerheblich, dass der Kaufpreis erst am 04.01.2021 bezahlt worden ist, denn entscheidend ist der Zeitpunkt der Lieferung bzw. Anschaffung. **(0,5 P.)**

Zusammenstellung

	Vorläufiger Gewinn lt. EÜR 2020	50.463,40 €	
-	Tz. 1 (Röntgengerät)	33.000,00 €	**(0,5 P.)**
-	Tz. 2 (Pkw-Nutzung)	1.178,00 €	**(0,5 P.)**
-	Tz. 3 (Büroausstattung)	278,40 €	**(0,5 P.)**
=	Einkünfte gem. § 18 EStG	**16.007,00 €**	

2.2 Grundstück Hauptstr. 25 in Essen

Mit der Vermietung des Grundstücks erzielt HR Einkünfte aus Vermietung und Verpachtung gem. § 21 Abs. 1 Nr. 1 EStG. **(0,5 P.)**

Die als steuerpflichtige Beträge zu erfassenden Mieteinnahmen betragen 48.600 €. **(0,5 P.)**

Die übrigen Aufwendungen sind gem. § 9 Abs. 1 EStG und § 7 Abs. 4 EStG wie folgt zu beurteilen:

Anschaffung Grundstück

Der Kaufpreis für das Grundstück (300.000 €), die Grunderwerbsteuer (19.500 €), die Notarkosten (3.000 €) und die Grundbuchkosten für die Eintragung des Eigentümerwechsels (1.000 €) sind Anschaffungskosten des Grundstücks, zusammen also 323.500 €. **(1,0 P.)**

Erneuerung Heizungsanlage

Die Aufwendungen für die Erneuerung der Heizungsanlage (23.800 €) sind als Anschaffungskosten des Gebäudes anzusehen, denn HR hatte ein leer stehendes Gebäude erworben, das objektiv nicht betriebsbereit war, weil ein für den Gebrauch wesentlicher Teil (funktionierende Heizung) nicht benutzbar war, vgl. BMF v. 18.07.2003, BStBl 2003 I S. 386). **(1,0 P.)**

Anbau Wintergarten

Der Anbau des Wintergartens ist eine Erweiterung des Gebäudes, sodass die Aufwendungen von 17.400 € als nachträgliche Herstellungskosten einzuordnen sind. **(1,0 P.)**

Diese werden im Jahr der Fertigstellung so behandelt, als seien sie bereits zu Beginn des Jahres aufgewendet worden, R 7.4 Abs. 9 Satz 3 EStR. **(0,5 P.)**

Komplettanstrich des Gebäudes

Die Aufwendungen (58.000 €) führen grundsätzlich zu sofort abzugsfähigen Erhaltungsaufwendungen, die im VZ der Zahlung (2020) abzugsfähig sind. **(0,5 P.)**

Zu prüfen bleibt jedoch, ob die Aufwendungen wegen Überschreitens der 15 %-Grenze des § 6 Abs. 1 Nr. 1a EStG als Anschaffungskosten im Rahmen des anschaffungsnahen Aufwands zu qualifizieren sind. **(0,5 P.)**

Neuanstrich der Innentüren

Die Aufwendungen (2.900 €) sind ebenfalls – vorbehaltlich des § 6 Abs. 1 Nr. 1a EStG – als Erhaltungsaufwendungen zu berücksichtigen. **(1,0 P.)**

Erhaltungsaufwendungen sind bei den Einkünften aus Vermietung und Verpachtung auch dann Werbungskosten des Steuerpflichtigen, wenn sie auf einem Werkvertrag beruhen, der von einem Dritten (Vater) im eigenen Namen, aber im Interesse des Steuerpflichtigen abgeschlossen wurde. **(1,0 P.)** Dies gilt auch dann, wenn der Vater als Dritter die geschuldete Zahlung selbst leistet; der Steuerpflichtige bestreitet mit dem derart zugewandten Betrag insoweit einen eigenen Aufwand (BMF v. 07.07.2009, BStBl 2009 I S. 717).

Prüfung der 15 %-Grenze

Gemäß § 6 Abs. 1 Nr. 1a EStG sind Aufwendungen für Instandsetzungs- und Modernisierungsmaßnahmen, die innerhalb von drei Jahren nach der Anschaffung des Gebäudes durchgeführt werden, als anschaffungsnaher Aufwand anzusetzen, wenn die Aufwendungen ohne Umsatzsteuer insgesamt 15 % der Anschaffungskosten des Gebäudes übersteigen. **(1,0 P.)**

	Anschaffung Grundstück (a)	323.500,00 €	
–	20 % Grund und Boden	64.700,00 €	
=	Zwischensumme	258.800,00 €	**(0,5 P.)**
+	Heizungsanlage (b)	23.800,00 €	**(1,0 P.)**
=	Anschaffungskosten Gebäude	282.600,00 €	
	hiervon 15 % =	42.390,00 €	**(0,5 P.)**

Die Aufwendungen für den Anbau des Wintergartens sind bei der Berechnung der 15 %-Grenze nicht zu berücksichtigen, weil es sich insoweit nicht um Anschaffungskosten, sondern um nachträgliche Herstellungskosten handelt. **(1,0 P.)**

Folgende Beträge sind als Instandsetzungs- und Modernisierungsmaßnahmen mit den ermittelten 42.390 € zu vergleichen:

Komplettanstrich (58.000,00 € : 1,16 =)	50.000,00 €	
+ Neuanstrich Türen (2.900,00 € : 1,16 =)	2.500,00 €	
+ Heizungsanlage (23.800,00 € : 1,19 =)	20.000,00 €	
= Summe	**72.500,00 €**	**(1,0 P.)**

Die Aufwendungen für die Beseitigung der Funktionsuntüchtigkeit (hier: Heizungsanlage) sind in die Prüfung der 15 %-Grenze mit einzubeziehen (OFD Rheinland v. 06.07.2011, DB 2011 S. 1910).

Nach alledem ist die 15 %-Grenze überschritten, sodass die Instandsetzungs- und Modernisierungsmaßnahmen mit dem Bruttobetrag für die Ermittlung der Abschreibung zu berücksichtigen sind. **(1,0 P.)**

Ermittlung der Abschreibung gem. § 7 Abs. 4 EStG

Anschaffungskosten Gebäude (s. o.)	282.600,00 €	
+ Wintergarten	17.400,00 €	
anschaffungsnaher Aufwand (52.500 € · 1,16 =)	60.900,00 €	
= AfA-Bemessungsgrundlage	**360.900,00 €**	**(0,5 P.)**
• 2 % gem. § 7 Abs. 4 Nr. 2a EStG =	7.218,00 €	**(1,0 P.)**

Die Einkünfte aus Vermietung und Verpachtung ermitteln sich zusammengefasst wie folgt:

Mieteinnahmen	48.600,00 €	
− sonstige Werbungskosten	6.000,00 €	**(0,5 P.)**
− Abschreibung	7.218,00 €	
= Einkünfte gem. § 21 EStG	**35.382,00 €**	**(0,5 P.)**

2.3 Beteiligung an der Dental-GmbH

Übertragung an die Tochter

Es handelt sich um eine Vermögensübertragung im Wege der vorweggenommen Erbfolge, weil die Werte von Leistung und Gegenleistung nicht wie unter Fremden nach kaufmännischen Gesichtspunkten gegeneinander abgewogen worden sind. **(1,0 P.)**

Der Wert der übertragenen GmbH-Anteile beläuft sich auf (400.000 € · 70 % =) 280.000 €; der Wert der Gegenleistungen beträgt demgegenüber nur 118.000 €. **(0,5 P.)**

Somit handelt es sich um eine voll unentgeltliche Vermögensübertragung, weil die Versorgungsleistungen nicht als Anschaffungskosten zu beurteilen sind. **(1,0 P.)**

Die Versorgungsleistungen stellen bei HR gem. § 22 Nr. 1a i. V. m. § 10 Abs. 1a Nr. 2c EStG sonstige Einkünfte i. H. v. 8.250 € dar. **(1,0 P.)**

Die Voraussetzungen des § 10 Abs. 1a Nr. 2 Buchst. c) EStG sind erfüllt, weil mindestens 50 % des Stammkapitals (70 %) übertragen wurden und der Übergeber als Geschäftsführer tätig war und der Übernehmer diese Tätigkeit nach der Übertragung übernimmt. Zudem handelt es sich um lebenslang wiederkehrende Leistungen. **(1,0 P.)**

Veräußerung an den leitenden Angestellten

Hinsichtlich der Veräußerung handelt es sich um Einkünfte aus Gewerbebetrieb, weil zum Privatvermögen gehörende Anteile an einer Kapitalgesellschaft veräußert werden, an der der Veräußerer zu mindestens 1 % beteiligt ist, §§ 15, 17 Abs. 1 Satz 1 EStG. **(0,5 P.)**

Der Gewinn entsteht am 30.09.2020 in voller Höhe **(1,0 P.)** und berechnet sich gem. § 17 Abs. 2 EStG wie folgt:

Verkaufspreis: 80.000 € · 60 % (§ 3 Nr. 40c EStG)	48.000,00 €	**(1,0 P.)**
- Anschaffungskosten 50.000 € · 30 % · 60 % (§ 3c Abs. 2 EStG)	9.000,00 €	**1,0 P.)**
= Veräußerungsgewinn	**39.000,00 €**	

Der Freibetrag gem. § 17 Abs. 3 EStG ist wegen der Höhe des Veräußerungsgewinns nicht zu gewähren. **(0,5 P.)**

3. Ermittlung der Einkünfte für Beate Reich (BR)

Tätigkeit als Geschäftsführerin

Die Einnahmen i. H. v. 200 € sind gem. § 3 Nr. 26a EStG in voller Höhe steuerfrei, weil es sich um eine nebenberufliche Tätigkeit (R 3.26 Abs. 2 LStR) für einen als gemeinnützig anerkannten Sportverein handelt und die Voraussetzungen des § 3 Nr. 26 EStG nicht erfüllt sind. **(1,0 P.)**

Ein Abzug der Aufwendungen i. H. v. 60 € ist gem. § 3c Abs. 1 EStG wegen des Zusammenhangs mit steuerfreien Einnahmen nicht zulässig. **(1,0 P.)**

Tätigkeit als Sportlehrerin

Die Einnahmen i. H. v. 3.000 € sind gem. § 3 Nr. 26 EStG bis zur Höhe von 2.400 € steuerfrei, weil es sich um eine nebenberufliche Tätigkeit als Übungsleiterin für einen als gemeinnützig anerkannten Sportverein handelt. **(1,0 P.)**

Ein Abzug der Aufwendungen i. H. v. 600 € ist gem. § 3 Nr. 26 Satz 2 EStG nicht möglich, weil diese den Betrag der steuerfreien Einnahmen (2.400 €) nicht übersteigen. **(1,0 P.)**

Somit erzielt BR Einkünfte gem. § 18 Abs. 1 Nr. 1 EStG i. H. v. (3.000 € - 2.400 € =) 600 €. **(0,5 P.)**

4. Sonderausgaben

Die Spende der Ehefrau an den Sportverein „Fortuna Düsseldorf" ist gem. § 10b Abs. 1 EStG i. H. v. 1.500 € als Sonderausgabe zu berücksichtigen. **(1,0 P.)**

5. Außergewöhnliche Belastungen

Da die Eheleute Reich für ihren Sohn Till keinen Kinderfreibetrag erhalten, liegen die Voraussetzungen für den Abzug der Aufwendungen für den Unterhalt nach § 33a Abs. 1 EStG dem Grunde nach vor. **(0,5 P.)**

Weil Till zum Haushalt seiner Eltern gehört, kann nach R 33a Abs. 1 Satz 5 EStR davon ausgegangen werden, dass Unterhaltsaufwendungen in Höhe des maßgeblichen Höchstbetrages angefallen sind. **(0,5 P.)**

Der Höchstbetrag ermittelt sich wie folgt:

	Höchstbetrag gem. § 33a Abs. 1 Satz 1 EStG		9.408,00 €	**(0,5 P.)**
+	Erhöhungsbetrag gem. § 33a Abs. 1 Satz 2 EStG			
	KV-Beiträge: 716,35 € abzgl. 4 %	688,00 €	**(1,0 P.)**	
	PV-Beiträge	134,00 €	**(1,0 P.)**	
		822,00 €	822,00 €	
			10.230,00 €	
-	Einkünfte und Bezüge			
	Einkünfte gem. § 19 EStG			
	Bruttoarbeitslohn	8.736,00 €		
-	AN-Pauschbetrag	1.000,00 €	**(0,5 P.)**	
		7.736,00 €		

+	Trinkgeld, R 33a.1 Abs. 3 Satz 3 EStR (50,00 € • 4 Monate =)	200,00 €	**(0,5 P.)**	
-	Kostenpauschale, R 33a.1 Abs. 3 Satz 5 EStR	180,00 €	**(0,5 P.)**	
		7.756,00 €		
-	Karenzbetrag	624,00 €	**(0,5 P.)**	
=	schädliche Einkünfte und Bezüge	7.132,00 €		7.132,00 €
=	abzugsfähiger Höchstbetrag			**3.098,00 €** **(0,5 P.)**

Teil 2: Gewerbesteuer

	vorläufiger steuerlicher Gewinn gem. § 7 GewStG	200.000,00 €	
-	Gewinnkorrekturen gem. Tz. 1		
	Schuldzinsen: 500.000 € • 4 % =	20.000,00 €	**(1,0 P.)**
	Disagio: 6.000 €: 10 Jahre (Zinsbindungsfrist) =	600,00 €	**(1,0 P.)**
	AfA nach § 7 Abs. 4 Nr. 1 EStG: 550.000 € • 3 % =	16.500,00 €	**(1,0 P.)**
=	korrigierter steuerlicher Gewinn	162.900,00 €	
+	Hinzurechnungen nach § 8 Nr. 1 GewStG:		
	§ 8 Nr. 1a) GewStG: Schuldzinsen (s. o.)	20.000,00 €	**(0,5 P.)**
	§ 8 Nr. 1a) GewStG: Disagio (s. o.)	600,00 €	**(0,5 P.)**
	§ 8 Nr. 1a) GewStG: Schuldzinsen (Tz. 3)	35.000,00 €	**(0,5 P.)**
	§ 8 Nr. 1d) GewStG: Miete Krananlage (Tz. 5) 6.000 € • 20 % =	1.200,00 €	**(1,0 P.)**
	§ 8 Nr. 1e) GewStG: Miete Lagerhalle (Tz. 4) 7.500 € • 12 • 50 % =	45.000,00 €	**(1,0 P.)**
		101.800,00 €	
-	Freibetrag	101.800,00 €	**(0,5 P.)**
=	verbleiben	0,00 €	**(0,5 P.)**

- + Dividende D-GmbH (Tz. 6)

  Die Dividende der D-GmbH von 22.500 € wurde zutreffend gebucht und daher gem. § 8b Abs. 1, Abs. 5 KStG zu 95 % steuerfrei belassen. **(1,0 P.)** Gemäß § 8 Nr. 5 GewStG erfolgt eine Hinzurechnung, weil § 9 Nr. 2a GewStG nicht erfüllt ist (Beteiligung mit 12 % liegt unter 15 %):
  22.500 € · 95 % =   21.375,00 € **(1,0 P.)**

- − Geschäftshaus (Tz. 1)

  § 9 Nr. 1 GewStG: 125.000 € · 140 % · 1,2 % =   2.100,00 € **(0,5 P.)**

- − Grundstück (Tz. 2)

  Es erfolgt keine Kürzung nach § 9 Nr. 1 GewStG, weil das Grundstück erst am 04.05.2020 angeschafft worden ist und deshalb am 01.01.2020 noch nicht zum Betriebsvermögen gehört hat, § 20 Abs. 1 Satz 2 GewStDV. **(1,0 P.)**

- − Dividende A-GmbH (Tz. 7)

  Die Dividende der A-GmbH ist zu 5 % im Gewinn gem. § 7 GewStG enthalten. Eine Kürzung nach § 9 Nr. 2a GewStG erfolgt nicht wegen des Satzes 4. **(1,0 P.)**

- = Gewerbeertrag   182.175,00 €

  abrunden auf volle 100 € (§ 11 Abs. 1 Satz 3 GewStG)   182.100,00 € **(0,5 P.)**

- · 3,5 % Steuermesszahl = Gewerbesteuermessbetrag   6.373,50 € **(0,5 P.)**

Teil 3: Körperschaftsteuer

Steuerpflicht und zu versteuerndes Einkommen

Die Pille GmbH ist gem. § 1 Abs. 1 Nr. 1 KStG unbeschränkt steuerpflichtig, weil sie ihren Sitz i. S. d. § 11 AO im Inland (Frankfurt) hat. **(0,5 P.)**

Die Pille GmbH erzielt ausschließlich Einkünfte aus Gewerbebetrieb, § 8 Abs. 2 KStG. **(0,5 P.)**

Das zu versteuernde Einkommen ermittelt sich gem. §§ 7 ff. KStG wie folgt:

Jahresüberschuss   + 70.000,00 € **(0,5 P.)**

Die Vorabausschüttung darf gem. § 8 Abs. 3 Satz 1 KStG das Einkommen nicht mindern.

zu Tz. 1

Das dem Kunden überreichte Geschenk übersteigt die Freigrenze des § 4 Abs. 5 Nr. 1 EStG, sodass steuerrechtlich nichtabziehbare Betriebsausgaben vorliegen, § 8 Abs. 1 KStG. + 500,00 € **(1,0 P.)**

Der Vorsteuerabzug ist rückgängig zu machen, § 15 Abs. 1a UStG; die dadurch entstehende USt ist gewinnmindernd zu passivieren. − 95,00 € **(0,5 P.)**

Einkommenshinzurechnung nach § 10 Nr. 2 KStG + 95,00 € **(0,5 P.)**

zu Tz. 2

Die Aufwendungen für den Beirat sind gem. § 10 Nr. 4 KStG zu 50 % nicht abziehbar. **(0,5 P.)**

Sondervergütungen für eine Finanzierungsberatung stellen dabei keine Vergütung für eine Sondertätigkeit dar und sind deshalb in die Hinzurechnung zu 50 % mit einzubeziehen, H 10.3 KStH „Finanzierungsberatung einer AG". **(1,0 P.)**

Hingegen fallen die Reisekosten nicht unter das hälftige Abzugsverbot, soweit dieser Aufwand den Beiratsmitgliedern gesondert erstattet wird, R 10.3 Abs. 1 Satz 3 KStR. **(1,0 P.)**

15.000 € − 3.300 € + 500 € = 12.200 € · 50 % = + 6.100,00 € **(0,5 P.)**

zu Tz. 3

Eine Verbindlichkeit ist anzusetzen für Ausgaben, die nach dem Bilanzstichtag bezahlt werden, soweit sie Aufwand für die Zeit vor diesem Tag darstellen. Danach ist die Dezembermiete 2020 zum 31.12.2020 zu passivieren. − 3.000,00 € **(0,5 P.)**

Außerdem liegen die Voraussetzungen für die Annahme einer vGA i. S. d. § 8 Abs. 3 Satz 2 KStG, R 8.5 Abs. 1 KStR vor. **(1,0 P.)**

Die gesellschaftsrechtliche Veranlassung dieser Vermögensminderung ergibt sich aufgrund der Unangemessenheit. Die überhöhten Mieten von Mai bis Dezember haben den Unterschiedsbetrag i. S. d. § 4 Abs. 1 Satz 1 EStG gemindert:

3.000 € − (600 qm · 4,50 €/qm) · 8 Monate = + 2.400,00 € **(1,0 P.)**

zu Tz. 4

Der Darlehensverzicht stellt eine verdeckte Einlage dar, die das Einkommen nicht erhöht, § 8 Abs. 1 KStG. **(0,5 P.)**

Hanna Pille als nahestehende Person des Gesellschafters wendet der GmbH einen einlagefähigen Vermögensvorteil zu, R 8.9 KStR. **(1,0 P.)**

Der einlagefähige Vermögensvorteil besteht in der Verringerung von Schulden (H 8.9 KStH „Einlagefähiger Vermögensvorteil") — 25.000,00 € **(0,5 P.)**

zu Tz. 5

Der Übergang des wirtschaftlichen Eigentums (§ 39 Abs. 2 Nr. 1 AO) an dem Grundstück auf die GmbH erfolgte mit dem Übergang von Besitz, Nutzungen und Lasten am 01.03.2020. Das Grundstück ist zu diesem Zeitpunkt zu aktivieren. **(1,0 P.)**

Der überhöhte Kaufpreis von (225.000 € - 187.500 € =) 37.500 € stellt keine Anschaffungskosten i. S. d. § 255 Abs. 1 HGB dar, **(2,0 P.)** da er in Wirklichkeit aus gesellschaftsrechtlichen Gründen bezahlt wurde und nicht, um das Eigentum zu erwerben. Die Minderung des in der Bilanz bisher aktivierten Wertes führt demnach zu einem Aufwand: — 37.500,00 € **(1,0 P.)**

Diese Gewinnminderung von 37.500 €, die durch den niedrigerem Wertansatz des Grundstücks in der Bilanz eintritt, stellt eine vGA dar, die außerbilanziell wieder hinzuzurechnen ist, § 8 Abs. 3 Satz 2 KStG, R 8.5 Abs. 1 Satz 1 KStR. **(2,0 P.)**

Empfänger des Kaufpreises ist der Ehegatte des Gesellschafters. Dieser ist eine nahestehende Person (H 8.5 KStH). **(1,0 P.)** + 37.500,00 € **(1,0 P.)**

zu Tz. 6

Die KSt, der SolZ, die ZASt sind dem Einkommen nach § 10 Nr. 2 KStG hinzuzurechnen. + 11.499,00 € **(0,5 P.)**

Die erstattete KSt ist vom Einkommen abzuziehen. — 140,00 € **(0,5 P.)**

Die Hinzurechnung der GewSt folgt aus § 4 Abs. 5b EStG. + 10.550,00 € **(0,5 P.)**

zu Tz. 7

Die offene Gewinnausschüttung an die Pille GmbH für das Wirtschaftsjahr 2019 ist gem. § 8b Abs. 1 Satz 1 KStG steuerfrei.	−10.000,00 €	**(1,0 P.)**
Von der Gewinnausschüttung gelten gem. § 8b Abs. 5 KStG 5 % als Ausgaben, die nicht als Betriebsausgaben abgezogen werden dürfen: 10.000 € · 5 % =	+ 500,00 €	**(1,0 P.)**
Die KapESt und der SolZ sind im Rahmen der Einkommensermittlung als nichtabziehbare Ausgabe hinzuzurechnen:	+ 2.637,00 €	**(1,0 P.)**
= zu versteuerndes Einkommen	66.046,00 €	**(0,5 P.)**

Gesonderte Feststellungen zum 31.12.2020/Einlagekonto

Die Pille GmbH hat die nicht in das Nennkapital geleisteten Einlagen am Schluss jedes Wirtschaftsjahres auf dem steuerlichen Einlagekonto auszuweisen und, ausgehend vom Bestand am Ende des vorangegangenen Wirtschaftsjahres, um die jeweiligen Zu- und Abgänge des Wirtschaftsjahres fortzuschreiben, § 27 Abs. 1 Sätze 1 und 2 KStG. **(0,5 P.)**

Der Betrag verringert sich jeweils, soweit die Summe der Leistungen, die die Gesellschaft im Wirtschaftsjahr erbracht hat, den ausschüttbaren Gewinn i. S. d. § 27 Abs. 1 Satz 5 KStG zum Schluss des vorangegangenen Wirtschaftsjahres übersteigt, § 27 Abs. 1 Satz 3 KStG. **(1,0 P.)**

Der Bestand des steuerlichen Einlagekontos wird jeweils nach § 27 Abs. 2 KStG gesondert festgestellt. **(0,5 P.)**

Zum 31.12.2020 ergibt sich folgender gesondert festzustellender Bestand:

	Offene Gewinnausschüttung 2020 (Tz. 8)		10.000,00 €	**(0,5 P.)**
+	vGA Miete (Tz. 3)		2.400,00 €	**(0,5 P.)**
+	vGA Grundstück (Tz. 5)		37.500,00 €	**(0,5 P.)**
=	Summe der Leistungen		49.900,00 €	
−	ausschüttbarer Gewinn			
	Eigenkapital zum 31.12.2020			
	25.000 € + 7.500 € + 40.000 € =	72.500,00 €		
	− Stammkapital 31.12.2020	25.000,00 €		
	− steuerliches Einlagekonto 31.12.2020	7.500,00 €		
=	ausschüttbarer Gewinn	40.000,00 €	40.000,00 €	**(1,0 P.)**
=	übersteigender Betrag		9.900,00 €	

	Steuerliches Einlagekonto 31.12.2020	7.500,00 €	**(0,5 P.)**
+	Zugang (Darlehensverzicht, Tz. 4)	25.000,00 €	**(0,5 P.)**
-	Abgang durch Leistungen in 2020	9.900,00 €	**(0,5 P.)**
=	Bestand zum 31.12.2020	22.600,00 €	

Steuerrecht II

Teil 1: Umsatzsteuer

Sachverhalt 1

zu a)

Die Komplementär-GmbH führt ihre Leistung selbstständig als Unternehmerin aus, § 2 Abs. 1 UStG (Abschn. 2.2 Abs. 6 Satz 1 UStAE). **(0,5 P.)**

Die Haftungsübernahme stellt eine sonstige Leistung i. S. d. § 3 Abs. 9 UStG dar, die im Leistungsaustausch erfolgt (Abschn. 1.6 Abs. 3 Satz 2 UStAE) **(0,5 P.)** und am Sitz der KG in Wuppertal ausgeführt wird, § 3a Abs. 2 Satz 1 UStG. **(0,5 P.)**

Der Vorgang ist nach § 1 Abs. 1 Nr. 1 UStG steuerbar und steuerpflichtig, weil die Haftungsübernahme nicht den Charakter eines Finanzgeschäfts hat (Abschn. 1.6 Beispiel in Abs. 6 UStAE). **(0,5 P.)**

Steuerschuldner ist die GmbH, § 13a Abs. 1 Nr. 1 UStG. **(0,5 P.)**

Bemessungsgrundlage: 1.500,00 € : 1,19 = 1.260,50 €. **(0,5 P.)**

Steuersatz = 19 % (§ 12 Abs. 1 UStG) = 239,50 €. **(0,5 P.)**

Die Steuer entsteht gem. § 13 Abs. 1 Nr. 1a UStG mit Ablauf des VAZ Dezember 2021. **(0,5 P.)**

zu b)

JF übt mit seiner Geschäftsführungsleistung eine nachhaltige Tätigkeit mit Einnahmeerzielungsabsicht im Rahmen einer sonstigen Leistung gem. § 3 Abs. 9 Satz 1 UStG aus. **(0,5 P.)**

JF ist selbstständig tätig, weil er keinerlei vertraglichen Weisungen durch die KG unterliegt. Die Voraussetzungen des § 2 Abs. 2 Nr. 1 UStG liegen nicht vor. **(0,5 P.)**

JF ist daher Unternehmer i. S. d. § 2 Abs. 1 UStG (Abschn. 2.2. Abs. 2 UStAE).

Zwischen JF und der KG ist ein Leistungsaustausch möglich (Abschn. 1.6. Abs. 1 Satz 1 UStAE). **(0,5 P.)**

Da er für seine Leistung ein gesondertes Entgelt (Gewinn unabhängige Sondervergütung als Festbetrag) erhält, liegt ein Leistungsaustausch vor (Abschn. 1.6. UStAE). **(0,5 P.)**

Die mit Ablauf des 31.12.2021 in Wuppertal (§ 3a Abs. 2 UStG) **(0,5 P.)** erbrachte Leistung ist steuerbar gem. § 1 Abs. 1 Nr. 1 UStG **(0,5 P.)** und mangels Steuerbefreiung nach § 4 UStG mit 19 % (§ 12 Abs. 1 UStG) **(0,5 P.)** steuerpflichtig.

Die Bemessungsgrundlage (§ 10 Abs. 1 UStG) beträgt 75.000 €; die Umsatzsteuer beträgt 14.250 €. **(0,5 P.)**

Die Steuer entsteht mit Ablauf des VAZ Dezember 2021 gem. § 13 Abs. 1 Nr. 1 Buchst. a) UStG. **(0,5 P.)**

Steuerschuldner ist JF gem. § 13a Abs. 1 Nr. 1 UStG. **(0,5 P.)**

Sachverhalt 2a)

Die Personalgestellung der Marion Tüchtig ist eine sonstige Leistung i. S. d. § 3 Abs. 9 UStG. **(0,5 P.)**

Die KG erbringt diese Leistung am 31.08.2021 **(0,5 P.)** im Rahmen eines Hilfsgeschäfts (Abschn. 2.7. Abs. 2 UStAE). **(0,5 P.)**

Der Ort der sonstigen Leistung liegt gem. § 3a Abs. 1 UStG in Wuppertal. **(0,5 P.)** Die Ortsbestimmung nach § 3a Abs. 4 Nr. 7 UStG nach dem Sitzort des Leistungsempfängers kommt nicht in Betracht, weil Werner Platz seinen Wohnsitz in Madrid, mithin nicht im Drittland hat. **(0,5 P.)**

Der Vorgang ist steuerbar nach § 1 Abs. 1 Nr. 1 UStG **(0,5 P.)** und mangels Steuerbefreiung nach § 4 UStG mit 19 % (§ 12 Abs. 1 UStG) **(0,5 P.)** steuerpflichtig. **(0,5 P.)**

Die Bemessungsgrundlage beträgt nach § 10 Abs. 1 UStG (2.500 € : 1,19 =) 2.100,84 € und die Umsatzsteuer 399,16 €. **(0,5 P.)**

Werner Platz ist als Gesellschafter eine der KG nahestehende Person i. S. d. § 10 Abs. 5 Nr. 1 UStG, **(0,5 P.)** sodass die Anwendung der Mindestbemessungsgrundlage zu prüfen ist. **(0,5 P.)**

Die unentgeltliche Überlassung der Marion Tüchtig wäre nach § 3 Abs. 9a Nr. 2 UStG eine unentgeltliche Wertabgabe, die Bemessungsgrundlage wäre nach § 10 Abs. 4 Nr. 3 UStG 3.700 €. **(1,0 P.)**

Weil das tatsächlich gezahlte Entgelt geringer ist, kommt die Mindestbemessungsgrundlage i. H. v. 3.700 € zur Anwendung, die auch unter dem marktüblichen Entgelt liegt (Abschn. 10.7. Abs. 1 Satz 5 UStAE). **(0,5 P.)**

Die Umsatzsteuer i. H. v. (3.700 € • 19 % =) 703 € entsteht mit Ablauf des VAZ August 2021, § 13 Abs. 1 Nr. 1 Buchst. a) UStG. **(0,5 P.)**

Steuerschuldner ist gem. § 13a Abs. 1 Nr. 1 UStG die KG. **(0,5 P.)**

Sachverhalt 2b)

Das Hochzeitsbüffet inkl. der Gestellung von Bedienungspersonal ist eine sonstige Leistung i. S. d. § 3 Abs. 9 UStG, **(0,5 P.)** weil insbesondere durch die Bedienung aus Sicht eines Durchschnittsverbrauchers das Dienstleistungselement qualitativ überwiegt (Abschn. 3.6. Abs. 3 UStAE). **(0,5 P.)**

Leistungszeitpunkt ist der 31.08.2021. **(0,5 P.)**

Der Leistungsort bestimmt sich nach § 3a Abs. 3 Nr. 3 Buchst. b) UStG und liegt auf Schloss Nordkirchen. **(0,5 P.)** Der Tätigkeitsort nach § 3a Abs. 3 Nr. 3 Buchst. b) UStG gilt sowohl für sonstige Leistungen an Nichtunternehmer als auch an Unternehmer (Abschn. 3a.6. Abs. 8 UStAE). **(0,5 P.)**

Der Vorgang ist steuerbar nach § 1 Abs. 1 Nr. 1 UStG **(0,5 P.)** und mangels Steuerbefreiung nach § 4 UStG auch steuerpflichtig. **(0,5 P.)**

Der Steuersatz beträgt gem. § 12 Abs. 1 UStG 19 % und folgt aus der Zurechnung zu einer sonstigen Leistung. **(0,5 P.)**

Die Bemessungsgrundlage (§ 10 Abs. 1 UStG) beträgt 15.000 €; die Umsatzsteuer 2.850 €. **(0,5 P.)**

Die Umsatzsteuer entsteht mit Ablauf des VAZ August 2021 gem. § 13 Abs. 1 Nr. 1 Buchst. a) UStG. **(0,5 P.)**

Steuerschuldner ist Krüger gem. § 13a Abs. 1 Nr. 1 UStG. **(0,5 P.)**

Weil Krüger in der Rechnung den falschen Leistungsempfänger angibt sowie die Leistungsbeschreibung unrichtig ist, schuldet er die gesondert ausgewiesene Steuer neben der Steuer für die tatsächlich ausgeführte Leistung nach § 14c Abs. 2 UStG. **(1,0 P.)**

Diese Steuer i. H. v. 2.850 € entsteht mit der Ausgabe der Rechnung am 10.09.2021 gem. § 13 Abs. 1 Nr. 4 UStG. **(0,5 P.)**

Steuerschuldner ist Krüger gem. § 13a Abs. 1 Nr. 4 UStG. **(0,5 P.)**

Der Steuerbetrag kann gem. § 14c Abs. 2 Satz 3 UStG berichtigt werden. **(0,5 P.)**

Voraussetzung hierfür ist die Beseitigung der Gefährdung des Steueraufkommens. **(0,5 P.)**

Die Berichtigung ist beim Finanzamt gesondert schriftlich zu beantragen. **(0,5 P.)**

Die KG ist nicht Leistungsempfänger der von Krüger erbrachten Dienstleistung und hat deshalb auch keinen Vorsteuerabzug nach § 15 Abs. 1 Nr. 1 UStG. **(0,5 P.)**

Soweit die Steuer von Krüger nach § 14c UStG geschuldet wird, ist ein Vorsteuerabzug nicht zulässig (Abschn. 15.2. Abs. 1 Sätze 2 und 3 UStAE). **(0,5 P.)**

Der unberechtigt vorgenommene Vorsteuerabzug für September 2021 ist deshalb auf 0 € zu korrigieren. **(0,5 P.)**

Sachverhalt 3

Das Verbringen des Gemäldes stellt für die KG am 15.02.2021 **(0,5 P.)** einen fiktiven innergemeinschaftlichen Erwerb gegen Entgelt (innergemeinschaftliches Verbringen) nach § 1a Abs. 2 UStG dar. **(1,0 P.)**

Das Verbringen erfolgt zur Verfügung der KG zur nicht nur vorübergehenden Verwendung, weil das Gemälde im Inland unverändert weiter geliefert werden soll (Abschn. 1a.2. Abs. 6 UStAE). **(0,5 P.)**

Der Leistungsort liegt gem. § 3d Satz 1 UStG in Wuppertal. **(0,5 P.)**

Der Vorgang ist steuerbar nach § 1 Abs. 1 Nr. 5 UStG **(0,5 P.)** und mangels Steuerbefreiung nach § 4b UStG auch steuerpflichtig. **(0,5 P.)**

Der Steuersatz beträgt 19 % (§ 12 Abs. 1 UStG). Der ermäßigte Steuersatz nach § 12 Abs. 2 Nr. 13 UStG greift nicht, weil die KG ein Wiederverkäufer ist. **(1,0 P.)**

Die Bemessungsgrundlage beträgt gem. § 10 Abs. 4 Nr. 1 UStG 25.000 € (Einkaufspreis im Zeitpunkt des Erwerbs); die Umsatzsteuer beträgt 4.750 €. **(1,0 P.)**

Die Steuer entsteht gem. § 13 Abs. 1 Nr. 6 UStG mit Ablauf des VAZ Februar 2021. **(0,5 P.)**

Steuerschuldner ist die KG gem. § 13a Abs. 1 Nr. 2 UStG. **(0,5 P.)**

Die KG ist i. H. v. 4.750 € im VAZ Februar 2021 dem Grunde nach zum Vorsteuerabzug gem. § 15 Abs. 1 Nr. 3 UStG berechtigt, zumal Ausschlussgründe nach § 15 Abs. 2 UStG schon deshalb nicht ersichtlich sind, weil im Zeitpunkt des Erwerbs die Absicht besteht, das Gemälde umsatzsteuerpflichtig weiter zu liefern. **(0,5 P.)**

Sachverhalt 4

Die KG ist dem Grunde nach nach § 15 Abs. 1 Satz 1 Nr. 1 Satz 1 UStG für die von Mörtel erbrachte steuerbare und steuerpflichtige Werklieferung **(0,5 P.)** zum Vorsteuerabzug von 38.000 € berechtigt, weil sie die Leistung für ihr Unternehmen bezieht **(0,5 P.)** und eine ordnungsgemäße Rechnung vorliegt. **(0,5 P.)**

Der Vorsteuerabzug ist der Höhe nach aber nur insoweit möglich, wie die KG den Anbau nicht für steuerfreie Vermietungsumsätze verwendet, die zum Ausschluss des Vorsteuerabzugs nach § 15 Abs. 2 Nr. 1 UStG führen. **(0,5 P.)**

Maßgeblich für die Beurteilung ist die nachgewiesene Verwendungsabsicht zum Zeitpunkt des Leistungsbezugs (Abschn. 15.12. Abs. 1 Sätze 4 bis 6 UStAE). **(0,5 P.)**

Erdgeschoss

Die Voraussetzungen gem. § 9 Abs. 1 UStG für den Verzicht auf die Steuerfreiheit der Vermietungsleistung nach § 4 Nr. 12 Buchst. a) UStG sind erfüllt, weil die Vermietung an einen Unternehmer für dessen Unternehmen erfolgen soll. **(0,5 P.)**

Der Verzicht ist aber nach § 9 Abs. 2 Satz 1 UStG ausgeschlossen, weil der Mieter dort sowohl umsatzsteuerfreie Leistungen nach § 4 Nr. 14 Buchst. a) UStG (Abschn. 4.14.4. Abs. 11 UStAE) als auch im Rahmen kosmetischer Behandlung umsatzsteuerpflichtige Leistungen ausführt (Abschn. 4.14.1. Abs. 5 Nr. 7 UStAE). **(0,5 P.)**

Somit wird das Erdgeschoss nicht ausschließlich für Umsätze verwendet, die den Vorsteuerabzug nicht ausschließen.

Die Bagatellgrenze von höchstens 5 % (Abschn. 9.2. Abs. 3 UStAE) kommt nicht zur Anwendung. **(0,5 P.)**

Die Vermietung muss daher zwingend gem. § 4 Nr. 12a UStG steuerfrei erfolgen, **(0,5 P.)** sodass der Vorsteuerabzug insoweit nach § 15 Abs. 2 Nr. 1 UStG ausgeschlossen ist. **(0,5 P.)**

Obergeschoss

Die kurzfristige Vermietung an Messe-Gäste ist gem. § 4 Nr. 12 Satz 2 UStG von der Steuerbefreiung ausgenommen. **(0,5 P.)**

Die Vermietung erfolgt daher steuerpflichtig, ein Ausschlussgrund gem. § 15 Abs. 2 UStG liegt nicht vor. **(0,5 P.)**

Bei der Herstellung eines Gebäudes sind alle Vorsteuerbeträge aus den Herstellungskosten in die Vorsteueraufteilung einzubeziehen (Abschn. 15.17. Abs. 7 Satz 1 UStAE), **(0,5 P.)** sodass der in Rechnung gestellte Vorsteuerbetrag i. H. v. 38.000 € nach § 15 Abs. 4 UStG aufzuteilen ist. **(0,5 P.)**

Als sachgerechter Aufteilungsmaßstab kommt bei Gebäuden in der Regel die Aufteilung nach dem Verhältnis der Nutzflächen in Betracht (Abschn. 15.17. Abs. 7 Satz 4 UStAE). **(0,5 P.)**

Die Vorsteuer ist deshalb i. H. v. (50 % von 38.000 € =) 19.000 € **(0,5 P.)** im VAZ September 2021 **(0,5 P.)** abzugsfähig.

Sachverhalt 5

Die Werbegestaltung ist eine sonstige Leistung i. S. d. § 3 Abs. 9 UStG. **(0,5 P.)**

Der Ort befindet sich gem. § 3a Abs. 2 UStG in Wuppertal. **(0,5 P.)** Eine Ortsbestimmung nach § 3a Abs. 4 Nr. 2 UStG kommt nicht in Betracht, weil die Leistung an einen Unternehmer erbracht wird. **(0,5 P.)**

Die sonstige Leistung ist steuerbar nach § 1 Abs. 1 Nr. 1 UStG **(0,5 P.)** und mangels Steuerbefreiung nach § 4 UStG steuerpflichtig. **(0,5 P.)**

Simon Verdin ist gem. § 13b Abs. 7 UStG ein im Ausland ansässiger Unternehmer, **(0,5 P.)** der eine steuerpflichtige sonstige Leistung i. S. d. § 13b Abs. 1 UStG erbringt. **(0,5 P.)**

Steuerschuldner ist daher die KG gem. § 13b Abs. 5 Satz 1 UStG. **(0,5 P.)**

Bemessungsgrundlage nach § 10 Abs. 1 UStG ist der Betrag von 15.750 €. **(0,5 P.)** Die Steuer ist von diesem Betrag zu berechnen (Abschn. 13b.13. UStAE).

Die Umsatzsteuer beträgt bei einem Steuersatz von 19 % (§ 12 Abs. 1 UStG) 2.992,50 €. **(0,5 P.)**

Die Steuer auf die Anzahlung von 10.000 € entsteht gem. § 13b Abs. 4 Satz 2 UStG i. H. v. 1.900 € mit Ablauf des VAZ April 2021 (Abschn. 13b.12. Abs. 3 UStAE). **(0,5 P.)**

Die Steuer auf die Restzahlung von 5.750 € entsteht gem. § 13b Abs. 1 UStG i. H. v. 1.092,50 € mit Ablauf des VAZ Juni 2021, weil die Leistung in diesem Monat ausgeführt worden ist. **(0,5 P.)**

Die KG ist gem. § 15 Abs. 1 Satz 1 Nr. 4 Satz 2 UStG berechtigt, die Umsatzsteuer von 1.900 € als Vorsteuer in der UStVA April 2021 abzuziehen. **(0,5 P.)**

Die KG ist gem. § 15 Abs. 1 Satz 1 Nr. 4 Satz 1 UStG berechtigt, die Umsatzsteuer von 1.092,50 € als Vorsteuer in der UStVA Juni 2021 abzuziehen (Abschn. 13b.15. Abs. 1 UStAE). **(0,5 P.)**

Ein Ausschluss vom Vorsteuerabzug nach § 15 Abs. 2 UStG greift nicht ein. **(0,5 P.)**

Teil 2: Abgabenordnung

Sachverhalt 1

zu 1.

Da Holger Bonte nach § 15 Abs. 1 Nr. 1 und Abs. 2 EStG im VZ 2020 gewerbliche Einkünfte in Leverkusen bezogen hat und sein Wohnsitz am 31.12.2020 in einem anderen FA-Bezirk lag, sind die Einkünfte nach § 179 Abs. 1 AO und § 180 Abs. 1 Nr. 2b AO gesondert festzustellen. **(1,0 P.)**

zu 2.

Der Feststellungsbescheid 2020 ist nach § 122 Abs. 1 Satz 1 AO zutreffend an Holger Bonte als Inhalts- und Bekanntgabeadressaten adressiert. **(1,0 P.)**

Der Mangel in der Bekanntgabe durch den Einwurf in den falschen Briefkasten wird nach AEAO zu § 122 Nr. 4.4.4 in dem Zeitpunkt geheilt, in dem der falsche Empfänger den Bescheid an Holger Bonte übergibt, d. h. hier am 06.05.2021. **(1,5 P.)**

zu 3.

Der Feststellungsbescheid 2020 ist damit am 06.05.2021 wirksam bekannt gegeben worden. **(0,5 P.)**

Beginn der Frist (§ 108 Abs. 1 AO i. V. m. § 187 Abs. 1 BGB):	07.05.2021, 0:00 Uhr	**(0,5 P.)**
Dauer der Frist (§ 355 Abs. 1 AO):	1 Monat	**(0,5 P.)**
Ende der Frist (§ 108 Abs. 3 AO i. V. m. § 188 Abs. 2 BGB):	07.06.2021, 24:00 Uhr	**(0,5 P.)**

Der Einspruch ist jedoch erst am 08.06.2021 – und damit verspätet – eingelegt worden. Wiedereinsetzungsgründe nach § 110 AO sind nicht erkennbar, sodass die Einlegung des Einspruchs nicht fristgerecht erfolgte und ihm daher nicht stattgegeben werden kann. **(1,0 P.)**

Sachverhalt 2

zu 1.

Sollte Holger Bonte ohne Verschulden daran gehindert worden sein, die Einspruchsfrist zu wahren, so ist ihm nach § 110 AO auf Antrag Wiedereinsetzung in den vorigen Stand zu gewähren. **(0,5 P.)**

Der ESt-Bescheid 2019 hätte bezüglich der Abweichung von der eingereichten Steuererklärung nach § 121 Abs. 1 AO begründet werden müssen. **(0,5 P.)**

Da die erforderliche Begründung des Steuerbescheides unterblieben ist und dem Steuerpflichtigen auch vor Erlass des Bescheides kein rechtliches Gehör gewährt worden ist (§ 91 Abs. 1 AO), gilt das Versäumnis der Einspruchsfrist nach § 126 Abs. 3 AO als nicht verschuldet (AEAO zu § 91 Nr. 3). **(1,0 P.)**

Für die Wiedereinsetzung ist nach § 110 Abs. 2 Satz 1 AO ein Antrag innerhalb eines Monats nach Wegfall des Hindernisses zu stellen. Am 14.04.2021 wurde im Rahmen des Telefonats mit dem Finanzamt die Begründung als unterlassene Verfahrenshandlung nachgeholt. Dieses ist das für die Berechnung der Monatsfrist maßgebende Ereignis (§ 126 Abs. 3 Satz 2 AO). **(1,0 P.)**

Somit endet die Antragsfrist des § 110 Abs. 2 AO mit Ablauf des 14.05.2021. **(0,5 P.)**

Der Einspruch wurde am 05.05.2021 – und damit innerhalb der Antragsfrist – nachgeholt. Gleichzeitig hat Holger Bonte die Tatsachen für den Wiedereinsetzungsantrag dargelegt (§ 110 Abs. 2 Sätze 2 und 3 AO). **(1,0 P.)**

Nach alledem wird das Finanzamt Holger Bonte die Wiedereinsetzung in den vorigen Stand gewähren. **(0,5 P.)**

zu 2.

Gemäß § 110 Abs. 3 AO kann nach einem Jahr seit dem Ende der versäumten Frist eine Wiedereinsetzung in den vorigen Stand nicht mehr beantragt werden. **(0,5 P.)**

Bekanntgabe (§ 122 Abs. 2 AO):	25.05.2020	**(0,5 P.)**
Beginn der Frist (§ 108 Abs. 1 AO i. V. m. § 187 Abs. 1 BGB):	26.05.2020, 0:00 Uhr	
Dauer der Frist (§ 110 Abs. 3 AO, § 355 Abs. 1 AO):	1 Jahr + 1 Monat	**(0,5 P.)**
Ende der Frist (§ 108 Abs. 1 AO i. V. m. § 188 Abs. 2 BGB):	25.06.2021, 24:00 Uhr	**(0,5 P.)**

Somit endet die Jahresfrist des § 110 Abs. 3 AO mit Ablauf des 25.06.2021 und der am 05.07.2021 eingelegte Einspruch wäre wegen der nicht zu gewährenden Wiedereinsetzung in den vorigen Stand unzulässig. **(0,5 P.)**

Sachverhalt 3

Nach § 170 Abs. 2 Nr. 1 AO beginnt die Festsetzungsfrist für die Einkommensteuer 2020 mit Ablauf des 31.12.2021 und endet nach einer Dauer von vier Jahren (§ 169 Abs. 2 Nr. 2 AO) mit Ablauf des 31.12.2025. **(0,5 P.)**

Bei den zu hoch ausgewiesenen Einkünften aus Vermietung und Verpachtung handelt es sich um eine offenbare Unrichtigkeit i. S. d. § 129 AO, da bei einem Zahlendreher die Möglichkeit eines Rechtsirrtums ausgeschlossen werden kann. **(1,0 P.)**

Die tarifliche Einkommensteuer mindert sich damit um (9.000 € • 25 % =) 2.250 €. **(0,5 P.)**

Bezüglich der als außergewöhnlichen Belastungen berücksichtigten Unterhaltsleistungen sind die Voraussetzungen einer Korrekturvorschrift nicht erfüllt. Insbesondere kommt eine Änderung des Bescheides nach § 173 Abs. 1 Nr. 1 AO nicht in Betracht, weil es sich für das Finanzamt nicht um eine neue Tatsache handelt. **(1,0 P.)**

Eine Berücksichtigung dieses Sachverhaltes kann jedoch im Rahmen des § 177 AO erfolgen, weil hinsichtlich der Einkünfte aus Vermietung und Verpachtung die Voraussetzungen des § 129 AO erfüllt sind. **(1,0 P.)**

Gemäß § 177 Abs. 2 AO kann der materielle Fehler aber nur insoweit zu einer Erhöhung der Einkommensteuer führen, als die Herabsetzung der Steuer durch § 129 AO reicht, d. h. nur i. H. v. 2.250 €. **(1,0 P.)**

Nach alledem bleibt es bei der bisher festgesetzten Einkommensteuer für den VZ 2020.

Teil 3: ErbSt/SchenkSt/BewG

1. Ermittlung des Wertes der Bereicherung

Grundstück Leverkusen, Karl-Ulitzka-Str. 9

Für Zwecke der Erbschaftsteuer ist ein Grundbesitzwert auf den Todestag festzustellen (§ 12 Abs. 3 BewG). **(0,5 P.)**

Der Grundbesitzwert ist für die Festsetzung der Erbschaftsteuer gem. § 151 Abs. 1 Nr. 1 BewG gesondert festzustellen. **(0,5 P.)**

Es liegt ein gemischt genutztes Grundstück vor (§ 181 Abs. 1 Nr. 5 i. V. m. Abs. 7 BewG), **(0,5 P.)** das im Ertragswertverfahren zu bewerten ist (§ 182 Abs. 3 Nr. 2 BewG i. V. m. §§ 184 - 188 BewG). **(0,5 P.)**

Der Bodenwert und der Gebäudewert ergeben den Ertragswert des Grundstücks. Die Außenanlagen (Spielplatz) sind gem. § 184 Abs. 3 Satz 3 BewG mit diesem Wert abgegolten. **(0,5 P.)**

Bodenwert

Der Bodenwert ist der Wert des unbebauten Grundstücks nach § 179 BewG (§ 184 Abs. 2 BewG). **(0,5 P.)**

Dieser beträgt (910 qm • 900 €/qm =) 819.000 €. **(0,5 P.)**

Wertmindernde Umstände (Wegerecht) sind in dem Bewertungsverfahren nicht gesondert zu berücksichtigen (Abschn. 6 Abs. 8 des Bewertungserlasses vom 05.05.2010). **(0,5 P.)**

Gebäudeertragswert

Der Rohertrag ist gem. § 186 Abs. 1 Satz 1 BewG die im Besteuerungszeitpunkt (20.11.2020) vereinbarte Jahresmiete, **(0,5 P.)** wobei umlagefähige Betriebskosten nicht in die Jahresmiete einzubeziehen sind (§ 186 Abs. 1 Satz 2 BewG). **(0,5 P.)**

Unerheblich ist, dass der Makler im Mietrückstand ist, weil die vertraglich vereinbarte Sollmiete maßgebend ist, **(0,5 P.)** auch wenn diese über der ortsüblichen Miete liegt, da die Abweichung nicht mehr als 20 % (§ 186 Abs. 2 Nr. 2 BewG) beträgt. **(0,5 P.)**

Bei der Wohnung im 1. Obergeschoss ist die übliche Miete anzusetzen, weil die vereinbarte Miete um mehr als 20 % von der üblichen Miete abweicht (§ 186 Abs. 2 Nr. 2 BewG). **(0,5 P.)**

Für die selbst genutzte Einliegerwohnung ist gem. § 186 Abs. 2 Nr. 1 BewG die übliche Miete anzusetzen. **(0,5 P.)**

	Erdgeschoss: 2.300 € • 12 Monate =	27.600,00 €	**(0,5 P.)**
+	1. OG: 100 qm • 17 €/qm • 12 Monate =	20.400,00 €	**(0,5 P.)**
+	Einliegerwohnung: 70 qm • 17 €/qm • 12 Monate =	14.280,00 €	**(0,5 P.)**
=	Rohertrag nach § 186 BewG	62.280,00 €	
−	Bewirtschaftungskosten gem. § 187 Abs. 2 BewG		
	Die wirtschaftliche Gesamtnutzungsdauer bei gemischt genutzten Grundstücken beträgt gem. § 185 Abs. 3 Satz 3 BewG i. V. m. Anlage 22 70 Jahre. Das Alter des Gebäudes am Bewertungsstichtag beträgt 4 Jahre, sodass sich eine Restnutzungsdauer von 66 Jahren ergibt.		
	Die Bewirtschaftungskosten sind deshalb nach § 187 Abs. 2 Satz 2 BewG i. V. m. Anlage 23 mit 21 % anzusetzen: **(0,5 P.)**		
	21 % von 62.280 € = **(0,5 P.)**	13.078,80 €	
=	Reinertrag nach § 185 Abs. 1 BewG (0,5 P.)	49.201,20 €	
−	Bodenwertverzinsung, § 185 Abs. 2 BewG		
	Liegenschaftszins gem. § 188 Abs. 2 Nr. 2 BewG: 5,5 % **(0,5 P.)**		
	5,5 % von 819.000 € = **(0,5 P.)**	45.045,00 €	
=	Gebäudereinertrag nach § 185 Abs. 2 BewG	4.156,20 €	
•	Vervielfältiger, § 185 Abs. 3 Satz 1 BewG		
	Bei einem Liegenschaftszins von 5,5 % und einer Rest-Nutzungsdauer von 66 Jahren ergibt sich gem. Anlage 21 ein Vervielfältiger von 17,65. **(0,5 P.)**		
	4.156,20 € • 17,65 = **(0,5 P.)** Gebäudeertragswert	73.356,93 €	

Grundbesitzwert

	Bodenwert	819.000,00 €
+	Gebäudeertragswert	73.356,93 €
=	Grundbesitzwert	**892.356,93 €** **(0,5 P.)**
	Abrundung auf volle 500 € gem. § 139 BewG	**892.000,00 €** **(0,5 P.)**

Der Mindestwert von 819.000 € ist überschritten (§ 184 Abs. 3 Satz 3 BewG) **(0,5 P.)** und der nach § 198 BewG mögliche Nachweis eines niedrigeren Wertes liegt nicht vor (hier: 900.000 €). **(0,5 P.)**

Für die zu Wohnzwecken vermietete Wohnung 1. OG (100 qm) ist die Steuerbefreiung nach § 13d Abs. 3 ErbStG zu gewähren. Maßgebend für die Aufteilung des Grundbesitzwertes ist das Verhältnis der Wohn- und Nutzflächen der einzelnen Wohnungen. **(1,0 P.)**

Der der Besteuerung unterliegende Grundbesitzwert errechnet sich demnach wie folgt:

Grundbesitzwert		892.000,00 €
hiervon entfallen auf die Wohnung im 2. OG		
892.000 € · 100 qm/270 qm	330.370,00 €	
davon 10 % Steuerbefreiung =		33.037,00 €
Steuerpflichtiger Erwerb		**858.963,00 €** **(1,0 P.)**

Mietforderung an den Makler

Die Mietforderung an den Makler für Juni bis November (6 Monate) ist eine Kapitalforderung, **(0,5 P.)** die nach § 12 Abs. 1 Satz 1 BewG mit dem Nennwert in folgender Höhe anzusetzen ist:

2.300 € + 250 € + 90 € + 70 € = 2.710 € · 6 Monate = 16.260 €. **(0,5 P.)**

Lieferanspruch Segelboot

Es liegt ein Sachleistungsanspruch (Lieferanspruch) vor, der mit dem Abschluss des Kaufvertrages entstanden ist. **(0,5 P.)**

Dieser Sachleistungsanspruch ist nicht nach § 13 Abs. 1 Nr. 1b ErbStG steuerfrei, weil kein körperlicher Gegenstand übergeben worden ist. **(0,5 P.)**

Die Bewertung erfolgt nach § 9 Abs. 1 und 2 BewG mit dem gemeinen Wert des Bootes i. H. v. 15.000 €. **(0,5 P.)**

Lebensversicherung

Bei der Lebensversicherung gem. § 3 Abs. 1 Nr. 4 ErbStG **(0,5 P.)** liegt ein Vertrag zugunsten Dritter (Sohn Till) vor, **(0,5 P.)** der dementsprechend nicht zum Nachlass gehört. **(0,5 P.)**

Zusammenstellung

	Grundstück Leverkusen	858.963,00 €	
+	Mietforderung Makler	16.260,00 €	
+	Sachleistungsanspruch Segelboot	15.000,00 €	
=		890.223,00 €	**(0,5 P.)**
-	Nachlassverbindlichkeiten		
	Kaufpreisschuld Boot, § 10 Abs. 5 Nr. 1 ErbStG	15.000,00 €	**(0,5 P.)**
	Prämie Versicherung, § 10 Abs. 5 Nr. 1 ErbStG	2.500,00 €	**(0,5 P.)**
	Beerdigungskosten, § 10 Abs. 5 Nr. 3 ErbStG		
	PB, da tats. Kosten (9.500 €) geringer sind	10.300,00 €	**(0,5 P.)**
=	Wert der Bereicherung	862.423,00 €	**(0,5 P.)**

Der Pflichtteilsanspruch des Sohnes Till ist zwar zivilrechtlich entstanden. Der Anspruch wurde aber tatsächlich nicht geltend gemacht, **(0,5 P.)** sodass kein Ansatz als Nachlassverbindlichkeit **(0,5 P.)** gem. § 10 Abs. 5 Nr. 2 ErbStG **(0,5 P.)** erfolgen kann.

2. Steuerpflichtiger Erwerb/festzusetzende Erbschaftsteuer

	Wert der Bereicherung	862.423,00 €	
-	Persönlicher Freibetrag gem. § 16 Abs. 1 Nr. 1 ErbStG	500.000,00 €	**(0,5 P.)**
-	Versorgungsfreibetrag gem. § 17 Abs. 1 ErbStG	256.000,00 €	**(0,5 P.)**
=	Steuerpflichtiger Erwerb, § 10 Abs. 1 Satz 1 ErbStG	106.423,00 €	
	abgerundet gem. § 10 Abs. 1 Satz 6 ErbStG	106.400,00 €	**(0,5 P.)**
•	11 % (§ 19 Abs. 1 ErbStG) = Erbschaftsteuer	11.704,00 €	**(0,5 P.)**

Eine Herabsetzung der Erbschaftsteuer durch den in § 19 Abs. 3 ErbStG geregelten Härteausgleich kommt offensichtlich nicht in Betracht.

Rechnungswesen

Teil 1: Buchführung und Jahresabschluss nach Handels- und Steuerrecht

Sachverhalt 1

Das Grundstück Uferstr. 21 stellt ab dem Erwerb notwendiges Betriebsvermögen dar (R 4.2 Abs. 7 EStR), weil es ausschließlich betrieblichen Zwecken dient. **(0,5 P.)**

Der Grund und Boden ist gem. R 6.1 Abs. 1 Satz 6 EStR dem nicht abnutzbaren Anlagevermögen zuzuordnen und daher gem. § 6 Abs. 1 Nr. 2 Satz 1 EStG bzw. § 253 Abs. 1 Satz 1 HGB mit den Anschaffungskosten zu bewerten. **(0,5 P.)**

Zu den Anschaffungskosten gehören gem. § 255 Abs. 1 HGB sämtliche Aufwendungen, um den Vermögensgegenstand zu erwerben, einschl. der Nebenkosten i. H. v. 20.000 € (H 6.2. EStH „Nebenkosten"). **(0,5 P.)**

Die gebuchte Vorsteuer gehört gem. § 9b Abs. 1 EStG nicht zu den Anschaffungskosten. **(0,5 P.)**

	Kaufpreis Uferstr. 21	500.000,00 €
+	Erwerbsnebenkosten	20.000,00 €
=	Anschaffungskosten	**520.000,00 €** **(0,5 P.)**

Durch den Verkauf ist das Grundstück Rheinallee nicht mehr zu bilanzieren. Die Veräußerung ist betrieblich veranlasst, d. h. bei den aufgedeckten stillen Reserven handelt es sich um einen betrieblichen Ertrag; **(0,5 P.)** eine Privateinlage i. S. d. § 4 Abs. 1 Satz 7 EStG liegt insoweit nicht vor. **(0,5 P.)**

Steuerrechtlich besteht jedoch ein Wahlrecht dahingehend, dass die aufgedeckten stillen Reserven nicht sofort versteuert werden müssen, sondern durch Bildung einer Rücklage auf ein Ersatzwirtschaftsgut übertragen werden können, weil die Veräußerung unter Zwang zur Vermeidung eines behördlichen Eingriffs erfolgte (R 6.6 Abs. 1 EStR). **(1,0 P.)**

§ 6b EStG ist nicht anwendbar, weil die 6-Jahres-Frist nach § 6b Abs. 4 Nr. 2 EStG nicht erfüllt ist. **(0,5 P.)**

Eine Minderung der Anschaffungskosten oder die Bildung einer entsprechenden Rücklage in der Handelsbilanz ist nach den Vorschriften des HGB nicht zulässig. **(1,0 P.)**

Die Abweichung vom Handelsbilanzansatz in der Steuerbilanz wird durch § 5 Abs. 1 Satz 1 Halbsatz 2 EStG zugelassen. Die Ausübung des steuerlichen Wahlrechts wird insoweit nicht nach § 5 Abs. 1 Satz 1 Halbsatz 1 EStG durch die Maßgeblichkeit der handelsrechtlichen Grundsätze ordnungsgemäßer Buchführung beschränkt (BMF v. 12.03.2011, BStBl 2011 I S. 239 – Tz. 13, 14). **(1,0 P.)**

Da S keine gesonderte Steuerbilanz aufstellen will, muss er die Ausübung des steuerlichen Wahlrechts gem. § 5 Abs. 1 Satz 2 EStG in einem gesonderten Verzeichnis ausweisen, das Bestandteil der Buchführung ist. **(1,0 P.)**

Der Übertrag auf das Grundstück Uferstr. 21 ist möglich, weil dieses Grundstück funktionsgleich ist (H 6.6 Abs. 1 EStH „Ersatzwirtschaftsgut"). **(1,0 P.)**

Nicht in die Gewinnberechnung einzubeziehen ist die Entschädigung für den Nutzungsausfall (H 6.6 Abs. 1 EStH „Entschädigung"); diese Entschädigung ist als Ertrag zu erfassen. **(1,0 P.)**

Berechnung der aufgedeckten stillen Reserven

	Erlös Grundstück Rheinallee	600.000,00 €
-	Buchwert	450.000,00 €
=	stille Reserven	**150.000,00 €** **(1,0 P.)**

Weil die Ersatzbeschaffungskosten (520.000 €) niedriger sind als die Entschädigung (600.000 €), kann die aufgedeckte stille Reserve nur anteilig übertragen werden (H 6.6 Abs. 3 EStH „Mehrentschädigung"). **(0,5 P.)**

Der Übertrag erfolgt im Verhältnis von Anschaffungskosten zu Entschädigung:

150.000 € · 520/600 = 130.000 €. **(1,0 P.)** Der Restbetrag von 20.000 € ist als Ertrag zu erfassen. **(0,5 P.)**

Bilanzansatz Grundstück Uferstr. 21

	Handelsbilanz 31.12.2020 **(1,0 P.)**	520.000,00 €	(Anschaffungskosten)
-	übertragbare stille Reserve	130.000,00 €	
=	Steuerbilanz 31.12.2020 **(1,0 P.)**	**390.000,00 €**	

Buchungen: **(1,0 P.)**

Privateinlage	155.000,00 €	an	Erträge aus dem Abgang von Anlagevermögen	155.000,00 €

Grundstück Uferstr. 21	20.000,00 €	an	sonstiger betrieblicher Aufwand	20.000,00 €

Gewinnauswirkung: gewinnerhöhend um 175.000 €. **(0,5 P.)** Der steuerliche Gewinn ist gem. § 60 Abs. 2 Satz 1 EStDV außerbilanziell um 130.000 € zu mindern. **(0,5 P.)**

Sachverhalt 2

Die unfertigen Erzeugnisse sind gem. R 6.1 Abs. 2 EStR und Umkehrschluss aus § 247 Abs. 2 HGB dem Umlaufvermögen zuzuordnen. **(0,5 P.)**

Die Bewertung erfolgt nach § 6 Abs. 1 Nr. 2 Satz 1 EStG bzw. § 253 Abs. 1 Satz 1 HGB mit den Herstellungskosten. **(0,5 P.)**

Bei der Berechnung der Herstellungskosten müssen handels- und steuerrechtlich die Einzelkosten, die Fertigungsgemeinkosten und die Materialgemeinkosten zwingend in die Herstellungskosten einbezogen werden (§ 255 Abs. 2 Satz 2 HGB und R 6.3 Abs. 1 EStR). **(0,5 P.)**

Bei den Verwaltungskosten besteht handelsrechtlich gem. § 255 Abs. 2 Satz 3 HGB und steuerrechtlich gem. § 6 Abs. 1 Nr. 1b EStG ein Wahlrecht. **(2,0 P.)**

Die Vertriebskosten (Vermittlungsprovision) dürfen in die Berechnung der Herstellungskosten nicht einbezogen werden (§ 255 Abs. 2 Satz 4 HGB). **(0,5 P.)**

Bei den Fremdkapitalzinsen besteht handelsrechtlich gem. § 255 Abs. 3 Satz 2 HGB ein Wahlrecht. Werden diese Zinsen handelsrechtlich in die Herstellungskosten einbezogen, sind sie gem. § 5 Abs. 1 Satz 1 Halbsatz 1 EStG auch in der steuerlichen Gewinnermittlung als Herstellungskosten zu beurteilen (R 6.3 Abs. 5 EStR). Weil der niedrigste Gewinn ausgewiesen werden soll, erfolgt dementsprechend kein Ansatz. **(0,5 P.)**

Berechnung der Herstellungskosten

	Sonderkosten der Fertigung (Entwurfskosten)	2.025,00 €
+	Fertigungsmaterial	7.500,00 €
+	Fertigungslöhne	3.000,00 €
+	Materialgemeinkosten	1.650,00 €
+	Fertigungskosten	4.500,00 €
=	Herstellungskosten	18.675,00 € **(1,5 P.)**

Es ist zu prüfen, ob der Teilwert zum 31.12.2020 unter den Herstellungskosten liegt. Die Berechnung erfolgt nach R 6.8 Abs. 2 Satz 3 EStR, H 6.8 EStH „Substraktionsmethode": **(0,5 P.)**

	Verkaufspreis	25.000,00 €
−	Aufwendungen nach dem Bilanzstichtag	11.060,00 €
=	beizulegender Wert (§ 253 Abs. 4 HGB)	13.940,00 €
−	Unternehmergewinn (5 % von 25.000,00 € =)	1.250,00 €
=	Teilwert	12.690,00 € **(1,5 P.)**

Nach § 253 Abs. 4 Satz 2 HGB ist handelsrechtlich zwingend auf den beizulegenden Wert abzuschreiben. **(0,5 P.)** Das HGB enthält insoweit keine Regelung, bei der Ermittlung des beizulegenden Wertes den Unternehmergewinn abzuziehen.

Steuerrechtlich besteht nach § 6 Abs. 1 Nr. 2 Satz 2 EStG ein Abschreibungswahlrecht, sofern eine voraussichtlich dauernde Wertminderung vorliegt. Die Vornahme einer außerplanmäßigen Abschreibung in der Handelsbilanz ist nicht zwingend in der Steuerbilanz durch eine Teilwertabschreibung nachzuvollziehen; der Steuerpflichtige kann darauf auch verzichten (R 6.8 Abs. 1 Satz 3 EStR). **(0,5 P.)**

Weil der niedrigste Gewinn ausgewiesen werden soll, ist steuerrechtlich eine Teilwertabschreibung vorzunehmen, zumal eine dauernde Wertminderung vorliegt, weil der Verkauf zu Festpreisen erfolgt. **(0,5 P.)**

Bilanzansatz „Unfertige Erzeugnisse"

	Ansatz bisher	160.000,00 €	
+	Vitrinen	13.940,00 €	
=	Bilanzansatz 31.12.2020 (HB)	173.940,00 €	**(0,5 P.)**
-	Unternehmergewinn	1.250,00 €	
=	Bilanzansatz 31.12.2020 (StB)	172.690,00 €	**(0,5 P.)**

Buchung:

Unfertige Erzeugnisse	13.940,00 €	an	Bestandsveränderung	13.940,00 €

Gewinnauswirkung: gewinnerhöhend um 13.940 €. **(0,5 P.)** Der steuerliche Gewinn ist gem. § 60 Abs. 2 Satz 1 EStDV außerbilanziell um 1.250 € zu mindern. **(0,5 P.)**

Sachverhalt 3

Da die Furniermaschine erst im nächsten Jahr geliefert wird, kommt eine Abschreibung für das Jahr 2020 noch nicht in Betracht (R 7.4 Abs. 1 EStR). **(1,0 P.)**

Die noch im Jahr 2020 angefallenen Anschaffungskosten sind auf dem Konto „Geleistete Anzahlungen/Anlagen im Bau" zu erfassen. **(0,5 P.)**

a) Der Starkstromanschluss ist für die Betriebsbereitschaft notwendig, d. h. bei den Aufwendungen handelt es sich um Anschaffungskosten i. S. d. § 255 Abs. 1 HGB. **(0,5 P.)**

Die Umsatzsteuer ist als Vorsteuer abzugsfähig und gehört nicht zu den Anschaffungskosten (§ 9b Abs. 1 EStG). **(0,5 P.)**

b) Bei dem Fundament sind die Lohnkosten für die eigenen Arbeitnehmer nicht direkt zuzuordnen und stellen Gemeinkosten dar, die nicht zu den Anschaffungskosten gehören (H 6.2 EStH „Gemeinkosten"). **(0,5 P.)**

Der Materialaufwand für das Fundament ist den Anschaffungskosten zuzuordnen, weil eine zweifelsfreie Zuordnung zum Anschaffungsvorgang erfolgen kann (§ 255 Abs. 1 HGB, H 6.2 EStH „Nebenkosten"). **(0,5 P.)**

Die gesamten Anschaffungskosten bis zum 31.12.2020 betragen demnach (600 € + 250 € =) 850 €. **(0,5 P.)**

Die Rechnung über den Starkstromanschluss ist zum 31.12.2020 als Verbindlichkeit in der Bilanz auszuweisen und gem. § 6 Abs. 1 Nr. 3 EStG bzw. § 253 Abs. 1 Satz 2 HGB mit dem Erfüllungsbetrag (Nennwert) i. H. v. 696 € zu bewerten. **(0,5 P.)**

Bei dem öffentlichen Zuschuss handelt es sich um einen betrieblichen Ertrag. **(0,5 P.)**

In der Handelsbilanz besteht kein Handlungsbedarf, weil der Zuschuss i. H. v. 10.000 € auch als Ertrag gebucht worden ist. **(0,5 P.)**

Steuerrechtlich kann der öffentliche Zuschuss gem. R 6.5 Abs. 2 EStR als Betriebseinnahme oder gewinnneutral behandelt werden, weil es sich um einen echten Zuschuss i. S. d. R 6.5 Abs. 1 Satz 1 EStR handelt. **(1,0 P.)**

Zur Ermittlung des niedrigsten Gewinns wird der Zuschuss steuerrechtlich Gewinn neutral behandelt. **(0,5 P.)**

Diese Möglichkeit ist in der Handelsbilanz nach den Vorschriften des HGB nicht zulässig. **(0,5 P.)**

Die Abweichung vom Handelsbilanzansatz in der Steuerbilanz wird durch § 5 Abs. 1 Satz 1 Halbsatz 2 EStG zugelassen. Die Ausübung des steuerlichen Wahlrechts wird insoweit nicht nach § 5 Abs. 1 Satz 1 Halbsatz 1 EStG durch die Maßgeblichkeit der handelsrechtlichen Grundsätze ordnungsgemäßer Buchführung beschränkt (BMF v. 12.03.2011, BStBl 2011 I S. 239 – Tz. 12, 13, 14). **(0,5 P.)**

Da S keine gesonderte Steuerbilanz aufstellen will, muss er die Ausübung des steuerlichen Wahlrechts gem. § 5 Abs. 1 Satz 2 EStG in einem gesonderten Verzeichnis ausweisen, das Bestandteil der Buchführung ist, R 6.5 Abs. 2 Satz 4 EStR. **(0,5 P.)**

Der Zuschuss von 10.000 € wird teilweise mit den Anschaffungskosten des Jahres 2020 (850 €) verrechnet. **(0,5 P.)**

Soweit eine Verrechnung mit den Anschaffungskosten des Jahres 2021 stattfindet, wird für den verbleibenden Zuschuss (9.150 €) eine steuerfreie Rücklage gem. R 6.5 Abs. 4 EStR gebildet. **(1,0 P.)**

Bilanzansatz Sonderposten zum 31.12.2020 (StB): 9.150 € **(0,5 P.)**

Buchung: **(1,5 P.)**

Anlagen im Bau	850,00 €			
Vorsteuer	96,00 €	an	Aufwand Hilfsstoffe	250,00 €
			Verb. a. L. u. L.	696,00 €

Gewinnauswirkung: gewinnerhöhend um 250 €. **(0,5 P.)** Der steuerliche Gewinn ist gem. § 60 Abs. 2 Satz 1 EStDV außerbilanziell um 10.000 € zu mindern. **(0,5 P.)**

Sachverhalt 4

Der Geschäftsanteil an der Holzimport-GmbH rechnet bei S zum notwendigen Betriebsvermögen (R 4.2 Abs. 1 EStR). **(0,5 P.)**

Durch den Verkauf werden stille Reserven i. H. v. 7.500 € aufgedeckt. **(0,5 P.)**

Der Teilwert beträgt zum Zeitpunkt des Verkaufs 32.500 €. **(0,5 P.)**

Grundsätzlich kann für den Veräußerungsgewinn eine Rücklage nach § 6b Abs. 10 EStG gebildet werden; die 6-Jahres-Frist nach § 6b Abs. 4 Nr. 2 EStG ist erfüllt. **(1,0 P.)**

Nach R 6b.1 Abs. 2 Satz 3 EStR ist jedoch vor Berechnung des Gewinns nach § 6b EStG eine Wertaufholung vorzunehmen. Dies bedeutet, dass § 6b Abs. 10 EStG nicht zur Anwendung kommt, weil sich nach der Wertaufholung kein Veräußerungsgewinn mehr ergibt. **(1,0 P.)**

Auf die Wertaufholung ist das Teileinkünfteverfahren nicht anwendbar, weil sich der Ansatz des niedrigeren Teilwerts in 2009 in voller Höhe gewinnmindernd ausgewirkt hat (§ 3 Nr. 40 Buchst. a) Satz 2 EStG). **(1,0 P.)**

Buchung: **(0,5 P.)**

Sonstiger betrieblicher Ertrag	25.000,00 €	an	Beteiligung Holzimport-GmbH	25.000,00 €

Unter Einbeziehung der bisherigen Buchung verbleibt der Gewinn aus der Wertaufholung von 7.500 €.

Gewinnauswirkung: gewinnmindernd um 25.000 €. **(0,5 P.)**

Sachverhalt 5

Die Forderungen stellen bei S Umlaufvermögen dar (R 6.1 Abs. 2 EStR bzw. Umkehrschluss aus § 247 Abs. 2 HGB). **(0,5 P.)**

Die Bewertung erfolgt grundsätzlich mit den Anschaffungskosten (= Nennwert) bzw. mit dem niedrigeren Teilwert (§ 253 Abs. 1 und 4 HGB, § 6 Abs. 1 Nr. 2 EStG). **(0,5 P.)**

Für den Ansatz des niedrigeren Teilwerts ist steuerlich Voraussetzung, dass eine dauernde Wertminderung gegeben ist (§ 6 Abs. 1 Nr. 2 Satz 2 EStG). **(0,5 P.)**

Das Gleiche gilt für die Wechselforderungen (Besitzwechsel).

	Forderungen gesamt	139.230,00 €	
	⅓ (= Wechsel)	46.410,00 €	
−	19 % USt	7.410,00 €	
=	Wechselforderungen netto	39.000,00 €	
	Pauschalwertberichtigung (5 %)	1.950,00 €	**(2,0 P.)**

Die bei Bilanzerstellung noch nicht eingelösten Wechsel sind betragsmäßig höher, d. h. eine Beschränkung auf bei Bilanzerstellung noch offene Wechselforderungen kommt nicht in Betracht. **(0,5 P.)**

Für den weitergegebenen Wechsel ist keine Rückstellung vorzunehmen, da der Wechsel bei Bilanzerstellung bereits eingelöst war.

Buchung: **(0,5 P.)**

> Sonstiger betrieblicher Aufwand 1.950,00 €   an   Wertberichtigung Forderungen   1.950,00 €

Gewinnauswirkung: gewinnmindernd um 1.950 €. **(0,5 P.)**

Für die Forderung Zocker kann steuerlich der Vorjahresansatz nicht beibehalten werden, sodass eine Wertaufholung deshalb steuerlich zwingend vorzunehmen ist (§ 6 Abs. 1 Nr. 2 Satz 3 i. V. m. Abs. 1 Nr. 1 Satz 4 EStG). **(1,0 P.)**

Handelsrechtlich besteht ebenfalls ein Wertaufholungsgebot (§ 253 Abs. 5 HGB). **(0,5 P.)**

Bei Kenntnis über die Vollwertigkeit der Forderung handelt es sich um eine wertaufhellende Tatsache i. S. d. § 252 Abs. 1 Nr. 4 HGB. **(1,0 P.)**

Die noch bestehende Einzelwertberichtigung aus dem Jahr 2019 ist aufzulösen. **(0,5 P.)**

Buchung: **(0,5 P.)**

> Einzelwertberichtigung Ford.   4.000,00 €   an   sonstiger betrieblicher Ertrag   4.000,00 €

Gewinnauswirkung: gewinnerhöhend um 4.000 €. **(0,5 P.)**

Sachverhalt 6

Entfernungsverpflichtung Silo

Es besteht gem. § 5 Abs. 1 Satz 1 Halbsatz 1 EStG i. V. m. § 249 Abs. 1 Satz 1 HGB handels- und steuerrechtlich ein Passivierungsgebot als Rückstellung für eine ungewisse Verbindlichkeit, weil die Höhe noch ungewiss ist. **(1,0 P.)**

Die Voraussetzungen nach R 5.7 Abs. 2 EStR für die Bildung der Rückstellung sind gegeben, denn
- es handelt sich um eine Verpflichtung gegenüber einem Dritten (R 5.7 Abs. 3 EStR), **(0,5 P.)**
- die Verpflichtung ist vor dem Bilanzstichtag verursacht (R 5.7 Abs. 5 EStR), **(0,5 P.)**
- mit einer Inanspruchnahme ist ernsthaft zu rechnen (R 5.7 Abs. 6 EStR) **(0,5 P.)** und
- es handelt sich nicht um zukünftige Anschaffungskosten (§ 5 Abs. 4b EStG). **(0,5 P.)**

Die Bewertung der Rückstellung richtet sich nach § 6 Abs. 1 Nr. 3a EStG. **(0,5 P.)**

Die Rückstellung ist durch jährliche Zuführungsraten anzusammeln (§ 6 Abs. 1 Nr. 3a Buchst. d) EStG). **(1,0 P.)**

	Zuführung 2020: ¹/₁₀ von 9.000 €	900,00 €	
+	Zuführung für 2019:	900,00 €	
=	Rückstellung 31.12.2020	**1.800,00 €**	**(1,0 P.)**

Die Rückstellungsraten sind am Bilanzstichtag auf Preisniveau dieses Bilanzstichtages anzuheben (R 6.11 Abs. 2 Satz 5 EStR). **(1,0 P.)**

Zu erwartende Preiserhöhungen dürfen im Vorgriff nicht berücksichtigt werden. **(0,5 P.)**

Soweit die Rückstellung im Vorjahr unzutreffend hoch angesetzt wurde, erfolgt eine Korrektur erfolgswirksam im Jahr 2020 (R 4.4 Abs. 1 Satz 9 EStR), da eine Korrektur des Jahres 2019 nicht mehr möglich ist. **(1,0 P.)**

Handels- und steuerrechtlich ist die Rückstellung zum 31.12.2020 abzuzinsen, da die Laufzeit nicht weniger als 12 Monate beträgt (§ 6 Abs. 1 Nr. 3 i. V. m. Nr. 3a Buchst. e) EStG bzw. § 253 Abs. 2 HGB. **(1,0 P.)**

Steuerlicher Ansatz zum 31.12.2020:

1.800 € • 0,652 (VV für 8 Jahre) = 1.173,60 € **(1,5 P.)**
(BMF v. 26.05.2005, BStBl 2005 I S. 699, Tabelle 2)

Handelsrechtlicher Ansatz zum 31.12.2020:

1.800 € • 0,693 = 1.247,40 € **(1,5 P.)**
(bisher: 9.000,00 €)

Handelsrecht und Steuerrecht weichen demnach unvermeidbar voneinander ab.

Buchung: **(0,5 P.)**

| Rückstellungen | 7.752,60 € | an | sonstiger betrieblicher Ertrag | 7.752,60 € |

Gewinnauswirkung: gewinnerhöhend um 7.752,60 €. **(0,5 P.)** Der steuerliche Gewinn ist gem. § 60 Abs. 2 Satz 1 EStDV außerbilanziell um 73,80 € zu mindern. **(0,5 P.)**

Patentverletzung

Auch hier handelt es sich gem. § 5 Abs. 1 Satz 1 Halbsatz 1 EStG i. V. m. § 249 Abs. 1 Satz 1 HGB um eine Rückstellung für ungewisse Verbindlichkeiten. **(0,5 P.)**

Steuerrechtlich ist § 5 Abs. 3 Satz 1 EStG zu beachten. Danach sind Rückstellungen wegen Verletzung fremder Patentrechte zu passivieren, wenn die Verpflichtung vor dem Bilanzstichtag verursacht und mit einer Inanspruchnahme wegen der Rechtsverletzung ernsthaft zu rechnen ist oder der Anspruch geltend gemacht wurde. **(1,0 P.)**

Da beide Voraussetzungen erfüllt sind, ist sowohl handels- als auch steuerrechtlich eine Rückstellung zu bilden. **(0,5 P.)**

Die Bewertung der Rückstellung erfolgt nach vernünftiger kaufmännischer Beurteilung (§ 6 Abs. 1 Nr. 3a EStG bzw. § 253 Abs. 1 Satz 2 HGB). **(0,5 P.)**

Wegen des abgeschlossenen Vergleichs Anfang 2021 ist eine Werterhellung nicht eingetreten, das Risiko bestand am Bilanzstichtag noch i. H. v. 25.000 €, sodass die Rückstellung mit 25.000 € anzusetzen ist (H 5.7 Abs. 13 EStH „Rechtsmittel"). **(1,0 P.)**

Buchung: **(0,5 P.)**

| Sonstiger betrieblicher Aufwand | 10.000,00 € | an | Rückstellungen | 10.000,00 € |

Gewinnauswirkung: gewinnmindernd um 10.000 €. **(0,5 P.)**

Teil 2: Jahresabschlussanalyse

1. Durchschnittlicher Lagerbestand

Ein zu hoher Lagerbestand beinhaltet Risiken, bindet Kapital und verursacht Aufwendungen. Deshalb ist eine ständige Beobachtung mit dem Ziel der Reduzierung des Bestandes erforderlich. **(0,5 P.)**

Durchschnittlicher Lagerbestand = (Anfangsbestand + Endbestand) : 2
                                = (200 + 200) : 2
                                = 200 **(1,0 P.)**

Die Beurteilung der Höhe des Lagerbestandes erfolgt im Branchen- und Zeitvergleich.

2. Lagerumschlagshäufigkeit

Je höher die Lagerumschlagshäufigkeit der Vorräte ist, desto geringer sind der Kapitaleinsatz, das Lager- und Absatzrisiko, die Lagerkosten je Einheit und entsprechend höher ist der Gewinn der Unternehmung. **(0,5 P.)**

$$\text{Lagerumschlagshäufigkeit} = \frac{\textbf{Wareneinsatz}}{\text{durchschnittlicher Lagerbestand}} = \frac{800}{200} = 4 \text{ mal } \textbf{(1,0 P.)}$$

Die Beurteilung kann nur im Branchen- und Zeitvergleich erfolgen.

3. Durchschnittliche Lagerdauer in Tagen

Die Kennzahl dient der Steuerung des Kapitalumschlages. Eine Verbesserung der Kennzahl kann durch ein gezieltes Bestände-Controlling erreicht werden. Dazu gehören die Senkung der Bestände auch durch Verkauf oder Verschrottung von Lagerhütern, Normung (in der Industrie) und Straffung des Sortiments (vorwiegend im Handel). **(0,5 P.)**

Durchschnittliche Lagerdauer = 360 : Umschlagshäufigkeit = 360 : 4 = 90 Tage **(1,0 P.)**

Die Auswertung der Kennzahl und ihrer Entwicklung erfolgt im Branchen- und im Zeitvergleich.

4. Umschlagshäufigkeit der Forderungen

Auch diese Kennzahl dient der Steuerung des Kapitalumschlages. Verbessernde Maßnahmen können z. B. sein: **(0,5 P.)**

- Vereinbarung kürzerer Zahlungsziele
- Gewährung von Zahlungsanreizen (Skontogewährung, Barzahlungsrabatte)
- ein konsequentes Mahnwesen

Durchschnittl. Bestand an Forderungen = (Anfangsbestand + Endbestand) : 2
= (160 + 150) : 2
= 155 **(1,0 P.)**

Umschlagshäufigkeit = Umsatzerlöse : durchschnittl. Bestand = 1.600 : 155 = 10,32 mal **(1,0 P.)**

Die Beurteilung ist nur im Branchen- und Zeitvergleich möglich.

5. Laufzeit der Forderungen in Tagen

Die durchschnittliche Laufzeit der Forderungen (Debitorenziel) gibt das tatsächlich von den Kunden in Anspruch genommene Zahlungsziel an. Sie zeigt, wie lange es dauert, bis die Umsatzerlöse liquiditätswirksam werden. Je rascher der Forderungsausfall, desto geringer sind Zinsbelastung und Ausfallwagnis. Eine lange Laufzeit lässt meist auf eine schlechte Zahlungsmoral der Kunden schließen. **(0,5 P.)**

Debitorenziel = 360 : Umschlagshäufigkeit = 360 : 10,32 = 35 Tage **(1,0 P.)**

Die Beurteilung ist nur im Branchen- und Zeitvergleich möglich. Dabei sollte nicht unbedingt der Branchendurchschnitt angestrebt werden. Das Unternehmen sollte sich vielmehr am besten in der Branche orientieren (Benchmarking). **(0,5 P.)**

6. Umschlagshäufigkeit des Kapitals

Je höher die Umschlagshäufigkeit des Kapitals, desto geringer ist der Kapitalbedarf und damit auch die Zinsbelastung und umso höher ist die Rentabilität des eingesetzten Kapitals. Eine Erhöhung des Kapitalumschlags führt zur Verbesserung des Ergebnisses. Das Kapital kann gesenkt und damit der Kapitalumschlag erhöht werden z. B. durch: **(0,5 P.)**

- Mieten statt Kaufen von Investitionsobjekten
- Einrichtung von Konsignationslägern
- Lagerhaltung senken bei gleichzeitiger Erhöhung der Bestellhäufigkeit
- Verringerung der flüssigen Mittel
- Verringerung von Anzahlungen
- Fakturierung bereits bei Teillieferungen anstelle einer Faktura bei Schlusslieferung
- Verkürzung des Zahlungsziels der Debitoren
- Verlängerung des Zahlungsziels bei den Kreditoren
- Factoring.

Umschlagshäufigkeit = Umsatzerlöse : Gesamtkapital = 1.600 : 625 = 2,56 mal **(1,0 P.)**

Die Beurteilung ist nur im Branchen- und Zeitvergleich möglich.

7. Kapitalumschlagsdauer in Tagen

Eine gestiegene Umschlagshäufigkeit im Zeitablauf ist ein gutes Zeichen wachsender Ertragskraft. Je kürzer die Umschlagsdauer des Kapitals, desto geringer ist der Kapitalbedarf und desto höher sind die Rentabilität des eingesetzten Kapitals und die Liquidität des Unternehmens. **(0,5 P.)**

Umschlagsdauer = 360 : Umschlagshäufigkeit = 360 : 2,56 = 141 Tage **(1,0 P.)**

Die Beurteilung ist nur im Branchen- und Zeitvergleich möglich.

Teil 3: Gesellschaftsrecht

zu 1.

a) Der Gesellschaftsvertrag bedarf gem. § 2 Abs. 1 GmbHG der notariellen Beurkundung. **(0,5 P.)**

b) Gemäß § 2 Abs. 1a GmbHG kann die Gesellschaft in einem vereinfachten Verfahren gegründet werden. **(0,5 P.)** Das Musterprotokoll für die Gründung einer Ein-Personengesellschaft ergibt sich aus der Anlage zu § 2 Abs. 1a GmbHG. **(0,5 P.)**

zu 2.

a) Der Name der Firma ist bei der Mini-GmbH abweichend von § 4 GmbHG nach § 5a Abs. 1 GmbHG zu bestimmen. **(0,5 P.)** Hiernach muss der Firmenname wie folgt lauten: „Müller Software Unternehmergesellschaft (haftungsbeschränkt)" oder „Müller Software UG (haftungsbeschränkt)". **(0,5 P.)**

b) Sollte das satzungsmäßige Kapital zukünftig auf 25.000 € oder mehr erhöht werden, wird die ehemalige Mini-GmbH als Standard GmbH weitergeführt. **(0,5 P.)** Um die bessere Kapitalausstattung nach außen zu zeigen, sollte sich der Gesellschafter zu einer Umfirmierung seiner „Unternehmergesellschaft" in eine „GmbH" entscheiden. **(0,5 P.)** Vergleiche insofern § 5a Abs. 5 Halbsatz 2 GmbHG (Wahlrecht). **(0,5 P.)**

zu 3.

a) Die Unternehmergesellschaft kann mit einem Stammkapital zwischen 1 € und 24.499 € gegründet werden (§ 5a Abs. 1 GmbHG und § 5 Abs. 2 Satz 1 GmbHG), wobei der Betrag auf volle Euro lauten muss. **(1,0 P.)** Sacheinlagen (hier: EDV-Anlage im Wert von 1.000 €) sind gem. § 5a Abs. 2 Satz 2 GmbHG ausgeschlossen. **(1,0 P.)**

b) Es wird empfohlen, mit einem Stammkapital von 2.000 € zu starten, da in der Anfangsphase ohnehin Startkapital benötigt wird und außerdem evtl. Kreditgeber bei einem höheren Stammkapital grundsätzlich wohlgesonnener sind. **(0,5 P.)**

c) Abweichend von § 7 Abs. 2 GmbHG darf die Unternehmergesellschaft gem. § 5a Abs. 2 Satz 1 GmbHG erst dann zur Eintragung in das Handelsregister angemeldet werden, wenn das satzungsmäßige Stammkapital in voller Höhe erbracht worden ist. **(1,0 P.)**

zu 4.

Bei der Unternehmergesellschaft findet gem. § 5a Abs. 3 GmbHG teilweise eine Zwangsthesaurierung statt. **(0,5 P.)**

Im Jahresabschluss zum 31.12.2021 müssen zur Stärkung der Eigenkapitalausstattung im vorliegenden Fall 25 % des Jahresüberschusses i. H. v. 10.000 € = 2.500 € in eine gesetzliche Rücklage eingestellt werden. **(1,0 P.)**

zu 5.

a) Der alleinige Gesellschafter Andreas Müller kann gem. § 6 Abs. 1, Abs. 2 Satz 1 und Abs. 3 GmbHG als Geschäftsführer (= Organ der Willensausführung) bestellt werden. **(0,5 P.)**

b) Er führt die Geschäfte (Innenverhältnis) der Unternehmergesellschaft und vertritt diese gem. § 35 Abs. 1 Satz 1 GmbHG gerichtlich und außergerichtlich (Außenverhältnis), wobei § 35 Abs. 3 GmbHG zu beachten ist. **(0,5 P.)**

zu 6.

Der Geschäftsführer ist insbesondere folgenden Haftungsrisiken gegenüber der Unternehmergesellschaft und Dritten ausgesetzt: (je **(0,5 P.)**, max. 4 · **(0,5 P.)** = **(2,0 P.)**)

- Gemäß § 9a Abs. 1 GmbHG haftet auch der Geschäftsführer für Schäden, die durch schuldhaft falsche Angaben bei der Gründung entstehen.
- Der Geschäftsführer haftet gem. § 31 Abs. 6 GmbHG im Zusammenhang mit schuldhaft veranlassten stammkapitalschädigenden Zahlungen.
- Der Geschäftsführer haftet bei schuldhafter Pflichtverletzung nach § 40 Abs. 3 GmbHG (fehlerhafte oder unterlassene Änderung und Veröffentlichung der Gesellschafterliste).
- Der Geschäftsführer muss die Sorgfalt eines ordentlichen Geschäftsmannes anwenden. Bei Pflichtverletzung haftet der Geschäftsführer der Gesellschaft deshalb gem. § 43 Abs. 2 GmbHG für Schäden, die bei Ausführung seiner Tätigkeit entstehen.
- Ein Haftungsfall tritt auch bei Verstoß gegen das Auszahlungsverbot des § 43 Abs. 3 GmbHG ein; Verstoß gegen § 30 GmbHG Kapitalerhaltung sowie Verstoß gegen § 33 GmbHG „Erwerb eigener Anteile".
- Der Geschäftsführer ist gem. § 64 Satz 1 GmbHG (soweit Satz 2 nicht vorliegt), zum Ersatz von Zahlungen verpflichtet, die nach Eintritt der Zahlungsunfähigkeit der Gesellschaft oder nach Feststellung der Überschuldung geleistet werden (Insolvenzverschleppung).

Dritter Prüfungssatz

Steuerrecht I

Teil 1: Einkommensteuer

Teilaufgabe Nr. 1
Einkünfte aus der Kraut & Rüben KG

Tobias Kern erzielt Einkünfte aus Gewerbebetrieb gem. § 15 Abs. 1 Nr. 2 EStG in Höhe seines handelsrechtlichen Gewinnanteils i. H. v. 20 %: **(1,0 P.)**

125.000,00 € · 20 % = **(0,5 P.)**	25.000,00 €
Dieser Anteil am Gesamtgewinn ist um den auf den 31.12.2019 festgestellten verrechenbaren Verlust gem. § 15a Abs. 2 EStG zu mindern. **(1,0 P.)**	− 25.000,00 €
Vorläufiger Gewinnanteil	0,00 €

Gesonderte Feststellung auf den 31.12.2020 gem. § 15a Abs. 4 EStG

	Feststellung 31.12.2019	30.000,00 € **(0,5 P.)**
−	verrechneter Verlust 2020	25.000,00 € **(1,0 P.)**
=	Feststellung 31.12.2020	5.000,00 € **(0,5 P.)**

Für die geplante Anschaffung eines neuen Gebrauchtwagens scheitert eine Berücksichtigung des Investitionsabzugsbetrages an § 7g Abs. 1 Nr. 1a) EStG. **(1,0 P.)** Danach darf ein Gewinn i. H. v. 200.000 € **(1,0 P.)** am Schluss des Wirtschaftsjahres, in dem der Abzug vorgenommen wird, nicht überschritten werden. **(1,0 P.)** Der Gewinn der KG zum 31.12.2020 beträgt jedoch 250.000 €.

Beurteilung der übrigen Geschäftsvorfälle

Die Tätigkeitsvergütung sowie die Vermietungseinkünfte führen zu Einkünften aus Gewerbebetrieb im Sonderbetriebsvermögen gem. § 15 Abs. 1 Nr. 2 Halbsatz 2 EStG. **(1,0 P.)**

Tätigkeitsvergütung

Die Tätigkeitsvergütung „Jahresgehalt 2020" hatte den handelsrechtlichen Gewinn gemindert, gehört aber zu den Einkünften aus Gewerbebetrieb, § 15 Abs. 1 Nr. 2 Halbsatz 2 EStG. **(1,0 P.)**

Die Arbeitgeberanteile zur Sozialversicherung eines Mitunternehmers, der sozialversicherungsrechtlich als Arbeitnehmer angesehen wird, gehören – unabhängig davon, ob sie dem Mitunternehmer zufließen – nach H 15.8 Abs. 3 EStH „Tätigkeitsvergütungen" zu den Vergütungen, die er von der Gesellschaft für seine Tätigkeit im Dienste der Gesellschaft bezogen hat. **(1,0 P.)**

	Jahresgehalt	100.000,00 €
+	AG-Anteil SV	7.500,00 €
=		107.500,00 €

Vermietung des Grundstücks

Hinsichtlich der Vermietung des Grundstücks handelt es sich um die Überlassung eines Wirtschaftsgutes, das im Eigentum eines Mitunternehmers steht, für Zwecke der Gesellschaft, § 15 Abs. 1 Nr. 2 Halbsatz 2, § 21 Abs. 3 EStG. **(1,0 P.)**

Dementsprechend stellen die Mieteinnahmen für das Grundstück Sonderbetriebseinnahmen dar, zumal sie den handelsrechtlichen Gewinn gemindert haben:

Mieteinnahmen: 10.000 € · 12 = **(1,0 P.)**	120.000,00 €
Die Aufwendungen für diese Immobilie stellen Sonderbetriebsausgaben des Tobias Kern dar: **(1,0 P.)**	
AfA **(1,0 P.)**	- 12.500,00 €
Finanzierungszinsen **(1,0 P.)**	- 15.000,00 €

Bei den durchgeführten Baumaßnahmen handelt es sich nicht um Herstellungskosten i. S. d. § 255 Abs. 2 Satz 1 HGB, da es sich nicht um eine Erweiterung oder um eine über den ursprünglichen Zustand hinausgehende wesentliche Verbesserung des Gebäudes handelt. Ferner handelt es sich auch nicht um eine funktionsändernde Baumaßnahme. Eine wesentliche Verbesserung ist nicht gegeben, weil sich der Gebrauchswert nicht durch einen Standardsprung wesentlich verbessert. Ferner wird auch kein neues Wirtschaftsgut geschaffen, weil die Nutzung der Flächen für die KG unabhängig davon gleich bleibt, egal, ob es sich um ein Großraumbüro oder um vier Einzelbüros handelt. **(1,0 P.)**

Rigipsplatten **(1,0 P.)**	- 7.500,00 €
Elektroinstallation **(1,0 P.)**	- 11.000,00 €
	74.000,00 €

Die Einkünfte im Sonderbetriebsvermögensbereich betragen demnach (107.500 € + 74.000 € =) 181.500 €.

Gewinne aus dem Sonderbereich können mit dem festzustellenden lediglich verrechenbaren Verlust aus dem Gesamthandbereich nicht verrechnet werden, R 15a Abs. 2 Satz 1 EStR, H 15a EStH „Saldierung". **(1,0 P.)**

Teilaufgabe Nr. 2

1. Veranlagung

Die Ehegatten Breit leben seit dem 01.04.2019 dauernd getrennt, sodass für den VZ 2020 eine Ehegattenveranlagung nach § 26 Abs. 1 EStG nicht durchgeführt werden kann. **(1,0 P.)**

Die Eheleute sind deshalb nach § 25 Abs. 1 EStG einzeln zu veranlagen. **(1,0 P.)**

2.1 Einkünfte/Gesamtbetrag der Einkünfte der Nicole Breit

Nicole Breit erzielte sonstige Einkünfte aus Unterhaltsleistungen gem. § 22 Nr. 1a EStG, **(1,0 P.)** allerdings nur insoweit Jens Breit der Sonderausgabenabzug zusteht.

	Steuerpflichtige Unterhaltsleistungen (siehe unten)	16.205,00 €	**(1,0 P.)**
−	Pauschbetrag, § 9a Satz 1 Nr. 3 EStG	102,00 €	**(0,5 P.)**
=	Sonstige Einkünfte/Gesamtbetrag der Einkünfte	16.103,00 €	**(0,5 P.)**

2.2 Einkünfte/Gesamtbetrag der Einkünfte des Jens Breit

Einkünfte aus Kapitalvermögen

Die gezahlten Schuldzinsen führen grundsätzlich zu Werbungskosten bei den Einkünften aus Kapitalvermögen, da von einer Dividendenerzielungsabsicht nach § 20 Abs. 1 Nr. 1 EStG auszugehen ist. **(0,5 P.)**

Allerdings kann bei den Einkünften aus Kapitalvermögen grundsätzlich nur der Sparer-Pauschbetrag nach § 20 Abs. 9 EStG in Abzug gebracht werden. **(0,5 P.)**

Weil Jens Breit jedoch zu mindestens 25 % an der GmbH beteiligt ist, findet antragsgemäß § 32d Abs. 2 Nr. 3 Buchst. a) EStG Anwendung. **(1,0 P.)**

Nach § 32d Abs. 2 Nr. 3 Satz 2 EStG können die tatsächlichen Werbungskosten abgezogen werden, allerdings nur im Rahmen des Teileinkünfteverfahrens **(1,0 P.)** und das auch nur so lange, wie Einkünfte aus der Beteiligung erzielbar sind, mithin bis zum 01.05.2020.

Anzusetzen sind demnach: 2.500 € • 4 Monate • 60 % = 6.000 € **(1,0 P.)**

Einkünfte aus Gewerbebetrieb

Durch die Veräußerung der Beteiligung an der Sommer GmbH erzielt Jens Breit gem. § 17 Abs. 1 Satz 1 EStG Einkünfte aus Gewerbebetrieb, weil Jens Breit mit mindestens 1 % an der GmbH innerhalb der letzten fünf Jahre beteiligt ist. **(1,0 P.)**

Die Einkünfte ermitteln sich nach § 17 Abs. 2 EStG und sind nach dem Entstehungsprinzip **(1,0 P.)** bereits im VZ 2020 wie folgt zu erfassen:

	Veräußerungspreis: 125.000 € • 60 % (§ 3 Nr. 40c EStG)	75.000,00 €	**(0,5 P.)**
-	Anschaffungskosten: 500.000 € • 60 % (§ 3c Abs. 2 EStG)	300.000,00 €	**(0,5 P.)**
=	Einkünfte aus Gewerbebetrieb	- 225.000,00 €	

Nach § 17 Abs. 2 Satz 6 EStG ist der Verlust zu berücksichtigen. **(0,5 P.)**

§ 17 Abs. 2 Satz 6 Buchst. b) Satz 2 EStG ordnet an, dass das grundsätzliche Verlustausgleichsverbot nicht für innerhalb der letzten fünf Jahre erworbene Anteile gilt, deren Erwerb zur Begründung einer Beteiligung des Steuerpflichtigen i. S. d. § 17 Abs. 1 Satz 1 EStG geführt hat. **(0,5 P.)**

Einkünfte aus selbstständiger Arbeit

Jens Breit erzielt Einkünfte aus selbstständiger Arbeit, weil er als Ingenieur einen Katalogberuf i. S. d. § 18 Abs. 1 Nr. 1 EStG ausübt. **(1,0 P.)**

Vorläufiger Gewinn **(0,5 P.)**   30.000,00 €

zu aa)

Bei der USt-Vorauszahlung handelt es sich um eine regelmäßig wiederkehrende Ausgabe, die bei Abfluss innerhalb von zehn Tagen nach § 11 Abs. 2 Satz 2 EStG als Betriebsausgabe im VZ 2020 zu berücksichtigen ist. **(1,0 P.)**   - 2.000,00 €

zu bb)

Nach § 4 Abs. 5 Nr. 6b Satz 2 EStG sind die Aufwendungen für das häusliche Arbeitszimmer nicht abzugsfähig, weil in dem Büro insoweit ein anderer Arbeitsplatz zur Verfügung steht. **(1,0 P.)**

Das gilt aber nur für die Aufwendungen für das Arbeitszimmer sowie seiner Ausstattung. **(1,0 P.)**

Die Aufwendungen für die Arbeitsmittel (Büromöbel und EDV-Leasing) sind als Betriebsausgabe abzugsfähig. **(1,0 P.)**   - 600,00 €

zu cc)

Hinsichtlich des geplanten Pkw-Erwerbs scheitert ein Investitionsabzugsbetrag an § 7g Abs. 1 Satz 1 EStG, **(1,0 P.)** weil die beabsichtigte private Nutzung (30 %) mehr als 10 % beträgt. **(1,0 P.)**

zu dd)

Weil der nach § 4 Abs. 3 EStG ermittelte Gewinn 100.000 € nicht übersteigt, kann ein Investitionsabzugsbetrag gewinnmindernd berücksichtigt werden: **(1,0 P.)**

Höhe: 20.000 € • 40 % =	– 8.000,00 €
= Einkünfte gem. § 18 EStG	19.400,00 €

Gesamtbetrag der Einkünfte Jens Breit

	Einkünfte aus Kapitalvermögen	– 6.000,00 €
–	Einkünfte aus Gewerbebetrieb	– 225.000,00 €
+	Einkünfte aus selbstständiger Arbeit	+ 19.400,00 €
=	Gesamtbetrag der Einkünfte	– 211.600,00 € **(0,5 P.)**

Aufgrund des negativen GDE wirken sich weitere Abzugsbeträge nicht mehr aus; nach der Aufgabenstellung sind sie aber dennoch darzustellen:

3. Sonderausgaben Jens Breit

Unterhaltsleistungen

Im VZ 2020 leistete Jens Breit freiwilligen Unterhalt i. H. v. monatlich 380 € sowie den gesetzlichen Unterhalt i. H. v. monatlich 780 € an seine geschiedene oder dauernd getrennt lebende Ehefrau. Die Summe aller Beträge ist unabhängig davon als Sonderausgabe nach § 10 Abs. 1a Nr. 1 Satz 1 EStG berücksichtigungsfähig, ob es sich um gesetzlichen oder freiwilligen Unterhalt handelt, H 10.2. EStH „Unterhaltsleistungen". **(0,5 P.)**

Die erforderliche Zustimmung der Nicole Breit liegt in Gestalt der „Anlage U" vor. **(0,5 P.)**

	Unterhaltsleistungen 380 € + 780 € = 1.160 € • 12 =	13.920,00 €	
	maximal abzugsfähig	13.805,00 €	**(0,5 P.)**
+	KV-Beiträge gem. § 10 Abs. 1a Nr. 1 Satz 2 EStG: 200 € • 12 =	2.400,00 €	**(2,0 P.)**
=	als Sonderausgaben abzugsfähig mithin	16.205,00 €	

Bei dem Kindesunterhalt von monatlich 1.000 € handelt es sich nicht um Unterhaltsleistungen an den geschiedenen oder dauernd getrennt lebenden Ehegatten, sodass diese Beträge nicht als Sonderausgaben abgezogen werden können; sie sind vielmehr mit dem Kinderfreibetrag bzw. Kindergeld abgegolten. **(1,0 P.)**

Der Zugewinnausgleichsanspruch ist einkommensteuerlich nicht zu berücksichtigen. **(1,0 P.)**

Spenden

Die geleisteten Spenden i. H. v. 16.500 € sind grundsätzlich bis zur Höhe von 20 % des Gesamtbetrags der Einkünfte berücksichtigungsfähig. **(1,0 P.)**

Weil der GDE jedoch negativ ist, wirken sich die Spenden im VZ 2020 nicht mehr aus. **(1,0 P.)**

Diese sind vielmehr nach § 10b Abs. 1 Sätze 9 und 10 EStG im Wege eines gesondert festzustellenden Spendenvortrags zu berücksichtigen und vorzutragen. **(1,0 P.)**

4. Berücksichtigung von Kindern

Da die Tochter Simone im September 2020 ihr 25. Lebensjahr vollendete, kann sie bis einschließlich September 2020 bei ihren Eltern im Rahmen des Familienleistungsausgleichs nach § 32 Abs. 4 Satz 1 Nr. 2 Buchst. a) EStG berücksichtigt werden. **(1,0 P.)**

Auf die Höhe ihrer Einkünfte kommt es nicht an. **(1,0 P.)**

Der Sohn Peter ist zu berücksichtigen, weil er noch minderjährig ist, § 32 Abs. 3 EStG. **(1,0 P.)**

Teil 2: Gewerbesteuer

zu Tz. 1

Ausgangsgröße für die Berechnung des Gewerbeertrages ist der nach den Vorschriften des EStG ermittelte Gewinn der KG. Dies ist der laufende Gewinn laut gesonderter und einheitlicher Feststellung einschließlich Sonderbilanzgewinnen, § 7 Satz 1 GewStG. **(1,0 P.)**   375.000,00 €

zu Tz. 2

Der in der Gesamthandsbilanz erfasste, an die Gesellschafterin Ingrid Klausen gezahlte Pachtaufwand fällt zwar dem Grunde nach unter die Zurechnung nach § 8 Nr. 1 Buchst. e) GewStG. **(1,0 P.)**

Eine Zurechnung erfolgt aber nur, soweit der Gewinn aus Gewerbebetrieb gemindert wurde. Der Pachtaufwand der Gesamthandsbilanz wird durch den in der Sonderbilanz der Kommanditistin erfassten Pachtertrag jedoch neutralisiert. **(1,0 P.)** Da der Gewinn nicht gemindert wurde, ist keine Zurechnung vorzunehmen. **(1,0 P.)**

zu Tz. 3

Die Entgelte für die Überlassung von Darlehen jeder Art rechnen zu den nach § 8 Nr. 1 Buchst. a) GewStG zuzurechnenden Zinsen **(1,0 P.)**. Auf die Laufzeit des Darlehens oder den Grund der Finanzierung wird nicht abgestellt. **(1,0 P.)** Sämtliche Zinsen sind im Rahmen der Vorschrift hinzuzurechnen.

zu Tz. 4

Die Rentenzahlungen sind nach § 8 Nr. 1 Buchst. b) GewStG **(1,0 P.)** nur in der Höhe zu berücksichtigen, in der sie den Gewinn gemindert haben. Von den Rentenzahlungen i. H. v. 30.000 € haben sich, nach Berücksichtigung des in den Zahlungen enthaltenen Tilgungsanteiles, nur 25.000 € gewinnmindernd ausgewirkt. **(2,0 P.)**

zu Tz. 5

Da die Ehefrau des Gesellschafters Grüninger selbst nicht Mitunternehmerin der KG ist, wurde der Gewinnanteil i. H. v. 25.000 € zu Recht als Betriebsausgabe (§ 4 Abs. 4 EStG) gebucht. **(1,0 P.)** Deshalb ist dieser Betrag nach § 8 Nr. 1 Buchst. c) GewStG **(1,0 P.)** hinzuzurechnen.

Zusammenstellung:

	Tz. 3: Darlehenszinsen	80.000,00 €	
+	Tz. 4: Rentenzahlungen	25.000,00 €	
+	Tz. 5: Gewinnanteil	25.000,00 €	
=	Summe	130.000,00 €	**(1,0 P.)**
-	Freibetrag	130.000,00 €	**(1,0 P.)**
=	Restbetrag	0,00 €	**(0,5 P.)**

zu Tz. 2

Für das der Gesellschafterin gehörende Grundstück ist eine Kürzung nach § 9 Nr. 1 Satz 1 GewStG **(1,0 P.)** vorzunehmen, da es wegen der seit 2019 währenden Überlassung an die KG bereits zu Beginn des EZ (01.01.2020) zum Sonderbetriebsvermögen gehört, vgl. R 4.2 Abs. 12 EStR. **(1,0 P.)**

Maßgebend ist der Einheitswert zum 01.01.2009; der zum 01.01.2021 fortgeschriebene Einheitswert wird erst für die Ermittlung des Gewerbeertrages 2021 herangezogen, § 20 Abs. 1 Satz 2 GewStDV. **(1,0 P.)**

Kürzung: 100.000 € • 140 % • 1,2 % = **(1,0 P.)**   - 1.680,00 €

zu Tz. 6

	Der nicht ausgeglichene Verlust aus dem EZ 2019 ist vorzutragen gem. § 10a GewStG. **(1,0 P.)**	- 25.000,00 €
=	Gewerbeertrag	348.320,00 €
	abgerundet auf volle 100 €, § 11 Abs. 1 Satz 3 GewStG **(0,5 P.)**	348.300,00 €
-	Freibetrag, § 11 Abs. 1 Satz 3 Nr. 1 GewStG **(1,0 P.)**	24.500,00 €
		323.800,00 €
•	3,5 % Steuermesszahl (§ 11 Abs. 2 GewStG) = Messbetrag **(1,0 P.)**	11.333,00 €

Teil 3: Körperschaftsteuer

Zu versteuerndes Einkommen/KSt und SolZ

zu Tz. 1

	Bilanzgewinn	283.000,00 €		
-	Auflösung der Rücklagen	25.000,00 €	**(1,0 P.)**	
-	Gewinnvortrag	8.000,00 €	**(1,0 P.)**	
=	Jahresüberschuss	250.000,00 €	**(0,5 P.)**	250.000,00 €

zu Tz. 2

Die rückwirkende Gehaltszahlung von Januar bis August i. H. v. (1.000 € • 8 =) 8.000 € **(1,0 P.)** an die Tante des beherrschenden Gesellschafters Volker Süper stellt eine vGA i. S. d. R 8.5 KStR dar, **(0,5 P.)** die das Einkommen gem. § 8 Abs. 3 Satz 2 KStG nicht mindern darf. **(0,5 P.)**

Bei einer dem beherrschenden Gesellschafter nahestehenden Person bedarf eine Vereinbarung über die Höhe eines Entgelts für eine Leistung der vorherigen und eindeutigen Regelung (H 8.5 Abs. 3 KStH „nahestehende Person"). **(1,0 P.)**

Auf die Angemessenheit der Leistung kommt es insoweit nicht an. **(0,5 P.)**   + 8.000,00 €

zu Tz. 3

Der Verzicht auf Zahlung der verbindlich zugesagten Zinsen der Jahre 2017 bis zum 31.03.2020 i. H. v. 1.625 € stellt eine verdeckte Einlage dar, **(1,0 P.)** die das Einkommen nicht erhöht, § 8 Abs. 3 KStG. **(0,5 P.)**

Der Gesellschafter Paul Wurth wendet der GmbH einen einlagefähigen Vermögensvorteil zu, R 8.9 Abs. 2 KStR. **(1,0 P.)** Der einlagefähige Vermögensvorteil besteht in der Verringerung von Schulden (H 8.9 KStH „Einlagefähiger Vermögensvorteil"). **(0,5 P.)**   – 1.625,00 €

zu Tz. 4

Der Beteiligungsertrag ist gem. § 8b Abs. 1 Satz 1 KStG steuerfrei. **(1,0 P.)**   – 20.000,00 €

Gemäß § 8b Abs. 5 KStG gelten 5 % als Ausgaben, die nicht als Betriebsausgaben abgezogen werden dürfen: 20.000 € · 5 % = **(1,0 P.)**   + 1.000,00 €

Betriebsausgaben, die im Zusammenhang mit dem Beteiligungsertrag stehen, sind nach § 8b Abs. 5 Satz 2 KStG abziehbar. **(1,0 P.)**

Die Fremdkapitalzinsen (1.200 €) bleiben deshalb Aufwand; der § 3c Abs. 1 EStG ist insoweit nicht anzuwenden. **(1,0 P.)**

zu Tz. 5

KSt-Vorauszahlungen, § 10 Nr. 2 KStG **(0,5 P.)**	+ 17.500,00 €
Kapitalertragsteuer, § 10 Nr. 2 KStG **(0,5 P.)**	+ 5.000,00 €
Gewerbesteuer, § 4 Abs. 5b EStG **(0,5 P.)**	+ 10.000,00 €
KSt-Säumniszuschläge, § 10 Nr. 2 KStG **(0,5 P.)**	+ 100,00 €
SolZ-Vorauszahlungen, § 10 Nr. 2 KStG **(0,5 P.)**	+ 962,50 €
SoZ auf Kapitalertragsteuer § 10 Nr. 2 KStG **(0,5 P.)**	+ 275,00 €

zu Tz. 6

Die Gewinnverwendung wirkt sich gem. § 8 Abs. 3 Satz 1 KStG auf die Einkommensermittlung nicht aus. **(1,0 P.)**

= zu versteuerndes Einkommen **(0,5 P.)**	271.212,50 €
tarifliche KSt, § 23 Abs. 1 KStG: **(0,5 P.)** 15 % von 271.212 € = (abgerundet)	40.681,00 €
SolZ, § 3 Abs. 1 Nr. 1, § 4 Nr. 1 SolZG: **(0,5 P.)** 5,5 % von 40.681 € =	2.237,46 €

Ausschüttbarer Gewinn i. S. d. § 27 KStG

	gesamtes Eigenkapital zum 31.12.2019	101.000,00 €	**(1,0 P.)**
-	gezeichnetes Kapital	45.000,00 €	**(1,0 P.)**
-	Einlagekonto zum 31.12.2019	21.000,00 €	**(1,0 P.)**
=	ausschüttbarer Gewinn nach § 27 KStG	35.000,00 €	**(0,5 P.)**

Da insgesamt (45.000 € + 8.000 € vGA =) 53.000 € ausgeschüttet werden, müssen 18.000 € aus dem Einlagekonto verwendet werden. **(1,0 P.)**

Gesonderte Feststellungen

	Einlagekonto zum 31.12.2019	21.000,00 €	**(1,0 P.)**
-	Verringerung durch Ausschüttung	18.000,00 €	**(0,5 P.)**
+	Zugang verdeckte Einlage (Tz. 3)	1.625,00 €	**(1,0 P.)**
=	Bestand zum 31.12.2020	4.625,00 €	**(0,5 P.)**

Steuerrecht II

Teil 1: Umsatzsteuer

Sachverhalt 1a)

1. Die ARGE ist Unternehmer gem. § 2 Abs. 1 Sätze 1 und 3 UStG, da sie eine gewerbliche Tätigkeit mit Einnahmeerzielungsabsicht selbstständig ausführt.
   Auch hat die ARGE die Bauverträge mit dem Landesamt abgeschlossen, sodass die Leistung (Erneuerung der Fahrbahndecke) der ARGE zuzurechnen ist (Abschn. 2.1. Abs. 4 UStAE). **(1,0 P.)**

2. Es fehlt am Leistungsaustausch, weil die Überlassung der Baugeräte als Gesellschafterbeitrag mit dem Gewinnanteil abgegolten und nicht gesondert berechnet wird. **(1,0 P.)**
   Die unentgeltliche Gestellung der Baugeräte durch die beiden Gesellschafter an die ARGE ist nicht steuerbar gem. § 1 Abs. 1 Nr. 1 UStG, weil mangels Entgeltlichkeit kein Leistungsaustausch vorliegt. **(1,0 P.)**

3. Bei der Erneuerung der Fahrbahndecke handelt es sich um eine Werklieferung gem. § 3 Abs. 4 UStG, da die ARGE ausschließlich selbst beschaffte Stoffe, somit auch den Hauptstoff (Teer) verwendet. **(0,5 P.)**
   Der Ort der ruhenden Lieferung ist gem. § 3 Abs. 7 Satz 1 UStG das Teilstück der BAB A 3. **(0,5 P.)**
   Die Werklieferung wird mit Abnahme am 30.09.2021 ausgeführt (Abschn. 13.2. Satz 2 Nr. 1, Satz 3 UStAE). **(0,5 P.)**
   Der Vorgang ist steuerbar nach § 1 Abs. 1 Nr. 1 UStG **(0,5 P.)** und mangels Steuerbefreiung nach § 4 UStG **(0,5 P.)** mit 19 % (§ 12 Abs. 1 UStG) **(0,5 P.)** steuerpflichtig.

Die Bemessungsgrundlage beträgt gem. § 10 Abs. 1 UStG 2.500.000 €, die Umsatzsteuer beträgt 475.000 €. **(0,5 P.)**

Die Vertragsstrafe hat Schadenersatzcharakter (Abschn. 1.3. Abs. 3 Satz 1 UStAE), **(0,5 P.)** sodass keine Entgeltminderung vorliegt (Abschn. 1.3. Abs. 3 Satz 3 UStAE bzw. Abschn. 10.3. Abs. 2 Satz 10 UStAE). **(0,5 P.)**

Die Steuer entsteht gem. § 13 Abs. 1 Nr. 1 Buchst. a) Satz 4 UStG jeweils i. H. v. 190.000 € mit Ablauf der VAZ 6/2021 und 7/2021, da die Zahlungen vor Ausführung der Leistung vereinnahmt wurden. **(1,0 P.)**

Die restliche Steuer entsteht gem. § 13 Abs. 1 Nr. 1 Buchst. a) Satz 1 UStG i. H. v. 95.000 € mit Ablauf des VAZ 9/2021, da in diesem VAZ die Leistung ausgeführt wurde. **(0,5 P.)**

Steuerschuldner ist gem. § 13a Abs. 1 Nr. 1 UStG die ARGE. **(0,5 P.)**

Zwar führt die ARGE eine Werklieferung gem. § 13b Abs. 2 Nr. 1 UStG aus, sie ist aber kein im Ausland ansässiger Unternehmer i. S. d. § 13b Abs. 7 UStG. Daher geht die Steuerschuld nicht auf das Land NRW über. **(1,0 P.)**

Zwar führt die ARGE eine Werklieferung gem. § 13b Abs. 2 Nr. 4 UStG aus. Das Land NRW ist aber kein Unternehmer i. S. d. § 2 Abs. 3 Satz 1 UStG. Daher geht die Steuerschuld nicht auf das Land NRW über. **(1,0 P.)**

Sachverhalt 1b)

1. Frank Düster erbringt eine sonstige Leistung nach § 3 Abs. 9 UStG in Form einer Werkleistung. **(0,5 P.)**

   Der Ort ist gem. § 3a Abs. 3 Nr. 1c UStG das Teilstück der BAB A 3. **(0,5 P.)**

   Die sonstige Leistung wird am 28.09.2021 erbracht. **(0,5 P.)**

   Sie ist steuerbar nach § 1 Abs. 1 Nr. 1 UStG **(0,5 P.)** und mangels Steuerbefreiung nach § 4 UStG steuerpflichtig. **(0,5 P.)**

   Frank Düster erbringt an die ARGE Leistungen gem. § 13b Abs. 2 Nr. 4 UStG **(0,5 P.)** (Abschn. 13b.2. Abs. 5 Nr. 7 UStAE), die der Herstellung eines Bauwerks, einer Straße (Autobahn) dient (Abschn. 13b.2. Abs. 3 UStAE). **(0,5 P.)**

   Steuerschuldner ist die ARGE gem. § 13b Abs. 5 Satz 2 UStG, weil die ARGE durch die Vorlage der Freistellungsbescheinigung nach § 48b EStG belegt, dass sie selber Unternehmer ist, der Bauleistungen gem. § 13b Abs. 2 Nr. 4 UStG erbringt. **(0,5 P.)**

   Bemessungsgrundlage gem. § 10 Abs. 1 UStG = 10.000 € **(0,5 P.)**

   Steuersatz gem. § 12 Abs. 1 UStG = 19 %, USt = 1.900 € **(0,5 P.)**

   Die Steuer entsteht gem. § 13b Abs. 2 UStG mit Ausstellung der Rechnung am 28.09.2021. **(0,5 P.)**

2. Die Voraussetzung des § 15 Abs. 1 Nr. 4 UStG ist erfüllt. **(0,5 P.)**

   Ausschlussgründe gem. § 15 Abs. 2 UStG liegen nicht vor, weil die ARGE die Leistung für ihre steuerpflichtige Werklieferung verwendet. **(0,5 P.)**

Die ARGE kann den Betrag von 1.900 € in der Voranmeldung September 2021 als Vorsteuer abziehen (Abschn. 13b.15. UStAE). **(0,5 P.)**

3. Die Rechnung ist nicht ordnungsgemäß gem. § 14 UStG, weil die erforderliche Steuer- bzw. USt-IdNr. gem. § 14 Abs. 4 Nr. 2 UStG, **(0,5 P.)** die Rechnungsnummer gem. § 14 Abs. 4 Nr. 4 UStG **(0,5 P.)** und der Hinweis gem. § 14a Abs. 5 Satz 2 UStG auf den Übergang der Steuerschuldnerschaft auf den Leistungsempfänger fehlen. **(0,5 P.)**

Ein Vorsteuerabzug aus der Rechnung ist aber trotzdem zulässig, da eine Rechnung gem. § 15 Abs. 1 Nr. 4 UStG nicht Voraussetzung für den Vorsteuerabzug ist (Abschn. 13b.15. Abs. 2 UStAE). **(0,5 P.)**

Die ARGE wird trotz fehlenden Hinweises in der Rechnung auf die Steuerschuldnerschaft des Leistungsempfängers von ihrer Steuerschuldnerschaft nicht entbunden (Abschn. 13b.14. Abs. 1 Satz 4 UStAE). **(0,5 P.)**

Sachverhalt 2a)

Bei der Vermietung der Planierraupe handelt es sich um eine sonstige Leistung nach § 3 Abs. 9 UStG, **(0,5 P.)** die im Zeitpunkt ihrer Vollendung am 28.05.2021 ausgeführt wurde (Abschn. 13.1. Abs. 3 Satz 1 UStAE, Abschn. 14.5. Abs. 16 Nr. 4 Satz 3 UStAE). **(0,5 P.)**

Die sonstige Leistung wird gem. § 3 Abs. 12 Satz 2 UStG im Rahmen eines tauschähnlichen Umsatzes mit Baraufgabe erbracht, weil das Entgelt für eine sonstige Leistung teilweise in einer sonstigen Leistung besteht. **(0,5 P.)**

Bei der Planierraupe handelt es sich zwar nicht um ein Beförderungsmittel (Abschn. 3a.5. Abs. 3 Satz 3 UStAE). **(0,5 P.)** Dennoch bestimmt sich der Ort nicht nach § 3a Abs. 4 Nr. 10 UStG, weil es sich bei Carlos Brome um einen Unternehmer handelt. **(0,5 P.)**

Die sonstige Leistung wird vielmehr gem. § 3a Abs. 2 UStG in Madrid **(0,5 P.)** ausgeführt und ist deshalb nicht steuerbar gem. § 1 Abs. 1 Nr. 1 UStG. **(0,5 P.)**

Die Bemessungsgrundlage bestimmt sich nach § 10 Abs. 2 Satz 2 UStG **(0,5 P.)** und beträgt 7.000 €, nämlich den Wert der Gegenleistung (Transportleistung) = 2.000 € zzgl. der Baraufgabe von 5.000 €. **(0,5 P.)**

Anzumelden ist der Vorgang im VAZ Mai 2021 analog § 13 Abs. 1 Nr. 1 Buchst. a) UStG. **(0,5 P.)**

Die zu hoch ausgewiesene USt i. H. v. 950 € schuldet RA gem. § 14c Abs. 1 Satz 1 UStG (Abschn. 14c.1. Abs. 1 Satz 5 Nr. 3 UStAE). **(1,0 P.)**

Die Steuer entsteht gem. § 13 Abs. 1 Nr. 3 UStG mit Ausgabe der Rechnung am 11.06.2021. **(0,5 P.)**

Die Rechnung kann gem. § 14c Abs. 1 Satz 2 UStG berichtigt werden. **(0,5 P.)**

Es handelt sich nicht um ein innergemeinschaftliches Verbringen gem. § 3 Abs. 1a i. V. m. § 6a Abs. 2 UStG, weil die Planierraupe nur zu vorübergehenden Zwecken nach Madrid gelangt, weil sie dort zur Ausführung einer Vermietungsleistung verwendet wird. **(1,0 P.)**

Das Zurückgelangen nach Deutschland ist umsatzsteuerlich unbeachtlich (Abschn. 1a.2. Abs. 13 Satz 3 UStAE).

RA hat gem. § 22 Abs. 4a Nr. 2 UStG besondere Aufzeichnungspflichten. **(0,5 P.)**

Sachverhalt 2b)

1. Bei der Beförderungsleistung des Carlos Brome an RA handelt es sich um eine sonstige Leistung nach § 3 Abs. 9 UStG. **(0,5 P.)**

    Die sonstige Leistung wird gem. § 3 Abs. 12 Satz 2 UStG im Rahmen eines tauschähnlichen Umsatzes mit Baraufgabe erbracht, weil das Entgelt für eine sonstige Leistung in einer sonstigen Leistung besteht. **(0,5 P.)**

    Der Ort der innergemeinschaftlichen Güterbeförderung bestimmt sich nicht nach § 3b Abs. 3 UStG, **(0,5 P.)** weil es sich bei dem Leistungsempfänger RA um einen Unternehmer handelt. **(0,5 P.)** Die sonstige Leistung wird vielmehr nach § 3a Abs. 2 UStG in Leverkusen ausgeführt. **(0,5 P.)**

    Die sonstige Leistung wurde am 02.06.2021 ausgeführt. **(0,5 P.)**

    Sie ist steuerbar nach § 1 Abs. 1 Nr. 1 UStG **(0,5 P.)** und mangels Steuerbefreiung nach § 4 UStG auch steuerpflichtig. **(0,5 P.)**

    Carlos Brome ist gem. § 13b Abs. 7 UStG ein im Ausland ansässiger Unternehmer, **(0,5 P.)** der im Inland eine steuerpflichtige sonstige Leistung gem. § 13b Abs. 1 UStG erbringt. **(0,5 P.)**

    RA ist daher gem. § 13b Abs. 5 Satz 1 UStG als Unternehmer Steuerschuldner. **(0,5 P.)**

    Bemessungsgrundlage ist der in der Rechnung (Gutschrift) ausgewiesene Betrag von 2.000 € **(0,5 P.)** (Abschn. 13b.13. Abs. 1 Satz 1 UStAE). Er ermittelt sich gem. § 10 Abs. 2 Satz 2 UStG aus dem Wert der Gegenleistung (7.000 €) abzüglich der Baraufgabe von 5.000 € (Abschn. 13b.13. Abs. 1 Satz 3 UStAE). **(0,5 P.)**

    Der Steuersatz beträgt 19 % gem. § 12 Abs. 1 UStG, USt = 380 €. **(0,5 P.)**

    Die Steuer entsteht gem. § 13b Abs. 1 UStG mit Ablauf des VAZ Juni 2021, weil in diesem Monat die Leistung ausgeführt wurde. **(0,5 P.)**

    Die Abrechnung erfolgt vereinbarungsgemäß per Gutschrift gem. § 14 Abs. 2 Satz 2 UStG. **(0,5 P.)**

2. RA ist gem. § 15 Abs. 1 Nr. 4 UStG berechtigt, die Umsatzsteuer von 380 € als Vorsteuer in der Voranmeldung Juni 2021 abzuziehen (Abschn. 13b.15. Abs. 1 UStAE). **(1,0 P.)**

Ein Ausschlussgrund für den Vorsteuerabzug gem. § 15 Abs. 2 Nr. 2 UStG besteht nicht, weil die Vermietungsleistung steuerpflichtig wäre, wenn sie im Inland ausgeführt würde. **(1,0 P.)**

Sachverhalt 3

1. Die Schenkung des Pkw selbst ist keine unentgeltliche Wertabgabe gem. § 3 Abs. 1b Nr. 1 UStG, weil die Voraussetzung des § 3 Abs. 1b Satz 2 UStG, dass der Pkw zum Vorsteuerabzug berechtigt hat, nicht erfüllt ist. **(1,0 P.)**

    Das fest eingebaute Navigationsgerät ist ein Bestandteil des Pkw (Abschn. 15a.6. Abs. 1 Satz 6 Nr. 1 UStAE) und hat zum Vorsteuerabzug berechtigt. **(0,5 P.)**

    Gemäß Schwacke-Liste hat das Navigationsgerät im Zeitpunkt der Entnahme auch zu einer nicht vollständig verbrauchten Werterhöhung des Pkw geführt (Abschn. 3.3. Abs. 4 Satz 3 UStAE). **(0,5 P.)**

    Auch haben die vorsteuerentlasteten Aufwendungen für das Navigationsgerät mit 2.000 € mehr als 1.000 € bzw. mehr als 20 % der Anschaffungskosten (= 1.900 €) betragen (Abschn. 3.3. Abs. 4 Satz 1 UStAE). **(0,5 P.)**

    Es liegt daher bezüglich des Bestandteils eine unentgeltliche Wertabgabe gem. § 3 Abs. 1b Nr. 1 UStG vor (Abschn. 3.3. Abs. 2 Satz 2 UStAE). **(0,5 P.)**

    Die Neulackierung ist eine sonstige Leistung und daher kein Bestandteil des Pkw (Abschn. 3.3 Abs. 2 Satz 4 UStAE). **(0,5 P.)**

    Der Zeitpunkt ist der 01.01.2021. **(0,5 P.)**

    Der Ort ist Leverkusen gem. § 3 Abs. 6 Satz 1 UStG. **(0,5 P.)**

    Der Vorgang ist steuerbar nach § 1 Abs. 1 Nr. 1 UStG **(0,5 P.)** und mangels Steuerbefreiung nach § 4 UStG steuerpflichtig. **(0,5 P.)**

    Die Bemessungsgrundlage beträgt gem. § 10 Abs. 4 Nr. 1 UStG 1.500 € (Abschn. 10.6. Abs. 2 UStAE). **(0,5 P.)**

    Der Steuersatz beträgt 19 % gem. § 12 Abs. 1 UStG, USt = 285 €. **(0,5 P.)**

    Die Steuer entsteht gem. § 13 Abs. 1 Nr. 2 UStG mit Ablauf des VAZ 01/2021. **(0,5 P.)**

    Steuerschuldner ist RA gem. § 13a Abs. 1 Nr. 1 UStG. **(0,5 P.)**

2. Bei der Lackierung des Fahrzeugs handelt es sich um eine sonstige Leistung, die nicht im Zeitpunkt des Leistungsbezugs wirtschaftlich verbraucht ist (Abschn. 15a.6. Abs. 7 UStAE). Insoweit stellt diese Maßnahme ein Wirtschaftsgut i. S. d. § 15a Abs. 3 UStG dar. **(1,0 P.)**

    Dadurch, dass die sonstige Leistung nicht als unentgeltliche Wertabgabe nach § 3 Abs. 1b Nr. 1 UStG zu besteuern ist, aber gleichwohl zusammen mit dem Pkw „entnommen" wird, liegt zur Vermeidung eines unversteuerten Letztverbrauchs eine Änderung der Verhältnisse i. S. d. § 15a Abs. 3 Satz 3 UStG vor. **(1,0 P.)**

    Es ist deshalb eine Vorsteuerberichtigung gem. § 15a Abs. 3 Satz 1 i. V. m. Abs. 1 UStG durchzuführen. **(0,5 P.)**

Der Berichtigungszeitraum läuft vom 01.06.2020 - 31.05.2025. **(0,5 P.)**

Ursprünglicher Vorsteuerabzug zu 100 % = 1.425 € **(0,5 P.)**

Ab 2021 geänderte Verhältnisse = 100 % (Vorsteuerabzug neu = 0 %). **(0,5 P.)**

Die geänderten Verhältnisse sind gem. § 15a Abs. 9 UStG bis zum 31.05.2025 zu unterstellen. **(0,5 P.)**

Berichtigungsbetrag: 1.425 € • 53/60 = 1.258,75 €. **(1,5 P.)**

Die Berichtigung ist gem. § 44 Abs. 3 UStDV im Rahmen der Steuerfestsetzung für den Besteuerungszeitraum 2021 zusammengefasst vorzunehmen. **(0,5 P.)**

Die Vorsteuerberichtigung entfällt gem. § 44 Abs. 1 UStDV nicht, weil die Vorsteuer für die Neulackierung mehr als 1.000 € betragen hat. **(0,5 P.)**

§ 44 Abs. 2 UStDV ist nicht anzuwenden, weil sich die Verhältnisse um mehr als 10 % geändert haben. **(0,5 P.)**

Teil 2: Abgabenordnung

Sachverhalt 1

zu 1a)

Bei den von der Ostermann OHG gezahlten Darlehenszinsen handelt es sich um Sonderbetriebseinnahmen der Frau Tenner, die nach § 15 Abs. 1 Nr. 2 EStG dem Gewinnanteil zuzurechnen sind.

Sie dürfen den Gewinnanteil der OHG nicht mindern.

Damit ist die Änderung materiell zulässig. Die Sonderbetriebsausgaben sind gem. § 180 Abs. 1 Nr. 2 AO gesondert festzustellen. **(1,0 P.)**

zu 1b)

Es ist zu prüfen, ob die Feststellungsverjährung eingetreten ist.

Diese richtet sich gem. § 181 Abs. 1 Satz 1 AO nach den Vorschriften der §§ 169 ff. AO. **(0,5 P.)**

Nach § 170 Abs. 2 Nr. 1 AO i. V. m. § 181 Abs. 1 Satz 2 AO begann die Feststellungsfrist mit Ablauf des 31.12.2016 und endete nach § 169 Abs. 2 Satz 1 Nr. 2 AO mit Ablauf des 31.12.2020, sodass sie regulär abgelaufen war. **(1,0 P.)**

Da am 11.12.2020, also vor Ablauf der Feststellungsfrist, mit einer Außenprüfung bei der Ostermann OHG begonnen worden ist, lag nach § 171 Abs. 4 AO eine Ablaufhemmung vor, die den Eintritt der Feststellungsverjährung verhinderte. **(1,0 P.)**

zu 1c)

Der Feststellungsbescheid 2015 vom 20.07.2019 war unter dem Vorbehalt der Nachprüfung ergangen. Nach § 164 Abs. 4 Satz 1 AO endete der Vorbehaltsvermerk regulär mit Ablauf des 31.12.2020. Durch die Ablaufhemmung des § 171 Abs. 4 AO blieb er jedoch weiterhin bestehen. **(1,0 P.)**

Der Feststellungsbescheid 2015 konnte daher nach § 181 Abs. 1 Satz 1 AO i. V. m. § 164 Abs. 2 AO geändert werden. **(0,5 P.)**

zu 2a)

Die Festsetzungsfrist für die Einkommensteuer 2015 begann ebenfalls nach § 170 Abs. 2 Nr. 1 AO mit Ablauf des 31.12.2016 und endete regulär nach § 169 Abs. 2 Satz 1 Nr. 2 AO mit Ablauf des 31.12.2020. **(1,0 P.)**

Bei dem geänderten Feststellungsbescheid für die Ostermann OHG handelte es sich um einen Grundlagenbescheid nach § 171 Abs. 10 AO. Ein solcher Grundlagenbescheid liegt auch der Mitteilung des Finanzamts Leipzig zugrunde. **(0,5 P.)**

Zu prüfen ist, ob für die Anpassung des ESt-Bescheides 2015 als Folgebescheid an die Grundlagenbescheide nach § 171 Abs. 10 Satz 1 AO eine Ablaufhemmung greift. **(0,5 P.)**

Nach § 122 Abs. 2 Nr. 1 AO gilt der geänderte Feststellungsbescheid 2015 der Ostermann OHG am 22.03.2021 (21.03. = Sonntag) und der gesonderte und einheitliche Feststellungsbescheid des Finanzamts Leipzig am 24.03.2019 als bekanntgegeben. **(0,5 P.)**

Nach § 170 Abs. 10 Satz 1 AO ist die Zwei-Jahres-Frist, die für die Anpassung des Feststellungsbescheides der Ostermann OHG an den Folgebescheid gilt, am 08.04.2021 noch nicht abgelaufen. Abgelaufen ist dagegen die Zwei-Jahres-Frist für die Anpassung des Feststellungsbescheids des Finanzamts Leipzig an den Folgebescheid.

Insoweit ist die Festsetzungsverjährung eingetreten. **(0,5 P.)**

zu 2b)

Der ESt-Bescheid 2015 der Eheleute Tenner ist hinsichtlich des Feststellungsbescheides 2015 der Ostermann OHG nach § 175 Abs. 1 Satz 1 Nr. 1 AO am 08.04.2021 zu berichtigen. **(1,0 P.)**

Der geänderte Feststellungsbescheid hat als Grundlagenbescheid nach § 171 Abs. 10 AO nach § 182 Abs. 1 AO Bindungswirkung für den Folgebescheid. **(0,5 P.)**

Die Bindungswirkung des Grundlagenbescheides bedeutet auch, dass im Rahmen der Berichtigung des Folgebescheides alle Konsequenzen aus dem Ergebnis des Feststellungsbescheides gezogen werden müssen. **(0,5 P.)**

Die Berichtigung nach § 175 Abs. 1 Satz 1 Nr. 1 AO des ESt-Bescheides 2015 umfasst sowohl die Erhöhung des Gewinnanteils als auch die Kürzung der Einkünfte aus Kapitalvermögen. **(1,0 P.)**

zu 3)

Der Berichtigungsumfang errechnet sich wie folgt:

	Gewinnanteil aus § 15 Abs. 1 Nr. 2 EStG		4.000,00 €	
−	Einkünfte aus § 20 Abs. 1 Nr. 7 EStG			
	Einnahmen	4.000,00 €		
−	Sparer-Pauschbetrag	1.602,00 €		
		2.398,00 €	2.398,00 €	
			1.602,00 €	**(1,0 P.)**
=	Tarifliche ESt (25 %) =		400,50 €	**(1,0 P.)**

Sachverhalt 2

Der ESt-Bescheid der Eheleute Tenner gilt nach § 122 Abs. 2 Nr. 1 AO mit dem dritten Tag nach der Aufgabe zur Post als bekanntgegeben. **(0,5 P.)**

Der Einspruch nach § 347 Abs. 1 Satz 1 Nr. 1 AO ist nach § 355 Abs. 1 AO innerhalb eines Monats nach Bekanntgabe einzulegen. **(0,5 P.)**

Die Bekanntgabe des ESt-Bescheides 2020 erfolgte grundsätzlich gem. § 122a Abs. 4 Satz 1 AO am 08.08.2021. Da dieser Tag auf einen Sonntag fällt, endet die Bekanntgabefrist nach § 108 Abs. 3 AO mit Ablauf des 09.08.2021. **(0,5 P.)** Das Datum des tatsächlichen Abrufs am 10.08.2021 ist unerheblich.

Die Einspruchsfrist begann am 10.08.2021 um 0:00 Uhr und endete am 09.09.2021 um 24:00 Uhr. **(0,5 P.)**

Damit ist der Einspruch zulässig. **(0,5 P.)**

Bei den Instandhaltungsaufwendungen handelt es sich um Sonderbetriebsausgaben, die nach § 180 Abs. 1 Nr. 2a AO bei der Feststellung des Gewinnanteils der Barbara Tenner hätte berücksichtigt werden müssen. **(0,5 P.)**

Der ESt-Bescheid 2020 kann insoweit nach § 351 Abs. 2 AO nicht mit Erfolg angegriffen werden. **(0,5 P.)**

Teil 3: ErbSt/SchenkSt/BewG
1. Ermittlung des Wertes der Bereicherung
Architektenbüro

Der Wert des Betriebsvermögens ist gem. § 12 Abs. 5 ErbStG zu ermitteln. **(0,5 P.)**

Es liegt ein Betrieb gem. § 18 Abs. 1 Nr. 1 EStG i. V. m. § 96 BewG vor, weil die freiberufliche Tätigkeit als Architekt einer gewerblichen Tätigkeit gleichgestellt ist. **(0,5 P.)**

Der Wert ist gem. § 151 Abs. 1 Nr. 2 BewG gesondert festzustellen. **(0,5 P.)**

Bewertungsmaßstab ist nach § 109 Abs. 1 BewG der gemeine Wert.

Die Bewertung erfolgt gem. § 11 Abs. 2 BewG i. V. m. § 199 Abs. 2 BewG im vereinfachten Ertragswertverfahren. **(0,5 P.)**

Zur Ermittlung des Ertragswerts ist gem. § 200 Abs. 1 BewG der zukünftig nachhaltig erzielbare Jahresertrag mit dem Kapitalisierungsfaktor zu multiplizieren. **(0,5 P.)**

Beurteilungsgrundlage für den Jahresertrag ist der in der Vergangenheit tatsächlich erzielte Durchschnittsertrag (§ 201 Abs. 1 BewG). Der Durchschnittsertrag ist regelmäßig aus den Betriebsergebnissen der letzten drei vor dem Bewertungsstichtag abgelaufenen Wirtschaftsjahre herzuleiten (§ 201 Abs. 2 BewG). **(0,5 P.)** Ausgangswert dabei ist der Bilanzgewinn (§ 202 Abs. 1 BewG). **(0,5 P.)**

Jahr 2017

	Bilanzgewinn	200.000,00 €	
-	Unternehmerlohn, § 202 Abs. 1 Nr. 2d BewG	60.000,00 € **(0,5 P.)**	
=	Betriebsergebnis vor Steuern	140.000,00 €	
-	30 % Steuerabschlag, § 202 Abs. 3 BewG	42.000,00 € **(0,5 P.)**	
=	Betriebsergebnis	98.000,00 €	98.000,00 €

Jahr 2018

	Bilanzgewinn	210.000,00 €	
-	Unternehmerlohn, § 202 Abs. 1 Nr. 2d BewG	60.000,00 € **(0,5 P.)**	
+	Teilwertabschreibung, § 202 Abs. 1 Nr. 1a BewG	17.000,00 € **(0,5 P.)**	
=	Betriebsergebnis vor Steuern	167.000,00 €	
-	30 % Steuerabschlag, § 202 Abs. 3 BewG	50.100,00 € **(0,5 P.)**	
=	Betriebsergebnis	116.900,00 €	116.900,00 €

Jahr 2019

	Bilanzgewinn	220.000,00 €	
−	Unternehmerlohn, § 202 Abs. 1 Nr. 2d BewG	60.000,00 € **(0,5 P.)**	
+	Aufwendungen, § 202 Abs. 1 Nr. 1f BewG	4.500,00 € **(0,5 P.)**	
−	Veräußerungsgewinn, § 202 Abs. 1 Nr. 2b BewG	60.000,00 € **(0,5 P.)**	
=	Betriebsergebnis vor Steuern	104.500,00 €	
−	30 % Steuerabschlag, § 202 Abs. 3 BewG	31.350,00 € **(0,5 P.)**	
=	Betriebsergebnis	73.150,00 €	73.150,00 €
			288.050,00 €
=	Durchschnittsertrag/Jahresertrag, § 201 Abs. 2 BewG **(1,0 P.)**		96.016,66 €
	Kapitalisierungsfaktor, § 203 BewG **(0,5 P.)**		13,75
=	vorläufiger Ertragswert (96.016,66 € · 13,75 =) **(0,5 P.)**		1.320.229,00 €
+	Einlage Grundstück, § 200 Abs. 4 BewG **(0,5 P.)**		220.000,00 €
=	Ertragswert **(0,5 P.)**		1.540.229,00 €

Mindestens ist jedoch gem. § 11 Abs. 2 Satz 3 BewG der Substanzwert von 2.000.000 € anzusetzen. **(0,5 P.)**

Es handelt sich um begünstigtes Betriebsvermögen i. S. d. § 13b Abs. 1 Nr. 2 ErbStG, weil der Anteil des Verwaltungsvermögens (10 %) nicht mehr als 10 % ausmacht (§ 13b Abs. 2 Satz 1 ErbStG). **(0,5 P.)**

Es ist deshalb nach § 13b Abs. 4 ErbStG ein Verschonungsabschlag von 85 % zu gewähren; der verbleibende Betrag ist nach § 13a Abs. 2 ErbStG begünstigt:

	Wert des Betriebsvermögens (Substanzwert)			2.000.000,00 €
−	85 % Verschonungsabschlag			1.700.000,00 € **(0,5 P.)**
=	verbleibender Betrag			300.000,00 €
−	Abzugsbetrag		150.000,00 € **(0,5 P.)**	
	verbleibender Betrag	300.000,00 €		
	− Wertgrenze	150.000,00 € **(0,5 P.)**		
	= übersteigend	150.000,00 € **(0,5 P.)**		
	davon 50 % =		75.000,00 € **(0,5 P.)**	
=	Abzugsbetrag		75.000,00 €	75.000,00 € **(0,5 P.)**
=	steuerpflichtiges Betriebsvermögen			225.000,00 € **(0,5 P.)**

Bankguthaben

Das Bankguthaben ist eine Kapitalforderung. Dazu gehört auch der Zinsanspruch vom 01.01. - 27.05.2020. Die Bewertung erfolgt gem. § 12 Abs. 1 Satz 1 BewG mit dem Nennwert:

800.000 € • 0,4 % • 147/360 = 1.306,67 €. **(1,0 P.)**

Wegen des erteilten Freistellungsauftrages fällt keine Abgeltungssteuer an.

Anzusetzen sind demnach (800.000 € + 1.306,67 € =) 801.306,67 € **(0,5 P.)**

Digitalkamera

Es liegt ein Sachleistungsanspruch (Lieferanspruch) vor, der mit dem Abschluss des Kaufvertrages entstanden ist. **(0,5 P.)**

Dieser Sachleistungsanspruch ist nicht nach § 13 Abs. 1 Nr. 1b ErbStG steuerfrei, weil kein körperlicher Gegenstand übergeben worden ist. **(0,5 P.)**

Die Bewertung erfolgt nach § 9 Abs. 1 und 2 BewG mit dem gemeinen Wert der Digitalkamera i. H. v. 1.200 €. **(0,5 P.)**

Vermächtnis Rennrad

Bei der Ermittlung des Wertes der Bereicherung werden die Nachlassgegenstände zunächst dem Alleinerben uneingeschränkt zugerechnet und die Verpflichtung aufgrund des Vermächtnisses im Rahmen des § 10 Abs. 5 ErbStG berücksichtigt (§ 10 Abs. 1 Satz 2 ErbStG). **(0,5 P.)**

Die Bewertung erfolgt nach § 9 Abs. 1 und 2 BewG mit dem gemeinen Wert des Rennrades i. H. v. 100 €. **(0,5 P.)**

Der Freibetrag nach § 13 Abs. 1 Nr. 1b ErbStG ist nicht zu gewähren, weil dieser dem Vermächtnisnehmer (Sohn Holger) zusteht. **(0,5 P.)**

Zusammenstellung

	Architektenbüro	225.000,00 €
+	Bankguthaben	801.306,67 €
+	Sachleistungsanspruch Digitalkamera	1.200,00 €
+	Vermächtnis Rennrad	100,00 €
=		1.027.606,67 € **(0,5 P.)**

- Nachlassverbindlichkeiten

Erbschaftsteuer, § 10 Abs. 5 Nr. 1 ErbStG	3.000,00 €	**(0,5 P.)**
Die eigene Erbschaftsteuer ist gem. § 10 Abs. 8 ErbStG nicht abzugsfähig.		
Vermächtnisschuld Rennrad, § 10 Abs. 5 Nr. 2 ErbStG	100,00 €	**(0,5 P.)**
Beerdigungskosten, § 10 Abs. 5 Nr. 3 ErbStG		
PB, da tats. Kosten (10.000 €) geringer sind	10.300,00 €	**(0,5 P.)**
= Wert der Bereicherung	1.014.206,67 €	**(0,5 P.)**

2. Steuerpflichtiger Erwerb/festzusetzende Erbschaftsteuer

Wert der Bereicherung		1.014.206,60 €	
− Persönlicher Freibetrag gem. § 16 Abs. 1 Nr. 1 ErbStG		500.000,00 €	**(0,5 P.)**
− Versorgungsfreibetrag gem. § 17 Abs. 1 ErbStG			
Freibetrag	256.000,00 €		**(0,5 P.)**
− Kürzungsbetrag			
Alter im Todeszeitpunkt: 59 Jahre			
Vervielfältiger: 14,078			
Kapitalwert: 18.000 · 14,093 =	253.674,00 €	**(1,0 P.)**	
= Versorgungsfreibetrag (gerundet)	2.326,00 €	2.326,00 €	**(0,5 P.)**
= Steuerpflichtiger Erwerb, § 10 Abs. 1 Satz 1 ErbStG		511.880,60 €	**(0,5 P.)**
abgerundet gem. § 10 Abs. 1 Satz 6 ErbStG		511.800,00 €	**(0,5 P.)**
• 15 % (§ 19 Abs. 1 ErbStG) = Erbschaftsteuer		76.770,00 €	**(0,5 P.)**

Ein Entlastungsbetrag für das Betriebsvermögen nach § 19a Abs. 4 ErbStG kommt nicht in Betracht, weil GB die Steuerklasse I hat. **(0,5 P.)**

Eine Herabsetzung der Erbschaftsteuer durch den in § 19 Abs. 3 ErbStG geregelten Härteausgleich kommt offensichtlich auch nicht in Betracht.

Rechnungswesen

Teil 1: Buchführung und Jahresabschluss nach Handels- und Steuerrecht

Sachverhalt 1

Ertragsteuerlich sind verschiedene Wirtschaftsgüter getrennt zu beurteilen: der Grund und Boden, das Gebäude, die Umzäunung und die Klimaanlage. **(0,5 P.)**

Hinsichtlich sämtlicher Wirtschaftsgüter besteht ein Aktivierungsgebot gem. § 5 Abs. 1 Satz 1 Halbsatz 1 EStG i. V. m. §§ 240 Abs. 1, 246 Abs. 1 HGB, weil die Wirtschaftsgüter wegen ihrer ausschließlich betrieblichen Nutzung zum notwendigen Betriebsvermögen gehören. **(0,5 P.)**

Der Grund und Boden und das Gebäude wurden ab dem 01.01.2020 durch eine Einlage gem. § 4 Abs. 1 Satz 8 EStG **(0,5 P.)** dem Betriebsvermögen zugeführt.

Die von M im Dezember 2020 durchgeführte Entnahmebuchung ist nicht zu beanstanden. **(0,5 P.)** Die Überweisung der 700.000 € stellt eine Privatentnahme i. S. d. § 4 Abs. 1 Satz 2 EStG **(0,5 P.)** dar, weil M das Geld dem Betrieb für private Zwecke (privates Sparbuch) entnommen hat. **(0,5 P.)** Dabei ist ohne Bedeutung, aus welchem Grund M die Entnahme vorgenommen hat. **(0,5 P.)**

Grund und Boden

Der Grund und Boden ist als selbstständiges Wirtschaftsgut **(0,5 P.)** gem. R 6.1 Abs. 1 Satz 6 EStR dem nicht abnutzbaren Anlagevermögen zuzuordnen. **(0,5 P.)**

Die Bewertung erfolgt gem. § 6 Abs. 1 Nr. 5 Satz 1 EStG **(0,5 P.)** mit dem Teilwert von 150.000 €. **(0,5 P.)**

Die seinerzeitigen Anschaffungskosten von 100.000 € können nicht angesetzt werden, weil der Grund und Boden nicht innerhalb der letzten drei Jahre vor dem Zeitpunkt der Zuführung zum Betriebsvermögen angeschafft worden ist (§ 6 Abs. 1 Nr. 5 Satz 1 Halbsatz 1 EStG. **(0,5 P.)**

Kontenentwicklung:

Zugang 01.01.2020	150.000 €
Bilanzwert 31.12.2020	150.000 € **(0,5 P.)**

Buchung: (0,5 P.)

Grund und Boden	150.000,00 €	an	Privateinlage	150.000,00 €

Gewinnauswirkung: gewinnneutral **(0,5 P.)**

Gebäude

Das Gebäude ist ebenfalls ein einheitliches selbstständiges Wirtschaftsgut und ist dem unbeweglichen abnutzbaren Anlagevermögen zuzuordnen (R 6.1 Abs. 1 Satz 5 EStR, R 7.1 Abs. 1 Nr. 4 EStR). **(0,5 P.)**

Die Bewertung erfolgt gem. § 6 Abs. 1 Nr. 5 Satz 1 EStG **(0,5 P.)** mit dem Teilwert von 550.000 €. **(0,5 P.)**

Die seinerzeitigen Anschaffungskosten von 350.000 € können nicht angesetzt werden, weil das Gebäude nicht innerhalb der letzten drei Jahre vor dem Zeitpunkt der Zuführung zum Betriebsvermögen angeschafft worden ist (§ 6 Abs. 1 Nr. 5 Satz 1 Halbsatz 1 EStG). **(0,5 P.)**

Die Gebäude-AfA beträgt gem. § 7 Abs. 4 Satz 1 Nr. 1 EStG 3 % **(0,5 P.)**, denn das Gebäude gehört zum Betriebsvermögen, dient nicht Wohnzwecken und der Antrag auf Baugenehmigung ist nach dem 31.03.1985 erfolgt. **(0,5 P.)**

Hinsichtlich der AfA-Bemessungsgrundlage ist § 7 Abs. 1 Satz 5 Halbsatz 1 EStG **(0,5 P.)** zu beachten. Hiernach beträgt die AfA-Bemessungsgrundlage eines vorher zur Einkunftserzielung genutzten Wirtschaftsgutes maximal die fortgeführten Anschaffungskosten. Die AfA-Bemessungsgrundlage und die AfA ermitteln sich daher wie folgt:

- bisherige AfA: 350.000,00 € · 2 % · 8,5 Jahre = 59.500,00 € **(0,5 P.)**
- geminderter Einlagewert: 550.000,00 € - 59.500,00 € = 490.500,00 € **(0,5 P.)**
  fortgeführte Anschaffungskosten: 350.000,00 € - 59.500,00 € = 290.500,00 € **(0,5 P.)**
- AfA-BMG daher der höhere Wert (= geminderter Einlagewert)
  AfA ab Einlage: 3 % von 490.500,00 € = 14.715,00 € **(0,5 P.)**

Kontenentwicklung:

	Zugang 01.01.2020	550.000,00 €
-	AfA 2020	14.715,00 €
=	Bilanzwert 31.12.2020	535.285,00 € **(0,5 P.)**

Buchung: (0,5 P.)

Gebäude	535.285,00 €			
AfA	14.715,00 €	an	Privateinlage	550.000,00 €

Gewinnauswirkung: gewinnmindernd um 14.715 €. **(0,5 P.)**

Umzäunung (Außenanlage)

Die Umzäunung steht nicht in einem einheitlichen Nutzungs- und Funktionszusammenhang mit dem Gebäude und ist deshalb als Außenanlage ein selbstständiges Wirtschaftsgut und deshalb auch gesondert abschreibungsfähig, vgl. H 7.1. EStH „Unbewegliche Wirtschaftsgüter, die keine Gebäude oder Gebäudeteile sind". **(1,0 P.)**

Die Umzäunung ist auch nicht speziell auf den Betrieb ausgerichtet, sodass diese auch nicht als Betriebsvorrichtung zu qualifizieren ist, H 7.1. EStH. **(0,5 P.)**

Die Außenanlagen sind gem. R 7.1 Abs. 1 Nr. 3 EStR den unbeweglichen abnutzbaren Wirtschaftsgütern, die keine Gebäude oder Gebäudeteile sind, zuzuordnen. **(0,5 P.)**

Die Bewertung erfolgt gem. § 6 Abs. 1 Nr. 1 Satz 1 EStG bzw. § 253 Abs. 3 Satz 1 HGB mit den fortgeführten Herstellungskosten. **(0,5 P.)**

Die AfA ist nach § 7 Abs. 1 Satz 1 Sätze 1 und 4 EStG linear und zeitanteilig vorzunehmen. **(0,5 P.)**

Kontenentwicklung:

	Zugang am 01.03.2020	20.000,00 €
−	lineare AfA, 10 % **(0,5 P.)**	
	für 10 Monate **(0,5 P.)**, aufgerundet	1.667,00 €
=	Bilanzansatz 31.12.2020	18.333,00 € **(0,5 P.)**

Buchung: (0,5 P.)

Umzäunung	18.333,00 €			
AfA	1.667,00 €	an	sonstige betriebliche Aufwendungen	20.000,00 €

Gewinnauswirkung: gewinnerhöhend um 18.333 € **(1,0 P.)**

Klimaanlage (Betriebsvorrichtung)

Die installierte Klimaanlage dient unmittelbar dem gewerblichen Betrieb und ist deshalb gem. R 4.2 Abs. 3 Satz 3 Nr. 1 EStR als selbstständiges Wirtschaftsgut gesondert zu bilanzieren. **(1,0 P.)**

Da sie in einem unmittelbaren Funktionszusammenhang mit dem Betrieb steht, ist sie nach H 7.1. EStH „Betriebsvorrichtungen" als Betriebsvorrichtung zu qualifizieren. **(1,0 P.)**

Als Betriebsvorrichtung ist sie gem. R 7.1 Abs. 2 und 3 Satz 2 EStR stets dem beweglichen abnutzbaren Anlagevermögen zuzuordnen, **(0,5 P.)** auch wenn sie wesentlicher Bestandteil des Grundstücks geworden ist. **(0,5 P.)**

Die Klimaanlage ist gem. § 6 Abs. 1 Nr. 1 Satz 1 EStG bzw. § 253 Abs. 3 Satz 1 HGB mit den fortgeführten Herstellungskosten zu bewerten. **(0,5 P.)**

Kontenentwicklung:

	Zugang am 03.06.2020	30.000,00 €
-	degressive AfA (16 $^2/_3$ %) **(0,5 P.)**	
	für 7 Monate **(0,5 P.)**, aufgerundet	2.917,00 €
=	Bilanzansatz 31.12.2020	27.083,00 € **(0,5 P.)**

Buchung: (0,5 P.)

Betriebsvorrichtung	27.083,00 €				
AfA	2.917,00 €	an	sonstige betriebliche Aufwendungen	30.000,00 €

Gewinnauswirkung: gewinnerhöhend um 27.083 € **(1,0 P.)**

Sachverhalt 2

Durch die Nutzungsänderung auf Dauer muss das unbebaute Grundstück in 2020 – im Zeitpunkt des Bauantrags, spätestens ab der Fertigstellung am 02.09.2020 mit der jeweiligen Funktionszuweisung – dem notwendigen Privatvermögen des M zugeordnet werden (R 4.2 Abs. 10 EStR). **(0,5 P.)**

Es liegt eine Sachentnahme i. S. d. § 4 Abs. 1 Satz 2 EStG i. V. m. R 4.3 Abs. 3 Satz 4 i. V. m. Abs. 4 Satz 1 EStR des M vor. **(0,5 P.)**

Die Privatentnahme ist gem. § 6 Abs. 1 Nr. 4 EStG mit dem Teilwert im Zeitpunkt der Entnahme zu bewerten. **(0,5 P.)** Die aufgedeckten stillen Reserven sind zwingend zu versteuern (H 4.3 Abs. 2 - 4 EStH „Gewinnrealisierung"). **(0,5 P.)** Ein Fall des § 6b EStG liegt nicht vor, weil es sich nicht um eine Veräußerung handelt. **(0,5 P.)**

	Teilwert im Zeitpunkt der Entnahme	60.000,00 €
-	Buchwert zu 100 %	43.500,00 €
=	Erträge aus Anlagenabgang	16.500,00 € **(1,0 P.)**

Kontenentwicklung:

	Anfangsbestand 01.01.2020	43.500,00 €
−	Privatentnahme zu 100 %	43.500,00 €
=	Bilanzansatz 31.12.2020	0,00 € **(0,5 P.)**

Buchung: (1,0 P.)

Privatentnahmen	60.000,00 €	an	Grund und Boden	43.500,00 €
			Erträge aus Anlagenabgang	16.500,00 €

Gewinnauswirkung: gewinnerhöhend um 16.500 € **(0,5 P.)**

Sachverhalt 3

Der neue Lkw ist dem M ab dem 02.12.2020 als Eigentümer zuzurechnen (§ 246 Abs. 1 Satz 2 HGB i. V. m. § 39 AO). **(0,5 P.)**

Der Spezialkran kann M am 31.12.2020 noch nicht zugerechnet werden, weil es sich insoweit um ein schwebendes Einkaufsgeschäft handelt, das nicht bilanzierungsfähig ist. **(0,5 P.)**

Der Lkw ist dem beweglichen abnutzbaren Anlagevermögen zuzuordnen (§ 247 Abs. 2 HGB und R 6.1 Abs. 1 Satz 5 EStR, R 7.1 Abs. 1 Nr. 1 EStR), **(0,5 P.)** daher gem. § 6 Abs. 1 Nr. 1 Satz 1 EStG bzw. § 253 Abs. 1 Satz 1 HGB mit den fortgeführten Anschaffungskosten zu bewerten. **(0,5 P.)**

Zu den Anschaffungskosten gehören gem. § 255 Abs. 1 HGB sämtliche Aufwendungen, um den Vermögensgegenstand zu erwerben, einschließlich der Nebenkosten. **(0,5 P.)**

Die gebuchte Vorsteuer gehört gem. § 9b Abs. 1 EStG nicht zu den Anschaffungskosten. **(0,5 P.)**

Bei der Ermittlung der Anschaffungskosten ist zu beachten, dass hier ein Tausch mit Baraufgabe vorliegt, weil der alte Lkw in Zahlung gegeben worden ist. **(0,5 P.)**

Bei einem Tauschgeschäft bemessen sich die Anschaffungskosten des erworbenen Wirtschaftsguts gem. § 6 Abs. 6 Satz 1 EStG **(1,0 P.)** nach dem gemeinen Wert des hingegebenen Wirtschaftsguts.

Kontenentwicklung:

Gemeiner Wert Lkw alt	18.560,00 €	
+ Baraufgabe	81.200,00 €	
= Anschaffungskosten brutto	99.760,00 €	**(1,0 P.)**
− 16 % Vorsteuer	13.760,00 €	
= Anschaffungskosten netto	86.000,00 €	**(0,5 P.)**
− degressive AfA (25 %) **(0,5 P.)**		
für 1 Monat **(0,5 P.)**, aufgerundet	1.792,00 €	
= Bilanzansatz 31.12.2020	84.208,00 €	**(0,5 P.)**
(bisher: 70.000 € + 12.000 € = 82.000 €)		

Bei einem Tauschgeschäft sind die in dem hingetauschten Wirtschaftsgut enthaltenen stillen Reserven aufzulösen und als Ertrag zu erfassen: **(0,5 P.)**

Gemeiner Wert Lkw alt		18.560,00 €	
− 16 % Umsatzsteuer		2.560,00 €	
= Zwischensumme		16.000,00 €	**(0,5 P.)**
− Buchwert			
Buchwert 01.01.2020	12.000,00 €		
− AfA (50 % · $^{11}/_{12}$ =)	5.500,00 €	**(1,0 P.)**	
	6.500,00 €	6.500,00 €	**(0,5 P.)**
= Erträge aus Anlagenabgang		9.500,00 €	**(0,5 P.)**

Buchungen: (2,0 P.)

Lkw (84.208 € − 82.000 €)	2.208,00 €			
Vorsteuer (13.760 € − 11.200 €)	2.560,00 €			
AfA (1.792 € + 5.500 €)	7.292,00 €	an	Erträge aus Anlagenabgang	9.500,00 €
			Umsatzsteuer	2.560,00 €

Gewinnauswirkung: gewinnerhöhend um 2.208 € **(1,0 P.)**

Sachverhalt 4

Die nicht selbstständig nutzbaren Gegenstände des Anlagevermögens sind von M handelsrechtlich zutreffend nach § 240 Abs. 3 Satz 1 HGB i. V. m. § 256 Satz 2 HGB **(0,5 P.)** mit einem gleichbleibenden Festwert angesetzt worden. Jedoch ist in der Regel alle drei Jahre eine körperliche Bestandsaufnahme durchzuführen (§ 240 Abs. 3 Satz 2 HGB i. V. m. § 256 Satz 2 HGB). **(1,0 P.)**

Steuerrechtliche Regelungen hierzu bestehen nicht. **(0,5 P.)**

Aufgrund des § 5 Abs. 1 Satz 1 Halbsatz 1 EStG sind deshalb die Wertansätze der Handelsbilanz in die Steuerbilanz zu übernehmen (BMF v. 12.03.2011, BStBl 2011 I S. 239 – Tz. 7). **(0,5 P.)**

	Festwert zum 31.12.2017	6.000,00 €
-	Inventurwert zum 31.12.2020	9.000,00 €
=	Abweichung = mehr als 10 %	3.000,00 € **(1,0 P.)**
	(R 5.4 Abs. 3 Satz 2 EStR) **(0,5 P.)**	

Der alte Festwert ist daher gem. R 5.4 Abs. 3 Satz 3 EStR solange aufzustocken, bis der neue Festwert erreicht ist. **(0,5 P.)**

Kontenentwicklung:

	Festwert 31.12.2017	6.000,00 €
+	Zugang 2020, netto	2.000,00 €
=	Bilanzansatz 31.12.2020	8.000,00 € **(1,0 P.)**

Die restlichen 1.000 € sind aus laufenden Zugängen des Jahres 2021 aufzustocken. **(0,5 P.)**

Buchung: (0,5 P.)

Festwert	2.000,00 €	an	sonstige betriebliche Aufwendungen	2.000,00 €

Gewinnauswirkung: gewinnerhöhend um 2.000 €. **(0,5 P.)**

Sachverhalt 5

Die Roh-, Hilfs- und Betriebsstoffe sind gem. R 6.1 Abs. 2 EStR und im Umkehrschluss aus § 247 Abs. 2 HGB dem Umlaufvermögen zuzuordnen. **(0,5 P.)**

Die Bewertung erfolgt nach § 6 Abs. 1 Nr. 2 Satz 1 EStG bzw. § 253 Abs. 1 Satz 1 HGB mit den Anschaffungskosten. **(0,5 P.)**

Nach § 240 Abs. 4 HGB i. V. m. § 256 Satz 2 HGB **(0,5 P.)** können aus Vereinfachungsgründen die durchschnittlichen Anschaffungskosten nach dem gewogenen Mittel berechnet werden. **(0,5 P.)**

Steuerrechtliche Regelungen hierzu bestehen nicht. **(0,5 P.)**

Aufgrund des § 5 Abs. 1 Satz 1 Halbsatz 1 EStG sind deshalb die Wertansätze der Handelsbilanz in die Steuerbilanz zu übernehmen (BMF v. 12.03.2011, BStBl 2011 I S. 239 – Tz. 7). **(0,5 P.)** Vergleiche auch R 6.8 Abs. 3 Satz 3 EStR

Ermittlung des Bestandes 31.12.2020

	Inventurbestand 01.02.2021	150 Stück	
−	Zukäufe 01.01.2021 - 31.01.2021	60 Stück	
+	Entnahmen 01.01.2021 - 31.01.2021	100 Stück	
=	Bestand 31.12.2020	190 Stück	**(1,0 P.)**

Ermittlung der Anschaffungskosten nach dem gewogenen Durchschnitt

160 Stück · 330,00 € =	52.800,00 €	
440 Stück · 331,00 € =	145.640,00 €	
210 Stück · 345,00 € =	72.450,00 €	
90 Stück · 340,00 € =	30.600,00 €	
60 Stück · 330,00 € =	19.800,00 €	
960 Stück	321.290,00 €	**(2,0 P.)**

Der durchschnittliche Wert je Stück beträgt demnach (321.290 € : 960 =) 334,68 €. **(0,5 P.)**

Aus Vereinfachungsgründen können bei der Ermittlung der durchschnittlichen Anschaffungskosten handelsrechtlich auch verschiedene Verbrauchsfolgen **(0,5 P.)** (Fifo und Lifo) unterstellt werden, § 256 Satz 1 HGB **(0,5 P.)**. Steuerrechtlich darf nur die Lifo-Methode **(0,5 P.)** übernommen werden, § 6 Abs. 1 Nr. 2a Satz 1 EStG **(0,5 P.)**.

Die Anwendung der Lifo-Methode in der Steuerbilanz setzt nicht voraus, dass der Steuerpflichtige die Wirtschaftsgüter auch in der Handelsbilanz unter Verwendung von Verbrauchsfolgeverfahren bewertet.

Eine Einzelbewertung der Wirtschaftsgüter in der Handelsbilanz steht der Anwendung des Lifo-Verfahrens nach § 6 Abs. 1 Nr. 2a Satz 1 EStG nicht entgegen (R 6.9 Abs. 1 Sätze 2 bis 4 EStR). **(0,5 P.)**

Ermittlung der Anschaffungskosten nach der Lifo-Methode (R 6.9 Abs. 4 EStR)

160 Stück · 330,00 € =	52.800,00 €	
30 Stück · 331,00 € =	9.930,00 €	
190 Stück	62.730,00 €	**(1,0 P.)**

Der durchschnittliche Wert je Stück nach der Lifo-Methode beträgt (62.720 € : 190 =) 330,16 €. **(0,5 P.)**

Ermittlung der Anschaffungskosten nach der Fifo-Methode

60 Stück • 330,00 € =	19.800,00 €
90 Stück • 340,00 € =	30.600,00 €
40 Stück • 345,00 € =	13.800,00 €
190 Stück	64.200,00 € **(1,0 P.)**

Der durchschnittliche Wert je Stück nach der Fifo-Methode beträgt (64.200 € : 190 =) 337,89 €. **(0,5 P.)**

Zusammenstellung und Entscheidung:

Durchschnittsbewertung: 334,68 €/Stück (handels- und steuerrechtlich zulässig)
Lifo-Methode: 330,16 €/Stück (handels- und steuerrechtlich zulässig)
Fifo-Methode: 337,89 €/Stück (nur handelsrechtlich zulässig)

Da der Gewinn so niedrig wie möglich ausgewiesen werden soll, ist sowohl handels- als auch steuerrechtlich der Wert von 330,16 € je Stück anzusetzen. **(0,5 P.)**

Der Tagespreis zum 31.12.2020 i. H. v. 337 € je Stück übersteigt die Anschaffungskosten als Bewertungsobergrenze und darf demnach nicht angesetzt werden, weil nicht realisierte Gewinne nicht ausgewiesen werden dürfen, § 252 Abs. 1 Nr. 4 Halbsatz 2 HGB. **(1,0 P.)**

Kontenentwicklung:

190 Stück • 330,16 € =	62.730,40 €	**(0,5 P.)**
Bilanzansatz 31.12.2020	62.730,40 €	**(0,5 P.)**
	(bisher: 70.000,00 €)	

Buchung: (0,5 P.)

Bestandsveränderung	7.269,60 €	an	Warenbestand	7.269,60 €

Gewinnauswirkung: gewinnmindernd um 7.269,60 € **(0,5 P.)**

Sachverhalt 6

Die Kundenforderungen sind gem. R 6.1 Abs. 2 EStR und im Umkehrschluss aus § 247 Abs. 2 HGB dem Umlaufvermögen zuzuordnen. **(0,5 P.)**

Die Bewertung erfolgt nach § 6 Abs. 1 Nr. 2 Satz 1 EStG bzw. § 253 Abs. 1 Satz 1 HGB mit den Anschaffungskosten = Nennwert. **(0,5 P.)**

Ein gemischtes Verfahren – nämlich Einzel- und Pauschalwertberichtigung – ist zulässig. Zunächst erfolgt eine Einzelbewertung (§ 252 Abs. 1 Nr. 3 HGB), denn jede Forderung und jedes einzelne Risiko ist grundsätzlich für sich zu bewerten. **(0,5 P.)**

Kunde Uwe Keller

Die Forderung ist im Dezember 2020 uneinbringlich geworden und zum 31.12.2020 mit 0 € anzusetzen, § 253 Abs. 4 HGB. **(1,0 P.)**

§ 6 Abs. 1 Nr. 2 Satz 2 EStG steht dem nicht entgegen, da es sich um eine voraussichtlich dauernde Wertminderung handelt (Insolvenzverfahren des Schuldners wurde mangels Masse eingestellt) und der Gewinn so niedrig wie möglich ausgewiesen werden soll. **(0,5 P.)**

Die Umsatzsteuer i. H. v. (32.130 € : 1,19 • 0,19 =) 5.130 € ist deshalb gem. § 17 Abs. 2 Nr. 1 i. V. m. Abs. 1 Satz 7 UStG bereits im Dezember 2020 in voller Höhe zu kürzen. **(1,0 P.)**

Pauschalwertberichtigung

Der nachgewiesene Erfahrungssatz von 3 % kann anerkannt werden. Die Umsatzsteuer ist jedoch herauszurechnen, da bei einem späteren Ausfall insofern ein Erstattungsanspruch gegenüber dem Finanzamt besteht. **(1,0 P.)**

	Vorläufiger Bestand	907.970,00 €	
−	Einzelwertberichtigung Uwe Keller	32.130,00 €	
=	Einwandfreie Forderungen	875.840,00 €	**(0,5 P.)**
−	19 % Umsatzsteuer	139.840,00 €	
=	Bemessungsgrundlage	736.000,00 €	**(0,5 P.)**
•	3 % = Ausfallrisiko	22.080,00 €	**(0,5 P.)**

Da zum Zeitpunkt der Bilanzerstellung nur noch Forderungen i. H. v. netto 20.000 € aus dem Bestand vom 31.12.2020 vorhanden sind und für M nur noch in dieser Höhe ein Ausfallrisiko besteht, ist das Delkredere nach der Wertaufhellungstheorie i. S. d. § 252 Abs. 1 Nr. 4 HGB **(0,5 P.)** auf diesen Betrag zu begrenzen. **(0,5 P.)** Eine voraussichtlich dauernde Wertminderung ist in dieser Höhe auch gegeben, weil insofern ein latenter Forderungsausfall bestanden hat. **(0,5 P.)**

Kontenentwicklung:

	Einwandfreie Forderungen	875.840,00 €	
−	Pauschalwertberichtigung	20.000,00 €	
=	Bilanzansatz Forderungen zum 31.12.2020	855.840,00 €	**(0,5 P.)**

Buchungen:

Forderungsverluste/ Abschreibung auf Forderungen	27.000,00 €			
Umsatzsteuer	5.130,00 €	an	Forderungen a. L. u. L.	32.130,00 €

Forderungsverluste/ Abschreibung auf Forderungen	20.000 €	an	Forderungen a. L. u. L.	20.000,00 €

Gewinnauswirkung: gewinnmindernd um 47.000 €. **(1,0 P.)**

Teil 2: Jahresabschlussanalyse

Ermittlung des Betriebserfolgs (ordentliches Betriebsergebnis):

Umsatzerlöse			1.600.000,00 €	**(0,5 P.)**
Aufwendungen für Roh-, Hilfs- und Betriebsstoffe			− 1.000.000,00 €	**(0,5 P.)**
Rohergebnis			600.000,00 €	**(0,5 P.)**
Personalaufwand			− 500.000,00 €	**(0,5 P.)**
Abschreibungen	15.000,00 €	**(0,5 P.)**		
Steuerliche Sonderabschreibungen	− 2.000,00 €	**(0,5 P.)**		
Außerplanmäßige Abschreibungen	− 1.000,00 €	**(0,5 P.)**	− 12.000,00 €	**(0,5 P.)**
Sonstige betriebliche Erträge	15.000,00 €	**(0,5 P.)**		
Abgang von Anlagevermögen	− 2.000,00 €	**(0,5 P.)**		
Herabsetzung Pensionsrückstellung	− 1.000,00 €	**(0,5 P.)**		
Kursgewinne	− 200,00 €	**(0,5 P.)**		
Auflösung von Sonderposten	− 1.000,00 €	**(0,5 P.)**	+ 10.800,00 €	**(0,5 P.)**
Sonstige betriebliche Aufwendungen	70.000,00 €	**(0,5 P.)**		
Verluste aus Anlagenabgang	− 1.000,00 €	**(0,5 P.)**		
Kursverluste	− 500,00 €	**(0,5 P.)**		
Einstellung in den Sonderposten	− 1.500,00 €	**(0,5 P.)**	− 67.000,00 €	**(0,5 P.)**
Sonstige Steuern			− 2.500,00 €	**(0,5 P.)**
Betriebserfolg			29.300,00 €	**(0,5 P.)**

Ermittlung des RoI

$$RoI = \frac{\text{Betriebserfolg} \cdot 100 \cdot \text{Umsatzerlöse}}{\text{Umsatzerlöse} \cdot \text{betriebsnotwendiges Vermögen}}$$

(Hinweis: betriebsnotwendiges Vermögen = betriebsnotwendiges Kapital)

Durchschnittliches betriebsnotwendiges Vermögen:

Betriebsnotwendiges Vermögen 31.12.2020   410.000,00 €
Betriebsnotwendiges Vermögen 31.12.2019   + 390.000,00 €
                                                     800.000,00 €   : 2 = 400.000,00 €   **(1,5 P.)**

$$RoI = \frac{29.300 \cdot 100}{400.000} = 7,3\ \% \quad \textbf{(2,0 P.)}$$

Teil 3: Gesellschaftsrecht

zu 1)

Geschäftsführung und Vertretung betreffen dieselbe Sache, nämlich die Unternehmensführung.

Die Geschäftsführung soll jedoch das Innen- und die Vertretungsmacht das Außenverhältnis zu Dritten regeln. **(0,5 P.)**

zu 2a)

Gemäß § 125 Abs. 1 HGB ist jeder Gesellschafter persönlich zur Vertretung der OHG berechtigt, wenn er nicht im Gesellschaftsvertrag von der Vertretung ausgeschlossen ist (Prinzip der Einzelvertretung). **(1,0 P.)**

Die sachliche Vertretungsmacht erstreckt sich gem. § 126 Abs. 1 HGB auf alle gerichtlichen und außergerichtlichen Geschäfte, d. h. auch auf den hier vorliegenden Kaufvertrag. **(1,0 P.)**

zu 2b)

Die Vertragsklausel bezüglich der Einzelvertretung entspricht der o. a. gesetzlichen Regelung und ist allerdings deshalb nicht sinnvoll, weil die anderen Gesellschafter durch ihre persönliche Haftung ein unkalkulierbares Risiko eingehen. In der Praxis empfiehlt sich daher die Regelung in § 125 Abs. 2 HGB (Gesamtvertretung). **(1,0 P.)**

zu 2c)

Die Vertragsklausel ist jedoch insofern sinnvoll, als die Entziehung der Geschäftsführungs- als auch Vertretungsbefugnis (§§ 117, 127 HGB) durch bloßen Gesellschafterbeschluss möglich ist, wenn bestimmte Voraussetzungen (z. B. grobes Verschulden) erfüllt sind. **(1,0 P.)**

zu 3)

Obwohl sich die Befugnis zur Geschäftsführung (Innenverhältnis gem. § 115 Abs. 1 HGB) auf alle Handlungen erstreckt, die sich aus dem gewöhnlichen Geschäftsbetrieb ergeben, hätte Max Müller den Kaufvertrag aufgrund des Widerspruchs der Mitgesellschafter nicht abschließen dürfen. **(1,0 P.)**

Allerdings hat dieser Widerspruch nur Rechtsfolgen im Innenverhältnis. **(0,5 P.)**

zu 4)

Im Außenverhältnis ist ohne einen entsprechenden Handelsregistereintrag (vgl. § 106 Abs. 2 Nr. 4 HGB) die Einzelvertretungsmacht eines Gesellschafters nicht einschränkbar. **(0,5 P.)**

Eine Beschränkung des Umfangs der Vertretungsmacht ist Dritten gegenüber gem. § 126 Abs. 2 HGB auch unwirksam. **(1,0 P.)**

Die OHG ist deshalb rechtswirksam verpflichtet, den Kaufvertrag zu erfüllen, zumal sie gem. § 124 HGB eine Teilrechtsfähigkeit besitzt. **(0,5 P.)**

zu 5)

Falls eine Inanspruchnahme der OHG erfolglos bleibt, haften sämtliche Gesellschafter der OHG für die Verbindlichkeit aus dem Kaufvertrag gem. § 128 HGB: **(0,5 P.)**

- Der Gesellschafter haftet unmittelbar, d. h. er kann von jedem Gesellschaftsgläubiger für die Gesellschaftsschulden in Anspruch genommen werden. **(0,5 P.)**
- Der Gesellschafter haftet primär, d. h. der Gesellschaftsgläubiger braucht sich nicht zuerst an das Gesellschaftsvermögen zu halten.
- Der Gesellschafter haftet solidarisch/gesamtschuldnerisch, d. h. als Gesamtschuldner zusammen mit allen anderen Gesellschaftern.
- Der Gesellschafter haftet unbeschränkt und unbeschränkbar für sämtliche Gesellschaftsschulden. **(0,5 P.)**

Vierter Prüfungssatz

Steuerrecht I

Teil 1: Einkommensteuer

Teilaufgabe Nr. 1

1. Einkünfte der Ehefrau

<u>Einkünfte aus der Mucki-KG</u>

Aus der Mucki-KG erzielt Doris Müller gem. § 15 Abs. 1 Nr. 2 EStG Einkünfte aus Gewerbebetrieb. **(1,0 P.)**

Hierzu gehört zunächst ihr Gewinnanteil bis zum 31.05.2020 als laufender Gewinn aus Gewerbebetrieb. **(0,5 P.)**

Dieser beträgt 75.000 € · 50 % = **(0,5 P.)**	37.500,00 €
Ihr Gewinnanteil ist um den auf den 31.12.2019 festgestellten verrechenbaren Verlust gem. § 15a Abs. 2 EStG zu mindern. **(1,0 P.)**	- 10.000,00 €
= vorläufiger Gewinnanteil	27.500,00 €

Gebührenrechnung Steuerberater

Die Aufwendungen für die Feststellungserklärung können nicht gem. § 4 Abs. 4 EStG als Betriebsausgaben abgezogen werden, **(1,0 P.)** da es sich bei der Pflicht zur Abgabe der Gewinnfeststellungserklärung nicht um eine betriebliche Verbindlichkeit der Gesellschaft, sondern um eine private Verpflichtung der Gesellschafter handelt, weil sie durch die Verpflichtung zur Zahlung der Einkommensteuer, d. h. einer der Privatsphäre des Steuerpflichtigen zuzuordnenden persönlichen Steuer, veranlasst ist (BFH v. 06.04.1995, BFH/NV 1996 S. 22). **(1,0 P.)**

Mithin ist der Gewinnanteil zu erhöhen: 500 € · 50 % = **(1,0 P.)**	+ 250,00 €

Pkw

Bei dem Pkw handelt es sich um ein Wirtschaftsgut des notwendigen Sonderbetriebsvermögens bei Doris Müller, weil der Pkw zu mehr als 50 % für Zwecke der KG genutzt wird. **(1,0 P.)**

Dementsprechend stellen die Aufwendungen für den Pkw Sonderbetriebsausgaben dar:

AfA: 2.500 € · 5/12 (bis 31.05.2020) = **(1,0 P.)**	- 1.042,00 €
Weitere Aufwendungen: 125 € · 5 Monate = **(1,0 P.)**	- 625,00 €

Die private Nutzung ist gem. § 6 Abs. 1 Nr. 4 EStG mit 1 % des Listenpreises anzusetzen, weil der Pkw zu mehr als 50 % betrieblich genutzt wird und ein Fahrtenbuch nicht geführt wird. **(1,0 P.)** Listenpreis: 13.000 € • 1 % • 5 Monate = **(0,5 P.)**

+ 650,00 €

= Laufende Einkünfte aus Gewerbebetrieb   **26.733,00 €**

Veräußerung des KG-Anteils

Zum 31.05.2020 veräußert Doris Müller ihren KG-Anteil i. S. d. § 16 Abs. 1 Nr. 2 EStG. **(1,0 P.)**

Gleichzeitig hat sie den ihr gehörenden Pkw, der im Sonderbetriebsvermögen zu erfassen war, mit dem gemeinen Wert gem. § 16 Abs. 3 Satz 7 EStG zu entnehmen. **(1,0 P.)**

Da der Pkw keine wesentliche Betriebsgrundlage darstellt, handelt es sich hier um eine Veräußerung und nicht um eine Aufgabe eines Mitunternehmeranteils. **(0,5 P.)**

Der Gewinn ermittelt sich gem. § 16 Abs. 2 EStG wie folgt:

	Veräußerungspreis	40.000,00 €	**(0,5 P.)**	
+	gemeiner Wert Pkw am 31.05.2020	6.500,00 €	**(0,5 P.)**	
-	Buchwert Pkw am 31.05.2020			
	(15.000 € - (2 • 2.500 €) - 1.042 €)	8.958,00 €	**(0,5 P.)**	
+	negatives Kapitalkonto	10.000,00 €	**(0,5 P.)**	
=	Veräußerungsgewinn	47.542,00 €		47.542,00 €

Nach § 16 Abs. 4 EStG ist der Freibetrag zu berücksichtigen, weil Doris zwar nicht das 55. Lebensjahr vollendet hat, aber dauernd berufsunfähig geworden ist. **(1,0 P.)**

Der Freibetrag ist nicht zu mindern, weil der Karenzbetrag gem. § 16 Abs. 4 Satz 3 EStG (136.000 €) nicht überschritten wird. **(0,5 P.)**

Der Freibetrag ist in voller Höhe zu gewähren – und nicht etwa nur zu 50 % entsprechend der KG-Beteiligung. **(0,5 P.)**

- 45.000,00 €

= Veräußerungsgewinn   **2.542,00 €**

Der Veräußerungsgewinn ist nach § 34 Abs. 2 Nr. 1 i. V. m. Abs. 3 EStG als außerordentlicher Gewinn ermäßigt zu besteuern. **(1,0 P.)**

2. Einkünfte des Ehemannes

Hendrik Müller erzielt aus seiner Angestelltentätigkeit gem. § 19 Abs. 1 Satz 1 EStG Einkünfte aus nichtselbstständiger Arbeit. **(0,5 P.)**

Bruttoarbeitslohn **(0,5 P.)**	105.000,00 €

Gemäß § 3 Nr. 33 EStG sind Leistungen des Arbeitgebers zur Unterbringung und Betreuung von nicht schulpflichtigen Kindern der Arbeitnehmer in Kindergärten steuerfrei. **(1,0 P.)**

Mithin sind die im VZ 2020 gezahlten 600 € für den Kindergartenbesuch des Sohnes Michael steuerfrei. **(0,5 P.)**

Allerdings können die im VZ 2020 für die Hausaufgabenbetreuung der Claudia gezahlten 900 € nicht steuerfrei sein, weil nur Leistungen zur Unterbringung und Betreuung von nicht schulpflichtigen Kindern begünstigt sind, R 3.33. Abs. 3 Satz 1 LStR. **(0,5 P.)**	+ 900,00 €

Die vom Arbeitgeber übernommenen Kosten für die Dienstreise nach New York führen insoweit zu einem steuerpflichtigen geldwerten Vorteil, wie der Arbeitnehmer während der Dienstreise nicht beruflich tätig ist. **(0,5 P.)**

Die Flug- und Hotelkosten sind gemischt veranlasst und entsprechend den Veranlassungsbeiträgen aufzuteilen. Sachgerechter Aufteilungsmaßstab ist das Verhältnis der betrieblichen und privaten Zeitanteile der Reise (BMF v. 06.07.2011, BStBl 2011 I S. 614 – Tz. 15). Das bedeutet, dass ²/₅ aller Aufwendungen (zwei private Tage von fünf Tagen insgesamt) zu einem geldwerten Vorteil führen. **(0,5 P.)**

Geldwerter Vorteil:	Flugkosten (250 € · ²/₅ =)	100,00 €		
	Hotelkosten (200 € · 2 =)	400,00 €		
		500,00 €	**(0,5 P.)**	+ 500,00 €

> **INFO**
>
> Ein Abzug der Verpflegungskosten als Werbungskosten wäre nur in Höhe der Pauschbeträge für Verpflegungsmehraufwendungen für die betrieblich veranlassten Tage zulässig, BMF v. 06.07.2011, BStBl 2011 I S. 614 – Tz. 15. Auf Fragen im Zusammenhang mit den Aufwendungen für Verpflegung war jedoch lt. Sachverhalt nicht einzugehen.

− Arbeitnehmer-Pauschbetrag, § 9a Satz 1 Nr. 1 Buchst. a) EStG **(0,5 P.)**	− 1.000,00 €
= Einkünfte aus nichtselbstständiger Arbeit	105.400,00 €

3. Einkünfte aus Kapitalvermögen

Die Erstattungszinsen i. H. v. 1.500 € führen zu Einnahmen aus Kapitalvermögen nach § 20 Abs. 1 Nr. 7 Satz 3 EStG. **(0,5 P.)**

Die Rückzahlung der Zinsen (900 €) führt insoweit zu negativen Einnahmen, weil sie auf den ursprünglichen Zinszeitraum entfallen. **(0,5 P.)**

	Erstattungszinsen	1.500,00 €	
-	Zinsrückzahlung	900,00 €	
=	steuerpflichtige Einnahmen	600,00 €	
-	Sparer-Pauschbetrag gem. § 20 Abs. 9 EStG, max.	600,00 €	**(0,5 P.)**
=	Einkünfte gem. § 20 EStG	0,00 €	

4. Kinderbetreuungskosten

Die angefallenen Kinderbetreuungskosten sind gem. § 10 Abs. 1 Nr. 5 EStG als Sonderausgaben zu berücksichtigen. **(1,0 P.)**

Beide Kinder gehören zum Haushalt der Steuerpflichtigen und haben das 14. Lebensjahr noch nicht vollendet. **(0,5 P.)**

Die Aufwendungen werden ganzjährig berücksichtigt, denn personenbezogene Voraussetzungen bei den Eltern stellt das Gesetz nicht auf. **(1,0 P.)** Deshalb ist auch unerheblich, dass die Mutter seit dem 01.06.2020 keiner Erwerbstätigkeit mehr nachgeht.

Die Aufwendungen für die Nachhilfe (360 €) sind gem. § 10 Abs. 1 Nr. 5 Satz 2 EStG nicht zu berücksichtigen. **(1,0 P.)** Hierzu gehört aber nicht die reine Hausaufgabenbetreuung. **(1,0 P.)**

Die Aufwendungen für den vierjährigen Michael können gem. § 10 Abs. 1 Nr. 5 EStG berücksichtigt werden. **(1,0 P.)**

Bei den Sonderausgaben erfolgt keine Kürzung um die Erstattungsleistung des Arbeitgebers (Zuschuss Kindergartenbesuch), denn ein unmittelbarer wirtschaftlicher Zusammenhang mit steuerfreien Einnahmen liegt vor, wenn Einnahmen und Ausgaben durch dasselbe Ereignis veranlasst sind. Das ist aber nur dann der Fall, wenn steuerfreie Einnahmen dazu bestimmt sind, Aufwendungen zu ersetzen, die mit Einkünften i. S. d. § 2 EStG in wirtschaftlichem Zusammenhang stehen. **(2,0 P.)**

Demnach sind als Sonderausgaben abzugsfähig:

	Hausaufgabenbetreuung Claudia	1.200,00 € **(0,5 P.)**
+	Kindergarten Michael (75 € • 12 Monate =)	900,00 € **(1,0 P.)**
=	Zwischensumme	2.100,00 €
	davon ²/₃ =	1.400,00 € **(1,0 P.)**

Der Höchstbetrag von (4.000 € • 2 Kinder =) 8.000 € wird nicht erreicht. **(0,5 P.)**

Zusammenstellung

	Laufende Einkünfte aus Gewerbebetrieb (Ehefrau)	26.733,00 €
+	Veräußerungsgewinn (Ehefrau)	2.542,00 €
+	Einkünfte aus nichtselbstständiger Arbeit (Ehemann)	105.400,00 €
=	Summe/Gesamtbetrag der Einkünfte	134.675,00 €
−	abzugsfähige Vorsorgeaufwendungen **(0,5 P.)**	10.000,00 €
−	übrige Sonderausgaben (Kinderbetreuung)	1.400,00 €
=	Einkommen	123.275,00 €
−	Kinderfreibetrag (§ 32 Abs. 6 Satz 2 EStG): 2 • 5.172 € = **(0,5 P.)**	10.344,00 €
−	Betreuungsfreibetrag (§ 32 Abs. 6 Satz 2 EStG): 2 • 2.640 € = **(0,5 P.)**	5.280,00 €
=	zu versteuerndes Einkommen (0,5 P.)	107.651,00 €

5. Steuerermäßigung nach § 35a EStG

Die im Wege der Nebenkostenabrechnung an den Vermieter geleisteten Beträge für die Treppenhausreinigung und Gartenpflege führen als haushaltsnahe Dienstleistungen i. S. d. § 35a Abs. 2 Satz 1 EStG zu einer Steuerermäßigung i. H. v. (300 € • 20 % =) 60 €. **(1,0 P.)**

Sowohl diese Aufwendungen als auch die für die Aufzugswartung werden den Eheleuten zugerechnet, obwohl sie beim Vermieter abgeflossen sind (BMF v. 15.02.2011, BStBl 2011 I S. 140 – Tz. 24). **(0,5 P.)**

Hinsichtlich der Aufzugswartung, die den Eheleuten ebenfalls zuzurechnen ist, handelt es sich um eine handwerkliche Dienstleistung i. S. d. § 35a Abs. 3 Satz 1 EStG. **(0,5 P.)**

Ebenfalls als Handwerkerdienstleistung i. S. d. § 35a Abs. 3 Satz 1 EStG ist die Arbeitsleistung für das Legen der Fliesen zu beurteilen; **(0,5 P.)** die Aufwendungen für das Material sind hingegen gem. § 35a Abs. 5 Satz 2 EStG steuerlich nicht begünstigt. **(0,5 P.)**

Aufzugswartung	100,00 €	
+ Arbeitsleistung Fliesen	1.450,00 €	
	1.550,00 €	
• 20 % = **(0,5 P.)**	310,00 €	(1.200,00 €)

Teilaufgabe Nr. 2

1. Einkünfte aus Gewerbebetrieb

Ab dem 01.01.2020 liegt eine (unechte) Betriebsaufspaltung zwischen Silvio Brandela und der SB-GmbH vor. **(1,0 P.)**

Eine enge sachliche Verflechtung liegt hinsichtlich der Überlassung des Grundstücks als wesentliche Betriebsgrundlage der GmbH vor, denn bei Gebäuden handelt es sich stets um wesentliche Betriebsgrundlagen, H 15.7 Abs. 5 EStH. **(1,0 P.)**

Darüber hinaus ist ab dem 01.01.2020 auch eine enge personelle Verflechtung gegeben, weil Silvio Brandela als Alleineigentümer des Grundstücks zu 90 % an der GmbH beteiligt ist. Er kann über diese Mehrheitsbeteiligung seinen einheitlichen geschäftlichen Betätigungswillen sowohl am Besitz- als auch im Betriebsunternehmen „GmbH" durchsetzen, H 15.7 Abs. 6 EStH. **(1,0 P.)**

Somit ist die Verpachtung des Grundstücks ab dem 01.01.2020 keine Verpachtung im privaten Vermögensbereich, sondern gilt als Gewerbebetrieb im Rahmen einer steuerlichen Betriebsaufspaltung. Die Einkünfte aus der Vermietung und Verpachtung sind in gewerbliche Einkünfte i. S. d. § 15 Abs. 2 i. V. m. Abs. 1 Nr. 1 EStG umzuqualifizieren, H 15.7 Abs. 4 EStH. **(1,0 P.)**

Die Miet- und Pachteinnahmen stellen in der angemessenen Höhe betriebliche Erträge dar (§ 21 Abs. 3 EStG):

4.000 € • 12 Monate = **(1,0 P.)**   48.000,00 €

In Höhe des unangemessenen Teils (monatlich 1.000) liegt eine verdeckte Gewinnausschüttung vor, weil einem Gesellschafter ein Vermögensvorteil zugewendet wird, der durch das Gesellschaftsverhältnis begründet ist. **(1,0 P.)**

Da die Anteile an der SB-GmbH zum notwendigen Betriebsvermögen gehören, ist der Vorteil als betrieblicher Ertrag (§ 20 Abs. 8 EStG) zu erfassen, wobei das Teileinkünfteverfahren nach § 3 Nr. 40 Buchst. d) i. V. m. Satz 2 EStG zu beachten ist: **(1,0 P.)**

1.000 € • 12 Monate • 60 % = **(1,0 P.)**   7.200,00 €

Die offene Gewinnausschüttung ist wegen der Zugehörigkeit der Anteile zum Betriebsvermögen gem. § 20 Abs. 8 EStG als

Betriebseinnahme zu erfassen. **(1,0 P.)** Es gilt insoweit nicht das Zuflussprinzip, sondern der Tag der Beschlussfassung (01.04.2020). **(1,0 P.)**

Es ist das Teileinkünfteverfahren zu beachten (§ 3 Nr. 40 Buchst. d) i. V. m. Satz 2 EStG):

	Auszahlungsbetrag (= 73,625 %)	27.000,00 €		
=	Bardividende (100 %)	36.672,00 €	**(1,0 P.)**	
•	60 % =	22.003,00 €	**(1,0 P.)**	22.003,00 €
=	Summe der Betriebseinnahmen			77.203,00 €
–	laufende Aufwendungen: 1.500 € • 12 Monate = **(0,5 P.)**			– 18.000,00 €
–	AfA: 210.000 € • 3 % = **(1,0 P.)** (§ 7 Abs. 4 Nr. 1 EStG, Bauantrag 01.03.1991)			– 6.300,00 €
–	Finanzierungskosten für die Beteiligung an der SB-GmbH **(1,0 P.)** Wegen des Zusammenhangs mit Einnahmen i. S. d. § 3 Nr. 40 EStG ist das Teileinkünfteverfahren und damit § 3c Abs. 2 EStG zu beachten: **(0,5 P.)** 3.000 € • 60 % = **(0,5 P.)**			– 1.800,00 €
=	**Einkünfte aus Gewerbebetrieb**			**51.103,00 €**

2. Einkünfte aus nichtselbstständiger Arbeit

Als Gesellschafter-Geschäftsführer der SB-GmbH erzielt Silvio Brandela Einkünfte aus nichtselbstständiger Arbeit gem. § 19 Abs. 1 Nr. 1 EStG. **(0,5 P.)**

	Bruttolohn: 4.000 € • 12 Monate = **(0,5 P.)**	48.000,00 €
–	Arbeitnehmer-Pauschbetrag, § 9a Satz 1 Nr. 1 Buchst. a) EStG **(0,5 P.)**	– 1.000,00 €
=	Einkünfte aus nichtselbstständiger Arbeit	47.000,00 €

Teil 2: Gewerbesteuer

Der vorläufige Verlust lt. Handelsrecht beträgt – 18.000,00 €

Tz. 1

Die Gesellschafter der KG sind Mitunternehmer i. S. d. § 15 Abs. 1 Nr. 2 EStG. Die Gehälter sind Vergütungen für die Arbeitsleistung im Dienst der Gesellschaft. Sie sind steuerrechtlich i. H. v. (2 • 2.500 € • 12 =) **(1,0 P.)** 60.000 € hinzuzurechnen. + 60.000,00 €

Tz. 2

Geschenke sind nicht abzugsfähige Betriebsausgaben gemäß § 4 Abs. 7 EStG, da es an der getrennten Aufzeichnung fehlt. Die außerbilanzielle Hinzurechnung beträgt 20 Stück • 17,00 € = **(1,0 P.)** 340,00 €

Die in der Eingangsrechnung ausgewiesene Umsatzsteuer ist als Vorsteuer abziehbar, weil § 4 Abs. 7 EStG insoweit in § 15 Abs. 1a UStG nicht erwähnt wird. **(1,0 P.)**

Tz. 3

Da alle Mitunternehmer der KG natürliche Personen sind, ist für den Beteiligungsertrag aus der Gewinnausschüttung der AG zunächst eine Korrektur des steuerlichen Gewinnes vorzunehmen (§ 3 Nr. 40d EStG). **(1,0 P.)** Durch das Teileinkünfteverfahren sind 40 % der Einnahmen steuerfrei: 40 % von 10.000 € = **(1,0 P.)** − 4.000,00 €

Die damit im Zusammenhang stehenden Schuldzinsen sind nur zu 60 % abzugsfähig (§ 3c Abs. 2 EStG), 40 % von 5.000 € sind nicht abzugsfähig. **(1,0 P.)** + 2.000,00 €

= Gewinn i. S. d. § 7 GewStG 40.340,00 €

Hinzurechnungen:

Tz. 3	Schuldzinsen für Beteiligung: keine Hinzurechnung gem. § 9 Nr. 2a Satz 3 Halbsatz 2 GewStG	0,00 €	**(2,0 P.)**
Tz. 4:	Kontokorrentzinsen (§ 8 Nr. 1a GewStG):	75.000,00 €	**(1,0 P.)**
Tz. 5:	Leasingraten Einrichtung (§ 8 Nr. 1d GewStG): 20 % von (12.000 € • 12 =)	28.800,00	**(1,0 P.)**
		103.800,00 €	
	− Freibetrag (§ 8 Nr. 1 GewStG)	103.800,00 €	**(0,5 P.)**
		0,00 €	**(0,5 P.)**

Kürzungen:

Tz. 6: Grundbesitzkürzung nach § 9 Nr. 1 GewStG i. V. m. § 121a BewG: **(1,0 P.)**
175.000 € • 140 % • 1,2 % = **(1,0 P.)** − 2.940,00 €

Tz. 3: Im Gewinn enthalten ist noch die Dividende der Touristen AG. Diese fällt unter das „Schachtelprivileg" des § 9 Nr. 2a GewStG: **(1,0 P.)**

Bardividende	10.000,00 €		
- Kürzungsbetrag (s. o.)	4.000,00 €		
	6.000,00 €	**(2,0 P.)**	- 6.000,00 €
Schuldzinsen	5.000,00 €		
- Korrekturbetrag gem. § 3c Abs. 2 EStG (40 %)	2.000,00 €		
	3.000,00 €	**(2,0 P.)**	+ 3.000,00 €

= Gewerbeertrag (§ 10 Abs. 1 GewStG) **(0,5 P.)**   34.400,00 €
- Freibetrag gem. § 11 Abs. 1 Nr. 1 GewStG **(0,5 P.)**   24.500,00 €
                                                          9.900,00 €

• 3,5 % Steuermesszahl (§ 11 Abs. 2 GewStG) = Steuermessbetrag **(0,5 P.)**   346,50 €

Teil 3: Körperschaftsteuer

zu 1)

Die Zahlung der Sondervergütungen an den beherrschenden Gesellschafter Manfred Schramm und an seine Ehefrau stellt jeweils eine vGA dar, die das Einkommen nach § 8 Abs. 3 Satz 2 KStG nicht mindern darf. **(1,0 P.)**

Im Verhältnis Gesellschaft zu ihrem beherrschenden Gesellschafter ist ein Vorgang gem. R 8.5 Abs. 2 Satz 1 KStR bereits dann durch das Gesellschaftsverhältnis veranlasst, wenn es an einer im Voraus abgeschlossenen klaren und eindeutigen Vereinbarung fehlt (H 8.5 KStH). **(1,0 P.)**

Auch bei einer dem beherrschenden Gesellschafter nahestehenden Person (hier die Ehefrau) bedarf eine Vereinbarung über die Höhe eines Entgelts für eine Leistung der vorherigen und eindeutigen Regelung (H 8.5 KStH „nahestehende Person"). **(1,0 P.)**

Somit erfolgt eine außerbilanzielle Hinzurechnung i. H. v. insgesamt 10.000 €. **(1,0 P.)**

zu 2)

Auch getroffene Vereinbarungen über Gewinntantiemen müssen zumindest erkennen lassen, nach welcher Bemessungsgrundlage die Vergütung errechnet werden soll. Es muss ausgeschlossen sein, dass bei der Berechnung der Vergütung ein Spielraum verbleibt (H 8.5 KStH). **(1,0 P.)**

Danach liegt im vorliegenden Fall eine vGA i. H. v. 7.500 € vor, die das Einkommen nach § 8 Abs. 3 Satz 2 KStG nicht mindern darf. **(1,0 P.)**

Somit erfolgt eine außerbilanzielle Hinzurechnung i. H. v. 7.500 €. **(1,0 P.)**

zu 3)

Es liegt keine verdeckte Einlage vor, weil die Ehefrau der GmbH keinen einlagefähigen Vermögensvorteil zugewendet hat, R 8.9 Abs. 2 KStR. **(1,0 P.)**

Ein einlagefähiger Vermögensvorteil würde aus Sicht der Gesellschaft z. B. in der Verringerung von Schulden bestehen (H 8.9 KStH „Einlagefähiger Vermögensvorteil"). Das ist hier jedoch nicht der Fall, da die Ehefrau weder auf die Zahlung der Zinsen noch auf die Rückzahlung des Darlehens verzichtet hat. **(1,0 P.)**

Somit ergibt sich keine Änderung des zu versteuernden Einkommens. **(1,0 P.)**

zu 4)

Die zinslose Darlehensgewährung und damit einhergehend die verhinderte Vermögensmehrung erfüllt den Tatbestand der vGA (R 8.5 Abs. 1 KStR, H 36 KStH „Darlehenszinsen"), **(1,0 P.)** die das Einkommen nach § 8 Abs. 3 Satz 2 KStG nicht mindern darf. **(1,0 P.)**

Somit erfolgt eine außerbilanzielle Hinzurechnung i. H. v. (50.000 € • 4 % =) 2.000 €. **(1,0 P.)**

zu 5)

Hinzurechnung der GewSt-Vorauszahlungen nach § 8 Abs. 1 KStG i. V. m. § 4 Abs. 5b EStG i. H. v. 5.000 €. **(0,5 P.)**

Die Zinserträge aus der GewSt-Erstattung i. H. v. 1.000 € gehören zu den steuerpflichtigen Einnahmen, denn in § 4 Abs. 5b EStG werden nur die Nachzahlungszinsen als nichtabzugsfähige Betriebsausgaben behandelt (OFD Münster v. 03.12.2011, DB 2013 S. 447), sodass sich keine Änderung ergibt. **(1,5 P.)**

Hinzurechnung der KSt-Vorauszahlungen nach § 10 Nr. 2 KStG i. H. v. 2.500 €. **(0,5 P.)**

Hinzurechnung des SolZ zu den KSt-Vorauszahlungen nach § 10 Nr. 2 KStG i. H. v. 137,50 €. **(0,5 P.)**

Kürzung um die KSt-Erstattung nach § 10 Nr. 2 KStG i. H. v. 10.000 €. **(1,0 P.)**

Die Zinserträge aus der KSt-Erstattung i. H. v. 1.200 € gehören zu den steuerpflichtigen Einnahmen (R 10.1 Abs. 2 Satz 2 KStR), sodass sich keine Änderung ergibt. **(1,0 P.)**

Hinzurechnung der Geldbußen nach § 8 Abs. 1 KStG i. V. m. § 4 Abs. 5 Nr. 8 EStG i. H. v. 3.500 €. **(1,0 P.)**

Keine Kürzung der Rechtsanwaltskosten von 750 €, da die Kosten betrieblich veranlasst sind. **(1,0 P.)**

zu 6)

Der Veräußerungsgewinn ist nach § 8b Abs. 2 KStG steuerfrei. Die Vermittlungsprovision ist gem. § 160 AO nicht als Betriebsausgabe abzugsfähig und muss außerbilanziell wieder hinzugerechnet werden.

	Verkaufspreis	250.000,00 €	
-	anteiliger Buchwert $^{20}/_{40}$ von 225.000 €	112.500,00 €	
-	abzugsfähige Veräußerungskosten	15.000,00 €	
=	steuerfreier Veräußerungsgewinn	122.500,00 €	**(1,0 P.)**
-	außerbilanzielle Kürzung	122.500,00 €	**(1,0 P.)**
+	5 % außerbilanzielle Hinzurechnung (§ 8b Abs. 3 Satz 1 KStG)	6.125,00 €	**(1,0 P.)**
+	außerbilanzielle Hinzurechnung der Vermittlungsprovision	5.000,00 €	**(1,0 P.)**

Steuerrecht II

Teil 1: Umsatzsteuer

Sachverhalt 1a)

zu 1)

Es liegt ein Reihengeschäft gem. § 3 Abs. 6a Satz 1 UStG vor, **(1,0 P.)** weil mehrere Unternehmer über denselben Gegenstand Umsatzgeschäfte abgeschlossen haben und der Gegenstand der Beförderung unmittelbar von der S-GmbH, dem ersten Unternehmer, an den P als letzten Abnehmer gelangt.

Im Rahmen des Reihengeschäfts werden nacheinander zwei Lieferungen ausgeführt. **(0,5 P.)**

zu 2)

Lieferung der S-GmbH an R

Es handelt sich um eine Lieferung nach § 3 Abs. 1 UStG. **(0,5 P.)**

Der Ort liegt gem. § 3 Abs. 7 Satz 2 Nr. 1 UStG **(0,5 P.)** als ruhende Lieferung in Dresden, weil die bewegte Lieferung die von R an P ist (§ 3 Abs. 6a Satz 3 UStG).

Die Lieferung wird mit dem Beginn der Beförderung am 14.04.2021 ausgeführt. **(0,5 P.)**

Die Lieferung ist steuerbar gem. § 1 Abs. 1 Nr. 1 UStG **(0,5 P.)** und mangels Steuerbefreiung nach § 4 UStG steuerpflichtig. **(0,5 P.)**

Wenn ein Reihengeschäft vorliegt, kann nur die bewegte Lieferung unter den Voraussetzungen des § 6 UStG steuerfrei sein (Abschn. 6.1. Abs. 4 UStAE, Abschn. 3.14. Abs. 14 Sätze 1 und 2 UStAE). **(0,5 P.)**

Die Bemessungsgrundlage beträgt gem. § 10 Abs. 1 UStG 500 €. **(0,5 P.)**

Der Steuersatz beträgt gem. § 12 Abs. 1 UStG 19 %; USt = 95 €. **(0,5 P.)**

Die Steuer entsteht gem. § 13 Abs. 1 Nr. 1 Buchst. a) UStG mit Ablauf des VAZ April 2021, weil der Strandkorb am 14.04.2021 abgeholt wurde. **(0,5 P.)**

Lieferung der R an P

Es handelt sich um eine Lieferung nach § 3 Abs. 1 UStG. **(0,5 P.)**

Der Ort liegt gem. § 3 Abs. 6 UStG als bewegte Lieferung in Dresden, weil der letzte Abnehmer P die Ware befördert (§ 3 Abs. 6a Satz 3 UStG). **(0,5 P.)**

Die Lieferung wird mit dem Beginn der Beförderung am 14.04.2021 ausgeführt (Abschn. 13.1. Abs. 2 Satz 5 UStAE). **(0,5 P.)**

Die Lieferung ist steuerbar gem. § 1 Abs. 1 Nr. 1 UStG **(0,5 P.)** und mangels Steuerbefreiung nach § 4 UStG steuerpflichtig. **(0,5 P.)**

Die Lieferung ist trotz Beförderung nach Fuerteventura (= Drittland gem. Abschn. 1.10. Abs. 1 UStAE) **(0,5 P.)** nicht als Ausfuhrlieferung steuerfrei, weil P kein ausländischer Abnehmer i. S. d. § 6 Abs. 2 UStG **(0,5 P.)** ist und somit die Voraussetzung des § 6 Abs. 1 Nr. 2 UStG nicht erfüllt ist. **(0,5 P.)**

Die Bemessungsgrundlage beträgt gem. § 10 Abs. 1 UStG 600 €. **(0,5 P.)**

Der Steuersatz beträgt gem. § 12 Abs. 1 UStG 19 %; USt = 114 €. **(0,5 P.)**

Die Steuer entsteht gem. § 13 Abs. 1 Nr. 1 Buchst. a) UStG mit Ablauf des VAZ April 2021. **(0,5 P.)**

Sachverhalt 1b)

Das vereinbarte Entgelt für die steuerpflichtige Lieferung ist im Juni 2021 gem. § 17 Abs. 2 Nr. 1 UStG uneinbringlich geworden, weil im Juni 2021 das Insolvenzverfahren über das Vermögen des P eröffnet wurde (Abschn. 17.1. Abs. 15 Satz 1 UStAE). **(0,5 P.)**

Somit sind gem. § 17 Abs. 2 Nr. 1 i. V. m. Abs. 1 Satz 1 UStG von R die Bemessungsgrundlage und der geschuldete Steuerbetrag für die Lieferung auf jeweils 0 € **(0,5 P.)** wie folgt zu korrigieren: Änderung der BMG = - 600 €; Änderung der USt = - 114 €. **(0,5 P.)**

Die Berichtigung ist gem. § 17 Abs. 1 Satz 7 UStG in der Voranmeldung Juni 2021 vorzunehmen (Abschn. 17.1. Abs. 2 Satz 1 UStAE). **(0,5 P.)**

Durch die nachträgliche Vereinnahmung am 06.08.2021 ist der Umsatzsteuerbetrag gem. § 17 Abs. 2 Nr. 1 Satz 2 UStG erneut zu berichtigen (Abschn. 17.1. Abs. 16 Satz 3 UStAE). Berichtigungsbetrag: 150 €: 1,19 • 0,19 = 23,95 €. **(0,5 P.)**

Sachverhalt 1c)

R ist gem. § 15 Abs. 1 Nr. 1 UStG zum Abzug der Steuer aus der Rechnung der S-GmbH i. H. v. 95 € berechtigt, weil die Steuer für die Leistung der S-GmbH geschuldet wird. **(0,5 P.)**

Der Vorsteuerabzug ist erst im VAZ August 2021 zulässig, weil in diesem VAZ erstmals die Voraussetzungen „Rechnung und Leistung" vorliegen (§ 15 Abs. 1 Nr. 1 Satz 2 UStG, Abschn. 15.2. Abs. 2 Satz 7 UStAE). **(0,5 P.)**

Ein Ausschlussgrund gem. § 15 Abs. 2 UStG liegt nicht vor, da R die Strandkörbe steuerpflichtig veräußert hat. **(0,5 P.)**

Sachverhalt 2a)

zu 1)

Die Bewirtungsleistung des P ist eine sonstige Leistung i. S. d. § 3 Abs. 9 UStG, **(0,5 P.)** weil insbesondere durch die Bedienung aus Sicht eines Durchschnittsverbrauchers das Dienstleistungselement qualitativ überwiegt (Abschn. 3.6 Abs. 3 UStAE). **(0,5 P.)**

Der Ort liegt gem. § 3a Abs. 3 Nr. 3b UStG in Bremen. **(0,5 P.)**

Die sonstige Leistung wurde im Zeitpunkt ihrer Vollendung am 19.08.2021 ausgeführt (Abschn. 13.1. Abs. 3 Satz 1 UStAE). **(0,5 P.)**

Die Lieferung ist steuerbar gem. § 1 Abs. 1 Nr. 1 UStG **(0,5 P.)** und mangels Steuerbefreiung nach § 4 UStG steuerpflichtig. **(0,5 P.)**

Die Bemessungsgrundlage gem. § 10 Abs. 1 UStG beträgt 54,62 €. **(0,5 P.)**

Das an den Inhaber P gezahlte Trinkgeld gehört gem. § 10 Abs. 1 Satz 2 UStG zur Bemessungsgrundlage, weil zwischen der Zahlung und der Leistung eine innere Verknüpfung besteht (ohne Essen kein Trinkgeld). **(0,5 P.)**

Der Steuersatz beträgt gem. § 12 Abs. 1 UStG 19 %; USt = 10,38 €. **(0,5 P.)**

zu 2)

R ist gem. § 15 Abs. 1 Nr. 1 Satz 1 UStG zum Abzug der Steuer aus der Rechnung des P i. H. v. 10,38 € berechtigt, weil die Steuer für die Leistung von P geschuldet und von R für ihr Unternehmen bezogen wird. **(0,5 P.)**

Die nach § 15 Abs. 1 Nr. 1 Satz 2 UStG erforderliche ordnungsgemäße Rechnung gem. § 14 UStG liegt vor, weil bei einem 250 € nicht übersteigenden Rechnungsbetrag die Ausstellung einer Kleinbetragsrechnung gem. § 33 UStDV ausreichend ist. **(0,5 P.)**

In der Rechnung sind alle in § 33 UStDV geforderten Angaben enthalten. **(0,5 P.)**

Die Vorsteuern aus den Bewirtungsaufwendungen sind lt. Sachverhalt angemessen und nachgewiesen, sodass die Vorsteuerbeträge nach § 15 Abs. 1a Satz 2 UStG abziehbar sind. **(0,5 P.)**

Ein Ausschlussgrund gem. § 15 Abs. 2 UStG liegt nicht vor. **(0,5 P.)**

Die Bewirtungsaufwendungen stehen mit der Möbelmesse und daher mit dem Verkauf von Möbeln und der Vortragstätigkeit im Zusammenhang und werden mittelbar zu den Kostenbestandteilen für die Möbel bzw. den Vortrag. Auch wenn die Möbel auf der Messe in Madrid verkauft würden, würde § 15 Abs. 2 Nr. 2 UStG nicht anwendbar sein, **(0,5 P.)** weil diese Verkäufe im Inland steuerpflichtig wären. Für die Vortragstätigkeit ist der Vorsteuerabzug ebenfalls gegeben, da eine Vortragstätigkeit im Inland ebenfalls steuerpflichtig wäre.

Der Vorsteuerabzug ist im VAZ August 2021 zulässig, da in diesem VAZ die Voraussetzungen „Rechnung und Leistung" vorliegen, § 15 Abs. 1 Nr. 1 Sätze 1 und 2 UStG. **(0,5 P.)**

Sachverhalt 2b)

R erbringt gegenüber H mit der Seminarveranstaltung eine sonstige Leistung i. S. d. § 3 Abs. 9 UStG. **(0,5 P.)**

Da das Seminar der Allgemeinheit zugänglich war, handelt es sich um einen Umsatz, der unter die Eintrittsberechtigung des § 3a Abs. 3 Nr. 5 UStG fällt (Abschn. 3a.6. Abs. 13 UStAE), **(1,0 P.)** sodass die sonstige Leistung am Veranstaltungsort in Madrid ausgeführt wurde. **(0,5 P.)**

Die sonstige Leistung wurde mit ihrer Vollendung am 14.09.2021 ausgeführt **(0,5 P.)** und ist nicht steuerbar nach § 1 Abs. 1 Nr. 1 UStG, weil sie nicht im Inland ausgeführt wurde. **(0,5 P.)**

Die Bemessungsgrundlage beträgt gem. § 10 Abs. 1 UStG 1.000 €. **(0,5 P.)**

Der nicht steuerbare Umsatz ist analog gem. § 13 Abs. 1 Nr. 1 Buchst. a) UStG in der Voranmeldung September 2021 anzumelden. **(0,5 P.)**

Die in der Rechnung ausgewiesene Steuer schuldet R gem. § 14c Abs. 1 UStG i. H. v. 190 € (Abschn. 14c.1. Abs. 1 Satz 5 Nr. 3 UStAE), weil die Steuer für einen nicht steuerbaren Umsatz ausgewiesen wurde. **(0,5 P.)**

Die Steuer entsteht gem. § 13 Abs. 1 Nr. 3 UStG mit Ablauf des VAZ September 2021, da in diesem VAZ die Rechnung ausgegeben wurde. **(0,5 P.)**

Die Rechnung kann gem. § 14c Abs. 1 Satz 2 UStG berichtigt werden **(0,5 P.)** und zwar in entsprechender Anwendung von § 17 UStG in dem VAZ, in welchem dem Leistungsempfänger eine berichtigte Rechnung erteilt wurde. **(0,5 P.)**

Sachverhalt 2c)

zu 1)

S erbringt an R mit der Simultanübersetzung eine sonstige Leistung i. S. d. § 3 Abs. 9 UStG. **(0,5 P.)**

Der Ort liegt gem. § 3a Abs. 2 UStG **(0,5 P.)** in Bremen, weil § 3a Abs. 4 Nr. 3 UStG keine Anwendung findet, da es sich bei der Leistungsempfängerin R um eine Unternehmerin handelt. **(0,5 P.)**

Die Leistung wurde am 14.09.2021 ausgeführt. **(0,5 P.)**

Die Lieferung ist steuerbar gem. § 1 Abs. 1 Nr. 1 UStG **(0,5 P.)** und mangels Steuerbefreiung nach § 4 UStG steuerpflichtig. **(0,5 P.)**

S ist gem. § 13b Abs. 7 UStG ein im Ausland ansässiger Unternehmer, **(0,5 P.)** der im Inland eine steuerpflichtige sonstige Leistung gem. § 13b Abs. 1 UStG erbringt. **(0,5 P.)**

R ist deshalb gem. § 13b Abs. 5 Satz 1 UStG als Unternehmerin Steuerschuldner. **(0,5 P.)**

Bemessungsgrundlage ist gem. § 10 Abs. 1 UStG der in der Rechnung ausgewiesene Betrag von 500 € (Abschn. 13b.13. Abs. 1 Satz 1 UStAE). **(0,5 P.)**

Der Steuersatz beträgt gem. § 12 Abs. 1 UStG 19 %; USt = 95 €. **(0,5 P.)**

Die Steuer entsteht gem. § 13b Abs. 1 UStG mit Ablauf des VAZ September 2021, weil in diesem VAZ die Leistung ausgeführt worden ist. **(0,5 P.)**

zu 2)

R ist gem. § 15 Abs. 1 Satz 1 Nr. 4 UStG berechtigt, die Umsatzsteuer von 95 € als Vorsteuer in dem VAZ September 2021 geltend zu machen. **(0,5 P.)**

Ein Ausschlussgrund für den Vorsteuerabzug gem. § 15 Abs. 2 Nr. 2 UStG liegt nicht vor, weil die Seminarveranstaltung steuerpflichtig wäre, wenn sie im Inland ausgeführt würde. **(1,0 P.)**

Sachverhalt 3

zu 1)

Leistungsempfänger ist R, da K einen Zahlungsanspruch gegen R hat und die Abgabe einer bestimmten Menge an Dieselkraftstoff vereinbart wurde. **(1,0 P.)**

zu 2)

R ist gem. § 15 Abs. 1 Nr. 1 UStG nicht berechtigt, die Umsatzsteuer von 142,50 € als Vorsteuer in der Voranmeldung Juni 2021 abzuziehen, weil die Leistung für eine beabsichtigte unentgeltliche Wertabgabe vorgesehen ist (Abschn. 15.2b Abs. 2 Satz 5 UStAE). **(1,0 P.)**

zu 3)

Es liegt eine unentgeltliche Wertabgabe gem. § 3 Abs. 1b Nr. 2 UStG vor, **(1,0 P.)** weil R den Dieselkraftstoff an ihre Arbeitnehmer zu deren privaten Bedarf zugewendet hat **(0,5 P.)** und der Bezug von Dieselkraftstoff gem. § 3 Abs. 1b Satz 2 UStG **(0,5 P.)** zum Vorsteuerabzug berechtigt hatte.

Eine Aufmerksamkeit liegt wegen Überschreitens der 60 €-Grenze nicht vor. **(0,5 P.)**

Der Ort der im Juni 2021 **(0,5 P.)** ausgeführten Leistung liegt gem. § 3 Abs. 6 UStG in Bremen. **(0,5 P.)**

Der Vorgang ist steuerbar gem. § 1 Abs. 1 Nr. 1 UStG **(0,5 P.)** und mangels Steuerbefreiung nach § 4 UStG steuerpflichtig. **(0,5 P.)**

Bemessungsgrundlage ist gem. § 10 Abs. 4 Nr. 1 UStG, **(0,5 P.)** der in der Eingangsrechnung der Tankstelle ausgewiesene Betrag von 750 € (Einkaufspreis im Zeitpunkt des Umsatzes).

Die Umsatzsteuer gehört gem. § 10 Abs. 4 Satz 2 UStG nicht zur Bemessungsgrundlage. **(0,5 P.)**

Der Steuersatz beträgt gem. § 12 Abs. 1 UStG 19 %; USt = 142,50 €. **(0,5 P.)**

Die Steuer entsteht gem. § 13 Abs. 1 Nr. 2 UStG mit Ablauf des VAZ Juni 2021. **(0,5 P.)**

Sachverhalt 4
zu 1)

Als Versicherungsvertreterin erbringt R eine sonstige Leistung gem. § 3 Abs. 9 UStG. **(0,5 P.)**

Der Ort der sonstigen Leistung liegt gem. § 3a Abs. 2 UStG **(0,5 P.)** in Frankfurt. § 3a Abs. 4 Nr. 6a UStG findet keine Anwendung, weil der Leistungsempfänger ein Unternehmer ist. **(0,5 P.)**

Die sonstige Leistung ist steuerbar nach § 1 Abs. 1 Nr. 1 UStG, **(0,5 P.)** jedoch steuerfrei nach § 4 Nr. 11 UStG. **(0,5 P.)**

Für diese Umsätze besteht gem. § 15 Abs. 2 Nr. 1 UStG keine Berechtigung zum Vorsteuerabzug, weil § 15 Abs. 3 Nr. 1 UStG den Ausschluss vom Vorsteuerabzug nicht wieder aufhebt. **(0,5 P.)**

zu 2)

Für die Frage, ob eine Änderung der Verhältnisse gem. § 15a UStG vorliegt, sind die Verhältnisse im Zeitpunkt der tatsächlichen Verwendung im Vergleich zum ursprünglichen Vorsteuerabzug Anfang Januar 2021 entscheidend. **(0,5 P.)**

Da die Partie Papier im September 2021 von R für ausschließlich steuerfreie Ausgangsumsätze verwendet wird, die den Vorsteuerabzug nach § 15 Abs. 2 Nr. 1 UStG ausschließen, liegt eine Änderung der Verhältnisse i. S. d. § 15a UStG vor. **(0,5 P.)**

Deshalb ist eine Vorsteuerkorrektur nach § 15a Abs. 2 UStG durchzuführen, weil das Papier ein Wirtschaftsgut darstellt, das nur einmalig zur Ausführung von Umsätzen verwendet wird. **(0,5 P.)**

Vorsteuerberichtigungsbetrag: -1.500 €. **(0,5 P.)**

Die Berichtigung ist gem. § 15a Abs. 2 Satz 2 UStG in der Voranmeldung September 2021 vorzunehmen. **(0,5 P.)**

Die Vorsteuerberichtigung entfällt gem. § 44 Abs. 1 UStDV nicht, weil die Vorsteuer für die Partie Papier mehr als 1.000 € betragen hat. **(0,5 P.)**

Teil 2: Abgabenordnung
Sachverhalt 1

Nach § 173a AO sind Steuerbescheide aufzuheben oder zu ändern, soweit dem Steuerpflichtigen bei Erstellung seiner Steuererklärung Schreib- oder Rechenfehler unterlaufen sind und er deshalb der Finanzbehörde bestimmte, nach den Verhältnissen zum Zeitpunkt des Erlasses des Steuerbescheids rechtserhebliche Tatsachen unzutreffend mitgeteilt hat.

Der Additionsfehler in der Zusammenstellung der Mieteinnahmen ist ein Rechenfehler. **(0,5 P.)**

Dieser Rechenfehler ist dem Steuerpflichtigen bei der Erstellung der Steuererklärung unterlaufen. **(0,5 P.)**

Dieser Rechenfehler ist auch rechtserheblich, da das Finanzamt bei rechtzeitiger Kenntnis dieser Tatsache schon bei der ursprünglichen Veranlagung mit an Sicherheit grenzender Wahrscheinlichkeit zu einer höheren oder niedrigeren Steuer gelangt wäre. **(0,5 P.)**

Da die Voraussetzungen des § 173a AO vorliegen, hat die Finanzbehörde die Steuerfestsetzung zwingend zu ändern. Ein Ermessen sieht § 173a AO nicht vor. **(0,5 P.)**

Eine Änderung ist aber nur innerhalb der Festsetzungsfrist zulässig. **(0,5 P.)**

Die Festsetzungsfrist beginnt gem. § 170 Abs. 2 Nr. 1 AO i. V. m. § 149 Abs. 1 Satz 1 AO **(0,5 P.)** für

- die ESt 2015 mit Ablauf des 31.12.2016, da die Eheleute Schwab die ESt-Erklärung im Jahr 2016 eingereicht haben, **(0,5 P.)**
- die ESt 2016 mit Ablauf des 31.12.2018, da die Eheleute Schwab die ESt-Erklärung im Jahr 2018 eingereicht haben. **(0,5 P.)**

Die Festsetzungsfrist beträgt gem. § 169 Abs. 2 Nr. 2 AO vier Jahre. **(0,5 P.)**

Die reguläre Festsetzungsfrist endet für

- die ESt 2015 mit Ablauf des 31.12.2020 **(0,5 P.)**
- die ESt 2016 mit Ablauf des 31.12.2022. **(0,5 P.)**

Änderung für 2015

Die reguläre Festsetzungsfrist für 2015 ist im Jahr 2020 abgelaufen.

Es ist zu prüfen, ob bezogen auf den Rechenfehler eine Ablaufhemmung eingreift. **(0,5 P.)**

Wenn beim Erlass eines Steuerbescheides eine offenbare Unrichtigkeit unterlaufen ist, so endet gem. § 171 Abs. 2 AO die Festsetzungsfrist insoweit nicht vor Ablauf eines

Jahres nach Bekanntgabe des Steuerbescheides. Das Gleiche gilt gem. § 171 Abs. 2 Satz 2 AO in den Fällen des § 173 AO. **(0,5 P.)**

Wiederholt sich der Rechenfehler durch Übernahme in mehreren Änderungsbescheiden, führt allein der erste fehlerhafte Bescheid zur Ablaufhemmung (BFH v. 08.03.1989, BStBl 1989 II S. 531). **(1,0 P.)**

Da der ursprüngliche Steuerbescheid 2015 bereits im Jahr 2018 bekannt gegeben wurde, kommt die Ablaufhemmung des § 171 Abs. 2 AO nicht zur Anwendung. **(0,5 P.)**

Änderung für 2016

Die reguläre Festsetzungsfrist für 2016 ist im Jahr 2021 noch nicht abgelaufen, sodass der ESt-Bescheid 2016 nach § 173a AO berichtigt werden kann. **(0,5 P.)**

Sachverhalt 2

zu 1)

Der Einspruch ist nach § 358 AO zulässig, wenn er statthaft sowie form- und fristgerecht eingelegt worden und Klaus Silber beschwert ist. **(0,5 P.)**

Als Rechtsbehelf gegen den ESt-Bescheid 2018 ist der Einspruch nach § 347 Abs. 1 Nr. 1 AO statthaft. **(0,5 P.)**

Der Einspruch ist nach § 357 Abs. 1 Satz 1 AO schriftlich einzulegen; die Schriftform ist durch den Brief gewahrt. **(0,5 P.)**

Es genügt gem. § 357 Abs. 1 Satz 2 AO, dass aus dem Brief hervorgeht, dass Klaus Silber den Einspruch eingelegt hat. Eine Unterschrift ist somit nicht erforderlich. **(0,5 P.)**

Gemäß § 357 Abs. 1 Satz 4 AO schadet die fehlende Bezeichnung eines Einspruchs nicht. Es reicht aus, dass sich aus dem Schreiben ergibt, dass der Steuerpflichtige mit der festgesetzten Steuer nicht einverstanden ist und eine Nachprüfung begehrt. **(0,5 P.)**

Der Einspruch ist fristgerecht eingelegt worden, wenn er innerhalb der Einspruchsfrist von einem Monat nach Bekanntgabe des Verwaltungsaktes (§ 355 Abs. 1 Satz 1 AO) bei dem Finanzamt, dessen Verwaltungsakt angefochten wird (§ 357 Abs. 2 Satz 1 AO), eingelegt wurde. **(0,5 P.)**

Bekanntgabe
(§ 122 Abs. 2 AO, § 108 Abs. 3 AO):   18.10.2021 **(0,5 P.)**

Beginn der Frist
(§ 108 Abs. 1 AO i. V. m. § 187 Abs. 1 BGB):   19.10.2021, 0:00 Uhr **(0,5 P.)**

Ende der Frist
(§ 108 Abs. 1 AO i. V. m. § 188 Abs. 2 BGB):   18.11.2021, 24:00 Uhr **(0,5 P.)**

Da der Einspruch am 19.11.2021 beim zuständigen Finanzamt eingegangen ist, ist die Frist gewahrt. **(0,5 P.)**

Klaus Silber macht durch Einlegung des Einspruchs auch geltend, in seinen Rechten verletzt zu sein, sodass er auch beschwert i. S. d. § 350 AO ist. **(0,5 P.)**

Der Einspruch ist deshalb zulässig.

Das Finanzamt hat gem. § 367 Abs. 2 Satz 1 AO den Bescheid über die Festsetzung der Einkommensteuer in vollem Umfang erneut zu prüfen. **(0,5 P.)**

Da Klaus Silber seinen Einspruch gem. § 357 Abs. 3 AO begründet und Belege beigefügt hat, sind diese Gründe bei der Überprüfung vom Finanzamt zu berücksichtigen. **(0,5 P.)**

Ein Bescheid, der einen unanfechtbaren Bescheid ändert, kann nach § 351 Abs. 1 AO nur insoweit angegriffen werden, als die Änderung reicht. **(0,5 P.)**

Da die Steuerminderung aufgrund der geltend gemachten Werbungskosten genau der Höhe der Steuererhöhung aufgrund des geänderten ESt-Bescheides entspricht, erübrigt sich die Prüfung eigenständiger Änderungsvorschriften. Die Einkommensteuer ist wieder auf 27.625 € festzusetzen. **(0,5 P.)**

Der Einspruch ist damit auch begründet.

Das Finanzamt wird einen Abhilfebescheid gem. § 172 Abs. 1 Nr. 2a AO i. V. m. § 132 Satz 1 AO erlassen, in welchem die Steuer wieder auf 27.625 € festgesetzt wird. Einer Einspruchsentscheidung bedarf es in diesem Fall nicht (§ 367 Abs. 2 Satz 3 AO). **(0,5 P.)**

zu 2)

Weil ernstliche Zweifel an der Rechtmäßigkeit des angefochtenen Verwaltungsaktes bestehen, ist gem. § 361 Abs. 2 AO eine Aussetzung der Vollziehung im Umfang der Nachzahlung von 2.050 € zu gewähren. **(1,0 P.)**

Sachverhalt 3

Da der Einspruch der Helga Peters erst am 07.05.2021 beim Finanzamt eingegangen ist, ist er verspätet, weil die Einspruchsfrist gem. § 355 Abs. 1 AO bereits längst abgelaufen ist. **(1,0 P.)**

Das Finanzamt wird den Einspruch aber dann nicht als unzulässig verwerfen, wenn die Voraussetzungen für die Wiedereinsetzung in den vorigen Stand nach § 110 AO erfüllt sind. **(0,5 P.)**

Wenn Helga Peters daran gehindert war, eine gesetzliche Frist einzuhalten, so ist ihr auf Antrag Wiedereinsetzung in den vorigen Stand zu gewähren (§ 110 Abs. 1 AO). **(0,5 P.)**

Der ESt-Bescheid hätte bezüglich der Abweichung nach § 121 Abs. 1 AO begründet werden müssen, da dies zu seinem Verständnis erforderlich war. **(0,5 P.)**

Da die erforderliche Begründung des Steuerbescheides unterblieben ist und lt. Sachverhalt dadurch die rechtzeitige Anfechtung des ESt-Bescheides versäumt wurde, gilt das Versäumnis der Einspruchsfrist als nicht verschuldet (§ 126 Abs. 3 AO). **(1,0 P.)**

Für die Wiedereinsetzung ist nach § 110 Abs. 2 Satz 1 AO ein Antrag innerhalb eines Monats nach Wegfall des Hindernisses zu stellen. Am 04.05.2021 wurde die unterlassene Verfahrenshandlung (Begründung) nachgeholt (§ 126 Abs. 1 Nr. 2 AO). Die Nachholung der unterlassenen Verfahrenshandlung ist daher das maßgebende Ereignis (Wegfall des Hindernisses) für die Berechnung der Monatsfrist (§ 126 Abs. 3 Satz 2 AO). **(1,0 P.)**

Der Einspruch wurde am 07.05.2021 eingelegt und somit innerhalb der Antragsfrist nachgeholt. **(1,0 P.)**

Zwar hat Helga Peters keinen Antrag auf Wiedereinsetzung in den vorigen Stand gestellt, aber sie hat die versäumte Handlung, den Einspruch, innerhalb der Antragsfrist nachgeholt. Wenn dies geschehen ist, so kann die Wiedereinsetzung nach § 110 Abs. 2 Satz 4 AO auch ohne Antrag gewährt werden. **(2,0 P.)**

Das Finanzamt wird daher der Helga Peters die Wiedereinsetzung in den vorigen Stand gewähren.

Teil 3: ErbSt/SchenkSt/BewG

1. Marc Krämer

Bei der Ermittlung des Wertes der Bereicherung ist zu beachten, dass die Nachlassgegenstände zunächst dem Alleinerben uneingeschränkt zugerechnet werden und die Verpflichtung aufgrund des Vermächtnisses zugunsten des Sven Krämer im Rahmen des § 10 Abs. 5 ErbStG berücksichtigt wird, § 10 Abs. 1 Satz 2 ErbStG. **(0,5 P.)**

Die Anteile an der Trikot-GmbH sind nach § 12 Abs. 2 ErbStG i. V. m. § 11 Abs. 2 BewG mit dem gemeinen Wert von 1.500.000 € anzusetzen. **(0,5 P.)**

Es handelt sich um ein begünstigtes Vermögen, weil der Erblasser zu 100 % und damit zu mehr als 25 % unmittelbar am Stammkapital der GmbH beteiligt war, § 13b Abs. 1 Nr. 3 ErbStG. **(0,5 P.)**

Somit ergibt sich folgender Ansatz:

	Begünstigtes Vermögen		1.500.000,00 €	
−	85 % Verschonungsabschlag gem. § 13a Abs. 1 ErbStG		1.275.000,00 €	
=	Zwischensumme		225.000,00 €	
−	Freibetrag, § 13a Abs. 2 ErbStG			
−	Abzugsbetrag		150.000,00 €	**(0,5 P.)**
	verbleibender Betrag	225.000,00 €		
	− Wertgrenze	150.000,00 €	**(0,5 P.)**	
	= übersteigend	75.000,00 €	**(0,5 P.)**	
	davon 50 % =		37.500,00 €	**(0,5 P.)**
=	Abzugsbetrag		112.500,00 €	112.500,00 € **(0,5 P.)**
=	steuerpflichtiges Betriebsvermögen			112.500,00 € **(0,5 P.)**

Die Anteile an der Fan-GmbH sind gem. § 12 Abs. 2 ErbStG i. V. m. § 11 Abs. 2 BewG mit dem gemeinen Wert der Anteile von 600.000 € anzusetzen. **(0,5 P.)**

Weil der Erblasser nach den maßgebenden Verhältnissen am Todestag nur noch zu 20 % und damit nicht zu mehr als 25 % am Stammkapital der GmbH beteiligt war, handelt es sich nicht um ein begünstigtes Betriebsvermögen. **(0,5 P.)**

Das Bankguthaben einschließlich Zinsen ist gem. § 12 Abs. 1 ErbStG i. V. m. § 12 Abs. 1 BewG mit dem gemeinen Wert von 350.000 € anzusetzen. **(0,5 P.)**

Zusammenstellung

	Anteile Trikot GmbH	112.500,00 €	
+	Anteile Fan GmbH	600.000,00 €	
+	Bankguthaben	350.000,00 €	
=	Zwischensumme	1.062.500,00 €	**(0,5 P.)**
−	Verbindlichkeit Vermächtnis	600.000,00 €	**(0,5 P.)**
−	Kosten der Bestattung	12.000,00 €	**(0,5 P.)**
=	Wert der Bereicherung	450.500,00 €	**(0,5 P.)**
−	Freibetrag, § 16 Abs. 1 Nr. 2 ErbStG	400.000,00 €	**(0,5 P.)**
=	Steuerpflichtiger Erwerb	50.500,00 €	
•	7 % = Erbschaftsteuer, § 19 ErbStG	3.535,00 €	**(1,0 P.)**

2. Sven Krämer

Die Anteile an der Fan-GmbH sind gem. § 12 Abs. 2 ErbStG i. V. m. § 11 Abs. 2 BewG mit dem gemeinen Wert der Anteile von 600.000 € anzusetzen. **(0,5 P.)**

Die Ansprüche aus der Lebensversicherung sind gem. § 12 Abs. 1 ErbStG i. V. m. §§ 14, 15 BewG mit dem Kapitalwert anzusetzen. **(0,5 P.)**

Dieser berechnet sich wie folgt:

Jahreswert der Rente, § 15 Abs. 1 BewG (1.500 · 12 =)	18.000,00 €	**(0,5 P.)**
Vervielfältiger (Alter des Berechtigten am Todestag: 18 Jahre)	17,938	
= Kapitalwert	322.884,00 €	**(1,0 P.)**

Zusammenstellung

	Anteile Fan-GmbH	600.000,00 €	
+	Ansprüche Lebensversicherung	322.884,00 €	
=	Wert der Bereicherung	922.884,00 €	**(0,5 P.)**
−	Freibetrag, § 16 Abs. 1 Nr. 2 ErbStG	400.000,00 €	**(0,5 P.)**
−	Freibetrag, § 17 Abs. 2 Nr. 4 ErbStG (18 Jahre)	20.500,00 €	**(1,0 P.)**
=	Steuerpflichtiger Erwerb	502.384,00 €	
	abrunden auf volle 100 €	502.300,00 €	**(0,5 P.)**
•	15 % = Erbschaftsteuer, § 19 ErbStG	75.345,00 €	**(1,0 P.)**

Hinsichtlich der Besteuerung der wiederkehrenden Leistungen aus der Lebensversicherung räumt § 23 ErbStG dem Erwerber ein Wahlrecht ein, die Erbschaftsteuer entweder – einmalig – vom Kapitalwert oder jährlich im Voraus von dem Jahreswert zu entrichten. **(1,0 P.)**

Bei der Besteuerung nach dem Jahreswert ist zu beachten, dass das Wahlrecht des § 23 ErbStG sich nur auf die Rente und nicht auf das übrige Vermögen bezieht; für dieses ist zwingend die Sofortversteuerung durchzuführen. **(0,5 P.)**

Maßgebend ist der Steuersatz, der sich nach § 19 ErbStG für den gesamten Erwerb einschließlich des Kapitalwertes der Rente ergibt, § 23 Abs. 1 Satz 2 ErbStG. **(1,0 P.)**

Aus Vereinfachungsgründen ist der Abzug der Freibeträge nach §§ 16, 17 ErbStG vorrangig bei dem Vermögen vorzunehmen, das der Sofortversteuerung unterliegt, H 23 Satz 1 ErbStH. **(1,0 P.)**

Sofortsteuer

GmbH-Anteile	600.000,00 €	
- Freibetrag, § 16 Abs. 1 Nr. 2 ErbStG	400.000,00 €	
- Freibetrag, § 17 Abs. 2 Nr. 4 ErbStG	20.500,00 €	
= verbleibender Betrag	179.500,00 €	**(1,0 P.)**
• 15 % = sofort fällige Erbschaftsteuer	26.925,00 €	**(1,0 P.)**

Jahressteuer

Die Jahressteuer ist von Beginn an jährlich in voller Höhe zu erheben, weil der Freibetrag durch das der Sofortversteuerung unterliegende Vermögen bereits aufgebraucht worden ist, § 23 Abs. 1 Satz 1 ErbStG. **(0,5 P.)**

Jahreswert der Rente	18.000 €	
• 15 % nach § 19 Abs. 1 ErbStG = Jahressteuer	2.700 €	**(1,0 P.)**

Rechnungswesen

Teil 1: Buchführung und Jahresabschluss nach Handels- und Steuerrecht

Teil 1

Das von Mirco Alster an die KG vermietete Grundstück ist zwar nicht Gesamthandsvermögen, es dient aber unmittelbar dem Betrieb der Personengesellschaft.

Nach R 4.2 Abs. 2 Satz 2 i. V. m. Abs. 12 EStR liegt deshalb notwendiges Sonderbetriebsvermögen des Mirco Alster vor. **(2,0 P.)**

Das Grundstück und die Umzäunung sind mit dem Buchwert aus dem Einzelunternehmen in das Sonderbetriebsvermögen des Mirco Alster bei der Personengesellschaft zu überführen (§ 6 Abs. 5 Sätze 1 und 2 EStG). **(2,0 P.)**

Die Einbuchung in das Sonderbetriebsvermögen erfolgt über das Privatkonto (Kapital) des Mirco Alster **(0,5 P.)**, sodass sich weder im Einzelunternehmen noch in der Personengesellschaft eine Gewinnauswirkung ergibt. **(1,0 P.)**

Bilanzansätze in der Sonderbilanz Mirco Alster

Grund und Boden (wie im Einzelunternehmen):		
01.07.2020 und 31.12.2020	50.000,00 €	**(0,5 P.)**
Umzäunung (Außenanlage)		
Buchwert zum 01.07.2020	2.500,00 €	
- AfA 01.07. - 31.12.2020	250,00 €	
= Bilanzansatz 31.12.2020	2.250,00 €	**(1,0 P.)**

Die Miete stellt eine Vergütung nach § 15 Abs. 1 Nr. 2 Halbsatz 2 EStG dar und ist als Sonderbetriebseinnahme des Mirco Alster zu erfassen (H 4.7 EStH „Sonderbetriebseinnahmen und -ausgaben"). **(1,0 P.)**

Gleichzeitig ist im Sonderbetriebsvermögen eine Entnahme nach § 4 Abs. 1 Satz 2 EStG gegeben, weil die Miete nicht in den Bereich des Sonderbetriebsvermögens gelangt. **(1,0 P.)**

Die Buchung der Miete in dem Buchungskreis der KG ist nicht zu beanstanden. **(0,5 P.)**

Die Rechtsanwaltskosten betreffen unmittelbar das vermietete Grundstück und sind somit als Sonderbetriebsausgaben anzusetzen (H 4.7 EStH „Sonderbetriebseinnahmen und -ausgaben"). **(1,0 P.)**

Die damit im Zusammenhang stehende Vorsteuer betrifft das umsatzsteuerliche Unternehmen des Mirco Alster. Die Vorsteuer ist abzugsfähig und mindert die Umsatzsteuerschuld. **(0,5 P.)**

Da die Rechtsanwaltskosten vom privaten Bankkonto entrichtet worden sind, liegt im VZ 2020 eine Einlage i. S. d. § 4 Abs. 1 Satz 7 EStG in das Sonderbetriebsvermögen des Mirco Alster vor. **(1,0 P.)**

Bilanzansatz „Umsatzsteuerschuld" in der Sonderbilanz Mirco Alster

	Miete: USt für 6 Monate (jeweils 160 €)	960,00 €	
-	Vorsteuer Rechtsanwaltsrechnung	64,00 €	
=	Bilanzansatz zum 31.12.2020	896,00 €	**(1,0 P.)**

Buchungen im Sonderbilanzbereich Mirco Alster

Grund und Boden	50.000,00 €				
Umzäunung (Außenanlage)	2.500,00 €	an	Privateinlage (Kapital)	52.500,00 €	**(1,0 P.)**

Abschreibung	250,00 €	an	Umzäunung (Außenanlage)	250,00 €	**(0,5 P.)**

Privatentnahmen	6.960,00 €	an	Mieterträge	6.000,00 €	
			Umsatzsteuer	960,00 €	**(1,0 P.)**

Sonst. betr. Aufw.	400,00 €				
Vorsteuer	64,00 €	an	Privateinlage	464,00 €	**(1,0 P.)**

Gewinnauswirkung: gewinnerhöhend um (6.000 € - 250 € - 400 € =) 5.350 € **(1,5 P.)**

Teil 2

Sachverhalt 1

Durch die Änderungen der Außenprüfung ist eine Anpassung der Handelsbilanz an die geänderte Steuerbilanz/Prüferbilanz erforderlich.

Der Bilanzzusammenhang zum 31.12.2019/01.01.2020 ist nach § 252 Abs. 1 Nr. 1 HGB i. V. m. § 5 Abs. 1 Satz 1 Halbsatz 1 EStG herzustellen. Hierzu sind Anpassungsbuchungen notwendig. **(1,0 P.)**

Teilfertige Erzeugnisse

Durch die Erhöhung des Anfangsbestandes bei den teilfertigen Erzeugnissen ergibt sich im Jahr 2020 ein um 12.500 € höherer Auflösungsaufwand. **(1,0 P.)**

Verbindlichkeiten und Vorsteuer

Durch die Bezahlung im Jahr 2020 ist die Verbindlichkeit wieder getilgt. Die Buchung im Jahr 2020 ist zu berichtigen. **(1,0 P.)**

Privatentnahmen und Umsatzsteuer

Durch die Erhöhung der Entnahmen im Jahr 2019 ist bilanziell lediglich die Umsatzsteuer i. H. v. 475 € betroffen.

Die lt. Anpassungsbuchung eingebuchte USt-Verbindlichkeit bleibt zum 31.12.2020 bestehen, da eine Zahlung erst im Jahr 2021 stattgefunden hat. **(1,0 P.)**

Anpassungsbuchungen zum 01.01.2020

Teilfertige Erzeugnisse	12.500,00 €	an	Kapital	12.500,00 €	**(1,0 P.)**

| Kapital | 5.000,00 € | | | | |
| Sonst. Ford. (USt) | 950,00 € | an | Verb. a. L. u. L. | 5.950,00 € | **(1,0 P.)** |

| Kapital | 475,00 € | an | sonst. Verb. (USt) | 475,00 € | **(1,0 P.)** |

Buchungen in 2020

Bestandsveränderung

| Teilfertige Erzeugnisse | 12.500,00 € | an | Teilfertige Erzeugnisse | 12.500,00 € | **(0,5 P.)** |

| Verb. a. L. u. L. | 5.950,00 € | an | Wareneinkauf
Vorsteuer | 5.000,00 €
950,00 € | **(0,5 P.)** |

<u>Gewinnauswirkung</u>: gewinnmindernd um (12.500 € - 5.000 € =) 7.500 € **(1,0 P.)**

Sachverhalt 2

Der bestellte neue Gabelstapler kann S am 31.12.2020 noch nicht zugerechnet werden, weil es sich insoweit um ein schwebendes Einkaufsgeschäft handelt, das nicht bilanzierungsfähig ist. **(0,5 P.)**

Ausgeschiedener Gabelstapler

Der am 30.10.2020 durch einen Brand zerstörte Gabelstapler ist aufgrund eines Ereignisses höherer Gewalt (R 6.6 Abs. 2 Satz 1 EStR) **(0,5 P.)** aus dem Betriebsvermögen ausgeschieden.

S hat deshalb steuerrechtlich das Wahlrecht, die durch die Versicherungsentschädigung aufgedeckten stillen Reserven erfolgsneutral auf ein Ersatzwirtschaftsgut zu übertragen (R 6.6 Abs. 1 EStR). **(0,5 P.)**

Da die Einlage des bisher von S privat genutzten Gabelstaplers keine Ersatzbeschaffung darstellt (H 6.6 Abs. 1 EStH „Einlage") und darüber hinaus auch kein vollständiger Ersatz des ausgeschiedenen Gabelstaplers vorliegt, können die stillen Reserven nicht auf diesen Gabelstapler übertragen werden. **(1,0 P.)**

Weil am Bilanzstichtag allerdings eine Ersatzbeschaffung ernsthaft geplant ist, kann in Höhe der aufgedeckten stillen Reserven eine steuerfreie Rücklage gem. R 6.6 Abs. 4 Satz 1 EStR gebildet werden. **(0,5 P.)**

Der zerstörte Gabelstapler ist allerdings bis zum 30.10.2020 planmäßig abzuschreiben. **(0,5 P.)**

Eine nach R 6.6 Abs. 1 EStR begünstigte Entschädigung liegt nur vor, soweit sie für das aus dem Betriebsvermögen ausgeschiedene Wirtschaftsgut als solches (16.000 €) und nicht für Schäden gezahlt worden sind, die die Folge des Ausscheidens aus dem Betriebsvermögen sind (5.000 €) (H 6.6 Abs. 1 EStH „Entschädigung"). **(1,0 P.)**

Die Rücklage nach R 6.6 Abs. 4 EStR berechnet sich wie folgt:

	Wert ausgeschiedener Gabelstapler am 01.01.2020	15.000,00 €	
-	AfA 20 % für 10 Monate	4.167,00 €	**(1,0 P.)**
=	Restbuchwert zum 30.10.2020	10.833,00 €	
-	Versicherungsentschädigung	16.000,00 €	
=	stille Reserven (steuerrechtl. Bilanzansatz 31.12.2020)	5.167,00 €	**(1,0 P.)**

Die Bildung einer entsprechenden Rücklage in der Handelsbilanz ist nach den Vorschriften des HGB nicht zulässig. **(0,5 P.)**

In der Handelsbilanz ist deshalb die Versicherungsentschädigung als Ertrag zu buchen. **(0,5 P.)**

Steuerlich ist der Gewinn deshalb außerbilanziell gem. § 60 Abs. 2 Satz 1 EStDV um 3.500 € zu mindern. **(1,0 P.)**

Die Abweichung vom Handelsbilanzansatz in der Steuerbilanz wird durch § 5 Abs. 1 Satz 1 Halbsatz 2 EStG zugelassen. Die Ausübung des steuerlichen Wahlrechts wird insoweit nicht nach § 5 Abs. 1 Satz 1 Halbsatz 1 EStG durch die Maßgeblichkeit der handelsrechtlichen Grundsätze ordnungsgemäßer Buchführung beschränkt (BMF v. 12.03.2011, BStBl 2011 I S. 239 – Tz. 12, 13, 14). **(0,5 P.)**

Da S keine gesonderte Steuerbilanz aufstellen will, muss er die Ausübung des steuerlichen Wahlrechts gem. § 5 Abs. 1 Satz 2 EStG in einem gesonderten Verzeichnis ausweisen, das Bestandteil der Buchführung ist. **(0,5 P.)**

Die privat vereinnahmte Entschädigungszahlung (21.000 €) stellt gem. § 4 Abs. 1 Satz 2 EStG eine Privatentnahme dar. **(0,5 P.)**

Die über die Entschädigung für das ausgeschiedene Wirtschaftsgut als solches hinaus gezahlten Beträge (5.000 €) stellen sonstige betriebliche Erträge dar. **(0,5 P.)**

Buchungen: **(1,0 P.)**

Privatentnahme	21.000,00 €			
AfA Gabelstapler	4.167,00 €	an	Gabelstapler	15.000,00 €
			Versicherungsentschädigungen	5.167,00 €
			Sonstige betriebl. Erlöse	5.000,00 €

Gewinnauswirkung: gewinnerhöhend um 6.000 €. **(0,5 P.)** Der steuerliche Gewinn ist gem. § 60 Abs. 2 Satz 1 EStDV außerbilanziell um 5.167 € zu mindern. **(0,5 P.)**

Eingelegter Gabelstapler

Der am 01.11.2020 in das Betriebsvermögen eingelegte Gabelstapler ist dem beweglichen abnutzbaren Anlagevermögen zuzuordnen (§ 247 Abs. 2 HGB und R 6.1 Abs. 1 Satz 5 EStR, R 7.1 Abs. 1 Nr. 1 EStR) **(0,5 P.)** und daher gem. § 6 Abs. 1 Nr. 1 Satz 1 EStG bzw. § 253 Abs. 1 Satz 1 HGB mit dem Einlagewert abzüglich der planmäßigen Abschreibungen zu bewerten. **(0,5 P.)**

Die aktivierungspflichtigen Anschaffungskosten (Einlagewert) sind gem. § 255 Abs. 1 HGB i. V. m. § 6 Abs. 1 Nr. 5 EStG mit dem Teilwert von 15.400 € zu ermitteln. **(0,5 P.)**

Die AfA ist nach § 7 Abs. 1 EStG linear für zwei Monate mit $1/3$ vorzunehmen (Restnutzungsdauer: drei Jahre). **(0,5 P.)** Die degressive AfA mit 25 % ist ungünstiger.

§ 7 Abs. 1 Satz 5 EStG findet keine Anwendung, weil der Gabelstapler im Privatvermögen nicht der Einkünfteerzielung i. S. des § 2 Abs. 1 Nr. 4 bis 7 EStG gedient hat und die Voraussetzungen des R 7.3 Abs. 6 Satz 5 Nr. 1b EStR ebenfalls nicht erfüllt sind. **(1,0 P.)**

Kontenentwicklung:

Einlagewert Gabelstapler 01.11.2020	15.400,00 €	
− lineare AfA für 2 Monate (aufgerundet)	856,00 €	**(0,5 P.)**
= Bilanzansatz 31.12.2020	14.544,00 €	**(0,5 P.)**

Buchung: **(0,5 P.)**

Gabelstapler	14.544,00 €			
AfA	856,00 €	an	Privateinlage	15.400,00 €

Gewinnauswirkung: gewinnmindernd um 856 €. **(0,5 P.)**

Sachverhalt 3

Die Maschine ist dem S bereits ab dem 04.11.2020 wirtschaftlich zuzurechnen, auch wenn das juristische Eigentum erst mit der Abschlusszahlung am 03.02.2021 übergeht (§ 246 Abs. 1 Satz 2 HGB i. V. m. § 39 AO). **(0,5 P.)**

Die Maschine ist dem beweglichen abnutzbaren Anlagevermögen zuzuordnen (§ 247 Abs. 2 HGB und R 6.1 Abs. 1 Satz 5 EStR, R 7.1 Abs. 1 Nr. 1 EStR), **(0,5 P.)** daher gem. § 6 Abs. 1 Nr. 1 Satz 1 EStG bzw. § 253 Abs. 1 Satz 1 HGB mit den Anschaffungskosten abzüglich der planmäßigen Abschreibung anzusetzen. **(0,5 P.)**

Maßgebend für die Ermittlung der Anschaffungskosten ist dabei der Umrechnungskurs zum Zeitpunkt der Anschaffung (H 6.2 EStH „Ausländische Währung"). **(1,0 P.)** Dies ist im vorliegenden Fall der 04.11.2020. Die Kursänderung des SFR zum 31.12.2020 hat deshalb keinen Einfluss auf die einmal festgestellten Anschaffungskosten der Maschine.

Die Anschaffungskosten betragen somit insgesamt (100.000 SFR • 0,88 €/SFR =) 88.000 €. **(0,5 P.)**

Kontenentwicklung:

Zugang Maschine 04.11.2020	88.000,00 €	
- degressive AfA (25 %) nach § 7 Abs. 2 EStG für 2 Monate	3.667,00 €	**(1,0 P.)**
= Bilanzansatz 31.12.2020	84.333,00 €	**(0,5 P.)**
	(bisher: 17.600,00 €)	

Zum 31.12.2020 ist die Restverbindlichkeit von (80.000 SFR • 0,88 €/SFR =) 70.400 € zu bewerten.

Die Verbindlichkeit beträgt weniger als 12 Monate und muss daher handelsrechtlich nach § 256a Satz 1 HGB **(0,5 P.)** zwingend mit dem Kurs zum 31.12.2020 bewertet werden – (nur noch) 0,84 €/SFR. **(0,5 P.)**

Handelsrechtlich ergibt sich demnach zum 31.12.2020 ein Bilanzansatz von (80.000 SFR • 0,84 €/SFR =) 67.200 €. **(0,5 P.)**

Die Wertdifferenz von 3.200 € muss als Ertrag aus der Währungsumrechnung erfasst werden. **(0,5 P.)**

Steuerrechtlich ist die Restverbindlichkeit nach § 6 Abs. 1 Nr. 3 i. V. m. Abs. 1 Nr. 2 EStG **(0,5 P.)** mit dem Anschaffungswert von 70.400 € **(0,5 P.)** auszuweisen. Der günstigere Kurs vom Bilanzstichtag darf nach § 252 Abs. 1 Nr. 4 Halbsatz 2 HGB nicht angesetzt werden, denn nicht realisierte Gewinne dürfen nicht ausgewiesen werden. Bewertungsuntergrenze ist insoweit der Anschaffungswert. **(0,5 P.)**

Eine Abzinsung hat steuerrechtlich nicht zu erfolgen, da die Laufzeit weniger als zwölf Monate beträgt (§ 6 Abs. 1 Nr. 3 Satz 2 EStG). **(0,5 P.)**

Handelsrecht und Steuerrecht weichen demnach unvermeidbar voneinander ab.

Buchungen:

Maschine	66.733,00 €			
AfA	3.667,00 €	an Verbindlichkeiten	70.400,00 €	**(0,5 P.)**

| Verbindlichkeiten | 3.200,00 € | an | Erträge aus Kursdifferenzen | 3.200,00 € | **(1,0 P.)** |

<u>Gewinnauswirkung:</u> gewinnmindernd um 467 €. **(0,5 P.)** Der steuerliche Gewinn ist gem. § 60 Abs. 2 Satz 1 EStDV außerbilanziell um 3.200 € zu mindern. **(1,0 P.)**

Zusatzaufgabe

Die Restlaufzeit zum 31.12.2020 beträgt zwei Jahre.

Handelsrechtlich ist die Restverbindlichkeit nach § 253 Abs. 1 Satz 2 HGB i. V. m. § 252 Abs. 1 Nr. 4 HGB mit dem Anschaffungswert von 70.400 €. **(0,5 P.)** Der günstigere Kurs vom Bilanzstichtag darf nach § 252 Abs. 1 Nr. 4 Halbsatz 2 HGB i. V. m. Umkehrschluss aus § 256a Satz 2 HGB nicht angesetzt werden, denn nicht realisierte Gewinne dürfen nicht ausgewiesen werden. Bewertungsuntergrenze ist insoweit der Anschaffungswert. **(0,5 P.)**

In der Handelsbilanz erfolgt keine Abzinsung. **(0,5 P.)**

Steuerrechtlich ist die Restverbindlichkeit von 70.400 € gem. § 5 Abs. 6 i. V. m. § 6 Abs. 1 Nr. 3 EStG abzuzinsen, da zum 31.12.2020 die Restlaufzeit nicht weniger als 12 Monate beträgt. **(1,0 P.)**

Steuerlicher Ansatz zum 31.12.2020:

70.400 € • 0,898 (VV für 2 Jahre) =   63.219,20 €   **(1,5 P.)**
(BMF v. 26.05.2005, BStBl 2005 I S. 699, Tabelle 2)

Handelsrecht und Steuerrecht weichen demnach unvermeidbar voneinander ab.

<u>Gewinnauswirkung:</u> Der steuerliche Gewinn ist gem. § 60 Abs. 2 Satz 1 EStDV außerbilanziell um (70.400 € - 63.219,20 € =) 7.180,80 € zu erhöhen. **(1,0 P.)**

Sachverhalt 4

Sowohl die Stoffe für Damenblusen als auch die Herrensocken sind gem. R 6.1 Abs. 2 EStR und Umkehrschluss aus § 247 Abs. 2 HGB dem Umlaufvermögen zuzuordnen. **(0,5 P.)**

Die Bewertung erfolgt nach § 6 Abs. 1 Nr. 2 Satz 1 EStG bzw. § 253 Abs. 1 Satz 1 HGB grundsätzlich mit den Anschaffungskosten. **(0,5 P.)**

a)

Zum 31.12.2020 bestehen die Gründe für eine Teilwertabschreibung nicht mehr.

Handelsrechtlich darf der niedrigere Wert nicht beibehalten werden, wenn die Gründe dafür nicht mehr bestehen (§ 253 Abs. 5 HGB), **(1,0 P.)** sodass eine Wertaufholung bis zu den ursprünglichen Anschaffungskosten vorzunehmen ist. **(0,5 P.)**

Steuerrechtlich sind ebenfalls zwingend **(0,5 P.)** die ursprünglichen Anschaffungskosten anzusetzen (§ 6 Abs. 1 Nr. 2 Satz 3 i. V. m. Nr. 1 Satz 4 EStG). **(1,0 P.)**

Bilanzansatz 01.01.2020	300 lfd. Meter • 5,00 €	1.500,00 €
Bilanzansatz 31.12.2020	300 lfd. Meter • 12,00 €	3.600,00 €
Bestandserhöhung		2.100,00 € **(0,5 P.)**

b)

Die zeitlich vorverlegte Inventur ist handels- und steuerrechtlich zulässig (§ 241 Abs. 3 Nr. 1 HGB und R 5.3 Abs. 2 EStR). **(1,0 P.)**

Die Veränderungen zwischen dem Tag der Bestandsaufnahme und dem Bilanzstichtag sind wertmäßig fortzuschreiben (R 5.3 Abs. 2 Satz 4 EStR). **(1,0 P.)**

Der zum 15.11.2020 erfasste Bestand ist auf diesen Zeitpunkt nach den allgemeinen Grundsätzen zu bewerten (R 5.3 Abs. 2 Satz 3 EStR). **(1,0 P.)**

	Bestand zum 15.11.2020		35.000,00 €	
+	Wareneinkäufe		5.000,00 €	**(0,5 P.)**
-	Rücksendungen an Lieferanten		300,00 €	**(0,5 P.)**
-	Warenverkäufe	9.500,00 €	**(0,5 P.)**	
	- Rücksendungen	500,00 €	**(0,5 P.)**	
		9.000,00 €		
	- Rohgewinnaufschlag (⁸⁰/₁₈₀)	4.000,00 €	**(1,0 P.)**	
		5.000,00 €	5.000,00 €	**(0,5 P.)**
=	Bilanzansatz 31.12.2020		34.700,00 €	**(0,5 P.)**
	Bilanzansatz (bisher)		35.000,00 €	
=	Bestandsminderung		300,00 €	

In der Handelsbilanz muss nach dem strengen Niederstwertprinzip gem. § 253 Abs. 4 HGB zwingend eine Abwertung erfolgen. **(1,0 P.)**

§ 6 Abs. 1 Nr. 2 Satz 2 EStG steht dem nicht entgegen, weil es sich um eine dauernde Wertminderung handelt. **(1,0 P.)**

Buchungen:

| Warenbestand | 2.100,00 € | an | Bestandsveränderungen | 2.100,00 € | **(0,5 P.)** |

| Bestandsveränderungen | 300,00 € | an | Warenbestand | 300,00 € | **(0,5 P.)** |

Gewinnauswirkung: gewinnerhöhend um 1.800 €. **(1,0 P.)**

Teil 2: Jahresabschlussanalyse

zu 1)

$$\text{Eigenkapitalrentabilität} = \frac{(\text{Jahresüberschuss} + \text{Steuern vom EE}) \cdot 100}{\text{durchschnittliches Eigenkapital}}$$

Eigenkapital 2019 = 40 % von 400.000 Gesamtkapital = 160.000 **(1,0 P.)**
Eigenkapital 2020 = 45 % von 420.000 Gesamtkapital = 189.000 **(1,0 P.)**
                                                                           349.000

durchschnittliches Eigenkapital : 2 = 174.500 **(1,0 P.)**

$$\text{Eigenkapitalrentabilität} = \frac{(12.000 + 9.000) \cdot 100}{174.500} = 12{,}03\ \% \quad \textbf{(3,0 P.)}$$

zu 2)

$$\text{Gesamtkapitalrentabilität} = \frac{(\text{Jahresüberschuss} + \text{Steuern vom EE} + \text{Zinsaufwand}) \cdot 100}{\text{durchschnittliches Gesamtkapital}}$$

durchschnittlich eingesetztes Gesamtkapital =
(420.000 + 400.000) : 2 = 410.000 **(2,0 P.)**

$$\text{Gesamtkapitalrentabilität} = \frac{(12.000 + 9.000 + 3.000) \cdot 100}{410.000} = 5{,}85\ \% \quad \textbf{(2,0 P.)}$$

Die Gesamtkapitalrentabilität (Unternehmensrentabilität) zeigt die Verzinsung des in einem Unternehmen insgesamt eingesetzten Kapitals. Sie sollte mindestens über dem Zinssatz öffentlicher Anleihen, möglichst aber über dem banküblichen Zinssatz für langfristig angelegte Gelder liegen. Die Gesamtkapitalrentabilität hat eine höhere Bedeutung als die Eigenkapitalrentabilität. Liegt die Rentabilität des Gesamtkapitals über dem Kapitalmarktzins, lohnt sich der Einsatz zusätzlichen Fremdkapitals zur Steigerung des Gewinns und zur Erhöhung der Rentabilität des Eigenkapitals (Leverage-Effekt). **(2,0 P.)**

Teil 3: Gesellschaftsrecht

zu 1)

a) Als Gesellschafter ist neben den beiden Kommanditisten D und K (als natürliche Personen) als einziger Komplementär eine GmbH beteiligt (gesellschaftsrechtliche Mischform). **(0,5 P.)**

b) Da die Kommanditisten D und K auch an der GmbH im gleichen Verhältnis beteiligt sind, spricht man von einer „personengleichen" bzw. typischen GmbH & Co. KG. **(0,5 P.)**

zu 2)

Die Neugründung der D & K GmbH & Co. KG verläuft in zwei Stufen:

1. Stufe: Gründung der GmbH

Für die Komplementär-GmbH gilt das GmbH-Gesetz. **(0,5 P.)**

Die GmbH ist eine juristische Person mit eigener Rechtspersönlichkeit (§§ 1, 13 GmbHG). **(0,5 P.)**

Der Gesellschaftsvertrag bedarf gem. § 2 Abs. 1 GmbHG des Abschlusses notarieller Form. Zu diesem Zeitpunkt ist die Vor-GmbH entstanden. **(0,5 P.)**

Die zu leistende Bareinlage entspricht gem. § 5 Abs. 1 GmbHG der gesetzlichen Mindesteinlage von 25.000 €. **(0,5 P.)**

2. Stufe: Gründung der KG

Für die D & K GmbH & Co. KG als Personengesellschaft finden insbesondere die §§ 161 ff. HGB Anwendung, ergänzend gem. § 161 Abs. 2 HGB gelten die Vorschriften über die OHG und gem. § 105 Abs. 3 HGB auch die Vorschriften des BGB. **(1,0 P.)**

Der Abschluss des Gesellschaftsvertrages ist bei der hier vorliegenden Bargründung formfrei; die Schriftform ist jedoch zweckmäßig und üblich. **(0,5 P.)**

Obwohl die GmbH erst mit der Eintragung zivilrechtlich entsteht (§ 11 Abs. 1 GmbHG), kann der Gesellschaftsvertrag bereits mit der Vor-GmbH (nach Abschluss des notariell beurkundeten GmbH-Vertrages) abgeschlossen werden. **(1,0 P.)**

Eine gesetzliche Einlagepflicht (wie bei der GmbH) besteht weder für die Kommanditisten noch für die Komplementär-GmbH. **(0,5 P.)**

zu 3)

Im Außenverhältnis ist die GmbH & Co. KG gem. § 161 Abs. 2 i. V. m. § 123 Abs. 1 HGB mit der Eintragung in das Handelsregister entstanden. **(0,5 P.)**

zu 4)

Bei der personengleichen D & K GmbH & Co. KG kann es im Rahmen der Vertretung zu Konflikten wegen des Selbstkontrahierungsverbotes des § 181 BGB kommen. **(1,0 P.)**

Für den Gründungsvorgang und die spätere Tätigkeit der D & K GmbH & Co. KG ist es daher unerlässlich, durch entsprechende gesellschaftsvertragliche Klauseln sowohl der GmbH als auch deren Organen (Geschäftsführern) eine zulässige Befreiung von den Beschränkungen des § 181 BGB zu erteilen. **(0,5 P.)**

zu 5)

Zur Geschäftsführung und Vertretung der GmbH & Co. KG ist nur die Komplementärin, d. h. die GmbH berechtigt, **(0,5 P.)** die nur durch ihre natürlichen, unbeschränkt geschäftsfähigen Geschäftsführer handeln kann (§§ 6, 35 GmbHG). **(0,5 P.)**

Die Kommanditisten D und K sind gem. § 164 HGB **(0,5 P.)** von der Führung der Geschäfte ausgeschlossen und gem. § 170 HGB **(0,5 P.)** nicht zur Vertretung der D & K GmbH & Co. KG ermächtigt.

zu 6)

Die GmbH haftet zwar als einzige Komplementärin formell (§ 171 Abs. 1 HGB) unbeschränkt; die Realisierung der Gläubigeransprüche wird jedoch gem. § 13 Abs. 2 GmbHG durch das Gesellschaftsvermögen (Stammkapital) beschränkt. **(1,0 P.)**

Die Kommanditisten D und K haften unmittelbar gem. § 171 Abs. 1 HGB, aber beschränkt bis zur Höhe ihrer Einlage von 20.000 €. **(0,5 P.)**

Die Haftung ist ausgeschlossen, soweit die Einlage erbracht ist. **(0,5 P.)**

Fünfter Prüfungssatz

Steuerrecht I

Teil 1: Einkommensteuer

A. Teilaufgabe Nr. 1

Grundstück Adlerstr. 21

Der Mandant erzielt aus dieser Immobilie und in Gestalt der Schuldzinsen einen Verlust aus Vermietung und Verpachtung i. H. v. 4.000 €, § 21 Abs. 1 Nr. 1 EStG. **(1,0 P.)**

Zwar hat Bernd Kramer mit der Veräußerung der Immobilie grundsätzlich die Einkünfteerzielungsabsicht aufgegeben. Allerdings leistet er Finanzierungskosten für seinerzeitige Werbungskosten, die auch über die Veräußerung hinaus zu abzugsfähigen Werbungskosten führen, § 9 Abs. 1 Nr. 1 EStG. **(1,0 P.)**

Tätigkeit als Rechtsanwalt und Insolvenzverwalter

Hinsichtlich seiner Tätigkeit als Rechtsanwalt erzielt Bernd Kramer Einkünfte aus selbstständiger und freiberuflicher Tätigkeit, § 18 Abs. 1 Nr. 1 EStG. **(1,0 P.)**

Seine Einkünfte ermitteln sich wie folgt:

Vorläufiger Gewinn	300.000,00 €	
Der vorläufige Gewinn ist zu korrigieren:		
zuzüglich als Betriebsausgaben erfasste		
Versorgungswerkbeiträge	+ 12.000,00 €	**(1,0 P.)**
Krankenversicherungsbeiträge	+ 8.400,00 €	**(1,0 P.)**
Zwischensumme	320.400,00 €	
davon Einkünfte aus Gewerbebetrieb (Insolvenzverwaltung)		
410.000 € - 300.000 € =	- 110.000,00 €	**(1,0 P.)**
= Einkünfte aus selbstständiger Tätigkeit	210.400,00 €	**(0,5 P.)**

Aus seiner Tätigkeit als Insolvenzverwalter erzielt Bernd Kramer Einkünfte aus Gewerbebetrieb, § 15 Abs. 1 Nr. 1 Abs. 2 EStG. **(1,0 P.)**

Die Vorschrift des § 18 Abs. 1 Nr. 3 EStG erlaubt keine Verlagerung der Facharbeit auf angestellte Rechtsanwälte sowie Dipl.-Kaufleute. Da der Mandant aber tatsächlich die Facharbeit auf Angestellte delegiert hat, realisiert er insoweit Einkünfte aus Gewerbebetrieb. **(2,0 P.)**

Bei der Tätigkeit als Insolvenzverwalter handelt es sich nicht um eine freiberufliche Tätigkeit als Rechtsanwalt, sondern grundsätzlich um Einkünfte aus sonstiger selbstständiger Arbeit i. S. v. § 18 Abs. 1 Nr. 3 EStG.

Voraussetzung für die Einordnung der Tätigkeit ist jedoch, dass sie in ihrem Kernbereich auf der eigenen persönlichen Arbeitskraft des Berufsträgers beruht, H 15.6 „Sonstige selbstständige Arbeit" EStH. **(1,5 P.)**

Die gewerbliche Tätigkeit als Insolvenzverwalter indiziert nicht seine Tätigkeit als Rechtsanwalt. Der Mandant ist laut Sachverhalt in der Lage, die entsprechenden Betriebseinnahmen und Betriebsausgaben und somit die gewerbliche von der freiberuflichen Tätigkeit voneinander abzugrenzen (H 15.6 „Gemischte Tätigkeit" EStH). **(1,5 P.)**

Die Einkünfte aus Gewerbebetrieb betragen:

	Betriebseinnahmen	410.000,00 €
-	Betriebsausgaben	300.000,00 €
	Einkünfte aus Gewerbebetrieb	110.000,00 € **(1,0 P.)**

Grundstück Karl-Ulitzka-Str. 9

Ab 01.03.2020 erzielt Bernd Kramer Einkünfte aus Vermietung und Verpachtung gem. § 21 Abs. 1 Nr. 1 EStG **(1,0 P.)**, da ihm die Immobilie ab diesem Zeitpunkt nach § 39 Abs. 2 Nr. 1 AO steuerrechtlich zuzurechnen ist.

Einnahmen: 600 € • 10 Monate = **(1,0 P.)** 6.000 €

Werbungskosten:

Einkommensteuerrechtlich handelt es sich um je zwei verschiedene Wirtschaftsgüter Grund und Boden, da das Objekt zu fremden Wohnzwecken und zu fremden betrieblichen Zwecken genutzt bzw. vermietet wird. **(1,5 P.)**

Die unterschiedlichen steuerrechtlichen Wirtschaftsgüter können – auch ohne zivilrechtliche Teilung – unterschiedlich finanziert werden. **(1,5 P.)**

Sie begründen jeweils eigene Anschaffungskosten. Hieraus folgt, dass durch Verwendung des Darlehens für die Anschaffungskosten des vermieteten Obergeschosses der Darlehensbetrag von 150.000 € und die hieraus resultierenden Zinsen i. H. v. (720 € • 10 =) 7.200 € vollständig als Werbungskosten abzugsfähig sind. **(1,5 P.)**

Der im Kaufvertrag aufgeteilte Kaufpreis für das vermietete Obergeschoss wird mit Fremdkapital bezahlt.

Abzuschreiben sind die Anschaffungskosten des Obergeschosses gem. § 9 Abs. 1 Nr. 7 EStG wie folgt: **(0,5 P.)**

	Kaufpreis	150.000,00 €
+	Nebenkosten (10 %)	15.000,00 €
		165.000,00 € **(1,0 P.)**
•	75 % Gebäudeanteil	123.750,00 € **(1,0 P.)**
•	2 % • $^{10}/_{12}$ = **(2,0 P.)**	2.063,00 € (gerundet)

laufende monatliche Aufwendungen (250 € • 10 =) 2.500 € **(1,0 P.)**

Zusammenstellung

	Einnahmen	6.000,00 €
-	Schuldzinsen	7.200,00 €
-	AfA	2.063,00 €
-	Aufwendungen	2.500,00 €
=	Verlust gem. § 21 EStG	5.763,00 € **(1,0 P.)**

Ermittlung der abzugsfähigen Sonderausgaben

Das Versorgungswerk des Rechtsanwalts ist eine begünstigte Einrichtung i. S. v. § 10 Abs. 1 Nr. 2a EStG. **(1,0 P.)**

Die Beiträge i. H. v. 12.000 € übersteigen nicht den Höchstbetrag und sind nach § 10 Abs. 3 Satz 4 EStG i. H. v. 90 % = 10.800 € zu berücksichtigen. **(1,0 P.)**

Die Krankenversicherungsbeiträge sind als sonstige Vorsorgeaufwendungen nach § 10 Abs. 1 Nr. 3 Buchst. a) EStG dem Grunde nach zu berücksichtigen, soweit sie der Basisabsicherung dienen. **(1,0 P.)**

Die Beitragsanteile für das Einbettzimmer und die Chefarztbehandlung gehören zu den Leistungen, die über eine Basisabsicherung hinausgehen **(1,0 P.)** und sind deshalb herauszurechnen.

Nach § 10 Abs. 5 EStG i. V. m. § 3 Abs. 1 KVBEVO **(1,0 P.)** ermittelt sich dieser Abschlag wie folgt:

Summe der Punkte der nicht abziehbaren Leistungen: 3,64 Einbettzimmer + 9,24 Chefarzt = 12,88 Punkte **(1,0 P.)**

Summe der Punkte sämtlicher vertraglicher Leistungen: 54,60 + 15,11 + 3,64 + 9,24 + 9,88 = 92,47 Punkte **(1,0 P.)**

Auf Komfortleistungen entfallen somit (12,88 • 100 : 92,47 =) 13,93 % und auf die Basisabsicherung demnach 86,07 %. **(1,0 P.)**

Von den vom Steuerpflichtigen im VZ 2020 geleisteten Krankenversicherungsbeiträgen i. H. v. 8.400 € entfallen somit (8.400 € • 86,07 % =) 7.230 € **(1,0 P.)** auf die Basisabsicherung. Dieser Anteil kann als sonstige Vorsorgeaufwendungen als Sonderausgaben abgezogen werden.

B. Teilaufgabe Nr. 2
Erwerbsminderungsrente

Bei der Erwerbsminderungsrente handelt es sich um eine Rente aus der gesetzlichen Rentenversicherung i. S. d. § 22 Nr. 1 Satz 3 Buchst. a) aa) EStG. **(1,0 P.)**

	Rentenbetrag	8.800,00 €	
−	festgeschriebener Rentenfreibetrag	4.200,00 €	**(1,0 P.)**
−	WK-Pauschbetrag, § 9a Nr. 3 EStG	102,00 €	**(1,0 P.)**
=	Einkünfte gem. § 22 EStG	4.498,00 €	**(0,5 P.)**

Textilgeschäft

Der vorläufige steuerliche Gewinn ist wie folgt zu berichtigen:		300.000,00 €
Von den 2.500 € als Aufwand erfassten Kontokorrentzinsen entfallen 1.750 € auf privat veranlasste Ausgaben (Einkommensteuer u. a.), die den Gewinn nicht mindern dürfen, § 12 Nr. 3 EStG. **(1,0 P.)**		+ 1.750,00 €
Die restlichen Kontokorrentzinsen und Zinsen für Umlaufvermögen von zusammen 10.750 € sind hinsichtlich ihrer Berücksichtigung als Betriebsausgaben der Prüfung des § 4 Abs. 4a EStG zu unterziehen. **(2,0 P.)**		
Zinsen für Anlagevermögen sind gem. § 4 Abs. 4a Satz 5 EStG abzugsfähig. **(2,0 P.)**		
Entnahmen	350.000,00 €	
Einlagen	− 25.000,00 €	
Gewinn (vorläufig)	− 300.000,00 €	
Überentnahme, § 4 Abs. 4a Satz 2 EStG	25.000,00 € **(1,5 P.)**	
• 6 % (§ 4a Abs. 4a Satz 3 EStG)	1.500,00 € **(2,0 P.)**	+ 1.500,00 €
Einkünfte aus Gewerbebetrieb		303.250,00 €

Tochter Dominique und Sohn Marc

Dominique und Marc sind leibliche Kinder i. S. d. § 32 Abs. 1 Nr. 1 EStG, **(0,5 P.)** die das 18. Lebensjahr, aber noch nicht das 25. Lebensjahr vollendet haben.

Dominique befindet sich wegen des Studiums in einer Berufsausbildung i. S. d. § 32 Abs. 4 Satz 1 Nr. 2 Buchst. a) EStG. **(0,5 P.)**

Das Studium wird jedoch nach Abschluss einer erstmaligen Berufsausbildung durchgeführt, sodass sie nach § 32 Abs. 4 Satz 2 EStG ab August 2020 nur berücksichtigt werden kann, wenn die ausgeübte Erwerbstätigkeit unschädlich ist. **(0,5 P.)**

Eine geringfügige Beschäftigung im Sinne der §§ 8 und 8a SGB IV ist ebenfalls unschädlich (§ 32 Abs. 4 Satz 3 EStG). **(0,5 P.)**

Sie liegt vor, wenn das Arbeitsentgelt aus dieser Beschäftigung regelmäßig im Monat 450 € nicht überschreitet. **(1,0 P.)**

Die wöchentliche Arbeitszeit von 10 Stunden ist bei Vorliegen einer geringfügigen Beschäftigung unerheblich (BMF v. 07.12.2011, BStBl 2011 I S. 1243 – Tz. 26). **(1,0 P.)**

Berechnung:

Bei der Berechnung bleibt das nach § 3 Nr. 51 EStG steuerfreie Trinkgeld außer Ansatz. **(1,0 P.)**

	laufendes Arbeitsentgelt	400,00 €	
+	anteiliges Weihnachtsgeld (200 € : 5 Monate =)	40,00 €	**(1,0 P.)**
		440,00 €	**(0,5 P.)**

Es handelt sich somit um ein geringfügiges Beschäftigungsverhältnis, da die Entgeltgrenze von 450,00 € nicht überschritten wird. **(0,5 P.)**

Dominique ist demnach für den ganzen VZ 2020 im Rahmen der Kinderfreibeträge bzw. Kindergeldbeträge zu berücksichtigen. **(0,5 P.)**

Aufgrund des Studiums ist Marc nach § 32 Abs. 4 Satz 1 Nr. 2 Buchst. a) EStG zu berücksichtigen. **(0,5 P.)**

Das Studium wird jedoch nach Abschluss einer erstmaligen Berufsausbildung durchgeführt, sodass er nach § 32 Abs. 4 Satz 2 EStG nur berücksichtigt werden kann, wenn er keiner Erwerbstätigkeit nachgeht. **(0,5 P.)**

Unter dem Begriff „Erwerbstätigkeit" ist dabei nicht nur eine nichtselbstständige Tätigkeit zu verstehen.

Ein Kind ist vielmehr erwerbstätig, wenn es einer auf die Erzielung von Einkünften gerichteten Beschäftigung nachgeht, die den Einsatz seiner persönlichen Arbeitskraft erfordert.

Hieraus folgt, dass der Begriff „Erwerbstätigkeit" auch durch eine land- und forstwirtschaftliche, eine gewerbliche und eine selbstständige Tätigkeit erfüllt werden kann. **(1,0 P.)** Die Verwaltung eigenen Vermögens ist demgegenüber keine Erwerbstätigkeit (BMF v. 07.12.2012, BStBl 2012 I S. 1243 – Tz. 23). **(1,0 P.)**

Die erzielten Einkünfte aus Kapitalvermögen (Bardividende) stellen demnach keine Einkünfte aus einer Erwerbstätigkeit dar. **(1,0 P.)**

Der gewerbliche Internethandel von mehr als 20 Stunden ist demgegenüber gemäß § 32 Abs. 4 Satz 3 EStG als schädlich einzustufen. **(1,0 P.)**

Marc kann aber für jeden Kalendermonat im Rahmen der Kinderfreibeträge bzw. Kindergeldbeträge berücksichtigt werden, in dem wenigstens an einem Tag die Anspruchsvoraussetzungen – hier „keiner Erwerbstätigkeit nachgeht" – vorgelegen haben, somit für die Monate Januar bis Juli 2020. **(2,0 P.)**

Für die Monate August bis Dezember 2020 kann Marc nicht berücksichtigt werden. **(1,0 P.)**

Teil 2: Gewerbesteuer

Grundlage für die Ermittlung des Gewerbeertrages ist der nach einkommensteuerlichen Vorschriften ermittelte Gewinn aus Gewerbebetrieb (§ 7 GewStG).	62.500,00 €
Der Gewinnanteil aus der Veräußerung der Beteiligung an der KG unterliegt nicht der Gewerbesteuer (R 7.1. Abs. 3 Satz 3 GewStR). **(2,0 P.)**	- 12.500,00 €
	50.000,00 €

Hinzurechnungen

	Darlehenszinsen, § 8 Nr. 1a GewStG **(1,0 P.)**	3.000,00 €
+	Rentenzahlung ist nicht nach § 8 Nr. 1b GewStG hinzuzurechnen, weil sie auf einer unmittelbaren Versorgungszusage beruht. **(2,0 P.)**	
+	20 % Leasingraten, § 8 Nr. 1d GewStG **(1,0 P.)**	32.000,00 €
		35.000,00 €
-	Freibetrag, max. **(1,0 P.)**	35.000,00 €
		0,00 €

Kürzungen

§ 9 Nr. 1 GewStG:	100.000 € • 140 % • 1,2 % = **(1,0 P.)**		- 1.680,00 €
§ 9 Nr. 2 GewStG:	Gewinnanteil KG **(1,0 P.)**		- 7.500,00 €
§ 9 Nr. 5 GewStG:	DRK-Spende von 12.500 €		
	max. 20 % von 50.000 € = 10.000 € oder **(2,0 P.)**		
	max. 4 v. T. von 3 Mio. € = 12.000 € **(2,0 P.)**		- 12.000,00 €
=	Gewerbeertrag		28.820,00 €
	Abrundung gem. § 11 Abs. 1 GewStG auf volle 100 € **(0,5 P.)**		28.800,00 €
-	Freibetrag gem. § 11 Abs. 1 Nr. 1 GewStG **(0,5 P.)**		24.500,00 €
=	verbleibender Betrag		4.300,00 €
•	3,5 % Steuermesszahl = GewSt-Messbetrag (abgerundet) **(1,0 P.)**		150,00 €

Teil 3: Körperschaftsteuer

zu Tz. 1

	Bilanzgewinn 2020	35.000,00 €
+	Einstellung in die Gewinnrücklage, da Aufwandsbuchung § 8 Abs. 3 Satz 1 KStG **(1,0 P.)**	15.000,00 €
=	Jahresüberschuss	50.000,00 €

zu Tz. 2

Die Gewinnausschüttung für 2019 hat gem. § 8 Abs. 3 Satz 1 KStG keine Auswirkung auf den Jahresüberschuss. **(1,0 P.)**

zu Tz. 3

Die Gewinnausschüttung der Y-AG ist als Forderung zu aktivieren, da der Anspruch durch Ausschüttungsbeschluss entstanden ist, § 5 Abs. 1 EStG, § 252 Abs. 1 Nr. 5 HGB, § 8 Abs. 1 KStG. **(2,0 P.)**	+ 19.000,00 €
Diese ist nach § 8b KStG steuerfrei (außerbilanzielle Änderung). **(2,0 P.)**	- 19.000,00 €
Nach § 8b Abs. 5 KStG gelten 5 % als nicht abziehbare BA. **(1,0 P.)**	+ 950,00 €

zu Tz. 4

Körperschaftsteuer inkl. SolZ nach § 10 Nr. 2 KStG. **(1,0 P.)**	+ 10.550,00 €
Gewerbesteuer für 2018 nach § 4 Abs. 5b EStG. **(1,0 P.)**	+ 750,00 €
Gewerbesteuerrückstellung für 2020 nach § 4 Abs. 5b EStG. **(1,0 P.)**	+ 3.750,00 €

Grundsteuer für privates Einfamilienhaus stellt eine vGA dar (Vorteilsgewährung), § 8 Abs. 3 Satz 2 KStG, R 8.5 Abs. 1 KStR. **(2,5 P.)**   + 500,00 €

Kfz-Steuer ist eine Betriebsausgabe, § 4 Abs. 4 EStG, § 8 Abs. 1 KStG. **(2,0 P.)**

Verspätungszuschlag ist eine Betriebsausgabe, da die Umsatzsteuer eine betriebliche Steuer ist, R 10.1 Abs. 2 KStR. **(2,0 P.)**

zu Tz. 5

Diese Forderung ist zu aktivieren (Zuschreibung innerhalb der Bilanz), § 8 Abs. 1 KStG, § 6 Abs. 1 Nr. 2 Satz 3 EStG. **(2,0 P.)**	+ 2.500,00 €
Zinsen sind zu aktivieren. **(2,0 P.)**	+ 100,00 €
zu versteuerndes Einkommen **(0,5 P.)**	69.100,00 €
tarifliche KSt, § 23 Abs. 1 KStG: **(0,5 P.)** 15 % von 69.100 € =	10.365,00 €
SolZ, § 3 Abs. 1 Nr. 1, § 4 Nr. 1 SolZG: **(0,5 P.)** 5,5 % von 10.365 € =	570,08 €

Steuerrecht II

Teil 1: Umsatzsteuer

Sachverhalt 1

a) Die Lieferung von Fahnen für den DFB stellt eine Lieferung nach § 3 Abs. 1 UStG dar. **(0,5 P.)**

Der Ort dieser Versendungslieferung liegt gem. § 3 Abs. 6 UStG in Würzburg. **(0,5 P.)**

Die Lieferung gilt mit dem Beginn der Versendung (der Übergabe der Fahnen an die Deutsche Bahn AG) am 28.05.2021 als ausgeführt. **(0,5 P.)**

Da Würzburg gem. § 1 Abs. 2 UStG im Inland liegt, **(0,5 P.)** ist der Vorgang steuerbar nach § 1 Abs. 1 Nr. 1 UStG **(0,5 P.)** und mangels Steuerbefreiung nach § 4 UStG auch steuerpflichtig. **(0,5 P.)**

Die Bemessungsgrundlage beträgt gem. § 10 Abs. 1 UStG 300.000 €. **(0,5 P.)**

Steuersatz gem. § 12 Abs. 1 UStG 19 %, USt = 57.000 €. **(0,5 P.)**

Die Steuer entsteht i. H. v. 5.700 € auf die erhaltene Anzahlung (vor Ausführung der Lieferung am 28.05.2021) mit Ablauf des VAZ Februar 2021 gem. § 13 Abs. 1 Nr. 1 Buchst. a) Satz 4 UStG, **(0,5 P.)** denn als Zeitpunkt der Vereinnahmung gilt bei Überweisungen auf ein Bankkonto grundsätzlich der Zeitpunkt der Gutschrift, hier der 19.02.2021 (Abschn. 13.6. Abs. 1 Satz 3 UStAE). **(0,5 P.)**

Die Steuer auf den Restbetrag i. H. v. 51.300 € entsteht mit Ablauf des VAZ Mai 2021 gem. § 13 Abs. 1 Nr. 1 Buchst. a) Satz 1 UStG. **(0,5 P.)**

Der von dem vereinbarten Entgelt abgezogene Betrag von 71.400 € ist als Vertragsstrafe nicht steuerbarer Schadenersatz und keine Entgeltminderung (Abschn. 10.1. Abs. 3 Satz 8 UStAE bzw. Abschn. 1.3. Abs. 3 Satz 1 UStAE). **(0,5 P.)**

b) Die Deutsche Bahn AG erbringt an WW eine Beförderungsleistung in Form einer sonstigen Leistung nach § 3 Abs. 9 UStG. **(0,5 P.)**

Der Ort liegt nach § 3a Abs. 2 UStG in Würzburg; **(0,5 P.)** § 3b Abs. 1 UStG findet insoweit keine Anwendung, weil es sich bei WW um einen Unternehmer handelt. **(0,5 P.)**

Die Leistung wurde am 22.06.2021 erbracht (Abschn. 13.1. Abs. 3 m Satz 1 UStAE). **(0,5 P.)**

Da Würzburg gem. § 1 Abs. 2 UStG im Inland liegt, **(0,5 P.)** ist der Vorgang steuerbar nach § 1 Abs. 1 Nr. 1 UStG **(0,5 P.)** und mangels Steuerbefreiung nach § 4 UStG auch steuerpflichtig. **(0,5 P.)**

Die Bemessungsgrundlage beträgt gem. § 10 Abs. 1 UStG 2.500 €. **(0,5 P.)**

Steuersatz gem. § 12 Abs. 1 UStG 19 %, USt = 475 €. **(0,5 P.)**

WW ist gem. § 15 Abs. 1 Nr. 1 UStG zum Vorsteuerabzug i. H. v. 475 € berechtigt, da eine ordnungsgemäße Rechnung i. S. d. § 14 UStG vorliegt und die Leistung für sein Unternehmen bezogen wird. **(0,5 P.)**

Da WW die Beförderungsleistung zur Erbringung steuerpflichtiger Ausgangsleistungen verwendet, liegt kein Ausschlussgrund gem. § 15 Abs. 2 UStG vor. **(0,5 P.)**

Die Vorsteuer von 475 € ist in der Voranmeldung Juni 2021 anzumelden, weil im Juni die Rechnung vorliegt und die Beförderungsleistung bereits erbracht wurde. **(0,5 P.)**

Da sich die Gutschrift der Bahn AG auf die Rechnung vom 22.06.2021 bezieht, liegt eine Entgeltsminderung gem. § 17 Abs. 1 UStG vor (Abschn. 10.3. Abs. 1 UStAE). **(0,5 P.)**

WW hat gem. § 17 Abs. 1 Satz 2 UStG den Vorsteuerabzug i. H. v. 95 € zu berichtigen. **(0,5 P.)**

Die Berichtigung ist gem. § 17 Abs. 1 Satz 7 UStG in der Voranmeldung August 2021 vorzunehmen, weil in diesem Monat der Gutschriftsbetrag überwiesen wurde (Abschn. 17.1. Abs. 2 UStAE). **(0,5 P.)**

c) Der Verzicht auf die Ausübung der Rechte aus dem Beratervertrag ist eine sonstige Leistung gem. § 3 Abs. 9 UStG (Abschn. 3.1. Abs. 4 Satz 2 UStAE). **(0,5 P.)**

Der Ort ist Würzburg gem. § 3a Abs. 1 UStG. **(0,5 P.)**

Die sonstige Leistung wurde mit dem Verzicht auf die Rechte aus dem Beratervertrag am 13.08.2021 ausgeführt. **(0,5 P.)**

Der Vorgang ist steuerbar nach § 1 Abs. 1 Nr. 1 UStG **(0,5 P.)** und mangels Steuerbefreiung nach § 4 UStG steuerpflichtig. **(0,5 P.)**

Die Bemessungsgrundlage beträgt gem. § 10 Abs. 1 UStG 84.033,61 €. **(0,5 P.)**

Steuersatz gem. § 12 Abs. 1 UStG 19 %, USt = 15.966,39 €. **(0,5 P.)**

Die Steuer entsteht gem. § 13 Abs. 1 Nr. 1 Buchst. a) Satz 1 UStG mit Ablauf des VAZ August 2021. **(0,5 P.)**

Sachverhalt 2

zu 1)

Es liegt ein Reihengeschäft gem. § 3 Abs. 6a Satz 1 UStG vor. **(0,5 P.)** Innerhalb dieses Reihengeschäfts werden zwei Lieferungen von P an NL und von NL an WW ausgeführt.

Das innergemeinschaftliche Dreiecksgeschäft gem. § 25b Abs. 1 UStG ist ein besonderer Fall des Reihengeschäfts (Abschn. 3.14. Abs. 1 Satz 2 UStAE). **(0,5 P.)**

Es liegt ein innergemeinschaftliches Dreiecksgeschäft gem. § 25b Abs. 1 UStG vor, weil alle vier Voraussetzungen des § 25b Abs. 1 Nr. 1 - 4 UStG erfüllt sind:

- Da drei Unternehmer (WW, NL und P) über denselben Gegenstand (Fahnen) Umsatzgeschäfte abschließen und der Gegenstand unmittelbar vom ersten Lieferer (P) an den letzten Abnehmer (WW) gelangt ist. **(0,5 P.)**
- WW, NL und P in jeweils verschiedenen Mitgliedstaaten (D, NL, PL) für umsatzsteuerliche Zwecke erfasst sind, da sie unter den USt-IdNrn. verschiedener Mitgliedstaaten auftreten (Abschn. 25b.1. Abs. 3 Satz 2 UStAE). **(0,5 P.)**
- Die Deutschlandfahnen von PL nach D gelangen. **(0,5 P.)**
- Die Deutschlandfahnen vom ersten Lieferer P befördert werden. **(0,5 P.)**

zu 2)

NL erbringt an WW eine Lieferung gem. § 3 Abs. 1 UStG. **(0,5 P.)**

Der Ort dieser ruhenden Lieferung liegt gem. § 3 Abs. 7 Satz 2 Nr. 2 UStG in Würzburg. **(0,5 P.)**

Die bewegte Lieferung ist die von P an NL (§ 3 Abs. 6a Satz 2 UStG).

Der Vorgang ist steuerbar nach § 1 Abs. 1 Nr. 1 UStG **(0,5 P.)** und mangels Steuerbefreiung nach § 4 UStG steuerpflichtig. **(0,5 P.)**

Steuerschuldner ist WW gem. § 25b Abs. 2 UStG (§ 13a Abs. 1 Nr. 5 UStG), weil die vier Voraussetzungen des § 25b Abs. 2 Nr. 1 - 4 UStG erfüllt sind:

- Der Lieferung an WW ist ein i. g. Erwerb vorausgegangen. **(0,5 P.)**
- NL ist nicht in Deutschland ansässig und NL verwendet gegenüber WW und P dieselbe niederländische USt-IdNr., die nicht die USt-IdNr. des Mitgliedstaates ist, in dem die Beförderung beginnt (PL) oder endet (D). **(0,5 P.)**
- NL erteilt dem WW eine Rechnung gem. §§ 14, 14a Abs. 7 UStG. **(0,5 P.)**
- WW verwendet die deutsche USt-IdNr., die des Mitgliedstaates, in dem die Beförderung endet (D). **(0,5 P.)**

Die Bemessungsgrundlage beträgt gem. § 10 Abs. 1 UStG 50.000 €. **(0,5 P.)**

Steuersatz gem. § 12 Abs. 1 UStG 19 %, USt = 9.500 € (Abschn. 25b.1 Abs. 9 UStAE) **(0,5 P.)**

Für die mit Übergabe am 13.03.2021 ausgeführte Lieferung entsteht die Steuer gem. § 13 Abs. 1 Nr. 1 Buchst. a) Satz 1 UStG mit Ablauf des VAZ März 2021. **(0,5 P.)**

zu 3)

WW ist gem. § 25b Abs. 5 i. V. m. § 15 UStG zum Abzug der Steuer nach § 25 Abs. 2 UStG i. H. v. 9.500 € berechtigt. **(0,5 P.)**

Ein Ausschlussgrund gem. § 15 Abs. 2 UStG liegt nicht vor, weil WW beabsichtigt, die Fahnen steuerpflichtig zu veräußern. **(0,5 P.)**

Sachverhalt 3

zu 1)

Die CS erbringt an WW eine sonstige Leistung gem. § 3 Abs. 9 UStG. **(0,5 P.)**

Die Leistung der CS (Factorer) an WW (Anschlusskunde) besteht in der Übernahme des Ausfallrisikos der Forderungen und des Forderungseinzugs (Abschn. 2.4. Abs. 3 UStAE). **(0,5 P.)**

Es handelt sich hierbei um ein echtes Factoring (Abschn. 2.4. Abs. 1 Satz 2 UStAE). **(0,5 P.)**

Die Abtretung der Forderung von WW ist eine nichtsteuerbare Leistungsbeistellung (Abschn. 2.4. Abs. 3 Satz 3 UStAE). **(0,5 P.)**

Der Ort dieser am 02.07.2021 **(0,5 P.)** ausgeführten Leistung liegt gem. § 3a Abs. 2 UStG **(0,5 P.)** in Würzburg; § 3a Abs. 4 Nr. 6 Buchst. a) UStG findet keine Anwendung, weil es sich bei WW um einen Unternehmer handelt. **(0,5 P.)**

Der Vorgang ist steuerbar nach § 1 Abs. 1 Nr. 1 UStG **(0,5 P.)** und mangels Steuerbefreiung auch steuerpflichtig, weil der Einzug von Forderungen von der Steuerbefreiung gem. § 4 Nr. 8 Buchst. c) UStG ausgenommen ist (Abschn. 2.4. Abs. 4 Satz 3 UStAE). **(0,5 P.)**

Da CS gem. § 13b Abs. 7 UStG ein im Ausland ansässiger Unternehmer ist **(0,5 P.)** und eine im Inland steuerpflichtige sonstige Leistung gem. § 13b Abs. 2 Nr. 1 UStG erbringt, **(0,5 P.)** ist WW gem. § 13b Abs. 5 UStG als Unternehmer Steuerschuldner. **(0,5 P.)**

Bemessungsgrundlage ist grundsätzlich die Differenz zwischen dem Nennwert der abgetretenen Forderung und dem Betrag, den der Factor (CS) seinem Anschlusskunden (WW) zahlt, abzüglich der darin enthaltenen Umsatzsteuer (Abschn. 2.4. Abs. 6 Satz 1 UStAE). **(0,5 P.)**

Bei Übergang der Steuerschuldnerschaft auf den Leistungsempfänger ist abweichend hiervon die Differenz zwischen 150.000 € und 125.000 € = 25.000 € die Bemessungsgrundlage gem. § 10 Abs. 1 UStG. **(0,5 P.)** Dies entspricht auch der Vereinbarung zwischen CS und WW.

Steuersatz ist gem. § 12 Abs. 1 UStG 19 %; USt = 4.750 €. **(0,5 P.)**

Die Steuer entsteht gem. § 13b Abs. 2 UStG mit Ablauf des VAZ Juli 2021, da die sonstige Leistung mit der Abtretung der Forderung am 02.07.2021 erbracht wurde. **(0,5 P.)**

zu 2)

WW ist gem. § 15 Abs. 1 Nr. 4 UStG berechtigt, die Umsatzsteuer von 4.750 € als Vorsteuer in der Voranmeldung Juli 2021 abzuziehen. **(0,5 P.)**

Das Vorliegen einer Rechnung ist insoweit nicht erforderlich. **(0,5 P.)**

Ein Ausschlussgrund für den Vorsteuerabzug gem. § 15 Abs. 2 Nr. 1 UStG i. V. m. Abs. 3 Nr. 1 Buchst. a) UStG liegt nicht vor, weil die bezogene Leistung im Zusammenhang mit steuerfreien i. g. Lieferungen steht, für die der Vorsteuerabzug gegeben ist (Abschn. 2.4. Abs. 6 Satz 6 UStAE). **(0,5 P.)**

Sachverhalt 4

zu a)

Bei den Vermietungsumsätzen an die Pro Moneta AG handelt es sich um sonstige Leistungen nach § 3 Abs. 9 UStG, **(0,5 P.)** die in Form von Teilleistungen gem. § 13 Abs. 1 Nr. 1 Buchst. a) Sätze 2 und 3 UStG erbracht werden. **(0,5 P.)**

Der Ort liegt in Würzburg gem. § 3a Abs. 3 Nr. 1 Buchst. a) UStG. **(0,5 P.)**

Der Vorgang ist steuerbar nach § 1 Abs. 1 Nr. 1 UStG, **(0,5 P.)** jedoch steuerfrei nach § 4 Nr. 12 Buchst. a) UStG. **(0,5 P.)**

Bemessungsgrundlage sind gem. § 10 Abs. 1 UStG monatlich 1.500 €. **(0,5 P.)**

Die Teilleistungen werden jeweils mit Ablauf des betreffenden Monats erbracht (Abschn. 13.1. Abs. 3 Satz 1 UStAE). **(0,5 P.)**

Die Umsätze sind daher gem. § 13 Abs. 1 Nr. 1 Buchst. a) Satz 1 UStG jeweils in den Voranmeldungen Januar 2021 - Juni 2021 anzumelden. **(0,5 P.)**

Der Einbau der Fenster ist eine Werklieferung gem. § 3 Abs. 4 UStG. **(0,5 P.)**

Die Werklieferung wird am 23.04.2021 mit Abnahme ausgeführt (Abschn. 13.2. Satz 2 Nr. 1 Sätze 1 und 3 UStAE). **(0,5 P.)**

Der Ort liegt gem. § 3 Abs. 7 Satz 1 UStG in Würzburg. **(0,5 P.)**

Der Vorgang ist steuerbar nach § 1 Abs. 1 Nr. 1 UStG **(0,5 P.)** und mangels Steuerbefreiung nach § 4 UStG steuerpflichtig. **(0,5 P.)**

Die Bemessungsgrundlage beträgt gem. § 10 Abs. 1 UStG 59.500 €. **(0,5 P.)**

Steuersatz gem. § 12 Abs. 1 UStG 19 %, USt = 11.305 €. **(0,5 P.)**

WW ist aus der ordnungsgemäßen Rechnung grundsätzlich zum Vorsteuerabzug i. H. v. 11.305 € berechtigt gem. § 15 Abs. 1 Nr. 1 UStG. **(0,5 P.)**

Da WW im Zeitpunkt des Leistungsbezugs für das Jahr 2021 beabsichtigt, die Eingangsleistung für steuerfreie Ausgangsleistungen zu verwenden, die den Vorsteuerabzug ausschließen, ist kein Vorsteuerabzug im April 2021 möglich gem. § 15 Abs. 2 Nr. 1 UStG i. V. m. § 15 Abs. 3 UStG. **(1,0 P.)**

zu b)

Für die Frage, ob eine Änderung der Verhältnisse vorliegt, sind die Verhältnisse im Zeitpunkt der tatsächlichen Verwendung im Vergleich zum ursprünglichen Vorsteuerabzug am 23.04.2021 entscheidend. **(0,5 P.)**

Da das Gebäude (und damit das Fenster) ab dem 01.07.2021 von WW zu ausschließlich steuerpflichtigen Ausgangsumsätzen verwendet wird, die den Vorsteuerabzug nach § 15 Abs. 2 UStG nicht ausschließen, liegt für den Zeitraum 01.07. - 31.12.2021 eine Änderung der Verhältnisse i. S. d. § 15a UStG vor (Abschn. 15a.2. Abs. 2 Satz 3 Nr. 1 Buchst. a) UStAE). **(0,5 P.)**

Das Fenster ist ein Wirtschaftsgut, das in einen anderen Gegenstand, das Gebäude, nachträglich eingegangen ist und dabei seine körperliche und wirtschaftliche Eigenart verloren hat und somit ein Bestandteil des Gebäudes ist. Das Gebäude ist ein Wirtschaftsgut i. S. d. § 15a Abs. 1 UStG. Somit ist für die Vorsteuerberichtigung der Fenster § 15a Abs. 1 UStG gem. § 15a Abs. 3 Satz 1 UStG entsprechend anzuwenden. **(1,0 P.)**

Für das Fenster gilt dabei ein eigenständiger Berichtigungszeitraum, dessen Dauer sich nach der des Gebäudes bestimmt (Abschn. 15a.6. Abs. 8 UStAE). **(0,5 P.)**

Zeitpunkt der erstmaligen Verwendung: 23.04.2021. **(0,5 P.)**

Da der Berichtigungszeitraum nach dem 15. eines Kalendermonats endet (22.04.2031), ist dieser Kalendermonat voll zu berücksichtigen. Entsprechend verschiebt sich der Beginn des Berichtigungszeitraums gem. § 45 UStDV. **(0,5 P.)**

Maßgebender Berichtigungszeitraum: 01.05.2021 - 30.04.2031. **(0,5 P.)**

Gesamte in Rechnung gestellte Umsatzsteuer, die ursprünglich nicht zum Vorsteuerabzug berechtigt hat: 11.305 €. **(0,5 P.)**

Tatsächlich zum Vorsteuerabzug berechtigende Verwendung im Berichtigungszeitraum für das Jahr 2021:

2 Monate • 0 % =   0
6 Monate • 100 % =   600
                     600 : 8 Monate = 75 % = Änderung der Verhältnisse **(1,0 P.)**

Vorsteuerberichtigung: 11.305 € : 10 Jahre • 75 % • $8/12$ = 565,25 €. **(1,0 P.)**

Eine Vorsteuerberichtigung gem. § 44 Abs. 1 UStDV entfällt nicht, weil die Vorsteuer für das Fenster mehr als 1.000 € betragen hat. **(0,5 P.)**

Eine Vorsteuerberichtigung entfällt gem. § 44 Abs. 2 UStDV nicht, weil sich für 2021 die Verhältnisse um 75 %, somit nicht um weniger als 10 % geändert haben. **(0,5 P.)**

Die Vorsteuerberichtigung ist gem. § 44 Abs. 3 UStDV erst in der USt-Jahreserklärung 2021 durchzuführen, weil der Berichtigungsbetrag nicht 6.000 € übersteigt. **(1,0 P.)**

Teil 2: Abgabenordnung

1. Aufgabe

zu 1)

Ludger Bremer hat gegen den KSt-Bescheid 2020 nach § 347 Abs. 1 Nr. 1 AO **(1,0 P.)** Einspruch eingelegt und muss nach § 361 Abs. 1 Satz 1 i. V. m. Abs. 2 Satz 1 AO einen Antrag auf Aussetzung der Vollziehung des KSt-Bescheides i. H. v. 3.500 € stellen. **(1,0 P.)**

Mit dem Hinweis auf seine augenblicklichen Zahlungsschwierigkeiten verbunden mit der Darlegung der Zukunftsaussichten der GmbH wird er für den Restbetrag der KSt-Nachzahlung 2020 i. H. v. 8.500 € einen Stundungsantrag nach § 222 AO ab Fälligkeit bis zum 01.02.2022 stellen. **(1,0 P.)**

Bezüglich der einbehaltenen KapESt kann er keinen Stundungsantrag stellen. Die Stundung ist insoweit nach § 222 Satz 3 AO ausgeschlossen. **(1,0 P.)**

zu 2)

Da dem Finanzamt offensichtlich ein Fehler unterlaufen ist, wird es dem Aussetzungsantrag nach § 361 Abs. 2 Satz 2 AO stattgeben. **(1,0 P.)**

Aussetzungszinsen würden nach § 237 Abs. 1 AO erst dann anfallen, wenn der Einspruch wider Erwarten erfolglos bliebe. **(1,0 P.)**

Da die Einziehung der restlichen Körperschaftsteuer aus wirtschaftlichen Gründen eine erhebliche Härte für die GmbH bedeuten würde und der Steueranspruch nicht gefährdet erscheint, **(1,0 P.)** wird das Finanzamt dem Stundungsantrag stattgeben und unter dem Vorbehalt des Widerrufs nach § 120 Abs. 2 Nr. 3 AO eine Stundungsverfügung nach § 222 AO erlassen. **(1,0 P.)**

Nach § 234 Abs. 1 AO werden Stundungszinsen erhoben und zusammen mit der Stundungsverfügung durch Zinsbescheid nach § 239 AO festgesetzt. **(1,5 P.)**

Gemäß § 238 Abs. 1 AO betragen die Zinsen 0,5 % für jeden vollen Kalendermonat und werden zusammen mit der Hauptschuld am 01.02.2021 erhoben. **(1,5 P.)**

Der Zinslauf beginnt am 05.11.2021 (dem Tag nach Ablauf der Fälligkeit) und endet am 01.02.2022. Die Stundungszinsen betragen 1 % von 8.500 € = 85 €. **(1,0 P.)**

2. Aufgabe

Da die ESt-Abschlusszahlung 2020 nicht bis zum Ablauf des 07.12.2021 gezahlt worden und die Stundung erst ab dem 14.12.2021 erfolgt ist, sind nach § 240 Abs. 1 Satz 1 AO Säumniszuschläge i. H. v. 1 % von 3.500 € = 35 € entstanden. **(1,5 P.)**

Ansprüche aus dem Steuerschuldverhältnis unterliegen nach § 228 Satz 1 AO der Zahlungsverjährung. Diese beträgt nach § 228 Satz 2 AO fünf Jahre. **(2,0 P.)**

Nach § 229 Abs. 1 Satz 1 AO beginnt die Zahlungsverjährung grundsätzlich mit Ablauf des Kalenderjahres, in dem der Anspruch erstmals fällig geworden ist, d. h. mit Ablauf des 31.12.2021. **(1,0 P.)**

Durch die Stundung bis zum 15.01.2022 liegt nach § 231 Abs. 1 Satz 1 AO eine Unterbrechung der Verjährung vor. Nach § 231 Abs. 3 AO beginnt die Verjährung mit Ablauf des 31.12.2022 und endet mit Ablauf des 31.12.2027, d. h. der Anspruch auf die ESt-Abschlusszahlung 2020 einschließlich der entstandenen Säumniszuschläge erlischt nach § 47 AO mit Ablauf des 31.12.2027. **(1,5 P.)**

3. Aufgabe

Sachverhalt 1

Nach § 44 Abs. 1 Satz 1 AO sind Robert und Dagmar Hanke Gesamtschuldner der ESt-Abschlusszahlung 2020. **(1,5 P.)**

Nach § 44 Abs. 1 Satz 2 AO schuldet Dagmar Hanke neben ihrem Mann den Betrag i. H. v. 4.000 €. **(1,5 P.)**

Nach § 155 Abs. 3 AO konnte die Steuerfestsetzung durch einen zusammengefassten Bescheid erfolgen. **(0,5 P.)**

Sachverhalt 2

zu 1)

Wird dem Finanzamt nachträglich bekannt, dass der Steuerpflichtige nicht erklärte Einkünfte einer bestimmten Einkunftsart erzielt hat, handelt es sich um **eine** neue Tatsache; die Höhe der Einkünfte stellt insoweit die für die Anwendung des § 173 Abs. 1 Nr. 1 oder Nr. 2 AO relevante Tatsache dar.

Eine Aufspaltung dieser Einkünfte in steuererhöhende Einnahmen oder Vermögensmehrungen einerseits und steuermindernde Ausgaben oder Vermögensminderungen andererseits im Hinblick auf § 173 Abs. 1 Nr. 2 Satz 2 AO ist nicht zulässig.

Im vorliegenden Fall können die negativen Einkünfte von (1.200 € - 5.000 € =) 3.800 € gem. § 173 Abs. 1 **Nr. 2** AO nur dann berücksichtigt werden, wenn die Steuerpflichtige kein grobes Verschulden trifft.

Das ist hier der Fall, da sie die Einkünfte nur versehentlich nicht erklärt hatte. Die Erfassung der Mieteinkünfte führt daher zu einer entsprechenden Minderung der tariflichen Einkommensteuer. **(2,0 P.)**

zu 2)

Der Ehemann ist als Unternehmer alleiniger Schuldner der noch bestehenden USt-Nachzahlung für den VZ 2018. **(0,5 P.)** Eine Aufrechnung des Finanzamtes nach § 226 AO mit der allein vom Ehemann als Unternehmer noch bestehenden USt-Nachzahlung 2018 gegen den auf Dagmar Hanke als Gläubigerin entfallenden ESt-Erstattungsanspruch ist deshalb wegen fehlender Aufrechnungslage nicht möglich. **(1,0 P.)**

Teil 3: ErbSt/SchenkSt/BewG

1. Ermittlung des Wertes der Bereicherung

Einfamilienhaus

Die Zuwendung des Einfamilienhauses ist gem. § 13 Abs. 1 Nr. 4b ErbStG steuerfrei. **(1,0 P.)**

Ferienhaus auf Sylt

Die Befreiung nach § 13 Abs. 1 Nr. 4b ErbStG kommt nur in Betracht, wenn sich in dem Haus oder der Eigentumswohnung der Mittelpunkt des familiären Lebens befindet. Die

Befreiung ist deshalb nicht möglich, wenn das zugewendete Grundstück als Ferien- oder Wochenendhaus genutzt wird (Abschn. 4 Abs. 3 i. V. m. Abschn. 3 Abs. 2 Sätze 2 und 3 des gemeinsamen Ländererlasses vom 25.06.2010). **(2,0 P.)**

Die Zuwendung des auf der Insel Sylt gelegenen Ferienhauses ist deshalb nicht steuerfrei und mit dem Grundbesitzwert von 750.000 € anzusetzen (§ 12 Abs. 3 ErbStG i. V. m. § 151 Abs. 1 Satz 1 Nr. 1 BewG). **(0,5 P.)**

OHG-Beteiligung

Nach § 97 Abs. 1a Nr. 1 BewG ist zunächst der gemeine Wert des Betriebsvermögens nach § 109 Abs. 2 i. V. m. § 11 Abs. 2 BewG zu ermitteln. **(0,5 P.)**

Der im Wege des vereinfachten Ertragswertverfahrens ermittelte gemeine Wert der OHG beträgt 500.000 €.

Die Aufteilung des gemeinen Wertes erfolgt nach Maßgabe des § 97 Abs. 1a BewG wie folgt:

	Gemeiner Wert der Personengesellschaft		500.000,00 €
−	Summe aller Kapitalkonten		
	(§ 97 Abs. 1a Nr. 1 Buchst. a) BewG)		350.000,00 € **(1,0 P.)**
=	Zwischensumme		150.000,00 €
	Gewinnverteilungsschlüssel: 50 %		
	(§ 97 Abs. 1a Nr. 1 Buchst. b) BewG)		75.000,00 € **(1,0 P.)**
+	Kapitalkonto CM		
	(§ 97 Abs. 1a Nr. 1 Buchst. a) BewG)		150.000,00 € **(1,0 P.)**
+	Sonderbetriebsvermögen		
	(§ 97 Abs. 1a Nr. 2 BewG)		
	Grund und Boden	184.000,00 €	
−	Hypothek	132.400,00 €	
		51.600,00 €	51.600,00 € **(1,0 P.)**
=	gemeiner Wert des OHG-Anteils		**276.600,00 €** **(0,5 P.)**

Bei dem OHG-Anteil handelt es sich um begünstigtes Betriebsvermögen i. S. d. § 13b Abs. 1 Nr. 2 ErbStG, weil der Anteil des Verwaltungsvermögens (10 %) nicht mehr als 10 % ausmacht (§ 13b Abs. 2 Satz 1 ErbStG). **(0,5 P.)**

Es ist deshalb nach § 13b Abs. 4 ErbStG ein Verschonungsabschlag von 85 % zu gewähren; der verbleibende Betrag ist nach § 13a Abs. 2 ErbStG begünstigt:

	Wert des Betriebsvermögens	276.600,00 €	
-	85 % Verschonungsabschlag	235.110,00 €	**(0,5 P.)**
=	verbleibender Betrag	41.490,00 €	
-	Abzugsbetrag	41.490,00 €	**(0,5 P.)**
=	steuerpflichtiges Betriebsvermögen	0,00 €	**(0,5 P.)**

Hausrat und Bankguthaben

Der Hausrat ist nach § 12 Abs. 1 ErbStG i. V. m. § 9 BewG mit dem gemeinen Wert von 41.000 € anzusetzen. **(1,0 P.)**

In diesem Zusammenhang ist die Steuerbefreiung nach § 13 Abs. 1 Nr. 1a ErbStG i. H. v. 41.000 € zu gewähren, weil LL gem. § 15 Abs. 1 ErbStG der Steuerklasse I zuzuordnen ist, sodass (41.000 € - 41.000 € =) 0 € anzusetzen sind. **(1,0 P.)**

Das Bankguthaben ist eine Kapitalforderung. Die Bewertung erfolgt gem. § 12 Abs. 1 Satz 1 BewG mit dem Nennwert von 450.000 €. **(1,0 P.)**

Zusammenstellung

	Ferienhaus auf Sylt	750.000,00 €	
+	Bankguthaben	450.000,00 €	
		1.200.000,00 €	**(1,0 P.)**
-	Nachlassverbindlichkeiten, § 10 Abs. 5 Nr. 3 ErbStG		
	Beerdigungskosten	9.500,00 €	**(0,5 P.)**
	Grabpflege, § 13 Abs. 2 BewG:		
	500 € • 9,3 =	4.650,00 €	**(1,0 P.)**
		14.150,00 €	
	PB von 10.300 € wird demnach überschritten.	14.150,00 €	**(1,0 P.)**
=	Wert der Bereicherung	1.185.850,00 €	

2. Steuerpflichtiger Erwerb/festzusetzende Erbschaftsteuer

	Wert der Bereicherung	1.185.850,00 €	
-	Freibetrag nach § 16 Abs. 1 Nr. 1 ErbStG	500.000,00 €	**(0,5 P.)**
-	Freibetrag nach § 17 Abs. 1 ErbStG	256.000,00 €	**(0,5 P.)**
=	Steuerpflichtiger Erwerb	429.850,00 €	
	abrunden, § 10 Abs. 1 Satz 6 ErbStG	429.800,00 €	**(1,0 P.)**
•	15 % Steuersatz, § 19 Abs. 1 ErbStG = ErbSt	64.470,00 €	**(1,0 P.)**

Rechnungswesen

Teil 1: Buchführung und Jahresabschluss nach Handels- und Steuerrecht

Sachverhalt 1

Ertragsteuerlich sind verschiedene Wirtschaftsgüter getrennt zu beurteilen: der Grund und Boden, das Gebäude, der Lastenaufzug und die Hofbefestigung. **(0,5 P.)**

Hinsichtlich sämtlicher Wirtschaftsgüter besteht ein Aktivierungsgebot gem. § 5 Abs. 1 Satz 1 Halbsatz 1 EStG i. V. m. §§ 240 Abs. 1, 246 Abs. 1 HGB, weil die Wirtschaftsgüter wegen ihrer ausschließlich betrieblichen Nutzung zum notwendigen Betriebsvermögen gehören. **(0,5 P.)**

Grund und Boden

Der Grund und Boden ist als selbstständiges Wirtschaftsgut **(0,5 P.)** gem. R 6.1 Abs. 1 Satz 6 EStR dem nicht abnutzbaren Anlagevermögen zuzuordnen und daher gem. § 6 Abs. 1 Nr. 2 Satz 1 EStG bzw. § 253 Abs. 1 Satz 1 HGB mit den Anschaffungskosten zu bewerten. **(0,5 P.)**

Zu den Anschaffungskosten gehören gem. § 255 Abs. 1 HGB sämtliche Aufwendungen, um den Vermögensgegenstand zu erwerben, einschließlich der Nebenkosten. **(0,5 P.)**

Die gebuchte Vorsteuer gehört gem. § 9b Abs. 1 EStG nicht zu den Anschaffungskosten. **(0,5 P.)**

Der gezahlte Überpreis von 50.000 € ist gem. H 7.3 EStH „Kaufpreisaufteilung" im Verhältnis der Verkehrswerte auf den Grund und Boden und das Gebäude zu verteilen. **(1,0 P.)**

Ein Überpreis allein rechtfertigt keine Teilwertabschreibung (H 6.7 EStH „Überpreis"). **(0,5 P.)**

Kontenentwicklung:

	Zugang 01.02.2020		
+	20 % des Gesamtkaufpreises von 300.000 €	60.000,00 €	**(0,5 P.)**
+	anteilige Nebenkosten, 20 % von 20.000 €	4.000,00 €	**(0,5 P.)**
=	Bilanzwert 31.12.2020	64.000,00 €	
	(bisher: 50.000 €)		

Korrekturbuchung: **(0,5 P.)**

Grund und Boden	14.000,00 €	an	Sonst. betriebl. Aufwendungen	14.000,00 €

Gewinnauswirkung: gewinnerhöhend um 14.000 € **(0,5 P.)**

Gebäude

Das Gebäude ist ebenfalls ein einheitliches selbstständiges Wirtschaftsgut und ist dem unbeweglichen abnutzbaren Anlagevermögen zuzuordnen (R 6.1 Abs. 1 Satz 5 EStR, R 7.1 Abs. 1 Nr. 4 EStR). **(0,5 P.)**

Das Gebäude ist gem. § 6 Abs. 1 Nr. 1 Satz 1 EStG bzw. § 253 Abs. 3 Satz 1 HGB mit den fortgeführten Herstellungskosten zu bewerten. **(0,5 P.)**

Die Aufwendungen für die Erneuerung des schadhaften Daches stellen Erhaltungsaufwendungen dar, denn die Erneuerung eines 40 Jahre alten Daches stellt keine über den ursprünglichen Zustand hinausgehende wesentliche Verbesserung dar. Eine Aktivierung ist deshalb nach § 255 Abs. 2 Satz 1 HGB handelsrechtlich nicht zulässig. **(1,0 P.)**

Die vorstehende Maßnahme führt auch steuerlich nicht zu anschaffungsnahen Herstellungskosten gem. § 6 Abs. 1 Nr. 1a EStG. **(0,5 P.)**

Die Arbeiten sind zwar innerhalb von drei Jahren nach der Anschaffung durchgeführt worden, die Aufwendungen im Verhältnis zum Anschaffungspreis betragen jedoch nicht mehr als 15 % der ursprünglichen Anschaffungskosten des Gebäudes (18.500 € = nicht mehr als 15 % von 256.000 € = 38.400 €). Die bisherige Behandlung ist damit zutreffend. **(1,0 P.)**

Der AfA-Beginn beginnt mit der Anschaffung am 01.02.2020 **(0,5 P.)**, § 11c Abs. 1 Nr. 2 EStDV bzw. R 7.4 Abs. 1 EStR.

Die Gebäude-AfA beträgt gem. § 7 Abs. 4 Satz 1 Nr. 2a EStG 2 % **(1,0 P.)**, denn der Bauantrag wurde vor dem 01.04.1985 gestellt (Baujahr 1980), sodass der AfA-Satz von 3 % für ein Wirtschaftsgebäude nach § 7 Abs. 4 Satz 1 Nr. 1 EStG nicht in Betracht kommen kann. **(0,5 P.)**

Kontenentwicklung:

	Zugang 01.02.2020		
+	80 % des Gesamtkaufpreises von 300.000 €	240.000,00 €	**(0,5 P.)**
+	anteilige Nebenkosten, 80 % von 20.000 €	16.000,00 €	**(0,5 P.)**
=	AfA-Bemessungsgrundlage	256.000,00 €	
-	AfA: 2 % von 256.000 € · ¹¹/₁₂ = (aufgerundet)	4.694,00 €	**(0,5 P.)**
=	Bilanzwert 31.12.2020	251.306,00 €	
		(bisher: 250.000,00 €)	

Korrekturbuchung: (1,0 P.)

Gebäude	1.306,00 €			
AfA	4.694,00 €	an	Sonst. betriebl. Aufwendungen	6.000,00 €

Gewinnauswirkung: gewinnerhöhend um 1.306 € **(1,0 P.)**

Lastenaufzug (Betriebsvorrichtung)

Der Lastenaufzug dient unmittelbar dem gewerblichen Betrieb und ist deshalb gem. R 4.2 Abs. 3 Satz 3 Nr. 1 EStR als selbstständiges Wirtschaftsgut gesondert zu bilanzieren. **(1,0 P.)**

Da er in einem unmittelbaren Funktionszusammenhang mit dem Betrieb steht, ist er nach H 7.1. EStH „Betriebsvorrichtungen" als Betriebsvorrichtung zu qualifizieren. **(1,0 P.)**

Als Betriebsvorrichtung ist er gem. R 7.1 Abs. 2 und 3 Satz 2 EStR stets dem beweglichen abnutzbaren Anlagevermögen zuzuordnen, **(0,5 P.)** auch wenn er wesentlicher Bestandteil des Grundstücks geworden ist. **(0,5 P.)**

Der Lastenaufzug ist gem. § 6 Abs. 1 Nr. 1 Satz 1 EStG bzw. § 253 Abs. 3 Satz 1 HGB mit den fortgeführten Herstellungskosten zu bewerten. **(0,5 P.)**

Kontenentwicklung:

	Zugang am 15.03.2020	22.500,00 €
−	degressive AfA, 16 ²/₃ % **(1,0 P.)**	
	für 10 Monate **(0,5 P.)**, aufgerundet	3.125,00 €
=	Bilanzansatz 31.12.2020	19.375,00 €

Buchung: (1,0 P.)

Lastenaufzug	19.375,00 €			
AfA	3.125,00 €	an	Sonst. betriebl. Aufwendungen	22.500,00 €

Gewinnauswirkung: gewinnerhöhend um 19.375 € **(1,0 P.)**

Hofbefestigung (Außenanlage)

Die Hofbefestigung steht nicht in einem einheitlichen Nutzungs- und Funktionszusammenhang mit dem Gebäude und ist deshalb als Außenanlage ein selbstständiges Wirtschaftsgut und deshalb auch gesondert abschreibungsfähig, vgl. H 7.1. EStH „Unbewegliche Wirtschaftsgüter, die keine Gebäude oder Gebäudeteile sind". **(1,0 P.)**

Die Hofbefestigung ist auch nicht speziell auf den Betrieb ausgerichtet, sodass diese auch nicht als Betriebsvorrichtung zu qualifizieren ist, H 7.1. EStH. **(0,5 P.)**

Die Außenanlagen sind gem. R 7.1 Abs. 1 Nr. 3 EStR den unbeweglichen abnutzbaren Wirtschaftsgütern, die keine Gebäude oder Gebäudeteile sind, zuzuordnen. **(0,5 P.)**

Die Bewertung erfolgt gem. § 6 Abs. 1 Nr. 1 Satz 1 EStG bzw. § 253 Abs. 3 Satz 1 HGB mit den fortgeführten Herstellungskosten. **(0,5 P.)**

Die AfA ist nach § 7 Abs. 1 Satz 1 Sätze 1 und 4 EStG linear und zeitanteilig vorzunehmen. **(0,5 P.)**

Kontenentwicklung:

	Zugang am 11.10.2020	19.000,00 €
−	lineare AfA, 5,263 % **(0,5 P.)**	
	für 3 Monate **(0,5 P.)**, aufgerundet	250,00 €
=	Bilanzansatz 31.12.2020	18.750,00 €

Buchung: (1,0 P.)

Hofbefestigung	18.750,00 €			
AfA	250,00 €	an	Sonst. betriebl. Aufwendungen	19.000,00 €

Gewinnauswirkung: gewinnerhöhend um 18.750 € **(1,0 P.)**

Sachverhalt 2

Die Produktionsmaschine ist dem beweglichen abnutzbaren Anlagevermögen zuzuordnen (§ 247 Abs. 2 HGB und R 6.1 Abs. 1 Satz 5 EStR, R 7.1 Abs. 1 Nr. 1 EStR) **(0,5 P.)** daher gem. § 6 Abs. 1 Nr. 1 Satz 1 EStG bzw. § 253 Abs. 1 Satz 1 HGB mit den fortgeführten Anschaffungskosten zu bewerten. **(0,5 P.)**

Besteht eine dauernde Wertminderung, so ist handelsrechtlich zwingend auf den niedrigeren Wert abzuschreiben (§ 253 Abs. 3 Satz 3 HGB). **(1,0 P.)** Eine Teilwertabschreibung kann gem. R 6.7 Satz 5 EStR auch im Falle von sinkenden Wiederbeschaffungskosten in Betracht kommen. **(0,5 P.)**

Aufgrund der starken Konkurrenz sinkt der beizulegende Wert/Teilwert für die Wiederbeschaffung der Maschine auf 15.000 €, ohne dass sich die Substanz der Maschine verändert. Handelsrechtlich ist deshalb von einer voraussichtlich dauernden Wertminderung auszugehen, sodass zwingend eine außerplanmäßige Abschreibung vorzunehmen ist. **(1,0 P.)**

Steuerrechtlich **kann** (Wahlrecht!) bei einer voraussichtlichen dauernden Wertminderung eine Abwertung auf den niedrigeren Teilwert vorgenommen werden (§ 6 Abs. 1 Nr. 1 Satz 2 EStG). **(1,0 P.)**

Die Vornahme einer außerplanmäßigen Abschreibung in der Handelsbilanz ist deshalb nicht zwingend in der Steuerbilanz durch eine Teilwertabschreibung nachzuvollziehen; der Steuerpflichtige kann darauf auch verzichten (BMF v. 12.03.2011, BStBl 2011 I S. 239 – Tz. 15). **(1,0 P.)**

Da der Gewinn jedoch so niedrig wie möglich ausgewiesen werden soll, ist auch steuerrechtlich eine Teilwertabschreibung vorzunehmen, wenn voraussichtlich eine dauerhafte Wertminderung vorliegt. **(0,5 P.)**

Bei Wirtschaftsgütern des abnutzbaren Anlagevermögens kann steuerrechtlich von einer voraussichtlich dauernden Wertminderung ausgegangen werden, wenn der Wert des jeweiligen Wirtschaftsguts zum Bilanzstichtag mindestens für die halbe Restnutzungsdauer unter dem planmäßigen Restbuchwert liegt (BMF v. 02.09.2016, BStBl 2016 I S. 995 – Tz. 8). **(1,0 P.)**

Berechnung:

Restbuchwert	35.000,00 €	
: 2 = hälftiger planmäßiger Buchwert	17.500,00 €	**(1,0 P.)**
> Teilwert	15.000,00 €	

Hiernach liegt der Wert für mindestens die Hälfte der Restnutzungsdauer unter dem planmäßigen Restbuchwert, sodass auch steuerrechtlich eine voraussichtlich dauernde Wertminderung vorliegt. **(1,0 P.)**

Handels- und steuerrechtlich ist die Maschine deshalb auf den beizulegenden Zeitwert/Teilwert von 15.000 € abzuschreiben. **(0,5 P.)**

Kontenentwicklung:

	Bilanzwert zum 31.12.2019	40.000,00 €	
-	AfA 2020	5.000,00 €	
-	Teilwertabschreibung	20.000,00 €	**(1,0 P.)**
=	Bilanzwert zum 31.12.2020	15.000,00 €	**(0,5 P.)**

Buchung: (0,5 P.)

| Außerplanmäßige Abschreibung | 20.000,00 € | an | Maschine | 20.000,00 € |

Gewinnauswirkung: gewinnmindernd um 20.000 €. **(1,0 P.)**

Sachverhalt 3

Die erworbene Beteiligung gehört gem. § 4 Abs. 1 EStG i. V. m. H 4.2 Abs. 1 EStH „Beteiligungen" zum notwendigen Betriebsvermögen des M, weil sie die eigene gewerbliche Tätigkeit ergänzt. Mindestens ist sie nach dem Willen des M gem. R 4.2 Abs. 1 Satz 3 EStR als gewillkürtes Betriebsvermögen zu behandeln, sodass M diese Beteiligung deshalb zutreffend als Betriebsvermögen behandelt hat. **(1,0 P.)**

Die Beteiligung i. S. d. § 271 Abs. 1 Satz 3 HGB ist dem nicht abnutzbaren Anlagevermögen zuzuordnen (§ 247 Abs. 2 HGB und R 6.1 Abs. 1 Satz 6 EStR). Weil die Beteiligung bereits seit 2012 bilanziert wird, wird im Übrigen auf R 6b.3 Abs. 1 Satz 2 EStR hingewiesen, wonach die Wirtschaftsgüter als Anlagevermögen angesehen werden, wenn sie mindestens sechs Jahre dem Betrieb zugehören. **(1,0 P.)**

Die Beteiligung an der Kapitalgesellschaft ist gem. § 253 Abs. 1 Satz 1 HGB i. V. m. § 6 Abs. 1 Nr. 2 Satz 1 EStG grundsätzlich mit den Anschaffungskosten zu bewerten. **(0,5 P.)**

Handelsrechtlich besteht bei Finanzanlagen bei der hier vorliegenden vorübergehenden Wertminderung nach § 253 Abs. 3 Satz 6 HGB die Möglichkeit, auf den niedrigeren beizulegenden Wert abzuschreiben. **(1,0 P.)**

Steuerrechtlich steht dem § 5 Abs. 6 i. V. m. § 6 Abs. 1 Nr. 2 Satz 2 EStG entgegen, weil die Vornahme einer Teilwertabschreibung wegen der nicht vorliegenden voraussichtlich dauernden Wertminderung unzulässig ist. **(1,0 P.)**

In der Handelsbilanz ist keine Buchung erforderlich, weil die Teilwertabschreibung bereits zutreffend erfasst worden ist. **(0,5 P.)**

Steuerlich ist der Gewinn außerbilanziell gem. § 60 Abs. 2 Satz 1 EStDV um 20.000 € zu erhöhen. **(0,5 P.)**

M hat zunächst das Darlehen gegenüber der A & K GmbH zutreffend als eigenständiges Wirtschaftsgut ausgewiesen. Der unwiderrufliche Verzicht auf die Rückzahlung der vollwertigen Forderung des M stellt eine verdeckte Einlage i. S. d. R 8.9 Abs. 1 KStR dar, weil der Vermögensvorteil bei der GmbH in einer Verminderung von Schulden besteht. **(1,0 P.)**

Bei dem Gesellschafter M führt die verdeckte Einlage zu einer nachträglichen Erhöhung der Anschaffungskosten der Beteiligung (H 6.2 EStH „Beteiligung an Kapitalgesellschaft"). **(1,0 P.)**

Der Vorteil der zinslosen Darlehensgewährung kann nicht Gegenstand einer verdeckten Einlage sein und führt deshalb zwangsläufig auch nicht zu einer nachträglichen Erhöhung der Anschaffungskosten auf die Beteiligung (H 8.9 KStH „Einlagefähiger Vermögensvorteil" und „Nutzungsvorteile"). **(0,5 P.)**

Bilanzansätze zum 31.12.2020:

	Bilanzansatz (bisher)	70.000,00 €	
+	Darlehensverzicht	15.000,00 €	**(0,5 P.)**
=	HB zum 31.12.2020	85.000,00 €	**(0,5 P.)**
+	Teilwertabschreibung	20.000,00 €	
=	StB zum 31.12.2020	**105.000,00 €**	**(0,5 P.)**

Buchung:

Beteiligung	15.000,00 €	an	Forderungsverluste	15.000,00 €

Gewinnauswirkung: gewinnerhöhend um 15.000 €. **(0,5 P.)** Der steuerliche Gewinn ist gem. § 60 Abs. 2 Satz 1 EStDV außerbilanziell um 20.000 € zu erhöhen. **(0,5 P.)**

Sachverhalt 4

zu a)

Nach dem „Leasing-Erlass" (BMF v. 19.04.1971, BStBl 1971 I S. 264 = H 4.2 Abs. 1 EStH „Leasing" i. V. m. Anhang 21) ist der Leasing-Gegenstand bei Leasing-Verträgen mit Kaufoption regelmäßig dem Leasing-Geber zuzurechnen, wenn die Grundmietzeit mindestens 40 % und höchstens 90 % der betriebsgewöhnlichen Nutzungsdauer des Leasing-Gegenstandes beträgt und der für den Fall der Ausübung des Optionsrechts vorgesehene Kaufpreis nicht niedriger ist als der unter Anwendung der linearen AfA nach der amtlichen AfA-Tabelle ermittelte Buchwert oder der niedrigere gemeine Wert im Zeitpunkt der Veräußerung (Tz. III Nr. 2a des Erlasses): **(2,0 P.)**

- Grundmietzeit des Leasingvertrages: drei Jahre
- Nutzungsdauer des Lkw: sechs Jahre

Die Grundmietzeit liegt mit 50 % zwischen 40 % und 90 % der betriebsgewöhnlichen Nutzungsdauer. **(1,0 P.)**

Der Kaufpreis (22.000 €) ist nicht niedriger, sondern liegt über dem fiktiven Buchwert, der sich bei einer linearen Abschreibung zu diesem Zeitpunkt ergeben würde (40.000 € - 50 % von 40.000 € = 20.000 €). **(1,0 P.)**

Der Lkw ist somit dem Leasing-Geber (Leasing-AG) **(1,0 P.)** als wirtschaftlicher Eigentümer i. S. d. § 39 Abs. 2 Nr. 1 AO **(1,0 P.)** zuzurechnen.

Eine AfA kann M deshalb nicht geltend machen; **(1,0 P.)** die Leasingraten stellen Betriebsausgaben i. S. d. § 4 Abs. 4 EStG dar (Tz. IV Nr. 2 des Erlasses). **(1,0 P.)**

Die Vorsteuer aus den Leasingraten ist gem. § 15 Abs. 1 Nr. 1 UStG abzugsfähig und von M daher zutreffend gebucht worden. **(0,5 P.)**

Das Leasingverhältnis entspricht in seiner Behandlung dem eines Mietverhältnisses. Die einmalig zu Beginn der Grundmietzeit geleistete Sonderzahlung ist deshalb (wie eine Mietvorauszahlung) nach § 250 Abs. 1 HGB **(0,5 P.)** und § 5 Abs. 5 Satz 1 Nr. 1 EStG **(0,5 P.)** i. V. m. R 5.6 Abs. 1 und 2 EStR im Wege einer Rechnungsabgrenzung auf die Grundmietzeit aktiv abzugrenzen. **(1,0 P.)**

Die Vorsteuer aus der Sonderzahlung ist gem. § 15 Abs. 1 Nr. 1 UStG abzugsfähig und noch zu buchen. **(0,5 P.)**

Kontenentwicklung:

Bildung akt. RAP ab 03.07.2020	6.000,00 €	
- Anteil 2020: $^{6}/_{36}$ Monate	1.000,00 €	**(1,0 P.)**
= Bilanzansatz 31.12.2020	5.000,00 €	**(0,5 P.)**

Korrekturbuchung:

aktiver RAP	5.000,00 €				
Vorsteuer	960,00 €	an	Kfz-Kosten	5.960,00 €	**(0,5 P.)**

Gewinnauswirkung: gewinnerhöhend um 5.960 € **(0,5 P.)**

zu b)

Eine Rückstellung für ungewisse Verbindlichkeiten nach § 5 Abs. 1 Satz 1 Halbsatz 1 EStG i. V. m. § 249 Abs. 1 Satz 1 HGB **(0,5 P.)** darf für die Zahlung der TÜV-Gebühren nicht gebildet werden. **(0,5 P.)**

Eine solche Rückstellung kann unter den Voraussetzungen des R 5.7 Abs. 2 Nr. 1 i. V. m. Abs. 4 EStR **(0,5 P.)** zwar auch für öffentlich-rechtliche Verpflichtungen gebildet werden. Zum 31.12.2020 war jedoch die Verpflichtung rechtlich noch nicht wirtschaftlich verursacht/entstanden. Die Annahme einer wirtschaftlichen Verursachung setzt voraus, dass der Tatbestand an den das Gesetz oder der Vertrag die Verpflichtung knüpft, im Wesentlichen verwirklicht ist (R 5.7 Abs. 3 EStR). Hier entsteht die Verpflichtung zur Untersuchung erst im Februar 2021. **(1,0 P.)**

Korrekturbuchung:

| Sonstige Rückstellung | 360,00 € | an | Kfz-Kosten | 360,00 € | **(0,5 P.)** |

Gewinnauswirkung: gewinnerhöhend um 360 € **(0,5 P.)**

Sachverhalt 5

Bei dem tariflichen Urlaubsanspruch des Arbeitnehmers handelt es sich um einen am Bilanzstichtag bestehenden Erfüllungsrückstand **(0,5 P.)** seitens des Arbeitgebers, der eine ungewisse Verbindlichkeit **(0,5 P.)** i. S. d. § 249 Abs. 1 HGB i. V. m. § 5 Abs. 1 Satz 1 Halbsatz 1 EStG bzw. R 5.7 Abs. 2 Nr. 1 EStR darstellt. **(0,5 P.)**

Es besteht somit handels- und steuerrechtlich eine Rückstellungspflicht.

Die Höhe der Rückstellung ergibt sich gem. H 6.11 EStH „Urlaubsverpflichtung" wie folgt: **(0,5 P.)**

	Tariflohn	36.000,00 €	**(0,5 P.)**
+	Arbeitgeberanteile	9.000,00 €	**(0,5 P.)**
+	tarifliches Urlaubsgeld	2.500,00 €	**(0,5 P.)**
=	Bemessungsgrundlage	47.500,00 €	

Jährlich vereinbarte, d. h. unabhängig von der auf einen bestimmten Zeitabschnitt entfallenden Arbeitsleistung gewährte Sondervergütungen (hier: Gewinnbeteiligung) sowie Lohnerhöhungen im Folgejahr sind in die Berechnung nicht einzubeziehen. **(1,0 P.)**

47.500 € : 250 reguläre Arbeitstage = 190 € Tageskostensatz • 15 offene Urlaubstage (Arbeitstage) = 2.850 € Urlaubsrückstellung für den betreffenden Arbeitnehmer. **(1,5 P.)**

Bilanzansatz sonstige Rückstellungen 31.12.2020: 2.850 €.

Buchung:

| Lohnaufwand | 2.850,00 € | an | sonstige Rückstellungen | 2.850,00 € | **(0,5 P.)** |

Gewinnauswirkung: gewinnmindernd um 2.850 € **(0,5 P.)**

Teil 2: Jahresabschlussanalyse
1. Eigenkapitalquote

Die Eigenkapitalquote (auch Finanzierung) gibt Auskunft über das Verhältnis der Finanzierung mit Eigen- und Fremdmitteln.

Je höher die Eigenkapitalquote ist, desto solider und krisenfester ist die Finanzierung.

$$\text{Eigenkapitalquote} = \frac{\text{Eigenkapital} \cdot 100}{\text{Gesamtkapital}} = \frac{200 \cdot 100}{625} = 32\,\% \textbf{ (1,0 P.)}$$

Vorteile einer hohen Eigenkapitalquote sind:
- geringe Liquiditätsbelastung aus Zinsen und Tilgung
- im Bedarfsfall Kreditwürdigkeit, da das Eigenkapital haftet
- kein Mitspracherecht der Gläubiger
- das Eigenkapital kann nicht gekündigt werden.

Eine Eigenkapitalquote von mehr als 30 % ist als gut einzustufen. **(1,0 P.)**

2. Anlagendeckungsgrad I

Der Anlagendeckungsgrad I (auch Investierung) ist ein wichtiger Maßstab zur Beurteilung der Kapitalausstattung und damit der finanziellen Stabilität des Unternehmens.

$$\text{Anlagendeckungsgrad I} = \frac{\text{Eigenkapital} \cdot 100}{\text{Anlagevermögen}} = \frac{200 \cdot 100}{250} = 80\,\% \textbf{ (1,0 P.)}$$

Die Investierung wird allgemein als gut bezeichnet, wenn das Eigenkapital das gesamte Anlagevermögen und das kurzfristig notwendige Umlaufvermögen deckt. Unter dieser Bedingung kann das Unternehmen im Regelfall auch dann weiter existieren, wenn die Gläubiger das Fremdkapital abziehen. Diese allgemeine Auffassung muss jedoch relativiert werden mit der Feststellung, dass weltweit die Eigenkapitalquote der Unternehmen ständig sinkt und insbesondere in deutschen Unternehmen eine Eigenkapitalquote ab 30 % bereits als sehr gut bezeichnet werden kann. Im vorliegenden Fall sind nur 80 % des Anlagevermögens durch Eigenkapital gedeckt. **(1,0 P.)**

3. Anlagendeckungsgrad II

Bei einem ungünstigen Anlagendeckungsgrad I darf nicht übersehen werden, dass langfristiges Fremdkapital, wie Pensionsrückstellungen und Festhypotheken mit einer längeren Laufzeit, die Investitionen fast so gut absichern wie das Fremdkapital.

$$\text{Anlagendeckungsgrad II} = \frac{(\text{EK} + \text{lang. FK}) \cdot 100}{\text{Anlagevermögen}} = \frac{400 \cdot 100}{250} = 160\,\% \textbf{ (1,0 P.)}$$

Bei einer Beurteilung unter dem Gesichtspunkt des Anlagendeckungsgrades II zeigt sich, dass außer dem Anlagevermögen auch ein Teil des Umlaufvermögens langfristig sicher finanziert ist. **(1,0 P.)**

4. Vermögensstruktur und Vermögensaufbau

Die Kennzahl des Vermögensaufbaus erfasst das Verhältnis des Anlagevermögens zum Umlaufvermögen. Diese Relation ist grundsätzlich branchenabhängig und deshalb unterschiedlich auszulegen.

$$\text{Vermögensstruktur} = \frac{\text{Anlagevermögen} \cdot 100}{\text{Umlaufvermögen}} = \frac{250 \cdot 100}{375} = 66{,}67\ \% \textbf{ (1,0 P.)}$$

Bei der Beurteilung muss gesehen werden, dass das Anlagevermögen langfristig Aufwendungen in Form von Instandsetzungsarbeiten, Versicherungsprämien, Steuern, Zinsen und Abschreibungen verursacht, ein wirtschaftliches und technisches Risiko birgt und den Betrieb unflexibel macht. Aber auch das Umlaufvermögen bindet Kapital, verursacht Lagerkosten und beinhaltet Risiken. **(1,0 P.)**

5. Liquidität I., II. und III. Grades

Die Liquidität ist die Fähigkeit des Unternehmens, jederzeit seinen Zahlungsverpflichtungen nachzukommen.

$$\text{Liquidität I. Grades} = \frac{\text{Flüssige Mittel} \cdot 100}{\text{Kurzfristiges Fremdkapital}} = \frac{25 \cdot 100}{225} = 11{,}11\ \% \textbf{ (1,0 P.)}$$

Zur Begleichung der besonders dringlichen Verbindlichkeiten (z. B. Schuldwechsel) müssen immer Zahlungsmittel bereitstehen. Obwohl aus der Bilanz nicht ersichtlich ist, wie hoch die besonders dringlichen Verbindlichkeiten sind, muss hier gesagt werden, dass die Liquidität I. Grades äußerst unbefriedigend ist.

Die Liquidität II. Grades berücksichtigt zusätzlich die Forderungen bei Unterstellung, dass die Laufzeit der Forderungen in etwa der der kurzfristigen Verbindlichkeiten entspricht.

$$\text{Liquidität II. Grades} = \frac{(\text{Flüssige Mittel} + \text{Ford.}) \cdot 100}{\text{Kurzfristiges Fremdkapital}} = \frac{175 \cdot 100}{225} = 77{,}78\ \% \textbf{ (1,0 P.)}$$

Auch die Liquidität II. Grades ist bei der vorliegenden Unternehmung äußerst bedenklich.

Liquiditätl III. Grades = $\dfrac{\text{Umlaufvermögen} \cdot 100}{\text{Kurzfristiges Fremdkapital}} = \dfrac{375 \cdot 100}{225} = 166{,}67\,\%$ **(1,0 P.)**

Die Liquidität III. Grades setzt das gesamte Umlaufvermögen ins Verhältnis zum kurzfristigen Fremdkapital. Daher sollte das gesamte Umlaufvermögen mindestens den doppelten Wert der kurzfristigen Verbindlichkeiten ausmachen. Auch diese Forderung ist hier nicht erfüllt. Dem Unternehmen muss dringend geraten werden, Vorräte und evtl. auch Anlagevermögen abzubauen und die Laufzeit der Forderungen zu reduzieren. **(1,0 P.)**

Teil 3: Gesellschaftsrecht

zu 1a)

Notwendige Organe der GmbH sind:

- der oder die Geschäftsführer, §§ 6 Abs. 1, 35 GmbHG **(1,0 P.)**
- die Gesellschafterversammlung, § 48 Abs. 1 GmbHG, als die Gesamtheit aller Gesellschafter. **(1,0 P.)**

zu 1b)

Nicht notwendiges Organ der GmbH ist der Aufsichtsrat (bzw. Beirat) als Kontrollorgan; dieser ist in vorliegendem Fall wahlfrei, d. h. es besteht grundsätzlich keine gesetzliche Verpflichtung (§ 52 Abs. 1 GmbHG). **(1,0 P.)**

zu 2a)

Der oder die Geschäftsführer führen die Geschäfte der GmbH im Innenverhältnis und vertreten diese gem. § 35 Abs. 1 GmbH gerichtlich und außergerichtlich im Außenverhältnis. **(1,0 P.)**

zu 2b)

Die Bestellung des/der Geschäftsführer ist zwingend, denn die GmbH muss gem. § 6 Abs. 1 GmbHG einen oder mehrere Geschäftsführer haben. **(1,0 P.)**

Geschäftsführer kann nur eine natürliche, unbeschränkt geschäftsfähige Person sein. Hierzu können entweder Gesellschafter oder andere Personen bestellt werden, § 6 Abs. 2 Satz 1 und Abs. 3 Satz 1 GmbHG. **(0,5 P.)**

Die Bestellung erfolgt gem. § 6 Abs. 3 Satz 2 GmbHG regelmäßig durch den Gesellschaftsvertrag oder gem. § 46 Nr. 5 GmbHG durch Beschluss der Gesellschafter. **(0,5 P.)**

zu 3)

Der Gesellschafter ist insbesondere folgenden Haftungsrisiken gegenüber der GmbH ausgesetzt:

- Der Geschäftsführer muss die Sorgfalt eines ordentlichen Geschäftsmannes anwenden (§ 43 Abs. 1 GmbHG). Bei Pflichtverletzung haftet der Geschäftsführer der Gesellschaft deshalb gem. § 43 Abs. 2 GmbHG für Schäden, die bei Ausführung seiner Tätigkeit entstehen. **(1,0 P.)**
- Der Geschäftsführer ist gem. § 43 Abs. 3 GmbHG auch zum Ersatz verpflichtet, wenn er gegen die Bestimmung des § 30 GmbHG (Erhaltung des Stammkapitals) **(0,5 P.)** bzw. des § 33 GmbHG (Erwerb eigener Geschäftsanteile der Gesellschaft) verstößt. **(0,5 P.)**
- Der Geschäftsführer haftet der GmbH auch für Schäden, die durch schuldhaft falsche Angaben bei der Gründung (§ 9a Abs. 1 GmbHG) und der Kapitalerhöhung (§ 57 Abs. 4 GmbHG) entstehen. **(0,5 P.)**
- Im Falle einer Insolvenzantragspflicht ist der Geschäftsführer der Gesellschaft gem. § 64 Abs. 2 Satz 1 GmbHG zum Ersatz von Zahlungen verpflichtet, die nach Eintritt der Zahlungsunfähigkeit der Gesellschaft oder nach Feststellung der Überschuldung geleistet werden. **(1,0 P.)**

zu 4a)

Die Feststellung des Jahresabschlusses und der Ergebnisverwendung ist gem. § 46 Nr. 1 GmbHG von den Gesellschaftern vorzunehmen (vgl. auch § 42a Abs. 2 Satz 1 GmbHG). **(1,0 P.)**

zu 4b)

Die Einforderung von Nachschüssen auf die Stammeinlage obliegt gem. § 26 Abs. 1 GmbHG ebenfalls den Gesellschaftern (§ 46 Nr. 2 GmbHG). **(0,5 P.)**

Die Beschlüsse der Gesellschafter werden gem. § 48 Abs. 1 GmbHG in der Gesellschafterversammlung gefasst. **(0,5 P.)**

Sechster Prüfungssatz

Steuerrecht I

Teil 1: Einkommensteuer/Gewerbesteuer
Ermittlung der steuerlichen Einkünfte

Einkünfte aus künstlerischer Tätigkeit

Als selbstständige Künstlerin erzielt A. J. Einkünfte aus selbstständiger Arbeit, § 18 Abs. 1 Nr. 1 EStG. **(1,0 P.)**

zu a)

Der Gewinn ist für den VZ 2020 unter Beachtung des § 4 Abs. 3 EStG wie folgt zu ermitteln: **(0,5 P.)**

Betriebseinnahmen	250.000,00 €
abzüglich Betriebsausgaben	- 50.000,00 €

zu b)

Die Veräußerung des Grundstücks Glückstr. 17 führt insoweit zur Erhöhung ihrer Einkünfte aus selbstständiger Arbeit, als es als notwendiges Betriebsvermögen im Rahmen ihrer künstlerischen Tätigkeit anzusehen ist, mithin zu $4/5$. **(1,0 P.)**

Die Zinsen für das Atelier sind zu $4/5$ als Betriebsausgaben zu berücksichtigen: 1.800 € • 5 Monate • $4/5$ **(0,5 P.)**   - 7.200,00 €

Der Veräußerungspreis ist zu $4/5$ als Betriebseinnahme anzusetzen.

Zu den Betriebseinnahmen gehören:

Veräußerungspreis	600.000,00 €
Übernahme der Verbindlichkeiten	300.000,00 €
	900.000,00 € **(0,5 P.)**

• $4/5 =$ + 720.000,00 €

Die Restwerte des Grundstücks sind dem Anlageverzeichnis zu entnehmen und als Betriebsausgabe zu berücksichtigen. **(0,5 P.)**

Sie sind vollständig zu berücksichtigen, da nur der freiberuflich genutzte Gebäudeteil Gegenstand des Anlageverzeichnisses sein kann. **(0,5 P.)**

Grund und Boden **(0,5 P.)**   - 150.000,00 €

Für das Gebäude ist vorab die restliche Abschreibung bis zum 31.05.2020 als Betriebsausgabe abzuziehen: **(1,0 P.)**

Jahresabschreibung (wie bisher) 15.000 € für 5 Monate **(0,5 P.)**   - 6.250,00 €

Restwert Gebäude 31.05.2020:

Stand 31.12.2019	380.000,00 €	
anteilige AfA 2020	6.250,00 €	
Bestand 31.05.2020	373.750,00 €	**(0,5 P.)** - 373.750,00 €

Die stillen Reserven aus der Veräußerung von Grund und Boden und Gebäude sind nach § 6c Abs. 1 i. V. m. § 6b EStG als Betriebsausgabe (als „Rücklagenersatz") zu berücksichtigen. **(1,5 P.)**

Die Voraussetzungen des § 6b Abs. 2 - 4 EStG sind erfüllt. Insbesondere gehörten Grund und Boden und Gebäude mindestens sechs Jahre ununterbrochen zum Anlagevermögen einer inländischen Betriebsstätte. **(1,0 P.)**

Als „fiktive" Betriebsausgaben sind i. S. v. § 6b Abs. 2 EStG die Veräußerungspreise abzüglich der „Buchwerte" zu berücksichtigen: **(1,0 P.)**

Grund und Boden: VP 900.000 € · 4/5 · 20 %

                         abzüglich 150.000 € **(0,5 P.)**   - 6.000,00 €

Gebäude: VP 900.000 € · 4/5 · 80 %

                         abzüglich 373.750 € **(0,5 P.)**   - 202.250,00 €

zu c)

Mietvorauszahlungen sind im Rahmen der Gewinnermittlung gem. § 4 Abs. 3 EStG grundsätzlich als Betriebsausgaben sofort und in voller Höhe bei Abfluss zu berücksichtigen. **(0,5 P.)**

Werden aber Ausgaben für eine Nutzungsüberlassung von mehr als fünf Jahren im Voraus geleistet, sind sie insgesamt auf den Zeitraum gleichmäßig zu verteilen, für den die Vorauszahlung geleistet wird, § 11 Abs. 2 Satz 3 EStG. **(1,0 P.)**

Deshalb ist die Mietvorauszahlung auf zehn Jahre zu verteilen:

88.900 € · 1/10 · 7/12 **(0,5 P.)**   - 5.186,00 €

zu d)

A. J. kann den Pkw dem notwendigen Betriebsvermögen zuordnen, da er mit 60 % zu mehr als 50 % betrieblich genutzt wird. **(1,0 P.)**

Die laufenden Pkw-Kosten sind deshalb zu Recht als Betriebsausgaben abgezogen worden. **(0,5 P.)**

Zusätzlich ist aber noch die Abschreibung zu berechnen und als Betriebsausgabe zu berücksichtigen: **(0,5 P.)**

Die Abschreibung ist nach § 7 Abs. 2 EStG degressiv und zeitanteilig vorzunehmen. **(1,0 P.)**

Die Abschreibung gem. § 7g Abs. 1 EStG kann aufgrund der zu hohen privaten Nutzungsanteile nicht angewendet werden. **(1,0 P.)**

Berechnung der Abschreibung:

AK (netto) 40.000 € · 25 % · 9/12 **(1,0 P.)**	- 7.500,00 €

Ferner ist der Investitionsabzugsbetrag gem. § 7g EStG aus 2018 insoweit als fiktive Betriebseinnahmen aufzulösen, wie A. J. (zu 40 %) investiert hat. **(1,0 P.)**

Tatsächliche AK 40.000 € · 40 % **(1,0 P.)**	+ 16.000,00 €

Die 2018 zusätzlich als fiktive Betriebsausgaben abgezogenen (20.000 € - 16.000 € =) 4.000 € können beibehalten werden, da die Investitionsfrist noch nicht abgelaufen ist. **(1,0 P.)**

Ein Gewinnzuschlag ist nicht zu berechnen. **(1,0 P.)**

Die private Nutzung ist gem. § 6 Abs. 1 Nr. 4 Satz 2 EStG anhand der 1 %-Regelung **(0,5 P.)** zu erfassen, da der Pkw zu mehr als 50 % betrieblich genutzt wird: **(0,5 P.)**

Listenpreis (brutto) 52.000 € · 1 % · 9 Monate **(1,0 P.)**	+ 4.680,00 €

Ein Ansatz anhand der 0,03 %-Methode für etwaige Fahrten zwischen Wohnung und Atelier unterbleibt, da sich beides in einem Haus befindet. **(0,5 P.)**

= Einkünfte aus selbstständiger Arbeit	182.544,00 €

V-GmbH/Grundstück in Oberhausen, Ludwigstraße

Aus der Vermietung des Grundstücks an die V-GmbH erzielt A. J. keine Einkünfte aus Vermietung und Verpachtung i. S. v. § 21 Abs. 1 Nr. 1 EStG. **(0,5 P.)**

In den Fällen, in denen eine steuerliche Betriebsaufspaltung vorliegt, werden Einkünfte aus Gewerbebetrieb (§ 15 Abs. 2, Abs. 1 Nr. 1 EStG) erzielt, § 21 Abs. 3 EStG, vgl. auch H 15.7 Abs. 4 Allgemeines EStH. **(2,0 P.)**

Im vorliegenden Fall sind die Voraussetzungen einer Betriebsaufspaltung seit dem 01.11.2018 erfüllt:

- Eine personelle Verflechtung liegt vor, da A. J. beherrschend an der Mieterin V-GmbH beteiligt ist, vgl. H 15.7 Abs. 6 EStH. **(1,0 P.)**
- Eine sachliche Verflechtung liegt vor, da A. J. in Gestalt der Immobilie der GmbH eine wesentliche Betriebsgrundlage überlässt, H 15.7 Abs. 5 EStH. **(1,0 P.)**

Damit sind sowohl das Grundstück als auch die GmbH-Beteiligung dem gewerblichen notwendigen Betriebsvermögen zuzurechnen, da es sich um Wirtschaftsgüter handelt, die die (gewerblichen) Rechtsfolgen begründen. **(1,0 P.)**

Die Einkünfte sind laut Aufgabenstellung gem. § 4 Abs. 1, § 5 EStG zu ermitteln. **(0,5 P.)**

Die Einkünfte aus Gewerbebetrieb ermitteln sich wie folgt:

Mieterträge: 10.000 € · 12 Monate	120.000,00 €
Da sich die GmbH-Beteiligung im Betriebsvermögen befindet, sind Ausschüttungen bei den Einkünften aus Gewerbebetrieb anzusetzen, § 20 Abs. 1 Nr. 1, Abs. 8 EStG: **(1,0 P.)**	
Bei der Gewinnermittlung nach den §§ 4 Abs. 1, 5 EStG ist der Anspruch auf Ausschüttung zum 31.12.2020 als Forderung zu erfassen, da der Beschluss über die Gewinnausschüttung bereits im Dezember 2020 erfolgte. **(1,0 P.)**	
Offene Gewinnausschüttung, § 20 Abs. 1 Nr. 1, Abs. 8 EStG: in Bruttohöhe: **(0,5 P.)**	+ 50.000,00 €
steuerfrei und außerhalb der Bilanz abzuziehen: 50.000 € · 40 %, § 3 Nr. 40a, § 3 Nr. 40 Satz 2 EStG **(1,0 P.)**	− 20.000,00 €
Aufwendungen (Zinsen) hinsichtlich der Beteiligung als Betriebsausgaben: **(0,5 P.)**	− 2.000,00 €
Nichtabziehbar (s. o.) zu 40 %, § 3c Abs. 2 EStG **(1,0 P.)**	+ 800,00 €
Das Gebäude ist mit 3 % p. a. (§ 7 Abs. 4 Nr. 1 EStG) abzuschreiben. **(1,0 P.)**	

Die Bemessungsgrundlage ermittelt sich wie folgt:

AK Gesamtobjekt: 1.000.000 € **(0,5 P.)**

Anteil Gebäude 75 % **(0,5 P.)**   750.000,00 €

Die innerhalb der ersten drei Jahre seit Anschaffung angefallenen Erhaltungsaufwendungen 2020 (netto 21.500 €) und 2021 (netto 100.000 €) i. H. v. 121.500 € übersteigen 15 % der Gebäude-AK (750.000 € · 15 % = 112.500 €). **(1,5 P.)**

Sie sind deshalb zu aktivieren, § 6 Abs. 1 Nr. 1a EStG. **(1,0 P.)**

Zum 01.01.2020 (R 7.4 Abs. 9 Satz 3 EStR) **(1,0 P.)** erhöht sich die AfA-BMG um den in 2020 aufgewendeten Netto-Betrag, da A. J. zum Vorsteuerabzug berechtigt ist.   21.500,00 €

AfA-BMG ab 01.01.2020   771.500,00 €

• 3 %, § 7 Abs. 4 Nr. 1 EStG **(1,0 P.)**	− 23.145,00 €
Schuldzinsen für das Objekt **(0,5 P.)**	− 3.000,00 €
= vorläufiger Gewinn aus Gewerbebetrieb	+ 122.655,00 €

Aufgrund des Bilanzierungsprinzips ist eine Gewerbesteuerrückstellung zu berechnen und zu passivieren (R 5.7 Abs. 1 Satz 2 EStR):

Vorläufiger Gewinn aus Gewerbebetrieb **(1,0 P.)**		+ 122.655,00 €

Hinzurechnung von Entgelten für Schulden, soweit sie den Gewerbeertrag gemindert haben, § 8 Nr. 1a GewStG: **(1,0 P.)**

Grundstücksfinanzierung	3.000,00 €
Beteiligungsfinanzierung	1.000,00 €
Summe	4.000,00 € < 100.000,00 € **(0,5 P.)**

Eine Hinzurechnung gem. § 8 Nr. 5 GewStG unterbleibt, da die Ausschüttungen der Kürzung des § 9 Nr. 2a GewStG unterliegen. **(1,0 P.)**

Eine Kürzung gem. § 9 Nr. 1 GewStG ist vorzunehmen:

Einheitswert 30.000 € • 140 % • 1,2 % **(1,0 P.)**	- 504,00 €

Eine Kürzung gem. § 9 Nr. 2a GewStG ist in Höhe des Betrages vorzunehmen, der einkommensteuerrechtlich eine steuerpflichtige Betriebseinnahme darstellte. Zu Beginn des Erhebungszeitraums bestand eine mindestens 10 %-ige Beteiligung an einer KapG: **(1,5 P.)**

	- 30.000,00 €
	92.151,00 €
Abrundung	92.100,00 €
abzgl. Freibetrag, § 11 Abs. 1 Nr. 1 GewStG **(0,5 P.)**	- 24.500,00 €
	67.600,00 €
• 3,5 % Steuermesszahl = Steuermessbetrag **(0,5 P.)**	2.366,00 €
• 550 % Hebesatz = Rückstellung **(0,5 P.)**	13.013,00 €
außerbilanzielle Hinzurechnung **(0,5 P.)**	13.013,00 €
= Einkünfte aus Gewerbebetrieb	122.655,00 €

Aktienverkauf

Aus der Veräußerung der Aktien erzielt A. J. steuerpflichtige Einkünfte aus Kapitalvermögen i. S. v. § 20 Abs. 2 Nr. 1 EStG **(1,0 P.)**, i. V. m. Abs. 4 Satz 6 EStG. **(1,0 P.)**

Diese Einkünfte unterliegen jedoch der Abgeltungsteuer, sodass ein Ansatz unterbleibt. **(1,0 P.)**

Verkauf Wohnung Glückstr. 17

Die Veräußerung der im Privatvermögen gehaltenen Wohnung Glückstr. 17 (Anteil ⅕) erfolgt zwar innerhalb von zehn Jahren seit Anschaffung, § 23 Abs. 1 Nr. 1 EStG. **(0,5 P.)**

Aufgrund der Freistellung in § 23 Abs. 1 Nr. 1 Satz 3 EStG unterbleibt aber ein Ansatz bei den Einkünften, da A. J. das Obergeschoss zu eigenen Wohnzwecken genutzt hat. **(2,0 P.)**

Vermietung der Ferienwohnung auf Rügen

Aus der Vermietung der Ferienwohnung erzielt A. J. Einkünfte aus Vermietung und Verpachtung, § 21 Abs. 1 Nr. 1 EStG. **(1,0 P.)**

Der Sachverhalt enthält keine Angaben, die zu Einkünften aus Gewerbebetrieb führen könnten (z. B. Übernahme von hotelüblichen Zusatzleistungen etc.). **(1,0 P.)**

Die Vermietung ist umsatzsteuerpflichtig, da es sich um eine kurzfristige Vermietung i. S. v. § 4 Nr. 12 Satz 2 UStG handelt. Entsprechend hat A. J. das Recht, die Vorsteuer aus den Anschaffungskosten als Werbungskosten abzuziehen: **(1,0 P.)**

Mieteinnahmen, § 11 Abs. 1 EStG (brutto) **(0,5 P.)**	16.050,00 €
erstattete Vorsteuern (38.000 € + 1.600 €) **(0,5 P.)**	+ 39.600,00 €
Werbungskosten, § 9 Abs. 1 EStG	
gezahlte Umsatzsteuer **(1,0 P.)**	- 1.050,00 €
gezahlte Vorsteuer (38.000 € + 1.600 €) **(1,0 P.)**	- 39.600,00 €
Fenster/Erhaltungsaufwand **(1,0 P.)**	- 10.000,00 €
Eine Verteilung gem. § 82b EStDV auf drei Jahre ist bei Vermietung und Verpachtung einer Ferienwohnung nicht möglich, da es sich nicht um eine Überlassung zu „Wohnzwecken" handelt. **(2,0 P.)**	
Abschreibung:	
AK: 107 % von 200.000 € · 60 % · 2 % **(1,0 P.)**	- 2.568,00 €
= Einkünfte aus Vermietung und Verpachtung	2.432,00 €

Teil 2: Körperschaftsteuer

Ausgangspunkt für die Einkommensermittlung ist der Jahresüberschuss 2020 i. H. v.	87.000,00 €

zu Tz. 1

Der Gewinnanspruch aus der Beteiligung ist bereits mit dem Gewinnverteilungsbeschluss am 13.12.2020 entstanden und somit zu aktivieren. **(1,0 P.)**	+ 7.500,00 €
Gewinnanteil: 30.000 € · 25 % = 7.500 € **(0,5 P.)**	
Der Beteiligungsertrag bleibt nach § 8b Abs. 1 KStG steuerfrei: **(1,0 P.)**	- 7.500,00 €

Nach § 8b Abs. 5 KStG gelten 5 % der steuerfreien Ausschüttung als nicht abziehbare Betriebsausgabe. **(1,0 P.)** +375,00 €

Die Kapitalertragsteuer i. H. v. 1.875 € **(1,0 P.)** ist als nichtabziehbare Ausgabe im Rahmen der Einkommensermittlung wieder hinzuzurechnen (§ 10 Nr. 2 KStG): **(0,5 P.)** +1.875,00 €

zu Tz. 2

Durch den Forderungsverzicht der dem Gesellschafter nahestehenden Person Wolter im Dezember 2020 ist die bis dahin bestehende Verbindlichkeit erloschen. Sie hätte daher gewinnerhöhend aufgelöst werden müssen. Dadurch ergibt sich innerhalb der Bilanz eine Gewinnerhöhung i. H. v. 9.000 €. **(1,0 P.)** +9.000,00 €

Dieser Schulderlass ist jedoch als verdeckte Einlage des Gesellschafters Wolter zu betrachten, weil der Erlass gesellschaftsrechtlich veranlasst ist und der Forderungsverzicht zu einer Mehrung des Betriebsvermögens führt (R 8.9 Abs. 1 KStR). Die dadurch entstandene Vermögensmehrung darf das steuerliche Einkommen nicht erhöhen (§ 8 Abs. 1 KStG i. V. m. § 4 Abs. 1 EStG; R 8.9 Abs. 2 KStR). **(2,0 P.)** Somit erfolgt bei der Einkommensermittlung eine Kürzung **(0,5 P.)** von: −9.000,00 €

zu Tz. 3

Die Zahlung der Überstundenvergütungen an den Geschäftsführer Rolf Wolter stellt eine vGA dar, die das Einkommen nicht mindern dürfen (§ 8 Abs. 3 Satz 2 KStG). Er ist als Mitunternehmer des alleinigen Gesellschafters, W-GmbH & Co. KG, eine nahestehende Person (R 8.5 Abs. 1 Satz 3 KStR, H 8.5 Abs. 3 KStH „Nahestehende Person").

Der Vorgang ist auch durch das Gesellschaftsverhältnis veranlasst, weil Überstundenvergütungen für einen Geschäftsführer im Fremdvergleich unüblich sind (H 8.5 Abs. 4 KStH „Überstundenvergütungen"). **(1,0 P.)**

Einkommenskorrektur **(0,5 P.)** +4.000,00 €

zu Tz. 4

In der Warenentnahme durch den Geschäftsführer Wolter ist ebenfalls eine verdeckte Gewinnausschüttung zu sehen, weil einem Fremden dieser Vorteil **(1,0 P.)** nicht gewährt worden wäre. Die verdeckte Gewinnausschüttung ist mit dem gemeinen Wert zu bewerten (H 8.5 „Hingabe von Wirtschaftsgütern"); sie beträgt somit 3.480 €. **(1,0 P.)**

Einkommenskorrektur **(0,5 P.)** +3.480,00 €

Umsatzsteuerlich handelt es sich um einen steuerbaren und steuerpflichtigen Vorgang (§ 3 Abs. 1a UStG). **(1,0 P.)** Bemessungsgrundlage für die unentgeltliche Wertabgabe ist nach § 10 Abs. 4 Nr. 1 UStG der aktuelle Einkaufspreis **(2,0 P.)** von 2.200 € zum Zeitpunkt der Wertabgabe am 14.12.2020. Die daraus resultierende Umsatzsteuer von 352 € ist gewinnmindernd als Verbindlichkeit zu passivieren.

Gewinnauswirkung **(0,5 P.)**	- 352,00 €

Da die Umsatzsteuer auf die unentgeltliche Wertabgabe in der verdeckten Gewinnausschüttung bereits enthalten ist, entfällt eine weitere Hinzurechnung gem. § 10 Nr. 2 KStG (R 8.5 KStR).

Das zu versteuernde Einkommen beträgt somit **(0,5 P.)**	96.378,00 €
Tarifsteuer (§ 23 Abs. 1 KStG) 15 % **(0,5 P.)**	14.456,00 €
Kapitalertragsteuer (§ 31 Abs. 1 KStG i. V. m. § 36 Abs. 2 Nr. 2 EStG) **(0,5 P.)**	- 1.875,00 €
festzusetzende Körperschaftsteuer	12.581,00 €

Die Gewinnausschüttung (Tz. 5) hat keine Auswirkung auf die Ermittlung des zu versteuernden Einkommens (§ 8 Abs. 3 Satz 1 KStG).

Einlagekonto (§ 27 KStG)

Zum 31.12.2020 wird das Einlagekonto mit 9.000 € gesondert festgestellt. Die Einlage resultiert aus dem Forderungsverzicht: **(0,5 P.)**

Bestand 31.12.2019	0,00 €	
Zugang verdeckte Einlage	+ 9.000,00 €	**(1,0 P.)**
Bestand 31.12.2020	9.000,00 €	

Einheitliche und gesonderte Gewinnfeststellung der W-GmbH & Co. KG

Die Besteuerung des Gewinns der GmbH & Co. KG erfolgt auf der Ebene der Mitunternehmer (§ 15 Abs. 1 Nr. 2 EStG). Deshalb werden die Auswirkungen des Teileinkünfteverfahrens auch noch nicht im Rahmen der einheitlichen und gesonderten Gewinnfeststellung, sondern erst auf der Ebene der Mitunternehmer gezogen (§ 8b Abs. 6 KStG). **(1,0 P.)**

Deshalb werden die Beteiligungserträge in der einheitlichen und gesonderten Feststellung brutto erfasst. **(0,5 P.)** Dabei sind auch die verdeckten Gewinnausschüttungen zu berücksichtigen:

Gewinn bisher	60.000,00 €	
Offene Gewinnausschüttung	40.000,00 €	**(0,5 P.)**

VGA „Überstundenvergütung"	4.000,00 €	**(0,5 P.)**
VGA „Warenentnahme"	3.480,00 €	**(0,5 P.)**
Gesamtgewinn	107.480,00 €	**(0,5 P.)**

Auswirkungen auf der Ebene der Mitunternehmer

a) Rolf Wolter

Gewinnanteil ohne Ausschüttung **(0,5 P.)**			30.000,00 €	
Offene Gewinnausschüttung	20.000,00 €	**(0,5 P.)**		
Verdeckte Gewinnausschüttung	4.000,00 €	**(0,5 P.)**		
	3.480,00 €	**(0,5 P.)**		
	27.480,00 €			
40 % steuerfrei, § 3 Nr. 40d EStG	- 10.992,00 €	**(0,5 P.)**	16.488,00 €	
Gewinnanteil	16.488,00 €		46.488,00 €	**(0,5 P.)**

b) X-GmbH

Gewinnanteil ohne Ausschüttung **(0,5 P.)**			30.000,00 €	
Offene Gewinnausschüttung	20.000,00 €	**(0,5 P.)**		
Steuerfrei, § 8b Abs. 1 KStG	- 20.000,00 €	**(0,5 P.)**		
5 v. H. nicht abziehbare BA	+ 1.000,00 €	**(0,5 P.)**	1.000,00 €	**(0,5 P.)**
Gewinnanteil			31.000,00 €	**(0,5 P.)**

Auswirkungen auf die Gewerbesteuer

Die W-GmbH & Co. KG unterliegt der Gewerbesteuer (§ 2 GewStG). **(0,5 P.)**

Ausgangspunkt für die Ermittlung des Gewerbeertrags ist der Gewinn aus Gewerbebetrieb (§ 7 Satz 1 GewStG). **(0,5 P.)**

Allerdings sind die Auswirkungen des Teileinkünfteverfahrens zu berücksichtigen (§ 7 Satz 4 GewStG). **(0,5 P.)**

Gewinn aus Gewerbebetrieb	107.480,00 €	**(0,5 P.)**
Steuerfreier Teil Rolf Wolter	- 10.992,00 €	**(0,5 P.)**
Steuerfreier Teil X-GmbH	- 20.000,00 €	**(0,5 P.)**
Nichtabziehbare Betriebsausgaben	+ 1.000,00 €	**(0,5 P.)**
Korrigierter Gewinn aus Gewerbebetrieb	77.488,00 €	
Kürzung nach § 9 Nr. 2a GewStG	- 16.488,00 €	**(1,0 P.)**
Gewerbeertrag	61.000,00 €	**(0,5 P.)**

Steuerrecht II

Teil 1: Umsatzsteuer

zu Tz. 1

a) Mit der Vermietung des Grundstücks in Leverkusen wird M 1 nachhaltig zur Erzielung von Einnahmen tätig, § 2 Abs. 1 Satz 3 UStG. Die Vermietung gehört damit als Grundgeschäft ebenso zum Rahmen des Unternehmens des M 1 wie die Tätigkeit als Künstler, § 2 Abs. 1 Satz 2 UStG. **(1,0 P.)**

Mit der Vermietung des Erdgeschosses an die Spedition Rasant erbringt M 1 sonstige Leistungen (§ 3 Abs. 9 UStG) in Form von monatlichen Teilleistungen **(0,5 P.)** (§ 13 Abs. 1 Nr. 1a Sätze 2 und 3 UStG), mithin jeweils mit Ablauf des Monats. **(0,5 P.)**

Der Ort der Vermietungsleistung liegt am Belegenheitsort des Grundstücks in Leverkusen (§ 3a Abs. 3 Nr. 1 Satz 1 Buchst. a) UStG). **(0,5 P.)**

Die gegen Mietzahlung im Leistungsaustausch erbrachten sonstigen Leistungen sind steuerbar (§ 1 Abs. 1 Nr. 1 UStG) **(0,5 P.)** und grundsätzlich von der Umsatzsteuer befreit, § 4 Nr. 12 Satz 1 Buchst. a) UStG. **(0,5 P.)**

Auf die Steuerbefreiung hat M 1 jedoch wirksam verzichtet, indem er die Vermietungsumsätze durch den gesonderten Ausweis der Umsatzsteuer im Mietvertrag als Rechnung (Abschn. 14.1. Abs. 2 Satz 1 UStAE) **(0,5 P.)** gegenüber der Spedition Rasant als steuerpflichtige Umsätze behandelt hat (Abschn. 9.1. Abs. 3 Sätze 4 und 5 UStAE). **(0,5 P.)**

Der Verzicht ist nach § 9 UStG zulässig, da M 1 das Erdgeschoss an einen anderen Unternehmer für dessen Unternehmen (§ 9 Abs. 1 UStG) vermietet **(0,5 P.)** und § 9 Abs. 2 UStG nicht entgegensteht. Zwar sind die Beförderungsleistungen der Spedition Rasant, insoweit sie auf das Inland entfallen, steuerfrei (§ 4 Nr. 3 Buchst. a) Doppelbuchstabe aa), **(0,5 P.)** jedoch sind diese Umsätze im Ergebnis nicht vom Vorsteuerabzug ausgeschlossen (§ 15 Abs. 3 Nr. 1a UStG). **(0,5 P.)**

Die Vermietungsumsätze sind somit zu 19 % (§ 12 Abs. 1 UStG) steuerpflichtig. **(0,5 P.)**

Die Bemessungsgrundlage beträgt monatlich 5.000 € (§ 10 Abs. 1 Sätze 1 und 2 UStG), **(0,5 P.)** die Umsatzsteuer 950 €. Sie entsteht mit Ablauf der Voranmeldungszeiträume 09 - 12/2021, § 13 Abs. 1 Nr. 1a Sätze 2 und 3 UStG. **(0,5 P.)**

b) Mit Übergang von Besitz, Nutzungen und Lasten bewirkt G gegenüber M 1 am 01.07.2021 eine Grundstückslieferung, § 3 Abs. 1 UStG. **(0,5 P.)** Der Ort der (unbewegten) Lieferung bestimmt sich nach § 3 Abs. 7 Satz 1 UStG und liegt in Leverkusen. **(0,5 P.)** Die Lieferung erfolgt im Leistungsaustausch und ist steuerbar nach § 1 Abs. 1 Nr. 1 Satz 1 UStG. **(0,5 P.)**

Die steuerbare Grundstückslieferung des G ist als Umsatz, der unter das Grunderwerbsteuergesetz fällt, grundsätzlich von der Umsatzsteuer befreit, **(0,5 P.)** § 4 Nr. 9 Buchst. a UStG. G hat jedoch dadurch, dass er das Grundstück als Unternehmer an den anderen Unternehmer M 1 für dessen Unternehmen veräußert, zulässigerweise auf die Steuerbefreiung verzichtet und nach § 9 Abs. 1 UStG zur Steuerpflicht optiert. **(0,5 P.)** Die Erklärung des Verzichts auf die Steuerbefreiung innerhalb des notariell zu beurkundenden Kaufvertrages über das Grundstück ist auch zutreffend in der für Grundstückslieferungen vorgeschriebenen Form erfolgt, § 9 Abs. 3 Satz 2 UStG. **(0,5 P.)** Mithin ist die Grundstückslieferung des G steuerpflichtig. **(0,5 P.)**

Die auf die steuerpflichtige Grundstückslieferung durch G an den Unternehmer M 1 entfallende Umsatzsteuer wird von M 1 geschuldet, § 13b Abs. 2 Nr. 3 i. V. m. § 13b Abs. 5 UStG. **(1,0 P.)**

Bemessungsgrundlage für die von M 1 geschuldete Steuer ist der im Notarvertrag als Rechnung i. S. d. § 14 Abs. 1 UStG (Abschn. 14.1. Abs. 2 Satz 1 UStAE) **(0,5 P.)** angegebene Kaufpreis (ohne Umsatzsteuer) i. H. v. 300.000 €. Die Grunderwerbsteuer, die der Käufer eines Grundstücks vereinbarungsgemäß zahlt, erhöht das Entgelt für die Grundstückslieferung nicht, denn der Erwerber, der die Zahlung der Grunderwerbsteuer vertraglich übernommen hat, tilgt mit der Zahlung der Grunderwerbsteuer seine eigene Steuerschuld (Abschn. 10.1. Abs. 7 Satz 6 UStAE). **(1,0 P.)**

Die darauf unter Anwendung des Regelsteuersatzes von 19 %, (§ 12 Abs. 1 UStG) **(0,5 P.)** durch M 1 zu berechnende Umsatzsteuer beträgt 57.000 €. **(0,5 P.)**

Diese Umsatzsteuer entsteht nach § 13b Abs. 2 Satz 1 UStG mit Ausstellung der Rechnung (Abschluss des Notarvertrages) am 14.04.2021. **(0,5 P.)**

c) Die Nutzung des Obergeschosses zu eigenen Wohnzwecken stellt keine unentgeltliche Wertabgabe i. S. d. § 3 Abs. 9a Nr. 1 UStG dar, **(1,5 P.)** weil der Vorsteuerabzug insoweit nach § 15 Abs. 1b UStG ausgeschlossen ist (§ 3 Abs. 9a Nr. 1 Halbsatz 2 UStG). **(1,5 P.)**

d) Im Hinblick auf die durch das Schreiben an das Finanzamt getroffene eindeutige Zuordnungsentscheidung des Grundstücks zum Unternehmensvermögen des M1 **(0,5 P.)**, der wegen der 50 % der Gesamtfläche betreffenden unternehmerischen Vermietung an die Spedition Rasant § 15 Abs. 1 Satz 2 UStG nicht entgegensteht **(0,5 P.)**, ist M 1 bezüglich der von ihm nach § 13b Abs. 5 UStG geschuldeten Umsatzsteuer i. H. v. 57.000 € grundsätzlich zum Vorsteuerabzug berechtigt, § 15 Abs. 1 Satz 1 Nr. 4 UStG. **(0,5 P.)**

Der fehlende Hinweis auf die Steuerschuldnerschaft des Leistungsempfängers im Notarvertrag schließt den Vorsteuerabzug nach § 15 Abs. 1 Nr. 4 UStG nicht aus, denn der Vorsteuerabzug ergibt sich bei Leistungen i. S. d. § 13b Abs. 1 UStG aus § 15 Abs. 1 Nr. 4 UStG. Diese Vorschrift enthält, anders als § 15 Abs. 1 Nr. 1 Satz 1 UStG, keinen Verweis auf eine Rechnung im Sinne der §§ 14 und 14a UStG (Abschn. 13b.15 Abs. 2). **(0,5 P.)**

Weil M 1 das Grundstück im Zeitpunkt des Leistungsbezugs jedoch sowohl für Zwecke seines Unternehmens als auch für Zwecke, die außerhalb des Unternehmens liegen nutzt, ist die Steuer für die Lieferung im Zusammenhang mit diesem Grundstück vom Vorsteuerabzug ausgeschlossen, soweit sie nicht auf die Verwendung des Grundstücks für Zwecke des Unternehmens entfällt (§ 15 Abs. 1b UStG). **(1,0 P.)**

Es hat demnach eine Vorsteueraufteilung nach § 15 Abs. 4 Satz 4 UStG zu erfolgen. **(1,0 P.)**

Als sachgerechter Aufteilungsmaßstab kommt bei Gebäuden in der Regel die Aufteilung nach dem Verhältnis der Nutzflächen in Betracht (Abschn. 15.17. Abs. 7 Satz 4 UStAE). **(0,5 P.)**

Die auf die Nutzung des Obergeschosses entfallende Vorsteuer (50 % = 28.500 €) ist daher nicht abzugsfähig. **(0,5 P.)**

zu Tz. 2

a) Mit der Überlassung der Fachaufsätze, die ausschließlich durch den NWB Verlag verbreitet und vervielfältigt werden dürfen, räumt M 2 dem Verlag gegenüber ein Nutzungsrecht an seinen Werken ein. **(0,5 P.)** Damit erbringt M 2 eine sonstige Leistung nach § 3 Abs. 9 Sätze 1 und 2 UStG **(0,5 P.)**, deren Ort sich nach § 3a Abs. 2 UStG **(0,5 P.)** richtet. Die sonstige Leistung wird somit am Unternehmenssitz des Verlages in Herne erbracht. Der im Mai 2021 gegen Entgelt ausgeführte Umsatz ist steuerbar, § 1 Abs. 1 Nr. 1 Satz 1 UStG, **(0,5 P.)** und mangels Steuerbefreiung nach § 4 UStG auch steuerpflichtig. **(0,5 P.)** Der Umsatz unterliegt wegen der besonderen Vereinbarung der Nutzungsrechte dem ermäßigten Steuersatz zu 7 %, § 12 Abs. 2 Nr. 7 Buchst. c) UStG (Abschn. 12.7. 7 Satz 3 UStAE). **(1,0 P.)**

Die Bemessungsgrundlage beträgt 300 €, § 10 Abs. 1 Sätze 1 und 2 UStG, **(0,5 P.)** die Umsatzsteuer i. H. v. 21 € ist mit Ablauf des VZ 05/2021 entstanden, § 13 Abs. 1 Nr. 1 Buchst. a) Satz 1 UStG. **(0,5 P.)**

Vereinbarungsgemäß rechnet der NWB Verlag als Leistungsempfänger per Gutschrift über die Leistung des M 2 ab, § 14 Abs. 2 Satz 2 UStG. **(0,5 P.)** Da M 2 dem zu hohen Steuerausweis in der Gutschrift nicht widersprochen hat, § 14 Abs. 2 Satz 3 UStG, schuldet er die zu hoch ausgewiesene Steuer i. H. v. (45,60 € - 21 € =) 24,60 € nach § 14c Abs. 1 Satz 1 UStG. **(0,5 P.)**

Die Rechtsfolgen aus dem zu hohen Steuerausweis nach § 14c Abs. 1 UStG treten auch dann ein, wenn eine der notwendigen Rechnungsangaben – wie hier die USt-IdNr. des M 2 – fehlt. (Abschn. 14c.1. Abs. 1 Satz 2 UStAE). **(0,5 P.)**

Die zu hoch ausgewiesene Steuer i. H. v. 24,60 € ist mit Ablauf des VZ 05/2021 entstanden, § 13 Abs. 1 Nr. 3 UStG. **(0,5 P.)**

Die Korrektur der Gutschrift durch den Leistungsempfänger (NWB Verlag) führt beim leistenden Unternehmer M 2 zu einer Berichtigung der Umsatzsteuer um - 24,60 € gem. § 14c Abs. 1 Satz 2 UStG. **(0,5 P.)** Die Berichtigung ist entsprechend § 17 Abs. 1 Satz 7 UStG für den VZ 07/2021 vorzunehmen. **(0,5 P.)**

b) Grundsätzlich ist der NWB Verlag aus der von M 2 steuerbaren und steuerpflichtigen Leistung zum Vorsteuerabzug berechtigt, § 15 Abs. 1 Satz 1 Nr. 1 Satz 1 UStG. **(0,5 P.)**

Die Ausübung des Vorsteuerabzugs im VZ Mai 2021 scheitert jedoch insgesamt **(0,5 P.)** – und nicht nur bezüglich des über den gesetzlich geschuldeten Steuerbetrag (21 €) hinaus ausgewiesenen Umsatzsteuerbetrages i. H. v. 24,60 € – am Vorliegen einer nach § 14 UStG ausgestellten ordnungsgemäßen Rechnung, § 15 Abs. 1 Satz 1 Nr. 1 Satz 2 UStG. **(1,0 P.)**

Zwingender Bestandteil der Rechnung ist die Angabe der Steuer- oder USt-IdNr. des leistenden Unternehmers, § 14 Abs. 4 Nr. 2 UStG, auch im Falle der Rechnungserteilung durch Gutschrift (Abschn. 14.5. Abs. 5 Satz 6 UStAE). **(0,5 P.)**

Daran fehlt es in der Abrechnung des Verlages vom 29.05.2021 offensichtlich.

Erst mit der Rechnungskorrektur im VZ 07/2021, § 31 Abs. 5 UStDV, **(1,0 P.)** liegt eine ordnungsgemäße Rechnung vor und somit sind erst dann für den NWB Verlag die Voraussetzungen für den Vorsteuerabzug dem Grunde nach § 15 Abs. 1 Satz 1 Nr. 1 UStG **(0,5 P.)** erfüllt. Mangels Vorliegen von Ausschlussumsätzen nach § 15 Abs. 2 UStG ist der NWB Verlag für den VZ 07/2021 auch in voller Höhe zum Vorsteuerabzug der gesetzlich geschuldeten Umsatzsteuer i. H. v. 21 € berechtigt. **(0,5 P.)**

zu Tz. 3

a) Mit der Behandlung von Zahnerkrankungen bewirkt M 3 sonstige Leistungen, § 3 Abs. 9 Satz 1 UStG **(0,5 P.)** gegen Entgelt am Sitz seines Unternehmens in Essen, § 3a Abs. 1 UStG. **(0,5 P.)** Die Überlassung der Zahnspangen ist Teil der Behandlungsleistung und teilt daher das Schicksal hinsichtlich der umsatzsteuerrechtlichen Beurteilung (Abschn. 4.14.3. Abs. 8 Satz 1 UStAE).

Die Behandlungsleistungen sind steuerbar, § 1 Abs. 1 Nr. 1 Satz 1 UStG. **(0,5 P.)**

Dadurch, dass die Behandlungsleistungen durch M 3 der Heilung von Krankheiten dienen und bei M 3 als Zahnarzt die beruflichen Befähigungsnachweise von Gesetzes wegen unterstellt werden, sind diese Leistungen nach § 4 Nr. 14 UStG von der Umsatzsteuer befreit. **(1,0 P.)**

Dagegen handelt es sich bei der Anfertigung von Zahnkronen und Füllungen im eigenen Dentallabor um Lieferungen in Form von Werklieferungen, § 3 Abs. 4 UStG. **(0,5 P.)** Sie werden nach § 3 Abs. 7 Satz 1 UStG in Essen gegen Entgelt ausgeführt und sind daher umsatzsteuerbar nach § 1 Abs. 1 Nr. 1 Satz 1 UStG. **(0,5 P.)**

Nach § 4 Nr. 14 Satz 4 Buchst. b) UStG sind diese Leistungen jedoch von der Umsatzsteuerbefreiung ausgeschlossen und somit umsatzsteuerpflichtig. **(0,5 P.)** Sie unterliegen dem ermäßigten Steuersatz von 7 % nach § 12 Abs. 2 Nr. 1 UStG i. V. m. Anlage 2 lfd. Nr. 52 Buchst. c) zu § 12 Abs. 2 Nr. 1 UStG. **(1,0 P.)**

Ausgehend von einer Bemessungsgrundlage i. H. v. (6.000 € : 1,07 =) 5.607,48 €, § 10 Abs. 1 Sätze 1 und 2 UStG, beträgt die Umsatzsteuer 392,52 €. **(0,5 P.)**

Diese Umsatzsteuer wird jedoch nach § 19 Abs. 1 Satz 1 UStG **(1,0 P.)** nicht erhoben, weil der nach vereinbarten Entgelten bemessene Gesamtumsatz nach § 19 Abs. 2 UStG im Jahr 2021 die Umsatzgrenze von 22.000 € nicht überschreitet. **(0,5 P.)**

Die Umsatzgrenze von 22.000 € ist maßgeblich, weil M 3 seine Tätigkeit in 2021 neu aufgenommen hat (Abschn. 19.1. Abs. 4 UStAE). **(0,5 P.)** Der für 2021 maßgebliche Gesamtumsatz berechnet sich nach § 19 Abs. 3 UStG wie folgt:

Summe der steuerbaren Umsätze	65.000,00 €	
abzgl. steuerfreie Umsätze nach § 4 Nr. 14 UStG	59.000,00 €	**(0,5 P.)**
verbleiben	6.000,00 €	

b) Mit dem Einkauf des Lasergerätes verwirklicht M 3 den Tatbestand des innergemeinschaftlichen Erwerbs nach § 1a UStG. **(0,5 P.)**

Die Voraussetzungen des § 1a Abs. 1 Nrn. 1 bis 3 UStG liegen vor: **(0,5 P.)**

Das Lasergerät gelangt im Rahmen einer grenzüberschreitenden Lieferung vom Mitgliedstaat Niederlande in den anderen Mitgliedstaat Deutschland, M 3 erwirbt den Liefergegenstand als Unternehmer für sein Unternehmen und nach der Sachverhaltsdarstellung kann davon ausgegangen werden, dass der Unternehmer N in den Niederlanden nicht der Sonderregelung für Kleinunternehmer unterliegt.

Der Erwerbsbesteuerung nach § 1a UStG steht auch nicht entgegen, dass M 3 im Jahre 2021 der Kleinunternehmerregelung nach § 19 Abs. 1 UStG unterliegt, § 1a Abs. 3 Nr. 1 Buchst. b) UStG. **(0,5 P.)** Als sog. Schwellenerwerber überschreitet M 3 mit dem Entgelt für das Lasergerät i. H. v. 13.000 € die Erwerbsschwelle von 12.500 €, § 1a Abs. 3 Nr. 2 UStG. **(0,5 P.)** Im Hinblick auf die schon bei Eröffnung der Zahnarztpraxis bestehende Absicht des Erwerbs eines solchen Geräts war zu Beginn des Jahres 2021 auch mit dem Überschreiten der Erwerbsschwelle zu rechnen.

Nach § 3d Satz 1 UStG **(0,5 P.)** bewirkt M 3 den innergemeinschaftlichen Erwerb am Ende der Beförderung des Gerätes durch N im Inland (Essen). Mithin ist der gegen Entgelt ausgeführte Erwerb steuerbar, § 1 Abs. 1 Nr. 5 UStG. **(0,5 P.)** Mangels Steuerbefreiung nach § 4b UStG ist der Erwerb auch steuerpflichtig. Er unterliegt dem Regelsteuersatz von 19 %, § 12 Abs. 1 UStG. **(0,5 P.)**

Die Bemessungsgrundlage, § 10 Abs. 1 Satz 1 UStG, **(0,5 P.)** beträgt 13.000 €, die darauf entfallende Umsatzsteuer 2.470 €. Sie entsteht mit Ausstellung der Rechnung am 29.10.2021 (§ 13 Abs. 1 Nr. 6 UStG). **(0,5 P.)** Steuerschuldner ist M 3, § 13a Abs. 1 Nr. 2 UStG.

Die Steuer ist in einer Umsatzsteuervoranmeldung für den VZ 10/2021 zu erklären, § 18 Abs. 4a UStG. **(0,5 P.)**

Obwohl M 3 das Lasergerät für sein Unternehmen erwirbt, scheidet der Vorsteuerabzug aus dem innergemeinschaftlichen Erwerb des Lasergerätes nach § 15 Abs. 1 Nr. 3 UStG **(0,5 P.)** aus, weil der Vorsteuerabzug im Falle der Anwendung der Kleinunternehmerregelung ausgeschlossen ist (§ 19 Abs. 1 Satz 4 UStG). **(0,5 P.)**

c) Mit der Durchführung von Schönheitsoperationen in 2022 wird M 3 steuerbare und mangels Steuerbefreiung auch steuerpflichtige sonstige Leistungen erbringen. Die Steuerbefreiung nach § 4 Nr. 14 UStG kommt für ästhetisch-plastische Leistungen nicht in Betracht, soweit ein therapeutisches Ziel nicht im Vordergrund steht. **(1,0 P.)**

Weil die steuerpflichtigen Umsätze des M 3 (Zahnkronen, Füllungen und Schönheitsoperationen) aufgrund der Einschätzung zu Beginn des Jahres 2022 voraussichtlich 50.000 € übersteigen werden, unterliegt M 3 ab dem Jahre 2022 nicht mehr der „Kleinunternehmerregelung" und kann infolgedessen von der Erhebung der Steuer nach § 19 Abs. 1 nicht mehr abgesehen werden. **(1,0 P.)**

Der Übergang von der Steuer nach § 19 Abs. 1 UStG zur allgemeinen Besteuerung ab dem 01.01.2022 stellt bezüglich des nicht nur einmalig zur Ausführung von Umsätzen verwendeten Lasergerätes innerhalb des maßgeblichen Berichtigungszeitraums von fünf Jahren eine Änderung der Verhältnisse **(0,5 P.)** i. S. d. § 15a UStG dar (§ 15a Abs. 7 i. V. m. § 15a Abs. 1 Satz 1 UStG). **(1,0 P.)** Der zeitanteilig zugunsten des M 3 nach § 15a Abs. 5 Satz 1 UStG auf das Jahr 2022 entfallende Vorsteuerkorrekturbetrag aus dem innergemeinschaftlichen Erwerb des Lasergerätes wird voraussichtlich (¹/₅ von 2.470 € =) 494 € betragen. **(0,5 P.)**

Weil die auf den Erwerb des Lasergerätes entfallende Vorsteuer insgesamt nicht mehr als 6.000 € beträgt, ist die Berichtigung des Vorsteuerabzugs unter Beachtung des § 44 Abs. 3 UStDV **(1,0 P.)** bei der Berechnung der Steuer für das Kalenderjahr 2022 vorzunehmen.

Teil 2: Abgabenordnung

Sachverhalt 1

Der Steuerbescheid der Sigrid Butt gilt gem. § 122 Abs. 2 Nr. 1 AO am 05.06.2021, dem dritten Tag nach Aufgabe zur Post, als bekannt gegeben. **(1,0 P.)**

Da der 05.06.2021 auf einen Samstag fällt, endet die Drei-Tages-Frist nach § 108 Abs. 3 AO mit Ablauf des nächstfolgenden Werktags, d. h. mit Ablauf des 07.06.2021. **(2,0 P.)**

Die Einspruchsfrist endet daher am 07.07.2021, 24:00 Uhr, sodass der Einspruch der Sigrid Butt zulässig ist. **(1,0 P.)**

Sachverhalt 2

zu 1.

Das Schreiben des Josef Knapp ist nach § 357 Abs. 1 Satz 4 AO als Einspruch zu werten, da er mit dem Einkommensteuerbescheid nicht einverstanden ist und eine Änderung begehrt. Auf die unrichtige Bezeichnung kommt es insoweit nicht an. **(2,0 P.)**

zu 2.

Gemäß § 170 Abs. 2 Nr. 1 AO beginnt die Festsetzungsfrist für den ESt-Bescheid 2015 vom 21.08.2016 mit Ablauf des 31.12.2016 und endet gem. § 169 Abs. 2 Nr. 2 AO mit Ablauf des 31.12.2020. **(2,0 P.)**

Der Einspruch vom 17.09.2016 ist insoweit ohne Bedeutung. **(0,5 P.)**

Da die allgemeine Festsetzungsfrist gemäß § 169 Abs. 2 Nr. 2 AO zum 31.12.2020 abgelaufen ist, entfällt gem. § 164 Abs. 4 AO der Vorbehalt der Nachprüfung und der Steuerbescheid kann grundsätzlich nicht mehr geändert werden. **(2,0 P.)**

Hinsichtlich des Verlustes aus Gewerbebetrieb ist die Steuer vorläufig festgesetzt worden. Die Änderung der teilvorläufigen Steuerfestsetzung kann nach § 165 Abs. 1 Satz 1

AO noch bis zum Ablauf des 07.01.2022 erfolgen, da hinsichtlich der Festsetzungsfrist eine Ablaufhemmung nach § 171 Abs. 8 AO eingetreten ist. **(2,0 P.)**

Nach § 165 Abs. 2 Satz 2 AO hatte das Finanzamt die vorläufige Steuerfestsetzung für 2015 aufzuheben, da laut Sachverhaltsvorgabe die Gründe für die Vorläufigkeit nicht mehr bestanden. **(1,0 P.)**

Zu beachten ist jedoch, dass sich die Ablaufhemmung bezüglich der Festsetzungsfrist nur auf den vorläufigen Teil der Steuerfestsetzung beschränkt, das bedeutet, dass hinsichtlich der Unterhaltsleistungen nach § 33a Abs. 1 EStG i. H. v. 8.472 € die Steuerfestsetzung nach § 169 Abs. 1 Satz 1 AO nicht mehr zulässig ist. Der Steueranspruch ist nach § 47 AO erloschen. **(2,0 P.)**

Nach alledem hat der Einspruch insoweit Erfolg, als die im ESt-Bescheid 2015 vom 21.08.2016 angesetzten Unterhaltsleistungen im Rahmen der Entscheidung über den Einspruch wieder i. H. v. 8.472 € zu berücksichtigen sind. **(1,0 P.)**

Das Finanzamt wird nach § 361 Abs. 2 AO aus der Nachforderung i. H. v. 7.623 € für einen Teilbetrag i. H. v. 3.558 € von Amts wegen Aussetzung der Vollziehung gewähren. **(2,0 P.)**

Der Restbetrag i. H. v. 4.065 € ist fristgerecht zu entrichten. **(1,0 P.)**

Sachverhalt 3

Im Rahmen der Prüfung der Begründetheit des form- und fristgerecht eingelegten Einspruchs ist die sachliche Anfechtungsbeschränkung des § 351 Abs. 1 AO zu beachten, weil der angefochtene Bescheid vom 03.04.2021 einen formell unanfechtbaren Bescheid ändert. **(1,0 P.)**

Weil die Steuer im geänderten bzw. endgültigen Bescheid vom 06.04.2021 höher festgesetzt worden ist als im teilvorläufigen Bescheid, können Einwendungen zu den endgültig festgesetzten Besteuerungsgrundlagen (hier: bisherige Nichtberücksichtigung der Fortbildungskosten) insoweit berücksichtigt werden, als die Änderung durch § 165 Abs. 2 AO reicht. Das Finanzamt hätte bereits bei Erlass des Änderungsbescheides nach § 165 Abs. 2 AO materielle Fehler gem. § 177 AO „gegenrechnen" müssen, wenn es sie gekannt hätte. **(2,0 P.)**

Der Einspruch ist daher hinsichtlich der bisher unzutreffend nicht als Werbungskosten bei den Einkünften aus § 19 EStG berücksichtigten Fortbildungskosten in Höhe des durch die Nichtberücksichtigung des Verlustes aus Gewerbebetrieb vorgegebenen Änderungsrahmens begründet (ESt-Auswirkung = - 950 €). **(1,0 P.)**

Wegen des verbleibenden Teils der Werbungskosten, der nicht im Rahmen des § 351 Abs. 1 AO „gegen gerechnet" werden kann, bleibt die Steuerfestsetzung materiell fehlerhaft.

Teil 3: ErbSt/SchenkSt/BewG

zu a)

Einfamilienhaus „Köln, Volksgartenstr. 48"

Gemäß § 13 Abs. 1 Nr. 4a ErbStG **(1,0 P.)** ist die Übertragung des Einfamilienhauses an M. M. steuerfrei. **(1,5 P.)**

Büro- und Geschäftshaus „Köln, Barbarossaplatz 5"

Die Übertragung des Büro- und Geschäftshauses ist eine steuerpflichtige Schenkung, § 1 Abs. 1 Nr 2 i. V. m. § 7 Abs. 1 Nr. 1 ErbStG. **(1,5 P.)**

Bewertungsmaßstab ist gem. § 177 BewG der gemeine Wert. **(1,5 P.)**

Ein Bewertungsabschlag nach § 13d ErbStG kommt nicht in Betracht, da die Immobilie nicht zu Wohnzwecken vermietet wird. **(2,5 P.)**

Wert der Bereicherung	1.100.000,00 €	
Freibetrag gem. § 16 Abs. 1 Nr. 1 ErbStG	500.000,00 €	**(1,0 P.)**
steuerpflichtiger Erwerb	600.000,00 €	
Steuersatz gem. § 19 Abs. 1 ErbStG	15 %	**0,5 P.)**
festzusetzende Schenkungsteuer	90.000,00 €	

zu b)

Gemeiner Wert Einfamilienhaus = steuerfrei gem. § 13 Abs. 1 Nr. 4b ErbStG **(1,5 P.)**		0,00 €	**(0,5 P.)**
Gemeiner Wert Büro- und Geschäftshaus		1.100.000,00 €	**(0,5 P.)**
Kapitalwert der Witwenrente		0,00 €	**(1,0 P.)**
Vermögensanfall		1.100.000,00 €	
abzüglich Nachlassverbindlichkeiten:			
- Erbfallschulden gem. § 10 Abs. 5 Nr. 3 ErbStG		10.300,00 €	**(1,0 P.)**
Bereicherung		1.089.700,00 €	
Freibetrag gem. § 16 Abs. 1 Nr. 1 ErbStG		500.000,00 €	**(1,0 P.)**
Freibetrag gem. § 17 Abs. 1 Satz 1 ErbStG	256.000,00 € **(2,0 P.)**		
gekürzt gem. § 17 Abs. 1 Satz 2 ErbStG			
(18.000 € • 13,642 =)	245.556,00 € **(2,0 P.)**		
	10.444,00 €	10.444,00 €	
steuerpflichtiger Erwerb		579.256,00 €	

Abrundung gem. § 10 Abs. 1 ErbStG 579.200,00 € **(0,5 P.)**

Steuersatz (Steuerklasse wie bei Schenkung)
gem. § 19 Abs. 1 ErbStG 15 % **(0,5 P.)**

Vorläufige Erbschaftsteuer 86.880,00 € **(0,5 P.)**

Der Härteausgleich nach § 19 Abs. 3 ErbStG **(0,5 P.)** kommt nicht in Betracht. **(0,5 P.)**

Rechnungswesen

Teil 1: Buchführung und Jahresabschluss nach Handels- und Steuerrecht

Sachverhalt 1

Ausgeschiedenes Betriebsgrundstück

Die Veräußerung von Grund und Boden und Gebäude ist begünstigt nach § 6b Abs. 1 Satz 1 EStG, **(0,5 P.)** da die Wirtschaftsgüter sich mindestens sechs Jahre im Betriebsvermögen befunden haben (§ 6b Abs. 4 Nr. 2 EStG). **(0,5 P.)**

Die übrigen Voraussetzungen des § 6b EStG sind auch erfüllt.

Soweit bei der Veräußerung der Einrichtung stille Reserven aufgedeckt worden sind, sind diese nicht nach § 6b EStG begünstigt, da es sich insoweit nicht um ein Wirtschaftsgut i. S. d. § 6b Abs. 1 Satz 1 EStG handelt. **(0,5 P.)**

Die Überweisung des Veräußerungserlöses auf ein privates Konto des A stellt eine Geldentnahme i. S. d. § 4 Abs. 1 Satz 2 EStG dar. **(0,5 P.)** Gleichzeitig erhöht sich aus der Veräußerung der Einrichtung die Umsatzsteuer um 2.850 €. **(0,5 P.)**

Buchung: (0,5 P.)

Privatentnahme	17.850,00 €	an	Erträge aus dem Abgang von Anlagevermögen	15.000,00 €
			Umsatzsteuer	2.850,00 €

Gewinnauswirkung: gewinnerhöhend um 15.000 € **(0,5 P.)**

Berechnung der aufgedeckten stillen Reserven

Grund und Boden:	Erlös	150.000,00 €	
-	Buchwert	50.000,00 €	
=	Gewinn	100.000,00 €	**(0,5 P.)**

Gebäude:		Erlös	250.000,00 €	
	-	Buchwert	100.000,00 €	
	=	Gewinn	150.000,00 €	**(0,5 P.)**
Einrichtung:		Erlös	15.000,00 €	
	-	Buchwert	0,00 €	
	=	Gewinn	15.000,00 €	**(0,5 P.)**

Die stillen Reserven aus dem veräußerten Grund und Boden können auf den im vorangegangenen Jahr 2019 angeschafften Grund und Boden übertragen werden (bis zur Höhe der Anschaffungskosten von 75.000 € gem. § 6b Abs. 1 Satz 2 Nr. 1 EStG. **(0,5 P.)**

Die restliche stille Reserve i. H. v. 25.000 € kann zusammen mit den aufgedeckten stillen Reserven i. H. v. 150.000 € auf die Herstellungskosten des Gebäudes übertragen werden (§ 6b Abs. 1 Satz 2 Nr. 3 EStG). **(1,0 P.)**

Die Einstellung in den Sonderposten mit Rücklageanteil (mit der Möglichkeit einer späteren günstigeren Übertragung auf neuen Grund und Boden) ist lt. Aufgabenstellung nicht gewünscht.

Die Übertragung der stillen Reserven in der Handelsbilanz ist nach den Vorschriften des HGB nicht zulässig. **(0,5 P.)**

In der Handelsbilanz sind deshalb die aufgedeckten stillen Reserven als Ertrag zu buchen. **(0,5 P.)**

Eine Buchung ist im vorliegenden Fall nicht erforderlich, weil A den Anlagenabgang bereits erfolgswirksam erfasst hat. **(0,5 P.)**

Steuerlich ist der Gewinn deshalb außerbilanziell gem. § 60 Abs. 2 Satz 1 EStDV um 250.000 € zu mindern (siehe unten).

Die Abweichung vom Handelsbilanzansatz in der Steuerbilanz wird durch § 5 Abs. 1 Satz 1 Halbsatz 2 EStG zugelassen. Die Ausübung des steuerlichen Wahlrechts wird insoweit nicht nach § 5 Abs. 1 Satz 1 Halbsatz 1 EStG durch die Maßgeblichkeit der handelsrechtlichen Grundsätze ordnungsgemäßer Buchführung beschränkt (BMF v. 12.03.2011, BStBl 2011 I S. 239 – Tz. 13, 14). **(0,5 P.)**

Da A keine gesonderte Steuerbilanz aufstellen will, muss er die Ausübung des steuerlichen Wahlrechts gem. § 5 Abs. 1 Satz 2 EStG in einem gesonderten Verzeichnis ausweisen, das Bestandteil der Buchführung ist. **(0,5 P.)**

Grund und Boden

Der bereits in 2019 bilanzierte Grund und Boden ist als selbstständiges Wirtschaftsgut gem. R 6.1 Abs. 1 Satz 6 EStR **(0,5 P.)** dem nicht abnutzbaren Anlagevermögen zuzuordnen und daher gem. § 6 Abs. 1 Nr. 2 Satz 1 EStG bzw. § 253 Abs. 1 Satz 1 HGB mit den Anschaffungskosten (abzüglich des Abzugs nach § 6b EStG) zu bewerten. **(0,5 P.)**

Kontenentwicklung

	Bilanzwert 31.12.2019	75.000,00 €	
=	Bilanzwert 31.12.2020 (HB)	75.000,00 €	**(0,5 P.)**
-	Übertragung gem. § 6b EStG	75.000,00 €	
=	Bilanzwert 31.12.2020 (StB)	0,00 €	**(0,5 P.)**

Gebäude

Das Gebäude beinhaltet zwei selbstständige Wirtschaftsgüter, da durch die unterschiedliche Nutzung kein einheitlicher Nutzungs- und Funktionszusammenhang gegeben ist (R 4.2 Abs. 4 Satz 1 EStR). **(1,0 P.)**

Da im Erdgeschoss eine eigenbetriebliche Nutzung vorliegt, ist anteilig beim Grund und Boden und beim Gebäude notwendiges Betriebsvermögen nach R 4.2 Abs. 1 und 7 EStR gegeben. **(1,0 P.)**

Das Obergeschoss kann als gewillkürtes Betriebsvermögen auch bilanziert werden (R 4.2 Abs. 9 Satz 1 EStR). **(1,0 P.)**

Von diesem Wahlrecht wurde gem. H 4.2 Abs. 1 EStH „Gewillkürtes Betriebsvermögen" durch Einbuchung der gesamten Herstellungskosten auch Gebrauch gemacht. Dies gilt im Übrigen auch für den anteiligen Grund und Boden (R 4.2 Abs. 9 Satz 6 EStR). **(0,5 P.)**

Die beiden Gebäudeteile sind als unbewegliches abnutzbares Anlagevermögen (R 6.1 Abs. 1 Satz 5 und R 7.1 Abs. 1 Nr. 4 EStR) **(0,5 P.)** gem. § 6 Abs. 1 Nr. 1 Satz 1 EStG bzw. § 253 Abs. 3 Satz 1 HGB **(0,5 P.)** mit den fortgeführten Anschaffungskosten zu bewerten.

Im Erdgeschoss werden durch die eigenbetriebliche Nutzung steuerpflichtige Umsätze bewirkt. Die Vermietung des Obergeschosses ist umsatzsteuerfrei nach § 4 Nr. 12a UStG. **(1,0 P.)**

Soweit die Vorsteuer aus den Herstellungskosten auf das Erdgeschoss entfällt, ist diese abzugsfähig, d. h. die abzugsfähige Vorsteuer gehört nicht zu den Herstellungskosten (§ 9b Abs. 1 EStG). **(0,5 P.)** Soweit die Vorsteuer auf das Obergeschoss entfällt, liegt Herstellungsaufwand vor. **(0,5 P.)**

Korrekturbuchung (0,5 P.)

| Gebäude | 95.000,00 € | an | Vorsteuer | 95.000,00 € |

Gewinnauswirkung: gewinnneutral **(0,5 P.)**

Abschreibungssätze

Der AfA-Beginn richtet sich nach der Fertigstellung am 01.10.2020 **(0,5 P.)**, § 11c Abs. 1 Nr. 2 EStDV bzw. R 7.4 Abs. 1 EStR.

- Die Gebäude-AfA beträgt für den eigengewerblichen Gebäudeteil im Erdgeschoss gem. § 7 Abs. 5a EStG i. V. m. § 7 Abs. 4 Satz 1 Nr. 1 EStG 3 % **(1,0 P.)**, denn das Gebäude gehört zum Betriebsvermögen, dient nicht zu Wohnzwecken und der Antrag auf Baugenehmigung ist nach dem 31.03.1985 erfolgt. **(0,5 P.)**
- Die Gebäude-AfA beträgt für die vermieteten Wohnungen im Obergeschoss gem. § 7 Abs. 5a EStG i. V. m. § 7 Abs. 4 Satz 1 Nr. 2 Buchst. a) EStG 2 %. **(1,0 P.)** Eine degressive Abschreibung nach § 7 Abs. 5 Satz 1 Nr. 3 Buchst. c) EStG ist nicht möglich, weil der Antrag auf die Baugenehmigung nicht vor dem 01.01.2008 gestellt worden ist. **(0,5 P.)**

Es empfiehlt sich, die übertragbare stille Reserve (Rest Grund und Boden: 25.000 € und Gebäude: 150.000 €) auf die Herstellungskosten für den Gebäudeteil „Obergeschoss" zu übertragen, weil hier der niedrigere AfA-Satz von 2 % zur Anwendung kommt. **(1,0 P.)**

Kontenentwicklung in der Handelsbilanz zum 31.12.2020

	Erdgeschoss	Obergeschoss	
Herstellungskosten, netto	500.000,00 €	500.000,00 €	
nicht abziehbare Vorsteuer		95.000,00 €	**(0,5 P.)**
Herstellungskosten gesamt	500.000,00 €	595.000,00 €	
- AfA (3 % bzw. 2 %), 3 Monate	3.750,00 €	2.975,00 €	**(1,0 P.)**
Bilanzansatz zum 31.12.2020	496.250,00 €	592.025,00 €	**(0,5 P.)**

Buchung:

| Abschreibung | 6.725,00 € | an | Gebäude | 6.725,00 € |

Gewinnauswirkung: gewinnmindernd um 6.725 € **(0,5 P.)**

Kontenentwicklung in der Steuerbilanz zum 31.12.2020

	Erdgeschoss	Obergeschoss	
Herstellungskosten, netto	500.000,00 €	500.000,00 €	
nicht abziehbare Vorsteuer		95.000,00 €	
Herstellungskosten gesamt	500.000,00 €	595.000,00 €	
- übertragbare stille Reserven			
aus Grund und Boden (Rest)		25.000,00 €	**(0,5 P.)**
aus Gebäude Haldenstr.		150.000,00 €	**(0,5 P.)**
verbleibende Herstellungskosten	500.000,00 €	420.000,00 €	
- AfA (3 % bzw. 2 %), 3 Monate	3.750,00 €	2.100,00 €	**(1,0 P.)**
Bilanzansatz zum 31.12.2020	496.250,00 €	417.900,00 €	**(0,5 P.)**

Steuerlich ist der Gewinn außerbilanziell gem. § 60 Abs. 2 Satz 1 EStDV um die Abschreibungsdifferenz i. H. v. (2.975 € - 2.100 € =) 875 € zu erhöhen **(1,0 P.)** und um die insgesamt aufgedeckten stillen Reserven i. H. v. 250.000 € zu mindern. **(1,0 P.)**

Sachverhalt 2

Einrichtungsgegenstände

Die Einrichtungsgegenstände gehören als Betriebs- und Geschäftsausstattung zum beweglichen abnutzbaren Anlagevermögen (§ 247 Abs. 2 HGB und R 6.1 Abs. 1 Satz 5 EStR, R 7.1 Abs. 1 Nr. 1 EStR) **(0,5 P.)** und sind deshalb gem. § 6 Abs. 1 Nr. 1 Satz 1 EStG bzw. § 253 Abs. 1 Satz 1 HGB mit den Anschaffungskosten abzüglich der planmäßigen Abschreibung zu bewerten. **(0,5 P.)**

Die Anschaffungskosten bestimmen sich nach § 255 Abs. 1 HGB. **(0,5 P.)** Hierzu gehören alle Aufwendungen, die geleistet werden um das Wirtschaftsgut zu erwerben. Nicht zu den Anschaffungskosten gehört die gem. § 15 Abs. 1 Nr. 2 UStG abziehbare Einfuhrumsatzsteuer (§ 9b Abs. 1 EStG). **(0,5 P.)**

Maßgebend für die Ermittlung der Anschaffungskosten ist dabei der Umrechnungskurs zum Zeitpunkt der Anschaffung (H 6.2 EStH „Ausländische Währung"). **(1,5 P.)** Dies ist im vorliegenden Fall der 04.12.2020. Die Kursänderung des SFR zum 31.12.2020 hat deshalb keinen Einfluss auf die einmal festgestellten Anschaffungskosten der Maschine.

Die Anschaffungskosten betragen somit insgesamt (120.000 SFR · 0,88 €/SFR =) 105.600 €. **(0,5 P.)**

Die AfA ist nach § 7 Abs. 2 EStG degressiv für einen Monat anzusetzen. **(1,0 P.)**

Kontenentwicklung

	Zugang Einrichtungsgegenstände 04.12.2020	105.600,00 €
-	degressive AfA (25 %) für ein Monat	2.200,00 €
=	Bilanzansatz 31.12.2020	103.400,00 € **(0,5 P.)**

Buchung

Abschreibung	2.200,00 €	an	Einrichtungsgegenstände	2.200,00 €

Gewinnauswirkung: gewinnmindernd um 2.200 € **(0,5 P.)**

Verbindlichkeiten

Zum 31.12.2020 ist die Verbindlichkeit von 105.600 € zu bewerten.

Die Verbindlichkeit beträgt weniger als zwölf Monate und muss daher handelsrechtlich nach § 256a Satz 1 HGB **(0,5 P.)** zwingend mit dem Kurs zum 31.12.2020 bewertet werden. **(1,0 P.)**

Handelsrechtlich ergibt sich demnach zum 31.12.2020 ein Bilanzansatz von (120.000 SFR · 0,90 €/SFR =) 108.000 €. **(0,5 P.)**

Die Wertdifferenz von 2.400 € muss als Aufwand aus der Währungsumrechnung erfasst werden. **(0,5 P.)**

Steuerrechtlich besteht gem. § 5 Abs. 1 Satz 1 Halbsatz 2 i. V. m. § 6 Abs. 1 Nr. 3 i. V. m. Abs. 1 Nr. 2 Satz 2 EStG **(0,5 P.)** ein Wahlrecht („so kann"), da der Kurs bis zum Zeitpunkt der Bilanzerstellung gesunken war, sodass von einer voraussichtlich dauernden Wertminderung ausgegangen werden kann. **(1,0 P.)**

Da der Gewinn so niedrig wie möglich ausgewiesen werden soll, ist das Wahlrecht dahingehend auszuüben, dass steuerrechtlich die Verbindlichkeit ebenfalls mit 108.000 € bewertet wird. **(1,0 P.)**

Eine Abzinsung hat steuerrechtlich nicht zu erfolgen, da die Laufzeit weniger als zwölf Monate beträgt (§ 6 Abs. 1 Nr. 3 Satz 2 EStG). **(0,5 P.)**

Buchung

Kursverluste	2.400,00 €	an	Verbindlichkeiten	2.400,00 €	**(0,5 P.)**

Gewinnauswirkung: gewinnmindernd um 2.400 € **(0,5 P.)**

Darlehensschulden

Zum 31.12.2020 ist das mit 99.400 € passivierte Darlehen zu bewerten.

Die Restlaufzeit zum 31.12.2020 beträgt fünf Jahre.

Handelsrechtlich ist das Darlehen nach § 253 Abs. 1 Satz 2 HGB i. V. m. § 252 Abs. 1 Nr. 4 HGB unverändert mit dem Anschaffungswert von 99.400 € zu bewerten. **(0,5 P.)** Der günstigere Kurs vom Bilanzstichtag darf nach § 252 Abs. 1 Nr. 4 Halbsatz 2 HGB i. V. m. Umkehrschluss aus § 256a Satz 2 HGB nicht angesetzt werden, denn nicht realisierte Gewinne dürfen nicht ausgewiesen werden. Bewertungsuntergrenze ist insoweit der Anschaffungswert. **(0,5 P.)**

In der Handelsbilanz erfolgt keine Abzinsung. **(0,5 P.)**

Steuerrechtlich ist die Restverbindlichkeit von 99.400 € gem. § 5 Abs. 6 i. V. m. § 6 Abs. 1 Nr. 3 EStG abzuzinsen, da zum 31.12.2020 die Restlaufzeit nicht weniger als 12 Monate beträgt. **(1,0 P.)**

Steuerlicher Ansatz zum 31.12.2020:

99.400 € • 0,765 (VV für 5 Jahre) =   76.041,00 €   **(1,5 P.)**
(BMF v. 26.05.2005, BStBl 2005 I S. 699, Tabelle 2)

Handelsrecht und Steuerrecht weichen demnach unvermeidbar voneinander ab.

Gewinnauswirkung: Der steuerliche Gewinn ist gem. § 60 Abs. 2 Satz 1 EStDV außerbilanziell um (99.400 € - 76.041 € =) 23.359 € zu erhöhen. **(1,0 P.)**

Sachverhalt 3

Bei der Bestellung der Spülmaschine handelt es sich um ein schwebendes Geschäft, welches grundsätzlich nicht zu bilanzieren ist. **(0,5 P.)**

Da die Wiederbeschaffungskosten für die Maschine am Bilanzstichtag unter den vereinbarten Festpreis gefallen sind, muss handelsrechtlich eine Rückstellung für drohende Verluste nach § 249 Abs. 1 Satz 1 HGB angesetzt werden, da insoweit ein Verpflichtungsüberschuss gegeben ist. **(1,0 P.)**

Rückstellungsbetrag und Bilanzwert (HB) 31.01.2020 = 2.500 € **(0,5 P.)**

Steuerrechtlich darf nach § 5 Abs. 6 EStG i. V. m. § 5 Abs. 4a Satz 1 EStG diese Rückstellung nicht gebildet werden. **(1,0 P.)** Die Korrektur erfolgt durch außerbilanzielle Gewinnhinzurechnung (§ 60 Abs. 2 Satz 1 EStDV). **(0,5 P.)**

Die bereits geleistete Anzahlung beendet das schwebende Geschäft nicht.

Die Anzahlung stellt eine Forderung dar **(1,0 P.)** und ist unter der Bilanzposition „geleistete Anzahlungen" mit Anschaffungskosten (= Nennwert) gem. § 6 Abs. 1 Nr. 2 EStG und § 253 Abs. 1 Satz 1 HGB von 2.500 € auszuweisen. **(1,0 P.)**

Die Vorsteuer auf die Anzahlung ist bereits im Jahre 2020 abzugsfähig (§ 15 Abs. 1 Nr. 1 UStG) und gehört deshalb nicht zu den Anschaffungskosten der Forderung, § 9b Abs. 1 EStG. **(0,5 P.)**

Buchungen

geleistete Anzahlungen	2.500,00 €				
Vorsteuer	400,00 €	an	sonst. betr. Aufw.	2.900,00 €	**(0,5 P.)**

Gewinnauswirkung: gewinnerhöhend um 2.900 €. **(0,5 P.)** Der steuerliche Gewinn ist gem. § 60 Abs. 2 Satz 1 EStDV außerbilanziell um 2.500 € zu erhöhen. **(0,5 P.)**

Sachverhalt 4

Zuschuss

Der Zuschuss der Brauerei ist ein sog. Ertragszuschuss. Da ein Leistungsaustausch zwischen der Brauerei und A stattfindet, kommt eine Kürzung der Anschaffungskosten der Theke nicht in Betracht, R 6.5 Abs. 1 Satz 3 EStR. **(1,0 P.)**

Der erhaltene Zuschuss der Brauerei stellt vielmehr einen Ertrag dar, welcher über eine passive Rechnungsabgrenzung (§ 5 Abs. 5 Satz 1 Nr. 2 EStG i. V. m. § 250 Abs. 2 HGB) auf die Laufzeit der Verpflichtung zu verteilen ist. **(1,0 P.)**

Kontenentwicklung Passive RAP (1,0 P.)

Zuschuss netto	5.000,00 €
Anteil 2020 (01.11. - 31.12.) = 1/5 für 2 Monate	- 166,67 €
Bilanzansatz zum 31.12.2020 (HB = StB)	4.833,33 €

Umsatzsteuerlich ist ein steuerbarer und steuerpflichtiger Vorgang gegeben, da ein unmittelbarer wirtschaftlicher Zusammenhang zwischen dem Zuschuss und einer Leistung des Zuschussempfängers (Verpflichtung zur Getränkeabnahme) besteht (Abschn. 10.2 Abs. 2 UStAE). **(1,0 P.)**

Theke

Die Theke gehört als Betriebs- und Geschäftsausstattung zum beweglichen abnutzbaren Anlagevermögen (§ 247 Abs. 2 HGB und R 6.1 Abs. 1 Satz 5 EStR, R 7.1 Abs. 1 Nr. 1 EStR) **(0,5 P.)** und ist deshalb gem. § 6 Abs. 1 Nr. 1 Satz 1 EStG bzw. § 253 Abs. 1 Satz 1 HGB mit den Anschaffungskosten abzüglich der planmäßigen Abschreibung zu bewerten. **(0,5 P.)**

Die AfA ist nach § 7 Abs. 2 EStG degressiv mit 25 % für zwei Monate anzusetzen. **(1,0 P.)**

Kontenentwicklung

	Zugang 21.11.2020	9.000,00 €	
–	AfA	375,00 €	**(0,5 P.)**
=	Bilanzansatz 31.12.2020 (HB = StB)	8.625,00 €	**(0,5 P.)**

Buchungen

Geschäftsausstattung	5.000,00 €				
Vorsteuer	800,00 €	an	sonst. betr. Ertrag.	5.000,00 €	
			Umsatzsteuer	800,00 €	**(1,0 P.)**

sonst. betr. Ertrag	4.833,33 €	an	Pass. RAP.	4.833,33 €	**(0,5 P.)**

Abschreibungen	375,00 €	an	Geschäftsausstattung	375,00 €	**(0,5 P.)**

Gewinnauswirkung: gewinnmindernd um (5.000,00 € − 4.833,33 € − 375,00 € =) 208,33 € **(1,5 P.)**

Sachverhalt 5

Es besteht gem. § 5 Abs. 1 Satz 1 Halbsatz 1 EStG i. V. m. § 249 Abs. 1 Satz 1 HGB handels- und steuerrechtlich ein Passivierungsgebot als Rückstellung für eine ungewisse Verbindlichkeit, weil die Höhe noch ungewiss ist **(0,5 P.)**.

Die Voraussetzungen nach R 5.7 Abs. 2 EStR für die Bildung der Rückstellung sind gegeben, denn

- es handelt sich um eine Verpflichtung gegenüber einem Dritten (R 5.7 Abs. 3 EStR). **(0,5 P.)**
- die Verpflichtung ist vor dem Bilanzstichtag verursacht (R 5.7 Abs. 5 EStR), weil mit der Gratifikation in erster Linie die Betriebstreue und die erbrachten Leistungen in der Vergangenheit honoriert werden sollen. **(1,0 P.)**

- mit einer Inanspruchnahme einer der Höhe nach ungewissen Verbindlichkeit ist ernsthaft zu rechnen (R 5.7 Abs. 6 EStR), weil der Umfang der zu erbringenden Leistung im Abschlusszeitpunkt nicht feststand, sondern auch insbesondere vom Kündigungsverhalten, von der Dauer der Betriebszugehörigkeit und dem Verdienst der Arbeitnehmer abhängig ist **(1,0 P.)** und
- es handelt sich nicht um zukünftige Anschaffungskosten (§ 5 Abs. 4b EStG). **(0,5 P.)**

Die Rückstellung ist mit dem Betrag auszuweisen, der nach vernünftiger kaufmännischer Beurteilung erforderlich ist, also mit dem Erfüllungsbetrag (§ 253 Abs. 1 Satz 2 HGB). **(0,5 P.)**

Zu beachten ist dabei, dass A voraussichtlich nur zu 90 % in Anspruch genommen wird, sodass auch nur (90 % v. 60.000 € =) 54.000 € angesetzt werden können (vgl. auch § 6 Abs. 1 Nr. 3a Buchst. a) EStG). **(1,0 P.)**

Handels- und steuerrechtlich ist die Rückstellung zum 31.12.2020 abzuzinsen, da die Laufzeit fünf Jahre beträgt (§ 6 Abs. 1 Nr. 3 i. V. m. Nr. 3a Buchst. e) EStG bzw. § 253 Abs. 2 HGB. **(1,0 P.)**

Steuerlicher Ansatz zum 31.12.2020:

54.000 € • 0,765 (VV für 5 Jahre) = 41.310,00 € **(1,5 P.)**
(BMF v. 26.05.2005, BStBl 2005 I S. 699, Tabelle 2)

Handelsrechtlicher Ansatz zum 31.12.2020:

54.000 € • 0,808 43.632,00 € (bisher: 60.000,00 €) **(1,5 P.)**

Handelsrecht und Steuerrecht weichen demnach unvermeidbar voneinander ab.

Buchung: (0,5 P.)

| Rückstellung für Gratifikation | 16.378,00 € | an | Löhne und Gehälter | 16.378,00 € |

Gewinnauswirkung: gewinnerhöhend um 16.378 €. **(0,5 P.)** Der steuerliche Gewinn ist gem. § 60 Abs. 2 Satz 1 EStDV außerbilanziell um 2.322 € zu erhöhen. **(0,5 P.)**

Teil 2: Jahresabschlussanalyse

a)
Eigenkapital (§ 266 Abs. 3 A HGB)		10.826,00 T€	**(0,5 P.)**
Ausschüttung (15 % v. 5.050 T€)	−	757,50 T€	**(0,5 P.)**
Firmenwert	−	72,00 T€	**(0,5 P.)**
Disagio	−	90,00 T€	**(0,5 P.)**
Sonderposten mit Rücklageanteil (50 %)	+	851,50 T€	**(0,5 P.)**
Bilanzanalytisches Eigenkapital	=	10.758,00 T€	**(0,5 P.)**
Bilanzsumme		29.939,00 T€	**(0,5 P.)**
Firmenwert	−	72,00 T€	**(0,5 P.)**
Disagio	−	90,00 T€	**(0,5 P.)**
Gesamtkapital	=	29.777,00 T€	**(0,5 P.)**

b) Eigenkapitalquote

$$\frac{10.758 \cdot 100}{29.777} = 36,13\ \%\ \textbf{(1,5 P.)}$$

c)
Bilanziertes Anlagevermögen			24.651,00 T€	**(0,5 P.)**
Firmenwert		−	72,00 T€	**(0,5 P.)**
Bilanzanalytisches Anlagevermögen			24.579,00 T€	**(0,5 P.)**
Bilanzanalytisches Eigenkapital				
Pensionsrückstellungen	1.470,00 T€ **(0,5 P.)**		10.758,00 T€	**(0,5 P.)**
Verbindlichkeiten > 5 Jahre	8.750,00 T€ **(0,5 P.)**			
Langfristiges Fremdkapital	10.220,00 T€		10.220,00 T€	**(0,5 P.)**
Langfristiges Kapital			20.978,00 T€	**(0,5 P.)**

d) Langfristiger Anlagendeckungsgrad

20.978 T€ · 100 : 24.579 = 85,35 %, rd. 86 % **(1,5 P.)**

Teil 3: Gesellschaftsrecht

1. Die Vertragsparteien können von den gesetzlichen Vorschriften abweichende Vereinbarungen treffen. **(1,0 P.)**

2. Folgende Vertragsvereinbarungen können insbesondere zu einer atypischen stillen Gesellschaft führen:
   - die Beteiligung des stillen Gesellschafters an den offenen und stillen Reserven einschließlich des Geschäftswertes der KG (Substanzbeteiligung), **(1,0 P.)**
   - die Beteiligung des stillen Gesellschafters an der Geschäftsführung durch Zustimmungs- bzw. Widerspruchsrechte bei im Gesellschaftsvertrag festgelegten Rechtsgeschäften und Handlungen (Mitunternehmerinitiative), z. B. Änderungen

des Gegenstandes des Unternehmens, Aufnahme neuer Gesellschafter, Errichtung von Betriebsstätten, u. a., **(1,0 P.)**

- soweit dem stillen Gesellschafter neben den gesetzlichen Informations- und Kontrollrechten gem. § 233 HGB weitergehende Rechte aus § 716 BGB, § 118 HGB zustehen und er sich damit persönlich unterrichten kann, **(1,0 P.)**
- die Beteiligung des stillen Gesellschafters am Verlust (Mitunternehmerrisiko). **(1,0 P.)**

3. Haftung

Der Kommanditist haftet gem. § 171 Abs. 1 HGB bis zur Höhe der noch nicht erbrachten Einlage. **(1,0 P.)**

Der stille Gesellschafter haftet den Gläubigern der KG nicht, auch wenn er mit seiner Einlage in Rückstand ist. Gemäß § 230 Abs. 2 HGB ist nur der Geschäftsinhaber allein aus den geschlossenen Geschäften verpflichtet. **(1,0 P.)**

Mitwirkungsrechte

Obwohl der Kommanditist von der Geschäftsführung ausgeschlossen ist, kann er gem. § 164 HGB bei Handlungen, die über den gewöhnlichen Betrieb des Handelsgewerbes hinausgehen, widersprechen. **(1,0 P.)**

Der typische stille Gesellschafter hat lt. HGB ein solches Recht nicht. **(1,0 P.)**

Vertretung

Der Kommanditist ist gem. § 170 HGB nicht zur Vertretung der Gesellschaft ermächtigt. **(0,5 P.)**

Beim stillen Gesellschafter entfällt mangels Außengesellschaft das Recht, die Gesellschaft zu vertreten. **(0,5 P.)**

Verlustbeteiligung

Der Kommanditist ist stets an den Verlusten der Gesellschaft bis zur Höhe seiner Einlage beteiligt, § 167 Abs. 3 HGB. **(1,0 P.)**

Die Verlustbeteiligung des stillen Gesellschafters kann durch den Gesellschaftsvertrag ausgeschlossen oder beschränkt werden (§ 231 Abs. 2 HGB). **(1,0 P.)**

Siebter Prüfungssatz

Finanzierung

Aufgabe 1

Sachverhalt 1

1. Vorteile sind z. B.:
   - langfristige Verfügung
   - keine Tilgung
   - keine Liquiditätsbelastung.

   Nachteile sind z. B.:
   - Geschäfts- und Vertretungsbefugnis für neuen Gesellschafter
   - Gewinnbeteiligung.

2. Gründe können z. B. sein:
   - keine laufende Zinszahlung
   - Unabhängigkeit von Kapitalgebern
   - erhöhte Sicherheit (Kreditwürdigkeit).

Sachverhalt 2

1.

	Kapital 01.01.	Zinsen 8 %	Rest-gewinn	Gesamt-gewinn	Privat-entnahmen	Selbstfinan-zierung
Schmitz	275.000,00	22.000,00	11.000,00	33.000,00	17.500,00	15.500,00
Krüger	225.000,00	18.000,00	11.000,00	29.000,00		29.000,00
Pauly	100.000,00	8.000,00	11.000,00	19.000,00	12.500,00	6.500,00
				mögliche offene Selbstfinanzierung:		51.000,00

2. Fuhrpark

   Sicherungsübereignung: Bank erhält treuhänderisches Eigentum, Kreditnehmer bleibt Besitzer und kann den Fuhrpark weiterhin wirtschaftlich nutzen.

   Forderungen

   Zession: Abtretung der Forderungen an die Bank, die neuer Gläubiger wird; meist stille Zession

Aufgabe 2

1.

	Fahrzeugtyp A	Fahrzeugtyp B
kalk. Abschreibung pro Jahr	5.000,00 €	7.000,00 €
kalk. Zinsen pro Jahr	1.050,00 €	1.470,00 €
Kfz-Steuer pro Jahr	750,00 €	1.000,00 €
Kfz-Versicherung pro Jahr	850,00 €	850,00 €
fixe Kosten	**7.650,00 €**	**10.320,00 €**
Benzinkosten pro km	0,20 €	0,20 €
Wartungskosten pro km	0,13 €	0,05 €
variable Kosten	**0,33 €**	**0,25 €**

Fahrzeug A: 7.650,00 € + 50.000 km · 0,33 €/km = 24.150,00 €

Fahrzeug B: 10.320,00 € + 50.000 km · 0,25 €/km = 22.820,00 €

Fahrzeugtyp B ist günstiger.

2. Kostenfunktion A: 7.650 € + 0,33 x

   Kostenfunktion B: 10.320 € + 0,25 x

   7.650,00 € + 0,33 x = 10.320,00 € + 0,25 x

   x = 33.375

   (alternativ: 2.670 : 0,08 = 33.375)

   Fahrzeugtyp A ist bei einer Fahrleistung von weniger als 33.375 km und Fahrzeugtyp B ist bei einer Fahrleistung von mehr als 33.375 km kostengünstiger.

3. Statistische Verfahren:

   - Gewinnvergleichsrechnung: vergleicht den aus den prognostizierten jährlichen Erträgen minus Kosten geplanten durchschnittlichen Gewinn pro Jahr.
   - Rentabilitätsvergleichsrechnung: setzt den geplanten jährlichen Gewinn (+ Fremdkapitalzinsen) ins Verhältnis zum eingesetzten Kapital (Anschaffungskosten) und ermittelt so die voraussichtliche Rentabilität der Investition.
   - Amortisationsrechnung: dividiert die Anschaffungsausgaben durch die geplanten jährlichen Einnahmenüberschüsse aus der Investition und ermittelt so ihre Amortisationszeit (Jahre).

   Dynamische Verfahren:

   - Kapitalwertmethode: ermittelt dynamisch den Gesamterfolg einer Investition, zinst die aus einer Investition künftig erwarteten jährlichen Einnahmenüberschüsse mit einem (gewünschten) Kalkulationszinssatz ab. Barwertsumme minus Anschaffungsausgabe ergibt den Kapitalwert. Ist dieser positiv, lohnt sich die Investition, d. h., die geplante Rendite wird erreicht bzw. überschritten.
   - interne Zinsfußmethode: ermittelt den Kalkulationszinssatz, mit dem sich die Investition (gerade) rentiert, der Kapitalwert gleich null ist.

- Annuitätenmethode: ermittelt dynamisch den Periodenerfolg (Jahr) einer Investition. Kapitalwert mal Annuitätenfaktor (KWF) ergibt die jährliche Annuität, die voraussichtlich aus der Investition erzielt wird.

Aufgabe 3

1. Ermittlung der Auszahlungsbeträge

	Angebot Bank A	Angebot Bank B
Darlehensbetrag	75.000,00 €	75.000,00 €
- Disagio	3.000,00 €	1.500,00 €
= Auszahlungsbetrag	72.000,00 €	73.500,00 €

Ermittlung des Zinsaufwands

Bank A: 75.000 € • 4 • 8,5 : 100 = 25.500,00 €

Bank B: 75.000 € • 4 • 8,9 : 100 = 26.700,00 €

Berechnung des Effektivzinssatzes

Bank A: 3.000 € + 25.500 € = 28.500 €

Effektivzinssatz: (28.500 € • 100) : (72.000 € • 4) = 9,9 %

Bank B: 1.500 € + 26.700 € = 28.200 €

Effektivzinssatz: (28.200 € • 100) : (73.500 € • 4) = 9,59 %

Das Angebot der Bank B weist einen niedrigeren Effektivzinssatz auf und sollte deshalb angenommen werden.

2. Sicherungsübereignung

Der Kreditgeber erwirbt das bedingte Eigentum an der beweglichen Sache; der Schuldner bleibt Besitzer. Der Schuldner kann deshalb mit dem übereigneten Objekt weiterarbeiten, obwohl es zur Kreditsicherung verwendet wird. Der Gläubiger erhält das Eigentum an einer Sache und muss für deren Aufbewahrung nicht selbst aufkommen.

Grundschuld

Die Grundschuld ist ein Grundpfandrecht, das nicht das Bestehen einer Forderung voraussetzt. Sie ist abstrakt bzw. fiduziarisch. Durch die Eintragung der Grundschuld entsteht nur ein dinglicher Anspruch an dem Grundstück. Der Bestand der Grundschuld wird durch die Änderungen des Kreditbetrages nicht berührt. Das Recht aus der Grundschuld besteht für den Gläubiger bis zur Löschung der Grundschuld. Sie kann damit flexibel dem jeweiligen Kreditbedarf angepasst werden.

3. Die OHG sollte sich für die Sicherungsübereignung entscheiden. Sie bleibt im Besitz der übereigneten Maschine und kann somit auch mit ihr produzieren.
4. Bei Erweiterungsinvestitionen kann es neben der Erhöhung der Fixkosten (Problem: Kostenremanenz) auch zu erhöhten Posten im Umlaufvermögen kommen, die ebenfalls zu finanzieren sind (z. B. Erhöhung der Vorräte oder der Forderungen aus mehr Lieferungen und Leistungen).

Aufgabe 4

1. Solange der Fremdkapitalzinssatz unter der Gesamtkapitalrendite liegt, wird die Rentabilität des Eigenkapitals durch Aufnahme zusätzlichen Fremdkapitals erhöht (Leverage-Effekt).
2. Vorherige Eigenkapitalrendite

	6 % von 500.000 € Gesamtkapital =	30.000,00 €
−	7 % von 300.000 € Fremdkapital =	21.000,00 €
		9.000,00 €

Eigenkapitalrendite: 9.000 € • 100 : 200.000 € = 4,5 %

Nachherige Eigenkapitalrendite

Nach der „Optimierung" ergibt sich folgende Eigenkapitalstruktur:

	Eigenkapital	200.000,00 €
+	Fremdkapital	400.000,00 €
=	Gesamtkapital	600.000,00 €
	6 % von 600.000 € Gesamtkapital =	36.000,00 €
−	7 % von 400.000 € Fremdkapital =	28.000,00 €
		8.000,00 €

Eigenkapitalrendite: 8.000 € • 100 : 200.000 € = 4,0 %

Die Eigenkapitalrendite ist von 4,5 % auf 4 % gesunken; die Aufnahme von zusätzlichem Fremdkapital lohnt sich unter rein rechnerischen Aspekten daher nicht.

Aufgabe 5

1. Leasing

	Abschlussgebühr	(10 % von 75.000,00 €)	=	7.500,00 €
+	Leasingraten:	3 % von 75.000 € • 36	=	81.000,00 €
		5 % von 75.000 € • 3	=	11.250,00 €
=	Gesamtaufwand Leasing			99.750,00 €

Kreditfinanzierung

	Darlehensbetrag	75.000,00 €	Zinsen: 8 % =	6.000,00 €
−	1. Tilgung	12.500,00 €		
=	Restschuld	62.500,00 €	Zinsen: 8 % =	5.000,00 €
−	2. Tilgung	12.500,00 €		
=	Restschuld	50.000,00 €	Zinsen: 8 % =	4.000,00 €
−	3. Tilgung	12.500,00 €		
=	Restschuld	37.500,00 €	Zinsen: 8 % =	3.000,00 €
−	4. Tilgung	12.500,00 €		
=	Restschuld	25.000,00 €	Zinsen: 8 % =	2.000,00 €
−	5. Tilgung	12.500,00 €		
=	Restschuld	12.500,00 €	Zinsen: 8 % =	1.000,00 €
−	6. Tilgung	12.500,00 €		
=	Restschuld	0,00 €		
=	Gesamter Zinsaufwand			21.000,00 €
+	Abschreibung			75.000,00 €
=	Gesamtaufwand Kredit- finanzierung			96.000,00 €

2. Gesamtaufwand Leasing 99.750,00 €
  − Gesamtaufwand Kreditfinanzierung 96.000,00 €
                                      3.750,00 €

Entscheidung nach Aufwandsgesichtspunkten für Kreditfinanzierung. Sie ist um 3.750 € günstiger.

3. Abschlussgebühr 7.500,00 €
  + erste Leasingrate 27.000,00 €
  = Geldabfluss am Ende des ersten Jahres 34.500,00 €

Kaufpreis (netto): 75.000 €
Geldabfluss (erstes Jahr): 34.500 € = 46 %

Es können Liquiditätsengpässe im ersten Jahr entstehen (z. B. bei geringen Einnahmen).

4. Operate Leasing, z. B.: gewöhnliche Mietverträge, die von beiden Vertragsparteien kurzfristig gekündigt werden können.

Finance Leasing, z. B.: Mietverträge, bei denen zwischen den Vertragspartnern eine unkündbare Grundmietzeit vereinbart wird.

direktes Leasing, z. B.: Hersteller ist Leasinggeber.

indirektes Leasing, z. B.: Leasinggeber kauft die Anlagen vom Hersteller, um sie dann zu vermieten.

Aufgabe 6

1.
	2,1 % Factoringgebühren auf 100.000 € Umsatz =	2.100,00 €
+	15 % Sollzinsen von den in Anspruch genommenen Geldern	
	70 % von 100.000 € 70.000,00 €	
	- 20 % von 70.000 € 14.000,00 €	
	56.000,00 € • 15 % =	8.400,00 €
=	Gesamtkosten Factoring	10.500,00 €
-	Kosteneinsparung	20.000,00 €
=	Kostenreduzierung	9.500,00 €

Somit ist das Factoring zu empfehlen.

2. Bei der Delkrederefunktion handelt es sich um eine Kreditsicherungsfunktion, d. h., die Factoring-Bank übernimmt gegen Gebühr das Forderungsausfallrisiko.

    Mögliche Einschränkungen, die sich die Hausbank vorbehalten kann:
    - Verweigerung des Ankaufes von Forderungen bestimmter Kunden
    - Limitierung der Ankaufshöhe bei bestimmten Kunden.

3. Factoring ist ein Finanzierungsmittel und dient damit vor allem der Liquiditätsverbesserung, die Zession dient als Kreditsicherheit.

Aufgabe 7

1.		rechtliche und wirtschaftliche Vorbereitung	20.000,00 €
	+	Grundstück und Fabrikgebäude	1.000.000,00 €
	+	technische Anlagen und Maschinen	200.000,00 €
	+	Betriebs- und Geschäftsausstattung	300.000,00 €
	+	Mindestbestand (15 Tage • 18.000 €/Tag)	270.000,00 €
	=	Kapitalbedarf Grundfinanzierung	1.790.000,00 €
2.		Materialkosten = (24 - 10) + 9 + 12 + 23 = 58 Tage • 18.000 € =	1.044.000,00 €
	+	Fertigungskosten 9 + 12 + 23 = 44 Tage • 20.000 € =	880.000,00 €
	+	Verwaltungs- und Vertriebskosten	
		24 + 9 + 12 + 23 Tage = 68 Tage • 3.500 € =	238.000,00 €
	=	Kapitalbedarf laufende Betriebstätigkeit	2.162.000,00 €
3.	=	Kapitalbedarf Grundfinanzierung	1.790.000,00 €
	=	Kapitalbedarf laufende Betriebstätigkeit	2.162.000,00 €
	=	Gesamtkapitalbedarf	3.952.000,00 €

4. Bei zu geringer Kapitalbedarfsermittlung drohen Liquiditätsengpässe, die häufig nur zu ungünstigen Bedingungen ausgeglichen werden können (vergleichsweise hohe Zinskosten, Einflussnahme der Kapitalgeber usw.). Außerdem besteht Insolvenzgefahr.

Eine zu hohe Kapitalbedarfsrechnung verursacht Opportunitätskosten und bedeutet im Allgemeinen unnötige Einschränkungen in anderen Bereichen (in denen dann u. U. notwendige Investitionen unterbleiben).

Achter Prüfungssatz

Kosten- und Leistungsrechnung

Aufgabe 1

Sachverhalt	Auszahlung	Ausgabe	Aufwand	Kosten
1	25.000,00 €	25.000,00 €	0,00 €	0,00 €
2	37.500,00 €	37.500,00 €	37.500,00 €	37.500,00 €
3	40.000,00 €	120.000,00 €	1.250,00 €	1.000,00 €
4	0,00 €	0,00 €	812,50 €	875,00 €
5	12.500,00 €	0,00 €	0,00 €	0,00 €
6	0,00 €	0,00 €	0,00 €	2.500,00 €
7	1.000,00 €	1.000,00 €	1.000,00 €	0,00 €
8	1.000,00 €	1.000,00 €	1.000,00 €	1.000,00 €
9	0,00 €	0,00 €	0,00 €	3.000,00 €

zu Sachverhalt 3:

Ermittlung der kalkulatorischen Abschreibungen (Spalte „Kosten"):

Anschaffungskosten: 120.000,00 € : 10 Jahre : 12 = 1.000,00 € für Monat November 2021

zu Sachverhalt 4:

Ermittlung des Aufwands: 250 Stück • 3,25 €/Stück = 812,50 €

Ermittlung der Kosten: 200 Stück • 3,50 €/Stück = 700,00 €

Aufgabe 2

a) Sie verwendet die historischen Werte der Buchführung der bereits abgelaufenen Periode, die für die Kostenplanung keine ausreichende Aussage machen, für die Nachkalkulation aber wichtig sind.

Endergebnisse sind die Summen der Einzelkosten und der Ist-Gemeinkostenzuschläge, die im BAB ermittelt werden.

Die Kontrolle der betrieblichen Leistung, insbesondere der Kostenstellen, wird durch Änderungen des Beschäftigungsgrades erschwert, eventuell auch durch Preisänderungen der Produktionsfaktoren.

b) Sie geht ebenfalls von historischen Werten aus, „normalisiert" aber die Kosten durch Durchschnittswerte vergangener Jahre und Prognosen über die künftige Entwicklung der Gemeinkosten.

Endergebnisse sind Überdeckung bzw. Unterdeckung, die im BAB oder im Kostenträgerzeitblatt ausgewiesen werden.

Obgleich Normalkostenrechnung gegenüber der reinen Istkostenrechnung einen Fortschritt bringt, kann auch sie die betriebliche Leistung nicht ausreichend kontrollieren.

Normal- und Istkostenrechnung ergänzen sich im Rechnungswesen einer Unternehmung.

c) Bei ihr werden alle Kosten für eine künftige Periode geplant, d. h., es wird mit Zukunftswerten gearbeitet. Nach Abschluss der Periode werden die Istkosten preisbereinigt mit den Plankosten verglichen.

Die Verbrauchsabweichung wird unter Eliminierung der Mengenabweichung berechnet. Die Beschäftigungsabweichung berechnet die Leerkosten, die durch eine Herabsetzung der Ausbringungsmenge verursacht werden.

Verbrauchsabweichung und Beschäftigungsabweichung werden zur Gesamtabweichung zusammengefasst.

Somit ermöglicht die Plankostenrechnung eine effiziente Kontrolle der Kostenstellen.

Aufgabe 3
Sachverhalt 1

a)
	Listeneinkaufspreis	200,00 €
−	10 % Liefererrabatt	20,00 €
=	Zieleinkaufspreis	180,00 €
−	3 % Lieferskonto	5,40 €
=	Bareinkaufspreis (96,0 %)	174,60 €
+	Bezugskosten 4,0 % aus dem Bezugspreis 4,0 %	7,28 €
=	Bezugspreis (100 %)	181,88 €

b) **Handlungskostenzuschlagssatz:**

Personalkosten	15.000,00 €
Miete	3.000,00 €
Sonstige Kosten	5.000,00 €
Handlungskosten	23.000,00 €

Handlungskostenzuschlagssatz = 23.000 € · 100 : 200.000 € = 11,5 %

Gewinnzuschlagsatz:

	Bezugspreis	181,88 €
+	Handlungskostenzuschlag (11,5 %)	20,92 €
=	Selbstkosten	202,80 €
+	**Gewinn = 15,94 % (Gewinn • 100 : Selbstkosten)**	32,32 €
=	Barverkaufspreis	235,12 €
+	Kundenskonto 1 %	2,38 €
=	Zielverkaufspreis	237,50 €
+	Kundenrabatt 5 %	12,50 €
=	Nettoverkaufspreis	250,00 €

Sachverhalt 2

a) **Kalkulationszuschlag**

	Nettoverkaufspreis	750,00 €
−	Bezugspreis	500,00 €
=	Rohgewinn	250,00 €

Kalkulationszuschlag = 250 € • 100 : 500 € = 50 %

b) **Kalkulationsfaktor**

Verkaufspreis : Bezugspreis = 750 € : 500 € = 1,5

c) **Handelsspanne**

Rohgewinn • 100 : Verkaufspreis = 250 € • 100 : 750 € = 33 ⅓ %

Aufgabe 4

a) **Herstellungskosten**

	Fertigungsmaterial	80,19 €	
+	Materialgemeinkostenzuschlag 6 %	4,81 €	
=	Materialkosten	85,00 €	85,00 €
+	Fertigungslöhne Fertigungsstufe 1:	20,00 €	
+	Fertigungsgemeinkosten Fertigungsstufe 1: 200 %	40,00 €	
+	Fertigungslöhne Fertigungsstufe 2: 60 • 0,8	48,00 €	
+	Fertigungsgemeinkosten Fertigungsstufe 2: 150 %	60,00 €	
+	Sondereinzelkosten der Fertigung	12,00 €	
=	Fertigungskosten	180,00 €	180,00 €
=	Herstellungskosten		265,00 €

b) **Selbstkosten**

	Herstellkosten	265,00 €
+	Verwaltungsgemeinkosten 10 %	26,50 €
+	Vertriebsgemeinkosten 6 %	15,90 €
+	Sonderkosten des Vertriebs	20,00 €
=	Selbstkosten	327,40 €

c) **Nettoverkaufspreis**

	Selbstkosten	327,40 €
+	Gewinn 15 %	49,11 €
=	Barverkaufspreis	376,51 €
+	Kundenskonto 2 %	7,68 €
=	Zielverkaufspreis	384,19 €
+	Kundenrabatt 5 %	20,22 €
=	Verkaufspreis (netto)	404,41 €

Aufgabe 5

a) K(x) = 0,04 x + 200.000 €

b) Break-even-Point = 200.000 €: (0,20 € - 0,04 €) = 1.250.000 Stück. Die Gewinnschwellenmenge liegt bei 1.250.000 Stück.

c) 80 % von 3 Mio. Stück = 2,4 Mio. Stück

   Betriebsergebnis = 2.400.000 Stück • 0,16 €/Stück - 200.000 € = 184.000 €

   Das Betriebsergebnis des Monats liegt bei 184.000 €.

d) Der Preis wird von 0,20 € um 20 % auf 0,16 € gesenkt. Hierbei ergibt sich ein neuer Deckungsbeitrag von (0,16 - 0,04 =) 0,12 €/Stück.

   Das Betriebsergebnis des Monates beträgt jetzt neu:

   1.900.000 Stück • 0,12 €/Stück - 200.000 € = 28.000 €

   Rückgang von 156.000 €.

e) Dies sind zum Beispiel:
   - optimale Programmplanung (Entscheidungsgrundlage für die Produkteinschränkungen sind die relativen Deckungsbeiträge)
   - Bestimmung der absoluten Preisuntergrenze (Entscheidungsgrundlage sind die Grenzkosten)
   - Entscheidung über Zusatzaufträge (Entscheidungsgrundlage sind der Marktpreis je Stück und die variablen Stückkosten sowie ausreichend Kapazitäten)
   - Eigenfertigung oder Fremdbezug (Entscheidungsgrundlage sind die variablen Kosten der Eigenfertigung inkl. eventueller Opportunitätskosten und der Fremdpreisbezug).

Aufgabe 6

a) **Maschinenstundensatz**

Wiederbeschaffungskosten: 573.913 € • 115 % : 110 % = 600.000 €
Auslastung: 24 Stunden • 22 Tage • 12 Monate • 80 % = 5.068 Stunden
Kalkulatorische Abschreibung: 600.000 € : 6 Jahre = 100.000 €
Kalkulatorische Zinsen: 573.913 € : 2 • 14 % = 40.174 €
Energiekosten: 100 KW • 0,8 • 0,15 €/KWh • 5.068 Stunden = 60.816 €
Platzkosten: 25 €/qm • 30 qm • 12 Monate = 9.000 €
Instandhaltungskosten: 4 % von 600.000 € = 24.000 €
Werkzeugkosten: 3.750 € • 12 Monate = 45.000 €

Gesamtkosten:

	100.000,00 €
	40.174,00 €
	60.816,00 €
	15.000,00 €
	9.000,00 €
	24.000,00 €
	45.000,00 €
	293.990,00 €

Maschinenstundensatz: 293.990 € : 5.068 Stunden = 58,01 € pro Stunde

b) **Beschäftigungsgrad**

4.000 Stunden • 100 : 5.068 Stunden = 79 % (gerundet)

c) **Beschäftigungsabweichung**

Abschreibungen	100.000,00 €
kalkulatorische Zinsen	40.174,00 €
Platzkosten	9.000,00 €
	149.174,00 €

nicht verrechnet: 21 % von 149.174 € = 31.326,54 €

d) **Verbrauchsabweichung**

Schmierstoffe	= 15.000 € • 79 % • 4 % =	474,00 €
Werkzeugkosten	= 45.000 € • 79 % • 4 % =	1.422,00 €
		1.896,00 €

Aufgabe 7

Sachverhalt 1

a)

	Kaufpreis netto (160.650 € : 1,19)	135.000,00 €
−	Nachlass (5 %)	6.750,00 €
+	Nebenkosten	2.750,00 €
=	Anschaffungskosten	131.000,00 €

b) Die Abschreibungen in der Finanzbuchhaltung werden (maximal) von den Anschaffungs- bzw. Herstellungskosten berechnet. Dadurch kann – trotz im Zeitablauf im Regelfall steigender Preise – lediglich eine nominelle Kapitalerhaltung erfolgen. In der Kostenrechnung werden die Abschreibungen vom Wiederbeschaffungswert berechnet, damit zumindest tendenziell die reale Substanzerhaltung angestrebt werden kann.

c) Wiederbeschaffungswert = 131.000 € · 1,512 : 1,296 = 152.833 €

Für die kalkulatorischen Abschreibungen ist die betriebsgewöhnliche Nutzungsdauer heranzuziehen.

Kalk. Abschreibungen = 152.833 € : 10 Jahre = 15.284 €/Jahr

Sachverhalt 2

a) Der Werteverzehr des Fahrzeugs ist von der beanspruchten Fahrleistung (in km) abhängig, wie die Restwerte des Taxierers zeigen. Zur Verrechnung variabler Abschreibungen ist deshalb die Fahrleistung eine geeignete Bezugsgröße.

b) variabler Abschreibungssatz = Kostendifferenz : Bezugsgrößendifferenz

= (49.000 € − 45.000 €) : 25.000 km = 0,16 €/km

c) fixe Abschreibungen = ges. Abschreibungen − var. Abschreibungen

= (55.000 € − 45.000 €) − (30.000 km · 0,16 €/km)

= 10.000 € − 4.800 € = 5.200 €

Restwert bei 40.000 km = Anschaffungskosten − fixe Kosten − variable Kosten

= 55.000 € − 5.200 € − (40.000 km · 0,16 €/km)

= 43.400 €

STICHWORTVERZEICHNIS

A

Abbruchkosten	196
Abgeltungsteuer	178
Abhilfebescheid	300
Ablaufhemmung	261, 298, 362
Abzinsen	373
Abzinsung	206, 310, 370
Anlagendeckung	34, 207
Anlagendeckungsgrad	141, 161, 343
Anlagenintensität	206
Anlagenquote	34
Anpassungsbuchung	306
Anschaffungsnaher Aufwand	213
Ausländische Währung	309, 368
Ausschüttbarer Gewinn	71
Außenanlage	198, 270
Außergewöhnliche Belastung	9, 37, 179, 216
Aussetzung der Vollziehung	329
Aussetzungszins	330

B

Beförderungsmittel	258
Bemessungsgrundlage	19 f., 22, 47 ff., 51, 74 ff., 100 ff., 104, 127 ff., 148
Beschwer	192
Betriebsaufspaltung	176, 286, 349
Betriebsvorrichtung	198, 270, 336 f.
Bewegte Lieferung	292, 325
Bewertungsfreiheit	203
Bezugspreis	170
Bilanzzusammenhang	306

D

Darlehen	204
Disagio	205
Dreiecksgeschäft	325
Drohender Verlust	370
Durchschnittliche Lagerdauer	64
Durchschnittlicher Lagerbestand	64, 242
Dynamisches Verfahren	377

E

Echter Schadenersatz	189
Effektiver Zinssatz	164
Effektivzinssatz	378
Ehegattenveranlagung	249
Eigenkapitalquote	141, 161, 343, 374
Eigenkapitalrendite	379
Eigenkapitalrentabilität	117, 164, 313
Einkommensteuertarif	9, 175
Einlagekonto	354
Einspruch	191, 228, 263, 299 f., 361 f.
Einspruchsfrist	52
Erhaltungsaufwand	213, 335
Ertragswertverfahren	230
Erwerbstätigkeit	209, 320 f.

F

Festsetzungsfrist	53, 80, 192, 229, 299, 362
Festsetzungsverjährung	192
Feststellungsbescheid	51
Festwert	274
Festzusetzende Erbschaftsteuer	56, 83, 109, 135
Fifo-Methode	276
Firmenwert	202
Fremdkapitalzins	236

G

Gesamtkapital	374
Gesamtkapitalrentabilität	117, 313
Gesonderte Feststellung	43, 71
Gewerbesteuermessbetrag	12, 42, 69, 96, 123, 218
Gewinnzuschlagssatz	170
Gewogener Durchschnitt	275
GmbH	141, 207, 345
GmbH & Co. KG	35, 118, 207, 314
Grundlagenbescheid	262
Güterbeförderung	259

H

Handelsspanne	170
Handlungskostenzuschlagssatz	170
Häusliches Arbeitszimmer	250
Höhe der Umsatzsteuer	102 ff., 127 ff., 148

STICHWORTVERZEICHNIS

I

Immaterielles Wirtschaftsgut	201
Innergemeinschaftlicher Erwerb	360
Innergemeinschaftliche Verbringung	225, 259
Insolvenzverfahren	292
Investitionsabzugsbetrag	210, 247, 250, 349
Istkostenrechnung	169

K

Kalkulationsfaktor	170
Kalkulationszuschlag	170
Kapitalumschlagsdauer	64, 244
Kind	9, 37, 67, 123, 175, 209, 252, 320
Kinderbetreuung	179
Kleinunternehmerregelung	360
Korrekturvorschrift	53, 80

L

Lagerdauer	243
Lagerumschlagshäufigkeit	64, 243
Leasing	340
Lifo-Methode	275
Liquidität	141, 344

M

Materieller Fehler	230
Mietvorauszahlung	348
Mindestbemessungsgrundlage	223
Mini-GmbH	65, 245

N

Nebenberufliche Tätigkeit	215
Neue Tatsache	230
Normalkostenrechnung	169

O

Offenbare Unrichtigkeit	229
Öffentlicher Zuschuss	238

P

Pauschalwertberichtigung	277
Persönliche Einkommensteuerpflicht	9
Plankostenrechnung	169
Privates Veräußerungsgeschäft	179

R

Rechnungserteilung	49
Reihengeschäft	291, 325
Rückstellung	206, 241 f., 341, 370, 372
Ruhende Lieferung	291, 325

S

Sachleistungsanspruch	232, 266
Sammelposten	203
Säumniszuschlag	330
Schachtelprivileg	289
Sonderausgabe	9, 37, 67, 120, 179, 216, 318
Sonderbetriebseinnahme	248
Sonderbetriebseinnahme und -ausgabe	305
Sonderbetriebsvermögen	304
Spende	17, 252
Statistisches Verfahren	377
Steuerbarkeit	19 f., 22, 48 f., 51, 74 ff., 78, 100 ff., 104, 127 ff., 148
Steuerbefreiung	20, 22, 47 ff., 74 f., 77 f., 100 ff., 104, 127 ff., 148
Steuerentstehung	20, 23, 47 ff., 51, 74 ff., 100, 102, 104, 127 ff.
Steuerermäßigung	9, 180, 285
Steuerliches Einlagekonto	182, 221
Steuerpflicht	20, 22, 47 ff., 74 f., 77 f., 100 ff., 104, 127 ff., 148
Steuerpflichtiger Erwerb	27, 56, 83, 135
Steuersatz	20, 22, 48 f., 51, 74 f., 77 f., 100 ff., 104, 127 ff., 148
Steuerschuldner	19 f., 23, 47 ff., 74 f., 77 f.
Steuerschuldnerschaft	51, 128 f.
Stille Reserve	199, 235, 239, 271, 273, 307, 348, 364 f., 367
Stundungsantrag	330
Stundungszins	330

T

Tarifliche Körperschaftsteuer	15, 71, 124
Teileinkünfteverfahren	176, 181, 249, 287 f.
Teilleistung	189

U

Überentnahme	319
Umsatzsteuer	20, 22, 47 ff., 74 f., 77 f., 100
Umschlagsdauer	244
Umschlagshäufigkeit	64, 243 f.
Unentgeltliche Vermögensübertragung	215
Unfertiges Erzeugnis	236
Ungewisse Verbindlichkeit	206, 241 f., 341, 372
Unterhaltsaufwand	216
Unternehmereigenschaft	47

V

Veranlagungsart	9, 67, 175
Veräußerungsgewinn	176 f., 215, 282
Verdeckte Einlage	182, 220, 255, 290, 353
Verdeckte Gewinnausschüttung	183, 286, 353
Verschonungsabschlag	265, 302, 333
Verschuldenskoeffizient	207
Versorgungsfreibetrag	267
Versorgungsleistung	215
Vertragsstrafe	323
Vertriebskosten	236
Verwaltungskosten	236
Verwaltungsvermögen	265, 332
Verwitwetensplitting	175
VGA	181, 219 f., 254, 290, 323
Vorbehalt der Nachprüfung	361
Vorläufige Steuerfestsetzung	362
Vorsteuerabzug	21, 23, 49 f., 75, 77, 101, 103, 127 ff., 148
Vorsteuerberichtigung	23, 78, 148, 190

W

Wertaufholung	312
Wert der Bereicherung	27, 56, 83, 109, 135
Wiedereinsetzung in den vorigen Stand	52, 228, 301

Z

Zahlungsverjährung	330
Zinsstaffelmethode	205
Zuschuss	371

Bestens vorbereitet mit Übungsklausuren!

„Klausuren schreiben lernt man nur durch Klausuren schreiben"

Zur optimalen Prüfungsvorbereitung ist das Schreiben von Übungsklausuren unter möglichst realistischen Bedingungen unverzichtbar. So erlangen Sie die Sicherheit und Souveränität, die Sie für eine erfolgreiche Prüfung benötigen. Topaktuell und an der Prüfungspraxis orientiert decken die vier Klausurensätze dieses Bandes alle Teilgebiete der Abschlussprüfung ab: Einkommensteuer, Gewerbesteuer, Körperschaftsteuer, Umsatzsteuer, Erbschaft- und Schenkungsteuer/Bewertungsrecht, Abgabenordnung, Buchführung und Bilanzsteuerrecht, Jahresabschlussanalyse, Kosten- und Leistungsrechnung, Finanzierung, Gesellschaftsrecht. Ausführliche Lösungshinweise ermöglichen Ihnen eine Wissenskontrolle und helfen Ihnen, evtl. vorhandene Wissenslücken zu schließen.

Aktueller Rechtsstand für die Prüfungen Ende 2020

Klausurenbuch für Steuerfachwirte
Schuka · Röhle · Wiegmann
21. Auflage · 2020 · Broschur · ca. 311 Seiten · € 41,90
ISBN 978-3-482-**67851**-6

Bestellen Sie jetzt unter **www.nwb.de/go/shop**

Bestellungen über unseren Online-Shop:
Lieferung auf Rechnung, Bücher versandkostenfrei.

NWB versendet Bücher, Zeitschriften und Briefe CO₂-neutral.
Mehr über unseren Beitrag zum Umweltschutz unter www.nwb.de/go/nachhaltigkeit

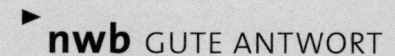

▶ **nwb** GUTE ANTWORT

Die bewährte „Steuer"-Grundlage für Praxis und Studium!

Das Standardwerk in der 70. Auflage! Mit App!

Jubiläum 70 Jahre Wichtige Steuergesetze

Kompakt, aktuell, unentbehrlich – seit vielen Jahren ist dieses Standardwerk eine wertvolle Arbeitshilfe für Studium und Praxis. In einem Band vereint diese Textausgabe alle wichtigen Steuergesetze inklusive der jeweiligen Durchführungsverordnungen.

Stand: 1. Januar 2021

App Buchinhalt via App verfügbar!

Mit unserer kostenlosen App stehen Ihnen die Normen aus dieser Textausgabe auch digital zur Verfügung. Einfach App installieren, Freischaltcode aus dem Buch eingeben, Gesetze laden, fertig!

Wichtige Steuergesetze
NWB Gesetzesredaktion
70. Auflage · 2021 · Broschur · ca. 1.450 Seiten · € 9,90
ISBN 978-3-482-**68450**-0

Bestellen Sie jetzt unter **www.nwb.de/go/shop**
Bestellungen über unseren Online-Shop:
Lieferung auf Rechnung, Bücher versandkostenfrei.

▶ **nwb** GUTE ANTWORT